古典文獻研究輯刊

三三編

潘美月・杜潔祥 主編

第9冊

詩經國風今詁（第一冊）

趙 恩 強 著

國家圖書館出版品預行編目資料

詩經國風今詁（第一冊）／趙恩強 著 -- 初版 -- 新北市：花
木蘭文化事業有限公司，2021〔民 110〕
序 50+ 目 6+204 面；19×26 公分
（古典文獻研究輯刊 三三編；第 9 冊）
ISBN 978-986-518-625-8（精裝）
1. 詩經 2. 研究考訂
011.08   110012076

ISBN-978-986-518-625-8

9 789865 186258

古典文獻研究輯刊
三三編　第 九 冊　　　　ISBN：978-986-518-625-8

詩經國風今詁（第一冊）

作　　者　趙恩強
主　　編　潘美月、杜潔祥
總 編 輯　杜潔祥
副總編輯　楊嘉樂
編　　輯　許郁翎、張雅淋、潘玟靜　美術編輯　陳逸婷
出　　版　花木蘭文化事業有限公司
發 行 人　高小娟
聯絡地址　235 新北市中和區中安街七二號十三樓
　　　　　電話：02-2923-1455／傳真：02-2923-1452
網　　址　http://www.huamulan.tw 信箱 service@huamulans.com
印　　刷　普羅文化出版廣告事業
初　　版　2021 年 9 月
全書字數　693291 字
定　　價　三三編 36 冊（精裝）台幣 90,000 元

詩經國風今詁（第一冊）

趙恩強 著

作者簡介

趙恩強，男，漢族，1956 年 9 月出生於山東省菏澤市牡丹區。現退休居家。作者於 1978 年 10 月考入山東大學中文系，學習漢語言文學專業，偏重於學習先秦文史、古文字。1982 年 7 月學習畢業，即到天津大學中文部任教，後因眼疾回家鄉菏澤執業。自大學畢業以來，作者本人一直未中斷對先秦文獻、古文字方面的學習和研究，對《詩經》研究、先秦史研究的學術動態，也不斷地予以關注。本人經過近十五年的研究和寫作，寫出了《詩經國風今詁》這本書。該書 2017 年 5 月曾以筆名「聿殳」出版，現經修訂再版。

提　　要

　　本書遵循葛蘭言（法國社會學家、漢學家）、聞一多等學者研究《毛詩》的學術路子，參用社會學、民族學民俗學、文化人類學等現代研究方法，並運用傳統的訓詁學方法，從《詩》的產生和實用性上來考察《毛詩》的每一篇詩文，發現現存《毛詩》是先秦歌詞、謠詞、祝詞、禱詞、咒詞、告詞的一個集合。《毛詩·國風》承載了《毛詩》的大部分內容。《毛詩·國風》中的歌詞、謠詞，主要有婚戀情歌歌詞、說唱詞、兒童歌謠詞、禮儀樂歌歌詞（婚禮、祭禮、享禮、饗禮、軍禮、狩獵禮、祖道餞別禮、外交禮等）、怨歌歌詞（思夫、思妻、怨世）、喪歌歌詞、巫歌歌詞等。沿用傳統的說法，本書書名仍稱《毛詩》為《詩經》。

　　本書的代序，對涉及《詩》學的「歌」「謠」「誦」「告」「詩」「賦」「風」「雅」「頌」等詞彙作了新的說解，探討了《詩》學方面的一些重要問題，闡述了《詩》的產生和傳播過程，理清了《詩》和《詩經》的來龍去脈。

　　本書為十五國風作了題解。題解中簡要介紹了方國的沿革、地域、民俗、方樂的概況及方國風詩的內容和特點，並對「二南」「邶」「鄘」「衛」「王風」「魏風」「唐風」「檜風」「豳風」這些特殊的風詩名稱及「鄭聲」「鄭衛之音」等說法作了必要的考察。

　　本書的主體由《毛詩·國風》經文、注釋、詩旨說解三部分組成。經文部分：依據清阮元校刻《十三經注疏·毛詩正義》的經文。注釋部分：查考清楚經文文字的本義、引申義，必要時查考其通假字；查考清楚與詩文相關的事件和名物。詩旨說解部分：對《國風》詩篇承載的實際內容及意義、創作原因、實用情況作了說解。本書重在建立新說，對舊說擇善而從，摒棄並駁詰了一些錯誤的舊說。

《詩》學問題芻議（代序）

　　《詩經》是中華民族傳統文化的原典之一。《詩經》研究要超越古人闡發新義，是有相當難度的。自古以來，《詩經》中許多作品的篇義都被弄錯了，謬誤的訓釋多如牛毛，積非成是。在《詩》學的基本問題上，也存在著許多謬說和誤區。在寫作本書的過程中，筆者對《詩》學的基本問題也作了一些探討。茲將所探討的問題彙集如下，以作交流。

一、歌、謠、誦、祝、禱、咒、告、詩的含義和區別

　　歌、謠、誦、祝、禱、咒、告、詩是上古漢文獻中常見的名詞。在《詩經》中，歌、謠、誦、祝、禱、咒、告是不同的文體，從文本關係上來說，詩是它們的總和。

（一）什麼是歌

　　段玉裁校《說文解字》：「歌，詠也。從欠，哥聲。謌，歌或從言。」「詠，歌也。從言，永聲。詠，詠或從口。」「哥，聲也。從二可。古文以為歌字。」清吳玉搢《別雅》卷二：「哥，歌也。」《尚書·虞書·堯典》：「歌永言。」永言，即長言。把言拖長了，即行腔拖調，亦即唱歌。上古漢文獻又稱歌為「歈」「謳」。古人還為「歌」字作過如下定義：

　　《釋名·釋樂器》：「人聲曰歌。」

　　姜夔《白石詩說》第十三則：「放情曰歌。」

　　《韓說》：「有章曲曰歌。」

　　以上這些說法，無疑都有助於對「歌」字本義的理解。章曲，一段固定的音樂曲調。比如民歌，往往有一段固定的曲調。但最原始的歌沒有流行的曲調，是隨著人們勞動的節奏或釋放情緒的需要而產生的語音旋律。例如，漢劉安《淮南子・道應訓》所載《邪許歌》：「今夫舉大木者，前呼『邪許』，後亦應之。此舉重勸力之歌也。」這首舉重勸力的《邪許歌》，是漢文獻記載的最早的勞動號子。秦呂不韋《呂氏春秋・音初》所載《塗山女歌》：「禹行功，見塗山之女。禹未之遇而巡省南土。塗山氏之女乃令其妾候禹於塗山之陽。女乃作歌。歌曰：『候人兮猗！』」這首《塗山女歌》又被稱為《候人歌》，是漢文獻記載的最早的婚戀情歌。明馮惟訥《古詩紀》卷一載遠古的《彈歌》：「斷竹，續竹，飛土，逐宍。」這是漢文獻記載的最早歌頌打獵生活的歌曲。《樂府詩集》裏有一首相傳為帝堯時的《擊壤歌》：「日出而作，日入而息，鑿井而飲，耕田而食。帝力於我有何哉！」這是漢文獻記載的最早歌唱農業者勞動生活的歌曲。唱歌是人表達心志、情緒的一種方式，也是與他人交流思想和情感的一種手段。《毛詩》大序：「情動於中而形於言，言之不足，故嗟歎之，嗟歎之不足，故永歌之，永歌之不足，不知手之舞之，足之蹈之也。」《公羊傳・宣公十五年》「頌聲作」何休《解詁》說：「男女有所怨恨，相從而歌，飢者歌其食，勞者歌其事。」這些說法道出了歌產生的根本原因。

　　歌有合樂、不合樂之分。最古的消遣娛樂性質的野外歌唱，可能會用木棒、石器、瓦器一類器物擊打出節拍來，以助歌唱；野外的樂舞演出也可能有古樸的樂器配合。春秋時期，中原人民在野外歌唱，一般都沒有樂器配合；貴族的室內休閒歌唱，一般都有樂器配合；禮節儀式上的歌唱，一般都有樂器配合。

（二）什麼是謠

　　《魏風・園有桃》：「我歌且謠。」這句詩文表明，歌與謠是有區別的。謠，即童謠。宋戴侗《六書故・人四》「謠」字下說：「歌必有度曲聲節，謠則但搖曳永誦之。童兒皆能為之，故有童謠也。」兒童在街巷中拍手踏腳搖動著身體說一段有韻的文辭，就是謠。謠是一種有節奏的語言傳播形式，用韻言徒說，個別句子有拖腔。春秋以前，「謠」字指童謠或類似童謠的說唱形式。謠，古體作「䚻」。《說文》：「䚻，徒歌。」許慎的這一解釋蓋源於《爾雅・釋樂》「徒歌謂之謠」和《魏風・園有桃》毛亨《傳》「徒歌曰謠」。這種解釋與史實不相符合。《園有桃》是男子在野外所唱的徒歌，本來就沒有樂器伴奏，

但不能稱之為「謠」。《邪許歌》《候人歌》等古歌，都是沒有樂器伴奏的徒歌，文獻皆稱之為「歌」，而不稱之為「謠」。《國語·晉語六》：「風聽臚言於市，辨祆祥於謠。」韋昭《注》：「行歌曰謠。」讀了《魏風·園有桃》，就知道「行歌曰謠」也是對「謠」字的誤釋。

（三）什麼是誦

誦，即禮樂誦讀。《大雅·桑柔》：「誦言如醉。」誦，朗誦。言，指語調。如醉，像醉酒了一般。這是形容朗誦者誦讀時那種動情的狀態。《大雅·烝民》：「吉甫作誦，穆如清風。」誦，此指禮樂誦詞。作誦，創作誦詞。穆，美。謂尹吉甫創作的誦詞措辭好、韻律美，誦讀出來如清風一般爽心悅耳。《大雅·崧高》：「吉甫作誦，其詩孔碩，其風肆好。」誦，指誦詞。詩，指寫在卷冊上持拿著的誦詞。碩，文辭豐富。風，聲調韻律。好，好聽，美。通過以上雅詩對於「誦」的描述，能讓我們感受到，用於禮儀的「誦詞」，不是一般的讚美詞。朗讀這樣的誦詞，也不同於其他的朗讀。「誦」字與「鏞」「鐘」音近義通。「誦」蓋謂朗讀的聲音像鐘聲一般清爽激越。朗讀誦詞，一定要有響亮而動情的語聲和清爽的音節。《毛詩》詩文中帶有「誦」字的詩篇，大多是誦詞。《詩經》中有些詩章因為韻律好，可誦讀亦可歌唱，有的還配有樂曲。《左傳·襄公十四年》：「衛獻公戒孫文子、甯惠子食，皆服而朝。日旰不召，而射鴻於囿。二子從之，不釋皮冠而與之言。二子怒。孫文子如戚，孫蒯入使。公飲之酒，使大師歌《巧言》之卒章。大師辭，師曹請為之。初，公有嬖妾，使師曹誨之琴，師曹鞭之。公怒，鞭師曹三百。故師曹欲歌之，以怒孫子，以報公。公使歌之，遂誦之。」《小雅·巧言》的末章，既可以歌唱，也可以朗誦。但衛國的樂師師曹選擇了朗誦《巧言》的末章給孫蒯聽，這樣可以把衛獻公借《巧言》末章斥責孫氏的用意表達得更加清楚，以便激怒孫蒯，讓孫氏狠狠地報復衛獻公。《毛詩》中有些詩文不帶「誦」字，其實也是誦詞。這些誦詞的特點是押韻不嚴格，轉韻靈活。《毛詩·頌》中的那些不押韻的詩篇，都是誦詞。例如：《周頌》的《清廟》《維天之命》《昊天有成命》《我將》《時邁》《臣工》《噫嘻》《振鷺》《潛》《有客》《武》《思文》《訪落》《酌》《桓》《般》等，都是無韻的詞章，原先只口誦，不歌唱。《毛詩》中一些轉韻頻繁的詩篇，基本上都是誦詞。例如：《周頌》的《維清》《執競》《載芟》和《商頌》的《烈祖》。《國風》和二《雅》中也有誦詞。例如：《召南》的《采蘩》《采蘋》、《鄘風》的《干旄》、《小雅》的《楚茨》。司馬遷說：「三百五篇，孔子皆絃歌之，

以合《韶》《武》《雅》《頌》之音。」(《史記‧孔子世家》) 這話不可輕信。顧炎武《詩本音》卷十《維天之命 》注說:「凡《周頌》之詩,多若韻若不韻者。意古人之歌必自有音節,而今不可考矣。」這是一種迷惘的說法。《毛詩》中的那些無韻的詩篇,本來就是口誦而不是歌唱的。這樣的歌詞,即使唱起來,也很拗口。

《論語‧子路》「誦《詩三百》」及《戰國策‧東周策‧溫人之周》「少而誦《詩》」的「誦」字,則指學生的大聲讀書。《左傳‧襄公四年》文中的「國人誦之」、《襄公三十年》文中的「輿人誦之」、《國語‧晉語三》的「輿人誦之」「國人誦之」的「誦」字,皆指平常的誦讀和高聲說話,與禮樂的「誦」是有區別的,它們不能相提並論。

在此附帶說一下「賦詩」的「賦」字。《詩‧定之方中》「卜云其吉」毛亨《傳》:「建國必卜之。故建邦能命龜,田能施命,作器能銘,使能造命,升高能賦,師旅能誓,山川能說,喪紀能誄,祭祀能語,君子能此九者,可謂有德音,可以為大夫。」《漢書‧藝文志》:「《傳》曰:『不歌而誦謂之賦。登高能賦,可以為大夫。』」以上材料中的「賦」字是什麼意思?賦,通專。賦,幫母魚部;專,滂母魚部。「賦」「專」二字旁紐疊韻通假。專,後起字作「敷」,廣布之義。《說文》:「專,布也。从寸,甫聲。」賦詩,即大聲誦詩或歌詩,使聲音廣布,讓在場的人能夠聽得清楚明白。對眾人發言講話,一般要站到較高處。登高而賦,是為了讓語聲傳得更遠些,讓在場的人聽清楚發言者所表達的意思。外交會見「賦詩」,大概也要登高。這就是前文所謂的「升高能賦」「登高能賦」。在周代,大聲講話是做大夫必備的一項職務技能。《尚書‧虞書‧益稷》:「敷納以言,明試以功,車服以庸。」《左傳‧襄公二十七年》引此作「賦納以言」。敷,即賦,指官員的發言能力。明,指官員的執政處事能力。《益稷》篇所記述的皋陶「颺言曰」,就是一個生動的例子。「颺言」,即大聲發言。《韓詩外傳》卷七:「孔子游於景山之上,子路、子貢、顏淵從。孔子曰:『君子登高必賦。小子願者何?何言其願,丘將啟汝。』」孔子也把「賦」作為一種從事政治、外交活動所必備的職業能力看待,十分注重培養弟子發言講話的能力。他屢次強調「不學《詩》,無以言」。《大雅‧烝民》:「天子是若,明命使賦。……出納王命,王侯之舌。賦政于外,四方爰發。……肅肅王命,仲山甫將之。」毛亨《傳》:「賦,布也。」《烝民》是周宣王送其大臣仲山甫出使齊國祖道儀式上所用的誦詞,為大臣尹吉甫所作。據此詩記載,仲

山甫擅長用「賦」的方式向四方傳達周王的命令。《左傳·隱公元年》：「公入而賦：『大隧之中，其樂也融融！』……姜出而賦：『大隧之外，其樂也泄泄！』遂為母子如初。」當初，姜氏為共叔段討封邑於鄭莊公而遭莊公拒絕，鄭莊公因此得罪了他的母親姜氏。因鄭莊公有「不及黃泉，勿相見也」的話在先，礙於面子，潁谷封人潁考叔提議，讓他們母子在地下隧道裏相見。鄭莊公在地道裏高聲說一句話，讓姜氏聽到他有道歉的意思就可以了；姜氏出地道之後高聲地說一句話，讓鄭莊公知道她有和好的意思也就夠了。《左傳·僖公五年》：「（士蒍）退而賦曰：『狐裘尨茸，一國三公，吾誰適從？』」晉獻公的大臣士蒍受到了晉獻公使者的責備，心中有怨，當場未能發洩出來，回家後又大聲地發洩了一通，故意讓人知道他有怨氣。以上《左傳》所載的「賦」，全都是賦者自作的韻言。可見「賦」有語言流暢、聲音洪亮、語調和諧的特點。賦詞多為韻言，方便記憶。《左傳》中記述了許多賦《詩》之事。賦《詩》，是借用周王朝頒行的以及諸侯國之間交換的樂詞卷冊《詩》中的篇什或章節、句子，大聲發言來表達己意，非現場自作詩。賦《詩》，有時可以採取大聲歌唱的方式。《國語·魯語下》：「公父文伯之母欲室文伯，饗其宗老，而為賦《綠衣》之三章。老請守龜卜室之族。師亥聞之曰：『善哉！男女之饗，不及宗臣；宗室之謀，不過宗人。謀而不犯，微而昭矣。詩所以合意，歌所以詠《詩》也。今《詩》以合室，歌以詠之，度於法矣。』」公父文伯之母請本家族的老長輩一起商量公父文伯成婚的事情，她歌唱了《詩·綠衣》第三章，用賦《詩》的方式向長者表達了她的謝意。《左傳·文公四年》：「衛甯武子來聘，公與之宴，為賦《湛露》及《彤弓》。」孔穎達《正義》說：「自賦者，或全取一篇，或止歌一章，未有頓賦兩篇者也。其使工人歌樂，各以二篇為斷，此其所以異也。」魯文公宴請衛國的甯武子，他自己不賦《詩》，而讓樂工賦二《詩》表達他的意圖。孔穎達認為，春秋時的樂工賦《詩》是要歌唱的。樂工代替主人賦《詩》，大概是朗誦或歌唱。《周禮·春官·大師》：「（大師）教六詩：曰諷、曰賦、曰比、曰興、曰雅、曰頌。」鄭玄《注》云：「賦之言鋪，直鋪陳今之政教善惡。」鄭玄以「賦」字為「鋪陳」「陳情」之義，其解非是。

　　賦《詩》與誦《詩》有什麼區別呢？在通常情況下，誦《詩》是禮樂行為，賦《詩》不是禮樂行為，而是政事、外交行為。在會議上，高層貴族往往也用賦《詩》的方式表達意見。誦講求語言音調的雅致效果，賦則重在語言的傳達和溝通。《左傳》中所謂「國人誦之」「輿人誦之」「輿人之誦」，這

樣的「誦」與「賦」差不多。《論語・子罕》的「『不忮不求，何用不臧？』子路終身誦之」，則是子路自己出聲誦讀他心中所記的詩句。這些日常生活中的「誦」，與祭祀、禮樂的「誦」是有區別的。

（四）什麼是祝、禱、咒

祝，即祝福，本是一種祝福性的語言表達方式。祝，又是一種職務或義務擔當。有主持祭祀作祝禱的「祝」，也有主持婚禮、冠禮作祝福的「祝」，等等。《儀禮・士冠禮》:「始加，祝曰:『令月吉日，始加元服。棄爾幼字，順爾成德。壽考惟祺，介爾景福。』再加，曰:『吉月令辰，乃申爾服。敬爾威儀，淑慎爾德，眉壽萬年，永受胡福。』三加，曰:『以歲之正，以月之令，咸加爾服。兄弟具在，以成厥德。黃耇無疆，受天之慶。』」祝職往往兼及禱事。《周禮・天官》有女祝一職，「掌王后之內祭祀、凡內禱祠之事」。《春官》列有大祝、小祝、喪祝、甸祝、詛祝等職，職掌祝禱及撰寫祝禱詞之事。《周禮・春官・大祝》:「大祝掌六祝之辭，以事鬼神，祈福祥，求永貞。」《周禮》中不見婚祝、冠祝之職。《說文》:「祝，祭主贊詞者。」許慎只說到了「祭祝」這一種情況。巫覡亦兼有祝、禱、咒之職。祝、禱、咒之事要用祝、禱詞或咒詞來表達事主的願望。祝詞是一種祝福性質的應用文體;禱詞是一種求神降福消災祛病性質的應用文體;咒詞是一種詛惡驅邪性質的應用文體。有些祝、禱、咒詞用韻言。

（五）什麼是告

告，即告知，本是一種告知性的語言表達方式。告，又是一種告知性的詞章的名稱，是一種應用文體，有上行、平行和下行之分:用於祭祀告神、告先祖的報告性文體，可算作上行文;用於禮儀場合指導在場人員行動的告知性文體，是平行文或下行文。《廣韻・號韻》:「告，報也。」《廣韻・沃韻》:「告，告上曰告，發下曰誥。」《詩・鄘風・干旄》:「何以告之。」《詩・小雅・楚茨》:「工祝致告。」《詩・大雅・江漢》:「經營四方，告成於王。」

（六）什麼是詩

我們通常所說的「詩」，有時專指《詩經》的詩文，又通指一種短小精練、有韻律和節奏、獨立表達思想情感的文體。但「詩」字最初的意義，卻並非這樣。詩，從言，從寺兼聲，指手所持的寫有文詞用以誦讀、歌唱的版、冊。卷冊或木版上，寫有歌詞、誦詞、祝詞、禱詞、咒詞、告詞，手持之以唱、誦、

讀，故稱其為「詩」。甲骨文和金文中迄今沒有發現「詩」字。「詩」字最早出現在《詩經》中。上海博物館藏戰國楚竹書《孔子詩論》中有楚文「𡦦」字，是「詩」字的異構體。《說文》「詩」字下：「𧦣，古文詩省。」𡦦，與「𧦣」字的構字部件相同，皆從言從止。言，即言辭，即指寫在卷冊上用於誦讀或歌唱的詞章；止，金文作「𡳿」，寺之省形。寺，「持」的本字。金文「持」字作「𡱟」，從又（手），𡳿聲。林義光《文源》卷十：「寺，從又從之，本義為持。又，象手形。手之所之為持也。之亦聲。」《石鼓文·車工》：「弓茲以寺。」寺，即持。祭祀時，祝者手持載有告神或告祖詞章的卷冊以誦讀。在禮樂儀式上，樂工合唱樂歌，必要時也手持卷冊。《詩緯·含神霧》：「詩者，持也。以手維持，則承負之義，謂以手承下而抱負之。」這一說法雖出自緯書，但它是對「詩」字的正訓。

上所述「詩」字的初始義，可以從《詩經》裏得到證實。

《大雅·卷阿》：「有卷者阿，飄風自南。豈弟君子，來游來歌，以矢其音。……君子之車，既庶且多，君子之馬，既閑且馳。矢詩不多，維以遂歌。」《卷阿》具體描述了周朝一次賽歌大會的盛況。這次卷阿歌詠大賽活動，是以周王的名義組織的。為了在賽歌大會上給周王助興，大樂師寫了《卷阿》這首樂歌，讓樂工在賽歌會上演唱，讚美周王的賽歌盛事。卷阿，即圈阿，是一處被半環形山嶺所抱的地方，其地在陝西岐山縣西北鳳凰山南部。此地三面環山，呈簸箕形，是一塊回音好、有利於歌唱的地方，民間常在這裡舉行歌舞活動，人們也常在此處練歌。飄風，即大風。大風利於傳播歌聲。君子，指到卷阿參加賽歌大會的諸位貴族男子。矢音，即陳音，亦即賽歌。矢，通肆。《爾雅·釋詁》：「矢，陳也。」《說文》：「肆，極陳也。」矢詩，即肆詩，陳詩。不多，即很多。《卷阿》毛亨《傳》：「不多，多也。」不通丕、畐。畐，浮也，指容器中物滿而超過了器口，有突出、特多之義。《說文》：「畐，滿也。」「畐」原是一個非常古老的形容詞，後來演變成副詞，周代文獻通作「不」，或作「丕」，表示達到極點之義。以，用。指用手拿著歌版或歌冊。參加歌會的人，每個人都拿著歌冊參加歌詠比賽。遂歌，即參賽者按排列順序唱歌。遂，通順、循，按順序、依次。《儀禮·燕禮》：「遂歌鄉樂：《周南·關雎》《葛覃》《卷耳》；《召南·鵲巢》《采蘩》《采蘋》。」遂歌，即按如上《關雎》至《采蘋》的順序依次歌唱之。鄉樂，指王城外六鄉貴族所使用的樂歌，即王畿歌調。周王在卷阿舉辦賽歌大會，許多貴族俊才乘坐華麗的車輛，帶著歌冊，

前往卷阿參加賽歌活動。賽歌大會當設有秘書處，專門負責大會的組織工作，登記檢查歌冊，讓參賽者排好隊列，持卷而立，準備唱歌。參賽者排隊持卷而立，就是《卷阿》所謂的「矢詩」。

《大雅·崧高》：「申伯之德，柔惠且直，揉此萬邦，聞于四國。吉甫作誦，其詩孔碩，其風肆好，以贈申伯。」《崧高》是西周宣王餞別其大臣申伯的樂歌。此樂歌是宣王的大臣尹吉甫所作。周宣王封申伯於謝國，派申伯前往謝地營建都城，周宣王在郊外為他餞行，大臣尹吉甫作了一首很長的送別詞章，並親自把它書寫在卷冊上，讓樂工在餞別時演唱。在送別現場，樂工誦讀並演唱了《崧高》。《崧高》的末章是大樂師所增寫的內容。大樂師為尹吉甫的作品《崧高》增寫了誇讚申伯和尹吉甫的內容。這是十分禮貌的做法。大樂師誇讚尹吉甫創作了內容豐富、韻律和諧的樂詞，讓申伯知道大臣尹吉甫的美意。這一章既起到了闡明事理的作用，又為郊送儀式增加了和諧的氣氛。在《崧高》末章，大樂師既稱尹吉甫書寫在卷冊上的送別詞章為「誦」，又稱其為「詩」。誦，言《崧高》的文體樣式。此樂詞是用來誦讀的。詩，言《崧高》的文本狀態。此樂詞是寫在卷冊上為誦讀者所手持的。

《小雅·巷伯》末章寫道：「楊園之道，猗于畝丘。寺人孟子，作為此詩。凡百君子，敬而聽之。」《巷伯》是周朝上層貴族在辟雝（學校）裏教育其子弟的一首政治教化樂詞。此樂詞由寺人孟子撰寫，由樂師誦讀（或唱）給上層貴族子弟們聽。寺人孟子閱歷深，十分瞭解周朝宮廷爭鬥的內情，他把自己創作的這首歌詞獻給樂師，讓樂師用樂教的方式在辟雝裏教育貴冑。《巷伯》的末章是大樂師所增寫的內容。大樂師特意用幾句簡練的話語向學生們交代寺人孟子作《巷伯》之事，在學生們面前誇讚寺人孟子，說他有不凡的寫作能力，寫出了道理深刻的作品。「楊園之道，猗于畝丘」──楊園是一處很大很有名的果園，它處在有田畝的丘陵地帶，沿著丘上彎曲的小道，才能到達此園的內部。這句話的意思是說，《巷伯》歌詞像楊園一樣廣大深遠，裏面包涵著深奧的道理。學生們要像沿著彎曲的小道往楊園裏走一樣，認真學習和揣摩《巷伯》歌詞，才能夠弄明白其中的道理。《巷伯》末章所謂的「詩」，是指樂師和參加學習的貴族子弟手裏所持的《巷伯》卷冊；所謂「凡百君子」，是指參加學習的貴族子弟；所謂「敬而聽之」，是說樂師先作示範，誦讀（或唱）《巷伯》，讓貴族子弟們仔細聽。

　　以上是對今本《毛詩》中僅有的三個「詩」字所作的考察。這是弄清楚「詩」字初始意義的關鍵步驟。此外，《毛詩》中尚有「作誦」「作歌」的說法。「作誦」是創作誦詞供樂工誦讀，「作歌」是創作歌詞供樂工歌唱或自唱。樂工唱、誦時，手裏持有版牘或卷冊，所唱、誦的詞章全都書寫在上面。這種上面寫有詞章的版牘或卷冊，就是《詩經》中所謂的「詩」。樂師、樂工習稱他們演出時手所持的載有歌、誦詞章的版、冊為「詩」，故而樂歌歌詞、誦詞也連帶地被稱為「詩」。《文心雕龍・樂府》說：「凡樂辭曰詩。」劉勰所說的大概也是這個意思。《國語・周語》：「天子聽政，使公卿至於列士獻詩，瞽獻曲，史獻書，師箴，瞍賦，矇誦……」矇目者唱、誦全憑記憶，是不必持版、冊的。但明目的樂工有時是需要持樂冊的。據《周禮・春官・序官》所述，周王朝的皇家司樂機構可設一千四百六十三人的固定編制，其中「瞽矇」職位設三百人。盲樂人在司樂機構中的固定編制總人數中占少數，司樂機構裏還有大量明目的樂人。《儀禮・鄉飲酒禮》說：「鄉飲酒之禮……工四人，二瑟，瑟先。相者二人，皆左何瑟……工歌《鹿鳴》《四牡》《皇皇者華》。」參加鄉飲酒禮演奏的「工四人」，其中兩名負責演奏瑟的樂工分別有「相者」，他們無疑是盲人；其餘兩名樂工沒有配「相者」，是負責唱歌的明目人。在大型的禮儀上，由級別較高的樂師主唱樂歌，其他的明目樂工或目視卷冊上的樂詞輔唱。晉國的大樂師師曠原來是一個明目人。在《逸周書・太子晉解》篇中，晉平公則稱師曠為「瞑臣」。東晉王嘉《拾遺記》卷三：「師曠者，或出於晉靈公之世，以主樂官，妙辨音律，撰兵書萬篇。時人莫知其原裔，出沒難詳也。晉平公之時，以陰陽之學顯於當世。燻目為瞽人，以絕塞從慮，專心於星算音律之中。考鐘呂以定四時，無毫釐之異。」師曠先為明目人，後來燻瞎了自己的眼睛，才成為盲人。衛國大樂師師涓也是個明目人。《韓非子・十過》：「昔者，衛靈公將之晉，至濮水之上，稅車而放馬，設舍以宿。夜分，而聞鼓新聲者而說之，使人問左右，盡報弗聞。乃召師涓而告之曰：『有鼓新聲者，使人問左右，盡報弗聞。其狀似鬼神，子為我聽而寫之。』師涓曰：『諾。』因靜坐撫琴而寫之。」《史記・樂書》對此事也有類似的記述。《拾遺記》：「師涓出於衛靈公之世，能寫列代之樂，善造新曲以代古聲，故有四時之樂。」所謂「聽而寫之」「能寫列代之樂」，說的是師涓用筆記寫樂譜之事。由此可知，師涓當時是個明目人。級別較高的樂人，往往都會歌、誦、賦，會整理、創作詞曲。盲人樂工憑其良好的記憶力，能記住篇幅較長的歌詞，但二人以上合

唱時須反覆演練。如果眾多的明目樂工合唱篇幅較長的樂詞，就須手持歌詞卷冊以備忘。一些篇幅很長的誦詞，也是必須持卷備忘的。例如《小雅·正月》《大雅·抑》、《大雅·桑柔》《魯頌·泮水》《魯頌·閟宮》這些篇幅長的作品，唱、誦時以持卷冊為宜。在舉行禮儀時，祝誦者、樂工若不持版冊誦、唱，就可能出現誦、唱失誤，造成場面混亂，有失嚴肅，愆於禮儀。

綜上所述，人們最初把祝者、禱者手裏所持的詞章以及樂工演出時手持的載有歌、誦詞章的卷冊稱為「詩」，也把賽歌時參賽者手裏所持的歌版、歌冊稱為「詩」；那些沈寂於司樂機構，躺在卷冊上「沉睡」的詞章，則不稱為「詩」；一些較短小的詞章便於記憶，演唱時不持版牘，故也不稱之為「詩」。對它們稱「詩」是後來的事。在周代的司樂機構裏，樂人習慣把他們手中所持的樂詞卷冊稱為「詩」。於是，收錄在王朝司樂機構的樂詞，也就被統稱為「詩」。各諸侯國也把周王朝所傳播下來的樂詞、誦詞稱之為「詩」。

為了推行禮制，周王朝搜集各諸侯國的樂歌、誦詞，彙集抄錄成冊，頒給各諸侯國，還要派樂師到各國作普及教學活動。周王朝用官話推廣其詩典，以利於王朝與諸侯國、諸侯國與諸侯國之間的信息交流和事務溝通。《左傳》裏記述了外交人員在外事活動中擇用詩典中的章、句進行溝通和表述外交意見的一些事件，也記述了諸侯國的人平時在社交活動中用詩典中的章、句來申明事理、表達自己觀點或意圖的一些事件。

周王朝還把《詩》作為對貴族子弟進行樂教的課本。《周禮·春官·大司樂》：「以樂德教國子：中、和、祗、庸、孝、友；以樂語教國子：興、道、風、誦、言、語；以樂舞教國子：舞《雲門》《大卷》《大咸》《大韶》《大夏》《大濩》《大武》。」《禮記·內則》說到了貴冑的教育問題：「九年，教之數日。十年，出就外傅，居宿於外，學書計，衣不帛襦袴；禮帥初，朝夕學幼儀，請肄簡、諒。十有三年，學樂，誦《詩》，舞《勺》。成童，舞《象》，學射御。二十而冠，始學禮。」在貴族學校裏，普遍有《詩》的教學。孔子在他的私學裏也開設了《詩》學科目。孔子說：「不學《詩》，無以言。」他要求學生們好好學《詩》，學會通過《詩》的章、句產生正確的聯想，平時用《詩》與人交流，學成後還可用於外交「專對」。

在周王朝推行樂教的過程中，開始稱樂詞卷冊為「詩」，後來習慣地稱樂詞為「詩」。於是，「詩」字的初始意義便漸漸被人們遺忘了。

　　《尚書・虞書・舜典》載舜對大樂師夔說：「夔，命汝典樂，教胄子……詩言志，歌永言，聲依永，律和聲。八音克諧，無相奪倫，神人以和。」倘若以《尚書》為信史，則舜的時代就已經有「詩」了。那時尚無文字，不可能有載有文詞的簡冊，所以也不可能有「詩」。孔安國《尚書》序：「伏犧、神農、黃帝之書，謂之『三墳』，言大道也。少昊、顓頊、高辛、唐、虞之書，謂之『五典』，言常道也。至於夏、商、周之書，雖設教不倫，雅誥奧義，其歸一揆。是故歷代寶之，以為大訓。八卦之說，謂之『八索』，求其義也。九州島之志，謂之『九丘』；丘，聚也，言九州島所有，土地所生，風氣所宜，皆聚此書也。」《左傳・昭公十二年》：「左史倚相趨過。王曰：『是良史也，子善視之。是能讀《三墳》《五典》《八索》《九丘》。』」楚靈王說有《三墳》《五典》《八索》《九丘》之書。這些書承載的是什麼內容，迄今尚無人能說得清楚。倘若有「三墳」「五典」「八索」「九丘」，說它們是圖畫符號冊集尚可，說它們是文字之書，則極不可信。舜生活的時代，可能有專門唱歷史歌、曆法歌的樂人，但那時不會有載著文字的典冊。鄭玄《詩譜序》說：「詩之興也，諒不於上皇之世。大庭、軒轅，逮于高辛，其時有亡，載籍亦蔑雲焉。《虞書》曰：『詩言志，歌永言，聲依永，律和聲。』然則詩之道，放於此乎？有夏承之，篇章泯棄，靡有孑遺。」鄭玄對遠古時期有沒有詩的問題，已經有了較為清醒的認識，但對堯舜時期有沒有詩的問題，他卻依了《虞書》的說法。

（七）歌、謠、誦與詩的關係

　　由上可知，歌、謠、誦、詩是不同的樂體存在形態，四者有密切的關聯。從《詩經》中可見，詠唱的歌詞中有言、嘯、謠這些成分，其中言、謠相當於徒說，嘯則是無詞的長叫。謠不是歌，但它有韻腳，其中有些語句又像歌。誦不是歌而是言，但它追求語調的抑揚頓挫和諧雅致，有一定的音樂性。韻律好的誦詞也是可以歌唱的。詩可歌亦可誦。《漢書・藝文志》說：「哀樂之心感，而歌詠之聲發。誦其言謂之詩，詠其聲謂之歌。」這段話也在一定程度上說出了歌、誦、詩之間的聯繫及區別。

（八）歌、詩、舞、樂四者的關係

　　上古時歌、舞、器樂經常是一體的。《呂氏春秋・古樂》：「葛天氏之樂，三人操牛尾，投足以歌八闋。」「葛天氏之樂」是上古的廟堂之樂，邊歌邊舞。

　　上古時代，歌的本來面目是徒歌。飢者歌其食，勞者歌其事，即興而謳。例如《邪許歌》《彈歌》《候人歌》等古歌，都是沒有樂器伴奏的徒歌。《論語・微子》載：「楚狂接輿歌而過孔子，曰：『鳳兮！鳳兮！何德之衰？往者不可諫，來者猶可追。已而！已而！今之從政者殆而！』」接輿邊走邊唱，他的歌顯然也是徒歌。《孟子・離婁上》：「有孺子歌曰：『滄浪之水清兮，可以濯我纓；滄浪之水濁兮，可以濯我足。』」《孟子》所載的這首《孺子歌》也是徒歌。《國風》中所載的那些青年人在野外求偶時所唱的情歌，沒有樂器伴奏，當然也都是徒歌。

　　今本《詩經》是周代司樂機構所收錄的歌、謠、誦、祝、禱、咒、告詞章的一個結集。其中，歌詞佔了絕大部分。《詩經》中的許多歌詞本來配有固定的曲調、節奏，並有聲樂與器樂的配合。後來，其中有些篇目的歌詞失傳了，只剩下曲子，就成了純器樂的節目。

　　先秦文獻中反映了周朝歌樂的一些情況：

1. 演唱歌曲常用樂器伴奏

　　《論語・陽貨》：「子之武城，聞絃歌之聲。」「孺悲欲見孔子，孔子辭以疾。將命者出戶，取瑟而歌。使之聞之。」孔子的弟子言偃在武城時，唱歌用絃樂器伴奏，孔子在家裏唱歌，也用樂器伴奏。楚竹書《孔子詩論》第二簡：「丌（其）謌（歌）紳（塤）而芌（篪）。」唱歌也可以用塤、篪兩種樂器伴奏。

2. 歌、舞並用

　　《小雅・車舝》：「雖無德與女，式歌且舞。」《車舝》是一首迎親歌曲的歌詞。此歌詞說，男方娶親，用歌、舞歡迎新娘的到來。

3. 在禮儀活動中，交替進行歌、舞和使用器樂，並有器樂獨奏、合奏，唱歌時配有器樂演奏

　　《儀禮・鄉飲酒禮》言鄉禮用樂：「工四人，二瑟，瑟先。相者二人，皆左何瑟……工歌《鹿鳴》《四牡》《皇皇者華》。卒歌，主人獻工。工左瑟……笙入堂下，磬南，北面立，樂《南陔》《白華》《華黍》……乃間：歌《魚麗》，笙《由庚》；歌《南有嘉魚》，笙《崇丘》；歌《南山有臺》，笙《由儀》……乃合樂：《周南・關雎》《葛覃》《卷耳》，《召南・鵲巢》《采蘩》《采蘋》。工告於樂正曰：『正歌備。』」《儀禮・燕禮》記燕禮用樂的情況：「笙入，立於縣中。奏《南陔》《白華》《華黍》……乃間：歌《魚麗》，笙《由庚》；歌《南有嘉魚》，笙《崇丘》；歌《南山有臺》，笙《由儀》。遂歌鄉樂：《周南・關雎》《葛

覃》《卷耳》，《召南·鵲巢》《采蘩》《采蘋》。大師告於樂正曰：『正歌備。』……
升，歌《鹿鳴》。下，管《新宮》。笙入，三成，遂合鄉樂。若舞，則《勺》。」

4. 《詩》中有些篇目的配曲，可以用來單獨演奏

如《小雅》中的《南亥》《白華》《華黍》《由庚》《崇丘》《由儀》，都是這樣的曲目。《周禮·春官·籥章》：「籥章：掌土鼓、籥龡。中春，晝擊土鼓、龡豳《詩》，以逆暑。中秋，夜迎寒，亦如之。凡國祈年於田祖，龡豳《雅》，擊土鼓，以樂田畯。國祭蠟，則龡豳《頌》，擊土鼓，以息老物。」這則材料說明：《風》《雅》《頌》中的一些古樂詞，皆曾配有先周豳調樂曲。這些配曲也可以單獨吹奏。

5. 舞蹈有配歌、配曲，舞曲也可單獨演奏

《左傳·襄公十六年》：「晉侯與諸侯宴於溫，使諸大夫舞，曰：『歌詩必類。』」跟隨舞蹈所唱的歌曲一定要與舞蹈相匹配。《禮記·文王世子》記天子視察學校之禮用樂的情況：「反，登歌清廟……下，管《象》，舞《大武》。」《禮記·明堂位》記魯君祭祀周公之禮用樂的情況：「升，歌《清廟》。下，管《象》。朱干玉戚，冕而舞《大武》；皮弁素積，裼而舞《大夏》。」《象》是一個舞蹈節目，配有舞曲，也可以在沒有舞蹈的情況下單獨用管樂器演奏這個舞曲。

6. 貴族子弟在學堂裏接受詩樂教育

《周禮·春官·大司樂》：「大司樂掌成均之法，以治建國之學政，而合國之弟子焉……以樂語教國子：興、道、諷、誦、言、語。」鄭玄《注》：「國之子弟、公卿大夫之子弟當學者謂之『國子』。」《大司樂》「祭於瞽宗」孔穎達《疏》：「案《文王世子》云：『春誦夏弦，大師詔之瞽宗。』以其教樂在瞽宗，故祭樂祖還在瞽宗。雖有學干戈在東序，以誦、弦為正。《文王世子》云：『《禮》在瞽宗，《書》在上庠。』鄭《注》云：『學《禮》《樂》於殷之學，功成治定，與己同。』則學《禮》《樂》在瞽宗，祭《禮》先師亦在瞽宗矣。若然，則《書》在上庠，《書》之先師亦祭於上庠。其《詩》則春誦夏弦在東序，則祭亦在東序也。」《禮記·王制》：「樂正崇四術，立四教，順先王《詩》《書》《禮》《樂》以造士。春秋教以《禮》《樂》，冬夏教以《詩》《書》。王太子、王子、群后之大子，卿大夫、元士之適子，國之俊選，皆造焉。」貴族子弟都要在學校裏接受詩樂教育，他們春天在東序練習誦讀《詩》；夏天在東序練習唱《詩》，用弦樂演奏配合之。

二、《詩》的篇目分類標識「風」「雅」「頌」三字的實際意義

　　「風」「雅」「頌」是周代司樂機構在編輯詩冊時按作品的來源和功用的不同，對輯錄的詩篇所作的編排分類。《論語・子罕》篇說：「子曰：『吾自衛反魯，然後樂正，雅、頌各得其所。』」此「雅頌」二字雖是言樂，一定也與《詩》中樂詞的分類相關。《墨子》的《兼愛》篇和《明鬼》篇說到了《詩》的《大雅》。《孟子・滕文公上》篇中有「《魯頌》曰」三字，說明《詩》中的《頌》這一部分有更細緻的分類。《荀子・儒效》中說到了《詩》的《風》《小雅》《大雅》《頌》四個類別；《荀子・大略》中說到了《國風》和《小雅》。《左傳・襄公二十九年》載吳國公子季札在魯國觀周樂時所觀之樂有《周南》、《召南》、《衛風》（其他國別的「風」詩皆簡稱其國名）、《小雅》、《大雅》、《頌》。戰國楚竹書《孔子詩論》中顯示了《詩》篇目分類的四個名稱：訟、大夏、小夏、邦風。它們分別與今本《毛詩》的《頌》《大雅》《小雅》《國風》相對應。據上，可以說春秋戰國時期，《詩》中的詩篇確有風、雅、頌三個大的分類。

　　「風」「雅」「頌」這三個字的意思，古代就有爭議，現代學術界對此仍有不同的意見。在此陳述己見如下：

（一）說「風」

　　從氣象學和物理學的意義上說，風是一種空氣流動現象。在古代典籍中，「風」字還有另外的意義。

1. 指聲音

　　《管子・輕重己》：「吹塤篪之風，（鑿）動金石之音。」清俞樾《群經平議・大戴禮記二》：「風者，聲也。風之所至必有聲，故曰：『風聲』。文六年《左傳》曰『樹之風聲』是也。因而古人即謂聲為風。《管子・宙合篇》『君失音則風律必流』，『風律』，即『聲律』也。《輕重己篇》『吹塤篪之風』，猶言『塤篪之聲』也。」《淮南・原道篇》『結激楚之遺風』，高《注》曰『遺風猶遺聲』，得其義矣。」《文選》王僧達《祭顏光祿文》「逸翮獨翔，孤風絕侶」李善《注》引《廣雅》曰：「風，聲也。」聲，指鳥的叫聲。

2. 指誦詞所具有的聲調韻律

　　《大雅・崧高》：「吉甫作誦，其詩孔碩，其風肆好。」陸德明《釋文》引王肅云：「風，音也。」音，指誦詞朗誦出來的音調和韻律。

3. 指歌調

《漢書・藝文志・歌詩》：「自孝武立樂府而采歌謠，於是有代趙之謳，秦楚之風。」《論衡・明雩》：「風，歌也。」

4. 指器樂曲調

《左傳・隱公五年》：「九月，考仲子之宮，將萬焉。公問羽數於眾仲。對曰：『天子用八，諸侯用六，大夫四，士二。夫舞所以節八音而行八風，故自八以下。』」八音，即金、石、絲、竹、匏、土、革、木八種樂器。八風，即金、石、絲、竹、匏、土、革、木八種樂器所演奏的音樂曲調。《左傳・成公九年》：「樂操土風。」土風，指本地樂曲。《左傳・襄公二十九年》：「五聲和，八風平。」聲，指歌聲。風，指樂器演奏出的曲調。《禮記・樂記》：「八風從律而不姦。」八風，即八音，演奏金、石、絲、竹、匏、土、革、木八種樂器所發出的音調。不姦，即《尚書・虞書・堯典》所謂「八音克諧，無相奪倫」。

5. 指與律準相關的抽象的季節風

《左傳・昭公二十年》：「聲亦如味，一氣，二體，三類，四物，五聲，六律，七音，八風，九歌，以相成也。清濁、大小、短長、疾徐、哀樂、剛柔、遲速、高下、出入、周疏，以相濟也。」八風，杜預《注》曰：「八方之風。」《淮南子・主術訓》：「樂生於音，音生於律，律生於風。此聲之宗也。」《史記・律書》說及十二律與八方之風（西北「不周風」、北方「廣漠風」……西方「閶闔風」）的關係，即是「律生於風」之說。所謂「八風」，並不是實有的季節風，而是抽象的季節風。這種抽象的季節風與地氣（陰陽之氣）密切相關。古人認為，地氣與音樂標準器——律管有一種神秘的關聯性。據說，這是古人用葦膜灰置於律管中做實驗得出來的結論，似乎不必講什麼道理。

6. 指風俗習慣

《荀子・敬慎》：「移風易俗。」《呂氏春秋・季夏紀・音初》：「是故聞其聲而知其風，察其風而知其志。」高誘《注》：「風，俗。」《淮南子・主術訓》：「延陵季子聽魯樂，而知殷、夏之風。」

《鄭風・蘀兮》：「蘀兮蘀兮，風其吹女。叔兮伯兮，倡！予和女。」在《蘀兮》這首歌詞裏，「風」指的是自然風。自然界的風，與人的歌聲有一層親密的關係，似乎秋風有了人的性情，乘興而吹，人也要借秋風使歌聲飄揚起來。《莊子・齊物論》：「（南郭子綦）曰：『……女聞人籟，而未聞地籟，女

聞地籟而未聞天籟夫！』子游曰：『敢問其方。』子綦曰：『夫大塊噫氣，其名為風。是唯無作，作則萬竅怒呺。而獨不聞之翏翏乎？山林之畏隹，大木百圍之竅穴，似鼻，似口，似耳，似枅，似圈，似臼，似窪者，似污者；激者，謞者，叱者，吸者，叫者，譹者，宎者，咬者，前者唱『於』而隨者唱『喁』。泠風則小和，飄風則大和，厲風濟則眾竅為虛。而獨不見之調調、之刁刁（刀刀）乎？』子游曰：『地籟則眾竅是已，人籟則比竹是已。』」《齊物論》中的這段對話很奇妙。南郭子綦用很文學的口吻描繪了自然風吹入高山上百圍之木的竅穴所發出的千奇百怪的響聲。在子綦先生看來，大自然中的風有人的靈性，它能從各個刁鑽的角度吹響眾竅，似乎是在用一首交響曲來發洩自己的情緒。子游則在子綦妙言的基礎上，非常智慧地將自然的風與人類的音樂作類比，想以此來說明「人籟」與「地籟」的相似性。這段對話讓我們一下子明白了古人將音樂曲調和歌聲稱為「風」的原因。原來，古人認為大自然的風是聲響的第一創造者，歌聲、演奏的樂器聲與自然風吹出來的聲音有相似之處。因而，古人把誦詩的語調、不同特色的地方歌調、地方樂曲皆稱之為「風」。在此基礎上，人們還把地方的歌謠詞章稱為「風」。就此看來，「風」字由自然風的義項，孳衍出歌調、朗誦韻調、樂器音調等義項，進而又孳衍出地方樂曲、地方風俗的義項來，就不足為怪了。

就《詩經》而論，其中的風詩，基本上都是周王朝司樂機構之外的方樂樂詞。這些方樂樂詞，皆冠以國名或地區名稱。其中，《周南》《召南》詩篇是周公、召公家族的樂詞，標以「南」字，表明其配用了南國的樂調。故「二南」也被視為方樂；《王風》是東周王畿地區士大夫所使用的樂詞，用王畿地區方言方音唱誦，而不用雅言雅音唱誦；「豳風」是先周古樂的名稱。《豳風》詩篇是魯國人使用的樂詞，其中有豳人、岐周人的古歌詞，也雜有魯國人的歌詞，其配樂以先周古豳樂為主；《邶風》《鄘風》是用衛國的地方樂調演唱的樂詞；《魏風》《唐風》是用晉國的地方樂調演唱的樂詞；《檜風》是以鄶調演唱的樂詞。《孔子詩論》把《詩》的方樂樂詞稱為「邦風」。「邦風」是戰國早期的稱謂，戰國晚期稱為「國風」。《荀子·大略》：「《國風》之好色也。」安徽阜陽西漢第二代汝陰侯夏侯灶墓出土的《詩》簡，有「國風」標識。西漢初興起了魯、齊、韓三家《詩》學，人們習稱《詩》中包括「二南詩」和《王風》《豳風》在內的地方歌詩為「國風」。《毛詩》稱詩為「國風」。《毛詩正義》曰：「《詩·國風》，舊題也。」

（二）說「雅」

雅，從隹，牙聲，本義為烏鴉。《說文》：「雅，楚烏也。一名鸒，一名卑居。」鸒，一名「鸒斯」。《爾雅·釋鳥》：「鸒斯，鵯鶋。」郭璞《注》：「鴉烏也，小而多群，腹下白，江東亦呼為鵯烏。」「烏鴉」之義，與作為《詩經》篇目類別的「雅」無關。雅通夏。《荀子·榮辱》：「越人安越，楚人安楚，君子安雅。」其《儒效》篇又說：「居越而越，居楚而楚，居夏而夏。」可知荀子所說的「安雅」即「安夏」。《韓非子·外儲說右上》說齊景公有「公子夏」和「公子尾」兩個弟弟，《左傳·昭公三年》則說齊景公時齊國有子雅、子尾二公子。據以上材料，可知雅、夏二字通假。雅亦通疋。唐陸德明《經典釋文·爾雅音義序》：「雅，亦作疋。」《廣韻·魚韻》：「疋，古為『雅』字。」楚竹書《孔子詩論》第二簡有「大顕」二字，馬承源先生釋為「大夏」。依馬先生的意見，「顕」字所從「昰」是「疋」字的繁筆變體，「昰」本是「足」字，「足」字的口中多加了一橫而為「昰」。《說文》：「疋，足也。……古文以為《詩·大雅》字。」要而言之，《詩經》「風雅頌」的「雅」字、楚竹書的「顕」字、《說文》的「疋」皆為借字，「夏」才是正字。

周人以夏人自居，旗幟鮮明地崇尚夏文化。周人以夏代的樂舞為正樂，誦、歌皆用夏言、夏調。西周時期，在夏言的基礎上形成了周朝的雅言。春秋時期，吳國的季札在魯國觀周樂，他聽到樂工演唱《秦風》之後說：「此之謂夏聲。」所謂「夏聲」，本是用西周官話演唱的古歌調，亦即西土岐周歌調。原來，魯國的樂工是用西周官話演唱《秦風》樂歌的。西周官話是以岐山周原語音為基準音、以岐山周原方言為基礎方言、以西周官方文獻和傳播文體為語言規範的「普通話」。東周官話形成於洛邑成周地區，它是以西周官話為基礎的。周王朝舉行祭祀等各種大型典禮儀式，各諸侯國都派要員參加，典禮儀式樂歌須用周朝的官話演唱，典禮的詞章也須用周朝官話朗讀。這樣，各國的來員才能夠聽得懂。《論語·述而》：「子所雅言，《詩》、《書》、執禮，皆雅言也。」此所謂「雅言」，即東周的官話。孔子一直堅持用東周官話教學，也用東周官話主持禮儀。

在周王朝的樂典裏，《大雅》是先周及西周樂詞的集合，《小雅》是東周樂詞的集合。今本《毛詩》置篇分類有些錯亂，《小雅》中帶有「鎬」「召伯」「南仲」「吉甫」「師尹」「皇父」字樣的詩篇，大概是西周人的作品；《小雅》中的情歌、棄婦詩等，大概是東周人所作。《大雅》簡冊的尺寸也許比《小

雅》簡冊略長一些，故有大、小之分。《大雅》要用西周官話誦讀，用西周官話和西土流傳的歌調演唱；《小雅》用東周官話誦讀、演唱，歌調有古有新。

（三）說「頌」

頌，本為容貌之義。此義固不可移。《說文》：「頌，貌也。从頁，公聲。頟，籀文。」阮元《揅經室集・釋頌》說：「『頌』之訓為『形容』者，本義也，且『頌』字即『容』字也。『頌』正字，『容』假借字。……惟三《頌》各章皆是舞容，故稱為『頌』。」阮元這一說影響最很大，不可不辨。王國維《說周頌》一文中說：「阮文達《釋頌》一篇，其釋『頌』之本義至確，然謂三《頌》各章皆是舞容，則恐不然。……竊謂風、雅、頌之別，當於聲求之。頌之所以異於風、雅者，雖不可得而知，今就其著者言之，則頌之聲較風、雅為緩也。何以證之？曰：《風》、《雅》有韻，而《頌》多無韻也。」（《王國維遺書・觀堂集林》卷二》）王國維對阮元的說法表示了懷疑。

《詩經》「風雅頌」的「頌」字，並不是「容貌」或「舞容」之義。「頌」是一個多音字。《玉篇・頁部》：「頌，與恭切，形容也。又，似用切，歌其盛德。《禮》：為人臣『頌而無諂』。」頌，通誦，指用於誦讀的詞章。甲骨文中有「祝」「用」二字。郭沫若《殷契粹編考釋》第一片第二辭：「召祖乙祝，叀祖丁用。」郭解釋說：「第二辭，『祝』與『用』復分施於二祖，則『用』當讀為『誦』若『頌』，言以歌樂侑神也。」依郭說，卜辭「用」字即「誦」，為歌樂娛神之義。在我看來，「用」與「祝」對文，「用」當指向先祖致誦詞。《孟子・萬章下》：「頌其詩，讀其書。」頌，即「誦」之借字。《毛詩》序：「頌者……以其成功，告於神明者也。」《周禮・春官・大師》「六詩」鄭玄《注》：「頌之言誦也。」訟，亦通誦。頌，上海博物館所藏戰國楚竹書《孔子詩論》中作「訟」。《說文》：「訟，一曰謌訟。」段玉裁《說文解字注》：「訟、頌古今字。古作訟，後人假頌貌字為之。」《詩・頌》中的詞章，本來就是用來朗誦的，故稱之為「頌」。《頌》中那些無韻的詞章，本來不可歌，只可誦。《禮記》中所謂「升歌《清廟》」，是周王朝的樂師勉強把無韻的《清廟》改成了節奏緩慢、曲調宛轉的歌。一些有韻的誦詞，也是可以歌唱的。《左傳》中記述吳季札在魯觀樂，樂工「為之歌《頌》」，這大約是為了表演而選唱了《頌》中的個別篇目。

在廟堂裏誦詩時，一般都有樂器配合。《周禮・春官・眡瞭》：「眡瞭，掌凡樂事。播鞀，擊頌磬、笙磬，掌大師之懸。」頌磬，即誦磬，是禮儀誦詩時所用之磬。磬聲有助於誦詩者發出「穆如清風」般的聲音。

三、《詩》的成書、傳播和版本問題

《詩》是周朝的樂詞、誦詞、祝詞、禱詞、咒詞的一個合集。戰國時期，已將它稱之為「經」。西漢初年，它被列為經書之一，稱為《詩經》。《史記・儒林列傳》：「申公獨以《詩經》為訓以教。」《詩》的傳播歷史很長，其版本問題也很複雜。

西周的中央司樂機構，對前朝及本朝的樂詞做過一定的整理工作，編成了詩典。《今本竹書紀年》說：「（康王）三年，定樂歌。」爾後，周朝歷屆司樂機構、史官又對詩典作過擴充。《左傳》記述了春秋時期很多斷章賦詩表達外交意見以及進行口頭溝通交流的情況。這表明周王朝向各諸侯國頒發了中央司樂機構的詩冊副本，各諸侯國之間也互換了詩冊副本，讓貴族成員都來學習它、熟悉它。所以，那時貴族成員都習慣於斷章賦詩作交流。大概周王朝按一定年數定期向諸侯國頒發詩冊副本，各諸侯國也定期互換詩冊副本。所以，貴族成員才有條件學習並大量地記憶詩冊中的篇章詩句，靈活地將篇章詩句運用於外交場合及在國內會議上表達意見。傳播和學習這些詩冊，一定要使用周的官話。否則，運用詩冊中的章節、詩句進行國際間的語言交流，就會出現較大的障礙。春秋時期，周王朝及一些諸侯國還編輯了專門用於公學教育的詩冊。魯國編了一個名為《詩三百》的教育貴族子弟的課本。孔子的私學也借用了《詩三百》作為課本。戰國時期，由於周王朝中央司樂機構喪失了權威，王朝不再向諸侯國頒發詩冊，王朝原先頒發的詩冊在各地流傳，或筆抄或口傳，版本差異越來越大。此時期王朝和各諸侯國的官學是否還進行詩樂教學，不得而知。戰國時，列國都設有博士職務，專門解讀文獻。齊國的官學稷下學宮學者薈萃，其中當有傳習文獻者。在私學方面，由於孔子之後儒家分裂成了許多不同的學派，《詩三百》或類似《詩三百》的詩冊在私學領域裏也是多渠道流傳，其版本差異一定也不小。西漢初，文帝、景帝設立經學博士，魯國人申培、齊國人轅固、燕國人韓嬰被立為《詩》學博士。西漢武帝、昭帝為齊、魯、韓三家今文《詩》學博士置弟子員，三家《詩》被正式立為官學科目。西漢宣帝、元帝、成帝陸續為三家增補弟子員額，大

量增加專門學《詩》的人員。《漢書・儒林傳》:「（公孫）弘為學官,悼道之郁滯,乃請曰:『……太常議,予博士弟子……為博士官置弟子五十人……。』昭帝時舉賢良文學,增博士弟子員滿百人,宣帝末增倍之。……元帝好儒,……數年,以用度不足,更為設員千人。……成帝末,或言孔子布衣養徒三千人,今天子太學弟子少,於是增弟子員三千人。」三家《詩》的版本不同,異文互見,且各持其說。河間獻王劉德深知秦挾書律之弊,刻意搜求民間古籍,得毛公所獻古文《詩》,立毛公為河間府《詩》學博士。於是,毛公在河間府當地傳授的古文《詩》,便被稱為《毛詩》。《毛詩》是齊、魯、韓三家《詩》之外的另一種《詩經》版本。劉德把《毛詩》獻給漢武帝,奏請立為官學科目,未許,所獻《毛詩》被塵封於中央書府。西漢哀帝時,劉歆建議將《毛詩》《左傳》《古文尚書》等古文書籍立為官學科目,受挫,未得立。西漢平帝時,《毛詩》曾一度立於學官。《漢書・儒林傳》:「平帝時,又立《左氏春秋》、《毛詩》、逸《禮》、古文《尚書》。」在王莽新朝,劉歆成為「典儒林史卜之官」,號稱「國師」,是國家最高級別的文化官員,他奏請並獲准立《毛詩》為官學科目。《毛詩》雖在西漢末才立於學官,但自有《毛詩》以來,西漢的通才大儒多研習之,學問不衰,薪火遞傳。如貫長卿、解延年、徐敖、陳俠、謝曼卿、衛宏、徐巡、鄭眾、賈徽、賈逵、馬融、鄭興、許慎、鄭玄等,皆治《毛詩》。東漢靈帝熹平年間,詔蔡邕等碩儒校定經書文字,刻《魯詩》等經典於石,立於太學。《魯詩》石經起到了糾版本之亂的作用。唐太宗貞觀四年（公元 630年）,詔中書侍郎顏師古考定五經,貞觀七年（公元 633 年）顏師古完成《五經定本》。貞觀十二年（公元 638 年）,敕命孔穎達率領顏師古、賈公彥等名儒綜錄諸家舊說,編定《五經正義》,《毛詩正義》為其一。《毛詩正義》注疏詳備,流傳至今。唐文宗太和四年（公元 830 年）,敕刻《毛詩》等十二部經書於石,歷七年,至開成二年（公元 837 年）刻成。石經立於太學。人們習稱之為《開成石經》。以上是對《詩》的流傳情況的簡單梳理。其中,有許多問題值得深入地探討。

（一）周朝司樂機構正本詩冊編定之前樂詞的彙集

周朝中央司樂機構的正本詩冊的編定,有一個彙集樂詞的過程。採、獻是周朝中央司樂機構彙集樂詞的主要渠道。周朝的採、獻制度,對樂詞的彙集起到了至關重要的作用。由於有了採、獻制度,公卿列士踴躍創作、採收並進獻樂詞,周朝中央司樂機構就擁有了大量的樂詞。同時,各諸侯國的司

樂機構裏也彙集了數量不等的樂詞。司馬遷說「古者詩三千餘篇」，人多疑為誇大之辭。其實，周詩累計起來，若再加上周以前的朝代口傳轉為文字的詞章，何止三千首？那些「沉睡」在司樂機構裏不常用的詞章，後來都失傳了。周朝司樂機構所彙集的樂詞，有以下幾個來源：

1. 王官采詩

「王官采詩」屢見於文獻記載。《禮記·王制》：「天子五年一巡守：歲二月，東巡守至於岱宗，柴而望祀山川；覲諸侯；問百年者就見之；命大師陳詩以觀民風，命市納賈以觀民之所好惡，志淫好辟。」據《史記·封禪書》引管仲說，周成王曾經東巡祭祀泰山。大師向周王所展陳之詩樂，當是採自泰山地區貴族的樂歌和民歌。《左傳·昭公二十一年》：「二十一年春，天王將鑄無射。泠州鳩曰：『……夫樂，天子之職也。夫音，樂之輿也。而鐘，音之器也。……天子省風以作樂……。』」此所謂「風」，指採自民間的歌曲和舞蹈；所謂「省風」，就是品賞民樂。《周禮·春官·旄人》：「旄人：掌教舞散樂，舞夷樂。」鄭玄《注》：「散樂，野人為樂之善者，若今黃門倡矣，自有舞。夷樂，四夷樂舞，亦皆有聲歌及舞。」散樂，民間樂舞；夷樂，四夷樂舞。《孔叢子·巡狩》：「古者天子將巡狩……命史采民詩謠以觀民風。」史，史官。《書·胤征》：「每歲孟春，遒人以木鐸徇於路。」《左傳·襄公十四年》：「故《夏書》曰：『遒人以木鐸徇於路。』」杜預 注：「遒人，行人之官也……徇於路，求歌謠之言。」《漢書·藝文志》：「古有采詩之官，王者所以觀風俗，知得失，自考正也。」《漢書·食貨志》記周代行人采詩的情況：「孟春之月，群居者將散，行人振木鐸徇於路，以采詩，獻之大師，比其音律，以聞於天子。故曰王者不出牖戶而知天下。」行人，掌邦國禮儀及外交事務之官。《公羊傳·宣公十五年》「頌聲作」何休《解詁》：「男年六十、女年五十無子者，官衣食之，使之民間采詩。鄉移於邑，邑移於國，國以聞於天子。」總之，樂官、史官、行人等，皆可委以采詩謠的任務。凡所采，當記其詞和樂調；或帶領民間歌樂者到樂府現場表演。以上這些有關「王官采詩」的說法，是可信的。但王官采歌謠以觀民風是假，充實樂府用於貴族娛樂才是真。

2. 公卿列士獻詩

周朝有獻詩制度，也有獻詩活動。《大雅·卷阿》篇反映了周王朝中央政府組織公卿列士在一處風景勝地——卷阿舉辦賽歌獻詩大會的情況。卷阿賽歌大會是發生在周代的一個重大的文化事件。關於《卷阿》所描寫的賽詩獻詩

活動，前已有所述。舊說以為《卷阿》是周成王時的作品，又有說為周宣王時的作品。卷阿賽歌，公卿列士參賽所持的歌冊是要獻給司樂機構的。由此可知「獻詩說」不誣。《國語・周語・邵公諫厲王弭謗》：「天子聽政，使公卿至於列士獻詩，瞽獻曲，史獻書。」此確為史家之筆。卷阿賽歌大會是西周歌詩創作的一個新起點。在周王朝中央政府的推動下，一定會刺激文人雅士的歌詩創作欲望，推動歌詩創作蓬勃發展。大約自卷阿賽歌會之後，周朝的歌詩創作進入了一個興盛階段。亦或由此時起，周朝中央司樂機構開始派員到民間采詩集民樂、民謠。

3. 史官、樂官及其他人員創作的作品

凡是由祝、巫、史創作的祝、禱、咒詞章，多保存於史官；室內消遣樂歌是貴族成員所創作的解憂或娛樂的作品，其詞章多保存於司樂機構。王朝祭祀所用的祝、誦、告詞，大多出自公卿大臣之手；一些禮儀樂歌，往往也是由公卿大臣創作的。今本《毛詩》中許多禮儀樂歌、祭祀樂歌，都是由公卿大臣創作的。這些樂詞原來是由司樂機構和史官分別保存的。《小雅・節南山》：「家父作誦，以究王訩。」《大雅・崧高》：「吉甫作誦，其詩孔碩。」《大雅・烝民》：「吉甫作誦，穆如清風。」《小雅・四月》：「君子作歌，維以告哀。」《魯頌・閟宮》：「奚斯所作，孔曼且碩。」《小雅・巷伯》：「寺人孟子，作為此詩。」這些詩都顯示了詩的創作者。《詩》中顯示詩篇作者的那些章節，都是大樂師出於禮貌添加的。《左傳・昭公十二年》：「祭公謀父作《祈招》之詩，以正王心。」上述作品所顯示的作詩者，除寺人孟子外，皆為公卿大夫。寺人也是周王的近臣。王安石在他的《字說》裏說，「詩」為「寺人之言」。王安石看到了《小雅・巷伯》中「寺人孟子，作為此詩」的詩句，就率出此言。今本《毛詩》三百零五篇，有幾篇是寺人作的呢？僅見寺人孟子一人所作的一篇《巷伯》而已。

（二）春秋戰國時期、秦朝及西漢初年《詩》的傳播概況

1. 春秋時期

春秋時期，在貴族階層普遍流行斷章取義賦詩言志的做法。這說明周王朝向各諸侯國頒發了詩冊定本，各國都學習它。就傳世文獻資料看，「詩」作為書冊名，最早出於《左傳》。《左傳・僖公二十七年》：「趙衰曰：『郤縠可。臣亟聞其言矣，說禮樂而敦《詩》《書》。《詩》《書》，義之府也。禮、樂，德之則也。德、義，利之本也。《夏書》曰：『賦納以言，明試以功，車服以庸。』

君其試之。」趙衰向晉文公推薦郤縠作為元帥人選時說的這番話中，提到了
《詩》《書》之名。趙衰向晉文公推薦郤縠的事發生在孔子出生之前八十餘年，
那時晉國已經有了周王朝頒發的詩冊定本。

《左傳·昭公十六年》：「宣子喜曰：『鄭其庶乎！二三君子以君命貺起，
賦不出《鄭志》。』」志，與「詩」字通假。《鄭志》，即《鄭詩》。魯昭公十六
年（公元前 526 年），晉國執政韓起（宣子）訪問鄭國，鄭定公命鄭六卿餞宣
子於郊。韓宣子請求鄭六卿賦詩言志，以便瞭解鄭國人對晉國的外交立場。
鄭六卿各賦《鄭詩》言其志。韓起平時熟讀並背誦過《鄭詩》，故而對《鄭詩》
很熟悉。這說明當時晉國存有鄭國的詩冊副本。由此推測，各諸侯國可能都
存有他國的詩冊副本。

《論語》中孔子言及「《詩三百》」。《為政》：「子曰：『《詩三百》，一言以
蔽之，曰「思無邪」。』」《子路》：「子曰：『誦《詩三百》，授之以政，不達；
使於四方，不能專對；雖多，亦奚以為？』」依《論語》的記述，春秋時期孔
子時代魯國有了一個三百篇左右的詩冊定本。此定本當是魯國官學的樂教課
本，魯國人俗稱其為「《詩三百》」。孔子的私學襲用了魯國這部官學樂教課本。
這個課本的面貌怎樣？只能通過零星的史料推知一二。《論語·八佾》：「子夏
問曰：『「巧笑倩兮，美目盼兮，素以為絢兮。」何謂也？』」《子罕》篇引《詩》：
「唐棣之華，偏其反而。豈不爾思？室是遠而。」《論語》中的這些逸詩，正
是孔子的教科書《詩三百》中的詩句。這說明孔子的教學課本《詩三百》與今
本《毛詩》有一定的差異。《曹風·下泉》一詩作於周敬王三年（公元前 517
年），是《毛詩》中寫作時間最晚的一篇。此年孔子三十四歲。孔子大約在三
十歲時開始招收弟子。據《孔子家語》，孔子二十歲生子鯉。周敬王三年孔鯉
十四歲，不知就學否。孔鯉在孔子的私人學堂裏隨孔子學《詩》時，《下泉》
詩創作出來不久，想必未編入《詩三百》。

周王朝司樂機構的詩冊一定是按《頌》《雅》《風》的順序編次的。《頌》
中所錄詩篇，大都是祭祀用詩，當然要排在司樂機構所存放詩冊的前位。《禮
記· 樂記》：「子贛見師乙而問焉，曰：『賜聞聲歌各有宜也，如賜者，宜何歌
也？』師乙曰：『乙，賤工也，何足以問所宜？請誦其所聞，而吾子自執焉：
寬而靜、柔而正者，宜歌《頌》；廣大而靜、疏達而信者，宜歌《大雅》；恭儉
而好禮者，宜歌《小雅》；正直而靜、廉而謙者，宜歌《風》。』」《樂記》「子
貢問樂於師乙」這則材料顯示，師乙言《詩》，是把重要的內容說在前頭的。

由此推測，春秋晚期魯國司樂機構的詩冊，是按《頌》《大雅》《小雅》《風》的順序排次的。

西周的太史官、司樂機構整理保存了商代的樂詩，一直到東周初年，仍然保存著一些商詩。兩周之際，《商頌》仍有十二篇。《國語·魯語下》：「昔正考父校商之名頌十二篇於周太師，以《那》為首。」《頌·那》的《毛詩》序也說：「有正考甫者，得《商頌》十二篇於周之太師，以《那》為首。」周王朝的太史官、司樂機構存有古籍（或源於古籍的文本）及古樂曲，故曰「校」、曰「得」。今本《毛詩》中僅存《商頌》五篇，且難以證明它們是正考父所校者。

孔子是否刪過《詩》？答曰：孔子未曾刪《詩》。《史記·孔子世家》：「古者詩三千餘篇，及至孔子，去其重，取可施於禮義，上采契后稷，中述殷周之盛，至幽厲之缺，始於衽席，故曰『《關雎》（之亂）以為《風》始，《鹿鳴》為《小雅》始，《文王》為《大雅》始，《清廟》為《頌》始』。三百五篇孔子皆絃歌之，以求合《韶》《武》《雅》《頌》之音。禮樂自此可得而述，以備王道，成六藝。」司馬遷說，「三百五篇」是孔子刪定古代詩集的結果。這是他的推測之詞。周王朝及各諸侯國太史官、司樂機構所存的詩冊，孔子怎能刪削？孔子推崇周禮，他襲用魯國樂教詩冊《詩三百》作為他的私立學校的教學課本，也不會改動原來魯國樂教詩冊中《頌》《大雅》《小雅》《風》的排序。孔子時代的人（包括孔子本人）並不關心《詩》中詩文的篇義，只看重其文句的交際溝通功用。對孔子來說，刪《詩》實無必要。《論語·八佾》載：「子曰：『夏禮，吾能言之，杞不足徵也；殷禮，吾能言之，宋不足徵也。文獻不足故也。足，則吾能征之矣。』」孔子一向重視對文獻資料的搜集，他能做刪《詩》這樣的蠢事嗎？秦始皇下令實施焚《詩》《書》和百家語是極惡之罪，若孔子刪《詩》，能說是一項歷史功績嗎？周代司樂機構備存的樂詞很多，卷帙浩繁，傳播渠道非一。周朝的司樂系統、官學系統是傳授《詩》的主渠道。周代的卿大夫貴族家庭也都存有供誦讀的詩冊。自孔子辦私學傳授《詩》，使《詩》的傳播增加了一條途徑，擴大了《詩》的傳播範圍。但孔子並不能壟斷《詩》的傳播權。

2. 戰國時期

戰國時期，人們仍把周王朝的詩冊稱為《詩》，貴族普遍學習《詩》。《戰國策·秦策·濮陽人呂不韋賈於邯鄲》：「異人至，不韋使楚服而見。……王使

子誦，子曰：『少棄捐在外，嘗無師傅所教學，不習於誦。』王罷之，乃留止。」秦異人（後來的莊襄王）作為秦國國君之子，必須習誦《詩》。秦孝文王也是這樣要求他的。但他生性懶惰，不去習誦，卻藉口說因為自己在趙國做人質無師傅輔導而未曾習誦《詩》。《戰國策・東周策・溫人之周》載一個溫地人說：「臣少而誦《詩》，《詩》曰：『普天之下，莫非王土；率土之濱，莫非王臣。』」從以上兩條記述來看，戰國時期《詩》在貴族階層是普及的，學習《詩》是所有貴族男子的本分，從王朝到各個大小諸侯國，貴族男子都要誦讀《詩》。秦異人是秦國的公子，按照禮法要求，他必須精通《詩》。「溫人」是東周一個小邑的貴族男子，也習誦《詩》。戰國時期周王朝和各諸侯國的樂人、史官、學校的教師皆通曉《詩》，自不待言。

上承春秋，戰國時期也有《詩三百》。《墨子・公孟》：「子墨子謂公孟子曰：……或以不喪之間，誦《詩三百》，弦《詩三百》，歌《詩三百》，舞《詩三百》。」墨子所謂的「誦《詩三百》，弦《詩三百》，歌《詩三百》，舞《詩三百》」，是指誦、弦、歌、舞《詩三百》中的特定篇章，非《詩三百》全部。墨子當初曾學儒，戰國時期的墨子之徒所謂的《詩三百》，與春秋時期孔子所使用的教科書《詩三百》當有一定的關係。墨子所說的《詩三百》，大概也是課本。

戰國前期，詩冊一般也是按《頌》《大雅》《小雅》《風》的順序排列的。這四個部分所納入的篇目，也與今本《毛詩》不同。上海博物館所藏戰國楚竹書《孔子詩論》中有一些詩篇名稱與今本《毛詩》篇名不同。研究上海博物館所藏戰國楚竹書《孔子詩論》，也涉及《詩》的內容分類和詩冊的排序問題。馬承源先生認為，《孔子詩論》是按《訟》《大夏》《小夏》《邦風》的順序論述《詩》的。

《大戴禮記・投壺》說：「凡雅二十六篇。其八篇可歌，歌《鹿鳴》《狸首》《鵲巢》《采蘩》《采蘋》《伐檀》《白駒》《騶虞》；八篇廢，不可歌；七篇《商》《齊》，可歌也；三篇間歌。」《大戴禮記》作者所見到的《詩》，《鵲巢》《采蘩》《采蘋》《伐檀》《騶虞》這五篇在《雅》中，今本《毛詩》則在《國風》中。《大戴禮記》所說《狸首》《商》《齊》三篇，不見於今本《毛詩》。《大戴禮記》所說《雅》二十六篇之數，不知是不是其作者所見《詩》版本中雅的全部。若是，則與今本《毛詩》的《小雅》七十四篇、《大雅》三十一篇之數出入很大。魏文侯癡迷於絲竹靡柔的新樂，他是新樂派的一個代表人物。《禮記・樂記》記魏文侯說：「吾端冕而聽古樂，則唯恐臥；聽鄭衛之音，則不知

倦。」魏文侯如此重視新樂，魏國的司樂機構可能會把《風》排列在《雅》《頌》之前。

戰國後期，由於新樂派打破了舊傳統，《詩》又是經官府和私家多渠道分傳的，《詩》的版本出現了一定程度的混亂。在詩冊的編排次序上，一些諸侯國把新聲排在了雅樂之先。戰國末期的秦王嬴政也很重視新樂。李斯《諫逐客書》說：「夫擊甕叩缶彈箏搏髀，而歌呼嗚嗚快耳者，真秦之聲也；《鄭》《衛》《桑間》《昭》《虞》《武》《象》者，異國之樂也。今棄擊甕叩缶而就《鄭》《衛》，退彈箏而取《昭》《虞》，若是者何也？快意當前，適觀而已矣。」依此推測，秦國的司樂機構也會把《風》排列在《雅》《頌》之前。還有一些諸侯國的司樂機構按新樂派的方法對詩樂進行排序。《左傳·隱公三年》引「君子曰」：「《風》有《采蘩》《采蘋》，《雅》有《行葦》《泂酌》，昭忠信也。」《左傳·襄公二十九年》記述季札在魯國觀周樂，樂工是按《風》《小雅》《大雅》《頌》的順序為季札演唱的，二南在前，其後依次為《邶》《鄘》《衛》《王》《鄭》《齊》《豳》《秦》《魏》《唐》《陳》《檜》《小雅》《大雅》《頌》。《左傳》的「君子曰」和「季札觀樂」這些材料，其作者是戰國時人，他們不太瞭解春秋時期的情況，故比照戰國時期某國周樂的編排情況言春秋舊事。二南詩何以排在最前面？因為二南詩是較早用南國的樂調演唱的詩章，南樂是新樂的代表。戰國時期，衛、鄭、魏等國的司樂機構在娛樂場合總是喜用新樂，所以會將二南詩排在其詩冊的前部。《豳》是先周古樂調，不經常使用，故將其排在風詩的後部；雅詩和頌詩自然要被冷落了。《荀子·儒效》：「《風》之所以為不逐者，取是以節之也；《小雅》之所以為《小雅》者，取是而文之也；《大雅》之所以為《大雅》者，取是而光之也；《頌》之所以為至者，取是而通之也。天下之道畢是矣。」荀子所說的詩冊存放次序，就是新樂派的詩冊存放樣式。

另外，《左傳》《墨子》《儀禮》《周禮》《論語》《戰國策》《莊子》《荀子》《韓非子》《呂氏春秋》及上博楚竹書《孔子詩論》等戰國時期的書籍，載有一些「逸詩」。

以上材料說明，戰國時期流傳的《詩》版本不一，各種版本之間不僅有《風》《雅》《頌》排序的不同，而且還有篇目、篇次、章次、語序、文字方面的差異。

3. 秦朝時期

秦始皇採納丞相李斯的建議，禁止傳播異端思想，極力推行禁言政策和愚民政策，焚燒民間所藏書籍，《詩》亦在焚毀之列。《史記‧秦始皇本紀》記述丞相李斯奏於始皇曰：「臣請史官非秦記皆燒之。非博士官所職，天下敢有藏《詩》《書》、百家語者，悉詣守、尉雜燒之。有敢偶語《詩》《書》者，棄市。……所不去者，醫藥、卜筮、種樹之書。」秦朝史官、樂府和教學機構所存放的《詩》《書》等儒家、雜家書籍，不在焚燒之列。李斯《諫逐客書》：「夫擊甕叩缶彈箏搏髀，而歌呼嗚嗚快耳者，真秦之聲也；《鄭》《衛》《桑間》《昭》《虞》《武》《象》者，異國之樂也。今棄擊甕叩缶而就《鄭》《衛》，退彈箏而取《昭》《虞》，若是者何也？快意當前，適觀而已矣。」秦統一六國之後，嬴政大約也不會放棄他以前的愛好，仍然喜歡鄭、衛之音。這一定會影響秦國的樂教和博士教學。

4.「經書」和《詩經》學的出現及「經學」的形成

「經書」的說法，起於戰國時期。「經」作為對書籍的一種稱謂，最早見於《墨子》。《墨子》裏有《經》上、下篇及《經說》上、下篇。《莊子‧天下》也說到《墨經》：「相里勤之弟子，五侯之徒，南方之墨者苦獲、已齒、鄧陵子之屬，俱誦《墨經》。」《莊子‧天運》：「孔子謂老聃曰：『丘治《詩》《書》《禮》《樂》《易》《春秋》六經，自以為久矣。』」《莊子‧天道》還提到「十二經」。湖北荊門郭店出土的戰國楚竹簡《六德》篇，其中也提到《詩》《書》《禮》《樂》《易》《春秋》六書，與《莊子》所謂「六經」名稱、次第皆相同。《荀子‧勸學》說到了「經」：「學惡乎始，惡乎終？曰：其數則始乎誦經，終乎讀《禮》。」《禮記》中有《經解》篇，解的是《詩》《書》《樂》《易》《禮》《春秋》。「經」「六經」，是戰國人的說法。大約在戰國後期，人們已普遍稱一些重要的書籍為「經」。

「經」字的「治理天下」「大綱」「大法」的意義，初見於戰國文獻。《左傳‧昭公十五年》：「叔向曰：『……禮，王之大經也。一動而失二禮，無大經矣。言以考典，典以志經，忘經而多言舉典，將焉用之？』」大經，即大綱、大法。典，即典冊。志經，即記錄大法。《禮記‧禮器》：「以為禮之大經。」孔穎達《疏》：「經，法也。」《左傳‧隱公十一年》：「君子曰：禮，經國家，定社稷，序民人，利後嗣者也。」禮，指周代的禮制。它是周王朝制定的包括

各種禮儀在內的一套政治倫理體系。經，規範、治理之義。經書是經世之書，即規範治理國家之書。

既然有了經，隨之也就有了關於經的學問。「經學」產生於戰國時期，始於博士。《史記·循吏列傳》：「公儀休者，魯博士也。」公儀休，戰國初期魯穆公的宰相。《淮南子·主術訓》：「古者天子聽朝，公卿正諫，博士誦詩，瞽箴師誦，庶人傳語，史書其過，宰徹其膳。」博士為周王、國君誦讀詩章，當然也要答疑解惑。他們當然要以《詩》《書》等傳世典籍為研究的對象。沈約《宋書·百官志》說：「六國時往往有博士，掌通古今。」列國都設立了博士之官，博士掌管圖書，通古今知識，以備上問。許慎《五經異義》說：「戰國時，齊置博士之官。」秦國設有諸子雜學等多科博士，秦朝因襲了秦國的博士制度。《漢書·百官公卿表》：「博士，秦官。掌通古今，秩比六百石，員多至數十人。」漢文帝時，中央政府置《詩》學一經博士，有齊、魯、韓三家《詩》學博士。漢武帝時，中央政府置《易》《書》《詩》《禮》《春秋》五經博士，教授弟子。《漢書·百官公卿表》：「武帝建元五年初置五經博士。」漢武帝採納董仲舒「罷黜百家，獨尊儒術」的建議，將諸子雜學逐出學官，僅留下以儒家學說來解釋「五經」的博士。自漢武帝時起，經書的解釋權被儒家壟斷了，只有用儒家學說來解釋的古書才被稱為「經書」。

5.《詩》序的發端

春秋時期，人們學《詩》用《詩》一般都是採取「斷章取義」的方法，根本不注重詩篇的原義。《左傳》中有大量的斷章取義用《詩》的事例，可證實那時社會上充斥著實用主義的學《詩》風氣。孔子本人也是如此。孔子說：「《詩》三百，一言以蔽之，曰：『思無邪。』」（《論語·為政篇》）孔子對他的學生講「思無邪」，要求學生們不得通過《詩》文產生邪僻的聯想。這是他的本意。他認為，這樣才是正確的學《詩》態度。「思無邪」是《魯頌·駉》中的詩句，「思」本是發語詞，非實詞。馬瑞辰《詩毛氏傳疏》：「思，詞也。」于省吾《澤螺居詩經新證》：「無邪即無圍，無圍猶言無邊。」孔子以「邪」為「邪僻」之「邪」，以「思」為「思想」之「思」，把「思」字當作實詞看待了。《論語·八佾》還有一則孔子關於《詩》的言論：「子夏問曰：『「巧笑倩兮，美目盼兮，素以為絢兮。」何謂也？』子曰：『繪事後素。』曰：『禮後乎？』子曰：『起予者商也！始可與言詩已矣。』」「巧笑倩兮，美目盼兮，素以為絢兮」本是誇讚女子的相貌和衣服之美的一段詩文。子夏問

「素以為絢兮」這段詩文是什麼意思，孔子卻回答說：「繪畫之事，要先有了素色的底子，而後才能進行繪畫。」接著，子夏又把「繪事後素」的道理應用到學禮的方面去了。《論語·學而》：「子貢曰：『貧而無諂，富而無驕，何如？』子曰：『可也。未若貧而樂，富而好禮者也。』子貢曰：『詩云：「如切如磋，如琢如磨。」其斯之謂與？』子曰：『賜也，始可與言詩已矣！告諸往而知來者。』」「如切如磋，如琢如磨」是《衛風·淇奧》中的詩句，意思是誇讚貴族公子有像骨器、玉器一樣的外表和內質。子貢卻引用它來說明修身要不斷進步、精益求精的道理。子夏、子貢都是腦瓜子非常聰明的學生。從以上三個例子來看，孔子分明是要用《詩》來啟發學生的心智，讓學生通過詩文明白某些事理，而不必顧及詩篇章句的原義。所以，子夏、子貢這樣學《詩》，立即受到了孔子的誇獎。孔子還說：「誦詩三百，授之以政，不達；使於四方，不能專對；雖多，亦奚以為？」（《論語·子路》）孔子對他的兒子孔鯉說：「不學詩，無以言。」（《論語·季氏》）由此看來，孔子對於《詩》所採取的是一套實用主義的態度。他只強調利用《詩》中的章句啟發心智，以利表達溝通。對於《詩》篇的原義，他是漠不關心的，所以他也不會對《詩》的篇義作出概括和總結。

《左傳》中的「君子」論《詩》，反映了貴族學者關注《詩》的篇目主旨的思想傾向。《左傳·隱公三年》：「君子曰：『信不由中，質無益也。明恕而行，要之以禮，雖無有質，誰能間之？苟有明信，澗溪沼沚之毛，蘋蘩蘊藻之菜，筐筥錡釜之器，潢汙行潦之水，可薦於鬼神，可羞於王公，而況君子結二國之信。行之以禮，又焉用質？《風》有《采蘩》《采蘋》，《雅》有《行葦》《泂酌》，昭忠信也。』」「君子」認為，《國風》中的《采蘩》《采蘋》，《大雅》中的《行葦》《泂酌》都是「昭忠信」的作品。《左傳》中的「君子曰」等評史論事之語，大抵是孔子之後儒家學派的學者所言。此類關注《詩》的篇目主旨的說法，蓋出自戰國時期儒家學者之口。

上海博物館藏楚竹書《孔子詩論》裏載有孔子及其後學總結概括《詩》篇主旨的一些說法。其中那些孔子論《詩》的話，蓋非出自孔子之口，是孔子後學假託孔子立言。

孟子生活的時代《詩》有沒有序？《孟子·告子下》：「公孫丑問曰：『高子曰：「《小弁》，小人之詩也。」』孟子曰：『何以言之？』曰：『怨。』曰：『固哉，高叟之為《詩》也！有人於此，越人關（彎）弓而射之，則己談笑而道

之；無他，疏之也。其兄關弓而射之，則己垂涕泣而道之；無他，戚之也。《小弁》之怨，親親也。親親，仁也。固矣夫，高叟之為《詩》也！』曰：『《凱風》何以不怨？』曰：『《凱風》，親之過小者也；《小弁》，親之過大者也。親之過大而不怨，是愈疏也；親之過小而怨，是不可磯也。愈疏，不孝也；不可磯，亦不孝也。孔子曰：「舜其至孝矣，五十而慕。」』」上面這段對話表明，高子、孟子、公孫丑都開始關注《詩》中篇章的主旨了。高子以為《小弁》是小人作的詩。公孫丑把高子的說法講給他的老師孟子聽，以便聽取老師的說法，辨明是非。孟子告訴公孫丑說，高子的理解太機械了，《凱風》是兒子怨「親之小過」的詩，《小弁》是兒子怨「親之大過」的詩。且不論高子、孟子關於《小弁》主旨的說法對與錯，如果把孟子、高子關於《詩》篇主旨的說法寫在《詩》簡的篇題之下，就是一段揭示詩篇主旨的話語。這樣的評《詩》之語，與《孔子詩論》、《毛詩》序的性質是相同的。《史記·孟子荀卿列傳》說：「孟軻，騶人也。受業子思之門人。道既通，遊事齊宣王，宣王不能用。適梁，梁惠王不果所言，則見以為迂遠而闊於事情。當是之時，秦用商君，富國強兵；楚、魏用吳起，戰勝弱敵；齊威王、宣王用孫子、田忌之徒，而諸侯東面朝齊。天下方務於合從連衡，以攻伐為賢，而孟軻乃述唐、虞、三代之德，是以所如者不合。退而與萬章之徒序《詩》《書》，述仲尼之意，作《孟子》七篇。」這段話中所說的「序《詩》《書》」，就是給《詩》《書》的篇章作概括敘述之文。序，通緒，有釐清端緒之義。《尚書》序孔穎達《疏》：「《毛傳》云：『序者，緒也。』則序述其事，使理相胤續，若繭之抽緒。」孔穎達《毛詩正義》引鄭玄《毛詩譜》云：「孟仲子者，子思弟子，蓋與孟子共事子思，後學於孟軻，著書論《詩》，毛氏取以為說。」准此，孟子、萬章、孟仲子或許是序《詩》的先驅者。有人說「序《詩》《書》」是給《詩》《書》排序，即編定《詩》《書》。《詩》《書》本是已經寫定在卷冊上、按一定的順序存放著的典籍，還要怎樣加以編定呢？是將其篇次、章節重新組合嗎？孟子師徒若是這樣「序《詩》《書》」，又足以構成一椿公案了。

（三）漢代齊、魯、韓、毛四家《詩》及《元王詩》述評

1. 齊、魯、韓、毛四家《詩》及《元王詩》的概況

齊、魯、韓、毛四家《詩》學，皆發軔於西漢初期。齊、魯、韓三家《詩》的原文是隸書字體，漢朝人稱之為「今文」。它們都是由古文轉寫而來的。《毛詩》是漢武帝時河間獻王劉德從民間徵得的，其原文為戰國古文字字體。

　　《漢書‧儒林傳》：「漢興，言《易》，自淄川田生；言《書》，自濟南伏生；言《詩》，於魯則申培公，於齊則轅固生，燕則韓太傅。……申公，魯人也。少與楚元王交俱事齊人浮丘伯受《詩》。漢興，高祖過魯，申公以弟子從師入見於魯南宮。……轅固，齊人也。以治《詩》孝景時為博士……武帝初即位，復以賢良徵。諸儒多嫉毀曰固老，罷歸之。時固已九十餘矣。……韓嬰，燕人也。孝文時為博士，景帝時至常山太傅。嬰推詩人之意，而作內、外傳數萬言，其語頗與齊、魯間殊，然歸一也。」《漢書‧楚元王傳》：「申公始為《詩》傳，號《魯詩》。」《漢書‧藝文志》：「漢興，魯申公為《詩》訓故，而齊轅固、燕韓生皆為之《傳》。……三家皆列於學官。又有毛公之學，自謂子夏所傳，而河間獻王好之，未得立。」《詩經》二十八卷，魯、齊、韓三家。」《漢書‧藝文志》引劉向《七略》說：「漢興，魯申公為《詩》訓詁，而齊轅固生、燕韓生皆為之傳。」《魯詩》有「傳」「訓詁」；《毛詩》有「故訓傳」；《齊詩》《韓詩》有「傳」。

　　《魯詩》傳自魯國人申培，漢代學之者甚夥，為顯學。《史記‧孔子世家》說，《詩經》有「三百五篇」。這大概是述西漢初年《魯詩》的情況，其數目中未包括六篇有目無辭的笙詩。東漢熹平四年（公元 175 年），漢靈帝詔諸儒考定經書文字，由議郎蔡邕用隸書書寫經文，刻石立於太學，史稱《熹平石經》。《熹平石經》刊《魯詩》《尚書》《周易》《儀禮》《春秋》五經及《公羊傳》《論語》。《石經》載有《魯詩》經文及篇名。馬无咎《漢石經集存‧魯詩‧說明》：「《魯詩》校記獨多，知三家章句之異同，亦復不少。今三家《詩》皆亡，惟存《毛詩》。以《毛詩》校《石經》，不特編次有異，即章次亦有不同。」羅福頤《漢熹平石經概說》一文中說，《魯詩》與《毛詩》篇次有異者八處，章次有異者二處，異文三十九字，《魯詩》比《毛詩》多一字。（《文博》，1987 年第 5 期）西晉以後，學《魯詩》者稀，《魯詩》石文雖存，但已無問津者。

　　《齊詩》傳自齊國人轅固，漢代為顯學。漢代有翼奉、匡衡、師丹、伏湛傳《齊詩》。《齊詩》的篇數亦是「三百五篇」，此數字見於《緯書集成‧詩含神霧》。《齊詩》的篇次與《毛詩》有異。南宋王應麟《困學紀聞》卷三引曹粹中《詩說》：「《齊詩》先《采蘋》，後《草蟲》。」《齊詩》學者多以五行陰陽災異說《詩》。三國魏時《齊詩》亡佚。

　　《韓詩》傳自燕國人韓嬰。《韓詩》經文的面貌如何，難以確知。皮錫瑞《經學通論‧詩經》說：「《韓詩》北宋尚存，見於《御覽》。」他舉例說明《韓詩》經文與《毛詩》《魯詩》經文有異。韓嬰著有《韓詩內傳》，南宋時亡佚了。又有《韓詩外傳》，引《詩》以證明事理，非解《詩》之文，大抵是儒家助人修身為政之書。《外傳》今存。

　　《元王詩》傳自西漢楚元王劉交，當為楚《詩》。《漢書‧楚元王傳》：「楚元王交，字游，高祖同父少弟也。好書，多材藝。少時與魯穆生、白生、申公俱受《詩》於浮丘伯。伯者，孫卿門人也。及秦焚書，各別去。……元王既至楚，以穆生、白生、申公為中大夫。高后時，浮丘伯在長安，元王遣子郢客與申公俱卒業。文帝時，聞申公為《詩》最精，以為博士。元王好《詩》，諸子皆讀《詩》。申公為《詩》傳，號《魯詩》。元王亦次之《詩》傳，號曰《元王詩》，世或有之。」劉向是楚元王劉交的四世裔孫，其學《詩》或始於《元王詩》。《元王詩》與《魯詩》同源，兩家比較接近。《漢書‧楚元王傳》載劉向《上元帝書》引《詩》「飴我釐麰」，與今本《毛詩》之《周頌‧思文》「貽我來牟」用字不同；上書中所引《詩》「密勿從事，不敢告勞。無罪無辜，讒口嗷嗷」，與今本《毛詩》之《小雅‧十月之交》「黽勉從事，不敢告勞。無罪無辜，讒口囂囂」有異文；上書中所引《詩》「雨雪麃麃，見晛聿消」，與今本《毛詩》之《小雅‧角弓》「雨雪瀌瀌，見晛曰消」文稍異；上書中其餘引《詩》，悉與今本《毛詩》同。劉向在他的《說苑》《新序》《列女傳》中引《詩》以闡明事理，宣揚儒家學說。這又與《韓詩》學派的做法相彷彿。

　　1997年發掘安徽阜陽雙堌堆西漢第二代汝陰侯夏侯灶墓，出土了一批《詩經》簡文。這批簡文殘斷破碎，但經過了考古工作者的精心清理，其面貌仍可辨。簡文經學者胡平生、韓自強整理後定名為《阜陽漢簡詩經》。與《毛詩》比照，《阜詩》詩文通假字較多，也有少量的錯字和衍文。《阜詩》於每篇詩文、國別之後都明確標出字數。這是傳《詩》重視版本的一種體現。《阜詩》中《邶》《鄘》《衛》三部分立。《阜詩》為楚地所傳，當屬於楚《詩》系統，或與《元王詩》有關聯。

　　《毛詩》傳自魯國人毛公。《漢書‧儒林傳》：「毛公，趙人也。治《詩》，為河間獻王博士，授同國貫長卿。」《漢書‧藝文志》：「又有毛公之學，自謂子夏所傳，而河間獻王好之，未得立。」鄭玄《六藝論》：「河間獻王好學，其博士毛公善說《詩》，獻王號之曰《毛詩》。」荀悅《漢紀》卷二十五：「趙人

有毛公，為河間獻王博士，作《詩傳》，自謂得子夏所傳，由是為《毛詩》，（未）列於學官。」毛公自謂《毛詩》傳自子夏一系。以上諸書皆說河間傳詩者為「毛公」一人，不言其名。三國吳人陸璣《毛詩草木鳥獸蟲魚疏》說：「孔子刪《詩》授卜商，商為之序，以授魯人曾申，申授魏人李克，克授魯人孟仲子，仲子授振（根）牟子，振牟子授趙人荀卿，荀卿授魯國毛亨，亨作《詁訓傳》，以授趙國毛萇。時人謂亨為大毛公、萇小毛公。以其所傳，故名其《詩》曰『《毛詩》』。」該文見於明毛晉汲古閣刊《津逮秘書》第二冊《毛詩草木鳥獸蟲魚疏廣要》、清《四庫全書》經部詩類《毛詩草木鳥獸蟲魚疏》。陸璣始言毛亨、毛萇二人傳《詩》，且說毛亨是魯國人，毛萇是趙國人。南北朝范曄《後漢書・儒林傳・楊倫傳》說：「前書魯人申公受《詩》於浮丘伯，為作詁訓，是為《魯詩》；齊人轅固生亦傳《詩》，是為《齊詩》；燕人韓嬰亦傳《詩》，是為《韓詩》：三家皆立博士。趙人毛萇傳《詩》，是為《毛詩》，未得立。」范曄《後漢書》所說的「前書」，是指班固的《漢書》；所說的「毛萇」，就是《漢書》的「毛公」。唐陸德明《經典釋文序錄》：「《毛詩》者，出自毛公，河間獻王好之。徐整云：『子夏授高行子，高行子授薛倉子，薛倉子授帛妙子，帛妙子授河間人大毛公，毛公為《詩故訓傳》於家，以授趙人小毛公。小毛公為河間獻王博士，以不在漢朝，故不列於學⸺（四庫本作「⸺」，為原版殘字實錄，疑為「官」字）。』」據以上材料推測，《詩故訓傳》的作者毛公，當是魯國人，其在魯國名「亨」，因河間獻王蒐羅古書招引學者而至趙國，則趙國人呼其名為「萇」。亨、萇為音轉詞。亨，又書寫為「亨」。孔穎達《毛詩正義》引鄭玄《毛詩譜》說：「魯人大毛公為《詁訓傳》於其家，河間獻王得而獻之，以小毛公為博士。」鄭玄《毛詩譜》中「大」「小」二字為衍文。三國時吳國的學者徐整說有大、小毛公二人傳《詩》，陸璣始說有毛亨、毛萇二人傳《詩》。徐整、陸璣的說法或許源於鄭玄《毛詩譜》的衍文。

《毛詩》最初的版本為戰國古文。毛亨大約生於秦末或西漢初年，他所學的《詩》乃是古文。說毛亨是荀況的門徒，實不足信。但毛公著《故訓傳》確屬實事。《漢書・景十三王傳》：「河間獻王德以孝景前二年立，修學好古，實事求是。從民得善書，必為好寫與之，留其真，加金帛賜以招之。繇是四方道術之人不遠千里，或有先祖舊書，多奉以奏獻王者，故得書多，與漢朝等。……獻王所得書皆古文先秦舊書，《周官》《尚書》《禮》《禮記》《孟子》《老子》之屬，皆經傳說記，七十子之徒所論。其學舉六藝，立《毛氏詩》《左

氏春秋》博士。」《漢書‧楚元王傳》:「及歆親近,欲建立《左氏春秋》及《毛詩》《逸禮》《古文尚書》皆列於學官。」依此,西漢《毛詩》原文確係古文。河間獻王劉德從民間徵得古文《毛詩》,使《毛詩》得以傳世。《毛詩》按風、雅、頌的順序排列卷冊,二南詩冠風詩之首,繼之以衛詩,而後才是王詩、鄭詩等。《毛詩》中風詩 160 首,其中衛詩 39 首,衛詩獨多。

關於《毛詩》的篇數。西漢末年《毛詩》的篇數為三百零五篇。班固《漢書‧藝文志》說:「孔子純取周詩,上采殷,下取魯,凡三百五篇,遭秦火而全者,以其諷誦,不獨在竹帛故也。」班固所見「凡三百五篇」是就魯、齊、韓、毛四家《詩》而言,未涉及六篇笙詩。這與《史記‧孔子世家》所說「三百五篇」的情況相合。《漢書‧藝文志》著錄有《毛詩》二十九卷、《毛詩故訓傳》三十卷。

鄭玄融合三家《詩》說,為《毛詩》作了箋注。鄭玄生於東漢末,是馬融的學生。馬融學《詩》於賈逵,賈逵學《詩》於謝曼卿。衛宏亦學《詩》於謝曼卿。謝曼卿曾為《毛詩》作訓。衛宏參考吸收前人的序和流傳的說法,對《毛詩》序作了一定的修改。衛宏的《詩》序,漢代傳於世。鄭玄精通經史,學問淵博,依託《毛詩故訓傳》而不選擇依託齊、魯、韓三家《詩》作《箋》,且將《毛詩》序(含大、小序)納入卷冊之中,構成了他的《詩經》學體系。這是一個十分大膽的做法。他的目的是要終結病入膏肓的齊、魯、韓三家《詩》學,革除《詩經》學的邪僻之說,使《詩經》學歸於儒家經世致用的正統大道。鄭玄另著有《毛詩譜》一篇,簡述各國歷史、地理、社會、政治、文化等方面的狀況,其用意在於「舉一綱而萬目張,解一卷而眾篇明」。他試圖把《毛詩》的詩篇放入周代的社會生活空間和時間中去,以期幫助讀者更好地理解其篇意。這是一種有益的嘗試。

2.《毛詩》與齊、韓、魯三家《詩》的優劣

《漢書‧藝文志》引劉歆《七略》說:「漢興,魯申公為《詩》訓故,而齊轅固、燕韓生皆為之傳。或取《春秋》,采雜說,咸非其本義。與不得已,魯最為近之。」劉向習《魯詩》,他批評齊、韓兩家不顧《詩經》詩文的本義,強以己意作解。《齊詩》以五行、陰陽、災異解說《詩經》篇義。《韓詩》以詩證理,著眼於幫助讀者提高識見能力和道德倫理修養,而不是解讀《詩經》本身。《魯詩》以圖經世致用,多採用附會歷史、編造故事的方法解說《詩經》篇義,雖有訓詁,但不及《毛詩》精審。可以說,齊、韓、魯三家都把《詩經》

當作「傀儡」，發售己意，嚴重地脫離了解讀《詩經》的正確方向。三家《詩》學不以說《詩》為目的，也沒有很好地破解《詩經》中的通假字，致使許多訓釋扞格不通，這是造成三家《詩》學消亡的內部原因。鄭玄熟知三家《詩》學，他的《毛詩傳箋》已包容了三家《詩》說之長，加上王肅一派對《毛詩》的極力追捧，是造成三家《詩》學消亡的重要外部原因。

《毛詩》優於其他三家。《毛詩》原為古文，其故、訓、傳是一個比較成熟的訓詁學體系。毛亨以音訓的方法破讀《詩經》中的通假字，因聲求義，其訓詁兼顧詩文的義理。這種訓釋方法具有開創性的意義。《毛詩》宣揚儒家學說，不談天命鬼神，無讖緯神秘色彩。《毛詩》序文在說解詩旨的同時藉以宣揚儒學思想主張，給《詩》學染上了濃重的政治倫理色彩，增強了《詩》的可讀性，也大大地增強了《詩》的宣教作用。西漢治《毛詩》的學者，繼承了毛氏的學風，皆重視訓詁。鄭玄繼承毛公的訓詁之法和治學精神，綜合三家《詩》說解釋詩篇，增強了《毛詩》的傳播功能；採用以禮解《詩》的方法，加重了《毛詩》的「經」味，適應了社會上人們想從正面理解《詩經》的心理需求。

3.《毛詩》序的形成、意義及其流弊

今本《毛詩》的首篇《關雎》篇之前，有一段很長的文字，內中既有對《關雎》篇的題解，又有對《詩》的概論。古人是怎樣看待這段文字的？南北朝、唐朝的學者認為，序文之首題解《關雎》篇的文字是《毛詩》小序，從「風，風也」開始到序文末的一段是《毛詩》大序。陸德明《經典釋文·毛詩音義》在「《關雎》，后妃之德也」之後注釋說：「舊說云：起此至『用之邦國焉』名《關雎》序，謂之小序，自『風，風也』訖末，名為『大序』。」大序之外，列在《毛詩》三百一十一篇（包括六篇笙詩）篇名之下的那些解釋詩文主旨的文字，都是小序。現代的學者多認為，《毛詩》序以區分大、小為宜。

關於《毛詩》大、小序產生的時間及其作者。《毛詩》的《南陔》《白華》《華黍》序文之下鄭玄《注》曰：「至毛公為《詁訓傳》，乃分眾篇之義，各置於其篇端。」鄭玄認為，小序是毛公之前的人所作，小序原不在篇題之下，毛公將其置於各篇題目之下。陸德明《經典釋文·毛詩音義》：「沈重云：『案鄭《詩譜》意，大序是子夏作，小序是子夏、毛公合作。卜商意有不盡，毛更足成之。』或云小序是東海衛敬仲所作。今謂此序止是《關雎》之序，總論《詩》之綱領，無大小之異。」六朝人沈重的意見很明確。陸德明贊同沈重的說法，又謂《詩》序「無大小之異」。孔穎達《毛詩正義》重複了《經典釋文》的說

法。《毛詩》大序中說：「故詩有六義焉，一曰風，二曰賦，三曰比，四曰興，五曰雅，六曰頌。」《毛傳》對於《詩經》詩文的解說獨標出「興也」，而未標出「比也」「賦也」。這說明毛亨為《詩》作傳時根本沒有建立大序這樣的解《詩》原則，大序非其所作。鄭樵《詩辨妄》說，小序產生於《史記》之後，小序模仿《史記》中《世家》《年表》對歷史人物的評說，給《詩經》中許多篇目作了斷語。他的這一研究結果，得到了朱熹、康有為、顧頡剛等人的贊同。鄭樵的說法是有一定道理的。今根據鄭樵的研究作如下推論：其一，今所見《毛詩》大序產生於毛亨《傳》之後。其二，今所見《毛詩》中某些篇目的小序的某些語句產生於《史記》之後。一說，大序是衛宏所作。朱熹《詩序辨說》、程大昌《詩論》認為，大序是衛宏所作。其他尚有鄭樵「村野妄人所作」、王安石「詩人所自製」等多種說法。一說，《毛詩》序全部是衛宏所作。《後漢書·儒林傳》：「衛宏，字敬仲，東海人也。少與河南鄭興俱好古學。初，九江謝曼卿善《毛詩》，乃為其訓。宏從曼卿受學，因作《毛詩》序，善得《風》《雅》之旨，於今傳於世。」一說，《毛詩》大、小序成於貫長卿之手。黃覺弘《〈毛詩序〉成於貫長卿考》一文，論定《毛詩》大、小序皆為毛公弟子貫長卿所完成。（《中華文化論壇》，2009 年第 3 期）筆者認為，《詩》小序是隨著《詩》學的發展層累而成的。戰國時期，一些學者已經開始關注《詩》的篇義了，他們的說法會留下一些文字記錄。戰國時期，《詩》各篇題下已經有了一些簡短的序文，毛亨在前人論詩的基礎上或加以增廣和潤色。毛亨為《詩》作「故訓傳」，認真地解釋了字詞和句子，他若不解釋篇義，是不合邏輯的。毛公傳《詩》時，《詩》各篇一定有序文。衛宏又對《詩》小序作過增廣和潤色。《毛詩》中六篇笙詩的序文，大概是戰國時期某司樂機構的大樂師為傳授笙詩的樂曲所作的提示性文字。依《後漢書》，《詩》大序是衛宏所作。

　　《毛詩》大序與《禮記·樂記》同調，它體現了漢代儒家文人對和平盛世理想社會的追求。《漢書·藝文志》：「武帝時，河間獻王好儒，與毛生等共采《周官》及諸子言樂事者，以作《樂記》。」「毛生」即獻王劉德所立博士毛亨，其與劉德所作《樂記》是否即與《禮記·樂記》為同一篇作品，難以確定。大序中說：「故正得失，動天地，感鬼神，莫近於詩。先王以是經夫婦，成孝敬，厚人倫，美教化，移風俗。」大序的產生，使《毛詩》學有了一個宏大的理論架構。大序作者借用《詩》大力宣揚儒家的政治倫理學說，放大《詩》的教化作用，抬高《詩》的政治地位，把《詩》學引入了泛政治化的軌道。

　　《毛詩》小序概論詩文的主旨，創立了一個好的解《詩》方式，對讀者學《詩》有一定的引導作用。但是，小序捕風捉影地將《詩》的一些篇目與歷史上的某人某事作比附，硬說某些詩是某人為某事而作、某事與某個人物相關，強為詩文斷代和定性，妄生「美刺」之論，誤導讀者，流毒深遠。

4.《詩》學「四始」說

　　適應西漢皇權秩序的建立和新時期意識形態建設的需要，《魯詩》學者首先提出來《詩》學的「四始」說。《魯詩》學者認為，《詩》分為《國風》《小雅》《大雅》《頌》四大部分，每個大部分的首篇詩文都有其特殊的意義，它們是本部分的代表篇目，是「王道」的大綱。《史記・孔子世家》中說：「《關雎》之亂以為《風》始，《鹿鳴》為《小雅》始，《文王》為《大雅》始，《清廟》為《頌》始。」何為「《關雎》之亂」？《論語・泰伯》：「師摯之始，《關雎》之亂，洋洋乎盈耳哉。」孔子所說的「《關雎》之亂」，本指《關雎》曲目最後的合奏部分。朱熹《論語集注》：「亂，樂之卒章也。」《孔子世家》「之亂」二字或是衍文，或是作者信手之誤，不是有意義的文字。《關雎》何以為《風》始？劉向《列女傳・仁智傳・魏曲沃負》：「周之康王夫人晏出（朝），《關雎》起興，思得淑女以配君子。夫雎鳩之鳥，猶未嘗見乘（乖）居而匹處也。夫男女之盛，合之以禮，則父子生焉，君臣成焉，故為萬物始。」這段文字的大意是說，周康王夫人常常起床很晚，詩人便以《關雎》起興，拿雎鳩不離開配偶作比喻，希望所有美善的女子都能配給君子。這是構成禮法的基礎。《魯詩》學者從雎鳩不「乘（乖）居而匹處」引申出一種人類社會政治倫理秩序的大義來。此乃《魯詩》家認為《關雎》置於《風》詩之首的原因。《鹿鳴》《文王》《清廟》三首詩的旨義，未見《魯詩》學派論及。《關雎》小序：「《關雎》，后妃之德也。《風》之始也，所以風天下而正夫婦也。故用之鄉人焉，用之邦國焉。風，風也，教也，風以動之，教以化之。……先王以是經夫婦，成孝敬，厚人倫，美教化，移風俗。」該序的作者認為，《關雎》是反映正確的夫婦關係的詩篇，它是最基本的人倫關係的範本。《鹿鳴》序：「《鹿鳴》，燕群臣嘉賓也。既飲食之，又實幣帛筐篚，以將其厚意，然後忠臣嘉賓得盡其心矣。」《毛詩》序的作者認為，《鹿鳴》反映了正確的君臣、友朋關係，這也是極其重要的政治和人倫關係。《文王》序：「《文王》，文王受命作周也。」《文王》：「文王在上，於昭於天。」《鄭箋》：「文王初為西伯，有功於民，其德著見於天，故天命之以為王，使君天下也。」該序的作者認為，《文王》是歌頌周文

王的詩篇，周文王是秉有天命的正統的領袖人物，是人格的典範。《清廟》序：「《清廟》，祀文王也。周公既成洛邑，朝諸侯，率以祀文王焉。」《清廟》：「於穆清廟，肅雝顯相。」《鄭箋》：「於乎，美哉！周公之祭《清廟》也，其禮儀敬且和，又諸侯有光明著見之德者來助祭。」《清廟》是周王室祭祀其文王的樂詩，其內容體現了周人的敬祖之心，也體現了王室與助祭諸侯和洽的宗主關係。《清廟》是體現周王朝宗法關係、宗主關係的範本。《毛詩》大序傚仿《魯詩》家的說法，只說「是謂四始，詩之至也」，並未論及《雅》《頌》的始篇，對什麼是「四始」則語焉不詳。大序既言「四始」，之前小序又明說《關雎》為《風》之始，推而論之，《雅》《頌》的始篇必與司馬遷所言一致。《韓詩》言「四始」與魯、毛稍異。《韓詩外傳》卷五：「子夏問曰：『《關雎》何以為《國風》始也？』孔子曰：『《關雎》至矣乎！夫《關雎》之人，仰則天，俯則地，幽幽冥冥，德之所藏，紛紛沸沸，道之所行，如神龍變化，斐斐文章。大哉！《關雎》之道也，萬物之所繫，群生之所懸命也。河洛出圖書，麟鳳翔乎郊，不由《關雎》之道，則《關雎》之事將奚由至矣哉！夫六經之策，皆歸論汲汲，蓋取之乎《關雎》。《關雎》之事大矣哉！馮馮翊翊，自東自西，自南自北，無思不服。子其勉強之，思服之，天地之間，生民之屬，王道之原，不外此矣。』子夏喟然歎曰：『大哉！《關雎》乃天地之基也。』」魏源《詩古微·通論四始·四始義例》據服虔《左傳注》考《韓詩》說云：「是知《韓詩》以《周南》十一篇為《風》之始，《小雅·鹿鳴》十六篇、《大雅·文王》十四篇為二《雅》之正始，《周頌》當亦以周公述文武諸樂章為《頌》之正始。其《魯詩》論『四始』，但舉首篇者，猶毛詩《周南關雎詁訓傳》舉首篇以統全國之風，非但以三篇為始。但觀於首三篇而知以下周公文王之詩皆同正始之例。《韓》義即《魯》義也。」魏源認為，《韓詩》《魯詩》學者的「四始」之說是相同的。《齊詩》學者言「始」，見於《漢書·匡衡傳》：「傅昭儀及子定陶王愛幸，寵於皇后、太子。衡復上疏曰：『……臣又聞室家之道修，則天下之理得，故《詩》始《國風》，《禮》本《冠》《婚》。始乎《國風》，原情性而明人倫也；本乎《冠》《婚》，正基兆而防未然也。』」「元帝崩，成帝即位，衡上疏戒妃匹，勸經學威儀之則曰：『……臣又聞之師曰：「妃匹之際，生民之始，萬福之原。」婚姻之禮正，然後品物遂而天命全。孔子論《詩》以《關雎》為始，言太上者民之父母，后夫人之行不侔乎天地，則無以奉神靈之統而理萬物之宜。故《詩》曰：「窈窕淑女，君子好仇。」言能致其貞淑，不貳其操，

情慾之感無介乎容儀，宴私之意不形乎動靜，夫然後可以配至尊而為宗廟主。此綱紀之首，王教之端也。』」匡衡治《齊詩》。《漢書·翼奉傳》：「翼奉字少君，東海下邳人也。治《齊詩》，與蕭望之、匡衡同師。」匡衡言「《詩》始」之義與其他三家略同。綜合漢四家所論，《關雎》所彰是「婦道」之綱，《鹿鳴》所彰是「臣道」之綱，《文王》《清廟》所彰是「王道」之綱。《魯詩》《毛詩》學者把《詩》作為一本政治倫理教科書來看待，形成了漢代《詩》學思想的主流。「四始」說是基於孔子編《詩》而產生的一種《詩》學理論。如果證實孔子不曾編《詩》，「四始」說也就隨之坍圮了。

緯書《詩汎歷樞》載有另一種「四始」說：「《大明》在亥，水始也。《四牡》在寅，木始也。《嘉魚》在巳，火始也。《鴻雁》在申，金始也。」「卯，《天保》也。酉，《祈父》也。午，《采苣》也。亥，《大明》也。」清陳喬樅考定此說為《齊詩》的說法。這是以《詩》篇中的人事與節候的關係來證明陰陽五行理論的一種說法，不是解釋《詩經》的說法。詩緯尚有「五際」「八節」之說，是其「四始」說的延伸。《詩汎歷樞》：「建四始五際而八節通，卯酉之際為革政，午亥之際為革命。」有研究者說，《詩汎歷樞》的作者建立了一個以地支子、卯、午、酉、為座標基點的圓周形節候圖表，用節候來比喻政治的興衰之勢。這是一種屬於政治學範疇的「理論」，與《詩》學沒有任何關係。

《齊詩》學者翼奉喜歡玩弄讖緯之學，熱衷於以災異說、五行說言王道之安危，企圖以學術左右皇權政治。《漢書·翼奉傳》載有翼奉論《詩經》的「五際」「六情」之說，其說與詩緯的「四始」說是一路貨色。

（四）三國至唐朝《詩經》的研究與傳播概況

曹魏至隋朝，《詩經》正音、義疏類著作有一百二十種之多，各種論說、注解亂象叢生，莫衷一是。

東漢以後，齊、魯、韓三家《詩》學相繼衰微，毛、鄭《詩》學在《詩經》學界佔據了主導地位，《毛詩》《鄭箋》大行於世。《隋書·經籍志》說：「《齊詩》魏代已亡。《魯詩》亡於西晉。《韓詩》雖存，無傳之者。唯《毛詩鄭箋》至今獨立。」

三國時，魏國經學家王肅位高權重，治《毛詩》，有《毛詩注》《毛詩問難》《毛詩音》《毛詩義駁》《毛詩奏事》行世，後皆佚。清馬國翰《玉函山房輯佚書》中輯有《毛詩王氏注》四卷，《毛詩義駁》《毛詩奏事》《毛詩問難》

各一卷。在《詩》學方面，王肅宗毛，反對鄭玄《詩》學參用三家《詩》說另立學術旗幟，致使王、鄭兩派相互攻訐，抗衡達百年之久。

初唐，顏師古吸收前人經書集注、校勘的研究成果，寫成了《五經定本》（唐《五經正義》稱其為「今定本」），為《詩經》文本的統一和《詩經》研究奠定了基礎。貞觀七年（公元 633 年），《五經定本》由朝廷正式頒行全國。顏師古能識古文字，他所校訂的經文當能糾正一些前人之誤。陸德明《經典釋文》收集採用漢魏六朝《毛詩》注音二百三十餘家，且保留了大量的《詩經》異文。

《毛詩正義》是集大成的《詩經》學研究著作。唐貞觀十六年（公元 642年），詔命孔穎達、顏師古撰《五經正義》，孔穎達以年輩在先且位居國子祭酒，領銜主持編撰，諸儒分治一經。這部書於永徽四年（公元 653 年）頒行。其中《毛詩正義》出於王德韶、齊威、趙乾曄、賈普曜等人之手，孔穎達總其成。《毛詩正義》是對《毛傳》及《鄭箋》的疏解，《傳》《箋》被其稱為「注」，《正義》稱為「疏」，合稱《毛詩注疏》。《四庫全書總目提要·毛詩正義》說：「其書以劉焯《毛詩義疏》、劉炫《毛詩述義》為稿本，故能融貫群言，包羅古義，終唐之世，人無異詞。」《毛詩正義》彙集了漢魏時期學者對《詩經》的解釋和兩晉、南北朝學者研究《詩經》的成果，也提出了一些新的看法。孔穎達《五經正義》學派樹立了保留古義、擇善而從的學風，增加瞭解《詩》的合理性。《孔疏》奉行「疏不破注」的原則，對毛、鄭的學說作了修補。《毛詩正義》立於學官，進一步強化了毛、鄭《詩》學的權威性。《毛詩正義》有明顯的抑毛揚鄭傾向，它被作為教科書和科舉考試範本以官方的名義刊行，確立了《毛詩》鄭學的正統地位。今天看來，《毛傳》注重訓詁，闡發《詩》文要義，功莫大焉。《鄭箋》依託傳、序作解，有時拋開毛義另立新說，有時擇取三家義及讖緯神學說法，解《詩》的路子有所拓展，但繆說頗多。《孔疏》名義上不破《傳》《箋》之義，其實亦取王肅等人的說法，解說引證之功大，謬解之過亦彰。《毛傳》《鄭箋》《孔疏》解《詩》，多與史事聯繫，大講「美刺」，借《詩》以申述儒家主張，將大部分詩篇的原義都弄錯了。

唐《開成石經》為後人提供了一個千年不朽的《毛詩》版本。《開成石經》又稱《唐石經》，始刻於唐文宗太和七年（公元 833 年），開成二年（公元 837年）刻成，共刻有《周易》《尚書》《毛詩》《周禮》《儀禮》《禮記》《春秋左

傳》《公羊傳》《穀梁傳》《孝經》《論語》《爾雅》十二部經書，並附刻了張參
《五經文字》和唐玄度《九經字樣》兩部漢字研究和漢字規範化的學術著作。
石經《毛詩》篇題為隸書，其正文（包括詩序和經文）為規範正書字體。《開
成石經》是在唐代大儒們多年研究考訂的基礎上，由文宗時的著名學者建議
刊刻的，碑文由艾居晦、陳玠等人按分工用楷書書丹並由著名工匠鐫刻。鐫
刻《開成石經》，是一項規模浩大的文化工程。《開成石經》共刻石碑一百一
十四塊，刻成後立於長安太學。石碑今存於西安碑林。

　　《蜀石經》刻於孟昶後蜀廣政年間，故又稱《後蜀石經》《廣政石經》。
該石經原有《孝經》《論語》《爾雅》《周易》《毛詩》《尚書》《儀禮》《禮記》
《周禮》九部經書及《春秋左氏傳》的部分文字。《蜀石經》的《毛詩》，以
《唐石經》為原本，增刻了注解。北宋仁宗皇祐元年（公元 1049 年），成都
知府田況補刻了《春秋公羊傳》和《春秋穀梁傳》兩書的部分文字。北宋徽宗
宣和年間，成都知府席旦補刻了《孟子》。南宋孝宗乾道年間，晁公武補刻了
《古文尚書》及他本人所撰的《石經考異》。

（五）宋朝至清朝《詩經》的研究與傳播概況

　　在宋朝，研究《詩經》的方法發生了重大的變革。按照漢代學者的訓詁
方法研究《詩經》原文，根本不能得出如《毛詩》序所說的篇章大意來。所
以，歐陽修的《詩本義》開始懷疑舊說，重新審查《毛傳》《鄭箋》和《毛詩》
序，其目的是追求《詩經》詩文的「本義」。歐陽修作《詩本義》，輯補已殘缺
的《毛詩譜》。王應麟作《詩考》《詩地理考》，探索諸家異文異義。他們的意
圖，是尋找打破《毛詩》序和《毛傳》《鄭箋》舊說的門徑。王應麟在《詩考》
自序中言其作《詩考》的初衷是「扶微學，廣異義」。這些，反映了宋代學者
在《詩經》研究上欲出新說彷徨急躁的心態。鄭樵《詩辨妄》則專門攻擊《毛
傳》《鄭箋》與《毛詩》序之非，說《毛詩》序「皆是村野妄人所作」。鄭樵的
《詩辨妄》已佚，在宋代周孚的《非〈詩辨妄〉》和朱熹的《詩集傳》中，尚
可窺見其一二。此書顯示了鄭樵敢於破除學術迷信另立新說的膽識和魄力。
鄭樵在《通志‧樂略》中說：「樂以《詩》為本，《詩》以聲為用。」「仲尼編
《詩》，為燕亨祭祀之時用以歌，非用以說義也。」這就把對《詩經》義理的
研究引到了研究《詩經》時代的社會生活方面去了。這無疑也是一種好的學
術追求。朱熹《詩集傳》也是一部破除《詩經》學術迷信的力作。此書以廢序
為宗旨，說「凡《詩》之所謂『風』者，多出於里巷歌謠之作；所謂男女相與

詠歌，各言其情者也」。這顯然是受到了鄭樵的影響。朱熹說：「《詩》序實不足信。」「《詩》小序全不可信。」「《詩》本易明，只被前面序作梗。序出於漢儒，反亂《詩》本義。」「大率古人作詩，與今人作詩一般，其間亦自有感物道情、吟詠情性，幾時盡是譏刺他人？只緣序者立例，篇篇要作『美刺』說，將詩人意思盡穿鑿壞了。」（《朱子語類》卷八十）這些話發人深省。朱熹開創了《詩經》研究的新門徑，使《詩》學別開洞天。朱熹《詩集傳》對《毛詩》名物字義的訓釋，多採用《毛傳》《鄭箋》《孔疏》等舊注舊說，也引用了一些宋代學者有關《詩經》的解釋和論述，其自作解釋的，大多給人以新穎之感。朱熹還沒有徹底擺脫漢代「美刺說」「淫奔說」的影響，他一邊說《詩》「思無邪」，一邊又從《國風》中挑出來二十八首「淫詩」（其中包括他所謂「男女相悅」的情詩），表現出一副道學面孔。

　　總之，宋代學者的思辨精神較前代出現了一個大的飛躍。在歐陽修、王應麟、鄭樵、朱熹等人的推動下，宋人對於《詩經》的文學性和歷史性的認識，較前人有了很大的進步，學術研究的方法也有了明顯的改進。宋代的學者懷疑古注，創新觀點，使《詩經》研究別開生面。他們把《詩經》作為文學作品看待，尋找其「本義」，這是文學創作和文學研究發展到一定程度的一個必然結果。

　　北宋、南宋也將《詩經》刻於石上。《北宋石經》始刻於宋仁宗慶曆元年（公元 1041 年），刻有《周易》《尚書》《毛詩》《周禮》《禮記》《春秋》《孝經》《論語》《孟子》九部經書，用楷、篆二體。因石經於北宋仁宗嘉祐六年（公元 1061 年）刊刻完工後立於開封國子監，故人們常稱之為《嘉祐石經》《汴學石經》。此石經元代已盡毀，有殘石出土。《南宋石經》始刻於宋高宗紹興十三年（公元 1143 年），孝宗淳熙四年（公元 1177 年）完工，立於臨安太學，又稱《臨安石經》。該石經所刻《周易》《尚書》《毛詩》《春秋左傳》，為高宗和吳皇后楷書；《論語》《孟子》為行書；《禮記》選篇《中庸》等為後刻列入。《南宋石經》已殘，餘碑八十七塊，今仍存於杭州文廟。

　　元朝的《詩經》學因循宋學，崇尚朱熹的《詩集傳》，但也不廢漢學。劉瑾《詩傳通釋》詮釋《詩集傳》，間有新解，是元代《詩經》研究的代表性著作。朱倬的《詩經疑問》發問多新奇，思路較為開闊，為元代因循守舊的《詩經》學增添了一點活躍的氣氛。

明朝的《詩經》學亦多因循宋學，崇尚朱熹《詩集傳》；受王陽明「心學」的影響，重視探討《詩經》的文學性。明朝一些學者篤守漢學精神，在《毛詩》訓詁考據方面成果頗豐。陳第在《毛詩古音考》自序中，提出了「時有古今，地有南北；字有更革，音有轉移」的觀點。他注重對《毛詩》經文的音訓研究。豐坊偽造子貢《詩傳》、申培《詩說》，乃託古人以表達己意。

有清一代，漢學、宋學並熾，今、古文之爭殊烈，學者雲集，蔚為大觀。明末清初之際，顧炎武作《詩本音》，開《詩經》音韻學的先河。其《日知錄》，討論《詩經》問題甚多。清初錢大昕《十駕齋養新錄》，對《毛詩》有許多考證。戴震《毛鄭詩考證》、程晉芳《詩毛鄭異同考》二書，通過大量考證，駁詰《毛傳》《鄭箋》之義。段玉裁作《詩經小學》，考證《毛詩》字義；作《毛詩故訓傳》，勘定傳本《毛詩》文字，以圖恢復《毛詩》原貌。阮元刻印《十三經注疏》，全面系統地清理了《毛詩》各版本的訛誤；作《毛詩校勘記》，正本清源。陳喬樅父子作《三家詩遺說考》，馮登府作《三家詩異文疏證》，王先謙作《詩三家義集疏》。他們輯佚、考證三家《詩》異文異說，成績斐然。馬瑞辰作《毛詩傳箋通釋》，宗毛崇序，讚賞《毛傳》的因聲求義之法，指斥《鄭箋》《孔疏》之失；兼採諸家，引證豐富；因聲求義，多有發明。陳奐作《詩毛氏傳疏》，宗毛崇序廢箋，詳解《毛詩》，申說毛義，引據宏博，但其音訓多有失誤。胡承珙作《毛詩後箋》，宗毛崇序而不廢箋，申說毛義，校勘訓詁，考釋名物；兼取各家，亦擇新說。總地說來，清朝的《詩經》學雖然經歷了乾嘉學術的鼎盛和輝煌，有偏執漢學、偏執宋學或漢、宋兼採的一大批優秀學者，甚至有一些泰斗級的學者，但整體上仍未掙脫毛、鄭舊說的束縛，未打破漢、唐《詩經》學的舊傳統。

（六）現、當代的《詩經》研究概況

1. 現代的《詩經》研究概況

1912 年，清政府被革命力量推翻，中國的歷史翻開了新的一頁。1919 年「五四」新文化運動，是新一輪西學東漸的開始。從這時起，中國的史學、文學、哲學、藝術學、政治學、社會學、經濟學、天文學、物理學、化學、醫學等領域發生了一場重大的變革。歷史學方面的變革尤為突出。疑古學派借著從西方學來的史學觀和方法論，要重新審視全部的中國史，清理兩千餘年來的史學舊說。他們的研究具有開創性的意義，對後世有著巨大的影響。疑古學派的做法，給中國的歷史學打了一針「清醒劑」。在這一時期，一些學習了

馬克思主義理論的學者，開始用歷史唯物主義的新方法（包括階級論）來解釋中國的歷史文獻，描繪中國的古代史。此階段，新學的觀點和方法在《詩經》研究領域裏有所表現，但中國傳統的「漢學」精神也沒有徹底泯滅，依然有異樣的光彩釋放出來。

胡適是現代《詩經》學研究的開山者。他的《談談詩經》是古史辨派《詩經》學研究的綱領性文章。此文是他在武漢大學一次講演的記錄稿，經整理後發表出來。該文強調，研究《詩經》要完全拋開舊注疏，大膽地推翻兩千多年積下來的舊解，多備一些參考材料，細細涵泳原文，用社會學的、歷史學的、文學的眼光重新給每一首詩作解釋。這篇文章為《詩經》研究指出了新的方向。

顧頡剛在其《詩經在春秋戰國間的地位》一文中指出，《詩經》是為了「典禮」（祭祀、宴會）和「諷諫」等種種的應用而產生的，其中有些是從民間採集得來，有些是貴族創作獻來的。顧頡剛《論詩經所錄全為樂歌》一文認為，《詩經》是一部入樂的詩集，這些樂歌大家都能唱，都能聽得懂；《詩經》中的歌謠都是已經成為樂章的歌謠，咸非其本來的面目。顧頡剛這種以史學家的眼光看待《詩經》的做法，對《詩經》研究大有益處。

林義光《詩經通解》引經據典，從古文字的角度解釋《詩經》的字詞，漢學風格十分突出。

郭沫若從史學的角度出發，以《詩》證史，創獲頗多。他用馬克思主義的歷史觀看待《詩經》，以階級分析法解釋《詩經》，對學界產生了極大的影響。

聞一多從社會學、民俗學、神話學和文化人類學的角度，借用訓詁的手段解讀《詩經》，把研究思路指向《詩經》時代的社會生活。他把《詩經》作為文學作品看待，讓讀者張開想像的翅膀。聞一多在《詩經》學研究方面的主要作品有《匡齋尺牘》《說魚》《姜嫄履大人跡考》《詩經的性慾觀》《詩經通義》《詩經新義》《風詩類鈔》等。他的研究方法，是西方學術思想與中國傳統的漢學、宋學精神相結合的產物。聞一多一掃兩千多年來舊說的繁瑣和陳腐，把《詩經》學引向了一條光明大道。

于省吾在《詩經》訓詁方面頗有建樹。他的訓詁方法大抵與聞一多類似，著力於通過古文字材料揭破《詩經》研究中存在的難題。所不同的是，他的研究較少從文化人類學的角度出發。他的研究成果彙集於其所著《雙劍誃詩

經新證》一書。其《澤螺居詩經新證》一書出版較晚，其中的文章多為舊稿改寫而成。

朱東潤《國風出自民間說質疑》一文認為，《詩經》中只有一小部分是民歌，大部分是貴族的作品。這是實事求是的說法。

2. 當代的《詩經》研究概況

1949 年，中華人民共和國成立。在中國大陸，自 1949 年至「文革」，經學作為舊文化已不受重視，經學典籍幾乎無人問津，《詩經》的教學和研究皆弱。在《詩經》研究方面，學者大多從史學角度出發，秉持「階級論」的觀點，體現出了極強的政治觀。例如余冠英和高亨的《詩經》選本、游國恩等主編的《中國文學史》、中國社科院文研所編的《中國文學史》，都將《七月》《碩鼠》放在很重要的位置加以評述，認為二詩反映了周代階級壓迫和剝削的情況。高亨《詩經今注》也體現了較強烈的「階級論」色彩。高書將《詩經》中的詩篇分為「勞動人民的詩歌」和「領主階級的詩歌」兩大類，說《七月》篇反映了領主對農奴妻女的隨意蹂躪，《碩鼠》是「佃農對地主殘酷剝削的控訴」。20 世紀五十、六十年代，《詩經》「民歌說」在大陸一度成為主流觀點。余冠英《詩經選·前言》：「三百零五篇中大部分是各地民間歌謠，小部分是貴族的製作。」「文革」十年浩劫，經學古籍被燒毀無數，學者大多遭到了整肅。

改革開放以來，中國大陸的《詩經》學研究打破了以前「階級論」「民歌說」理論觀點統治的局面，擺脫了古代《詩經》學說的束縛，走上了實事求是的道路。研究《詩經》的論文和專著大量地湧現出來，在文獻研究和整理方面也碩果累累。向熹《〈詩經〉語文論集》對《詩經》中一些重要問題作了深入的研究。李學勤主編的《十三經注疏·毛詩正義》（標點本），以阮元刻本為底本，詳加校勘，修訂改正了阮刻版本的訛誤，列明校記，經文和注疏皆加以標點，最大限度地使用簡化字，打下了時代的烙印。阜陽漢簡《詩》和戰國楚簡《孔子詩論》的發現，為研究《詩經》增添了新的史料。大陸學者在《阜詩》和《孔子詩論》方面的研究成績斐然。

臺灣和香港地區對《詩經》的研究也有相當的深度和廣度。錢穆的《讀詩經》、屈萬里的《詩經釋義》《詩經詮釋》、王靜芝的《詩經通釋》、朱守亮的《詩經評釋》，是比較有影響力的作品。錢穆在《讀詩經》一文中說：「詩當起於西周。」「周秦在西，皆夏聲也。」「若以《詩》之製作言，其次第正當與今

之編制相反；當先《頌》、次《大雅》、又次《小雅》、最後乃及《風》。」這些說法都非常有見地。林慶彰認為，《詩經》所載詩篇全部都是民歌。其說深受朱熹的影響。李辰冬的《詩經通釋》認為，《詩經》中三百零五篇全部是周宣王時的大臣尹吉甫所作。他的研究結果與周朝歌詩產生的實際嚴重不符，徒以奇說駭人聽聞而已。

（七）國外的《詩經》傳播和研究情況

《詩經》很早就在海外傳播。《詩經》學是世界漢學的熱點之一，亞、歐、美一些漢學熱度高的國家都出版過《詩經》的譯本。

海外，日本和韓國是最早接受《詩經》的國家。

日本在漢武帝時期開始與中國通使。《漢書‧地理志》載：「玄菟、樂浪，武帝時置。……樂浪海中有倭人，分為百餘國，以歲時來獻見云。」據《後漢書‧東夷列傳》，東漢建武中元二年（公元 57 年），日本倭奴國使者到漢朝朝賀，光武帝劉秀賜給倭奴國印綬。1784 年在日本福岡出土「漢委奴國王」金印一枚。據《宋書‧夷蠻列傳》，宋順帝劉準昇明二年（公元 478 年），日本國倭武天皇（即雄略天皇）向中國劉宋皇帝致表書。表書用漢字寫成，模仿中國《詩經》的句式。顯然，起草表書的人深入地學習過中國的《詩經》。唐朝以來，孔穎達《毛詩正義》、朱熹《詩集傳》先後傳入日本。《宋史‧外國列傳‧日本國傳》說，宋朝雍熙年間，日本國東大寺僧奝然率弟子五六人渡海而來，自言其國存有中國「五經」及佛經。日本學者對於中國《詩經》有非常深入的研究，山井鼎、竹添光鴻、青木正兒、目加田誠、松元雅明、白川靜等人的研究成果頗豐。白川靜以日本《萬葉集》詩篇中所見的日本男女青年婚戀「水占」與中國《詩經》中「揚之水」詩句作比較，認為「揚之水」這句詩反映了中國上古時期青年男女婚戀「水占」的現象。其說法很有啟發性。日本所藏《詩經》唐抄本、《詩經》古抄本、南宋刻《毛詩正義》單疏本和南宋十行本、江戶時代的《詩經》活字本，竹添光鴻的《毛詩會箋》，都有很高的文獻學價值。據《南史‧梁本紀‧武帝蕭衍紀》載，大同七年（公元 541 年），朝鮮百濟王朝曾從中國的梁朝聘請《毛詩》博士，梁武帝准許派遣博士前往百濟國傳授《毛詩》。在韓國，古代的《詩經》學者多崇毛重序，現代的學者多尊崇朱熹。現在日本、韓國的《詩經》學研究持續不歇，有學會，有專刊，不斷地產生專著和論文，一些高校開設了《詩經》必修課、選修課。

　　《詩經》通過絲綢之路向西方傳播。20 世紀中葉在新疆吐魯番出土一批文書，其中有漢文《毛詩鄭箋小雅》殘卷，是 5 世紀的遺物。它是《詩經》西傳的證據之一。從 16 世紀起，《詩經》經法國傳教士金尼閣（Nicolas Trigault 1577～1628）、馬若瑟（Joseph de Prémare 1666～1736）和蘇格蘭傳教士理雅各布布（Jmaes Legge 1815～1897）等人翻譯，流傳到了歐洲。據研究者說，法國傳教士馬若瑟選譯過《詩經》。法國社會學家、漢學家葛蘭言（Marcel Granet 1884～1940）的《古代中國的節慶與歌謠》等著作，拋開古典的解釋，從社會學、民俗學、民族學、神話學、文學等不同角度研究《詩經》，揭示中國古代社會的一些狀況，為《詩經》研究開創了一個正確的方向。瑞典漢學家高本漢（Klas Bernhard Johannes Karlgren 1889～1978）對《詩經》的詞彙和音韻作了系統的研究。他用現代的語音分析方法，通過《詩經》來研究古漢語語音系統，並用現代的語音分析方法來解析《詩經》字義。這對古漢語韻學和《詩經》訓詁都具有開創性的意義。高本漢研究《詩經》的成果，主要體現在他的《詩經注釋》裏面。19 世紀下半葉，《詩經》傳入美國。美國威斯康星大學東亞語言文學系華人學者周策縱教授（1916～2007）對於《詩經》的研究頗為深入。

（八）《詩經》的異文問題

　　在《詩經》的傳播過程中，形成了許多的異文。拿現存的《毛詩》與三家《詩》、出土竹簡《詩》比較，有許多異文。《毛詩》在流傳的過程中也有一些文字的改變。唐陸德明《經典釋文》中就記錄了《毛詩》的一些異文。將歷代文獻所引《詩》與傳世《毛詩》比較，也有異文。

　　清代學者對《詩經》異文已作過深入的研究。這方面的著作主要有：李富孫《詩經異文釋》、陳喬樅《四家詩異文考》、馮登府《三家詩異文疏證》、王先謙《詩三家義集疏》等。

　　向熹說：「《詩經》在兩千多年的流傳中產生了大量異文，其中有《毛詩》和魯、齊、韓三家《詩》的異文，有《毛詩》各本的異文，有傳世《詩經》和出土簡牘《詩經》的異文，有歷代作品的《詩經》引文之間的異文。內容廣泛，形式複雜，數量將近三千。其中《毛詩》和三家《詩》之間的異文占大多數。……陸德明的《經典釋文》比較全面地記錄了唐以前《韓詩》和《毛詩》各本 672 個異文。」（向熹《〈詩經〉語文論集》， 四川民族出版社，2002 年，第 132 頁）

　　所謂異文，有異字，也有異句。其異字絕大多數都是同音或近音字。其句子字數的不同，往往是虛字的多寡不同，一般不影響句義。《毛詩》不同版本的異文、四家《詩》異文、古籍引《詩》異文、出土簡帛等材料所出現的異文，給本書闡釋《國風》詩文原義提供了較多的思路。

四、《毛詩·國風》的性質和詩篇的分類問題

　　春秋時期，《詩》僅有頌、雅、風三個大的篇目類別。「風」「雅」「頌」是周代司樂機構在編輯詩冊時按作品的來源和功用的不同，對輯錄的詩篇所作的編排分類。《左傳·僖公二十七年》記述春秋時期晉國人趙衰說：「《詩》《書》，義之府也。」趙衰所說的「義」，不是指《詩》的篇義，而是指《詩》的文句之義。春秋時期，人們習慣採取斷章取義的方法，運用周王朝頒行的樂歌卷冊《詩》中的章節、句子進行人際溝通交流，蔚然成風。《詩》中的文句很豐富，人們可以根據需要，選用其中某些句子來表達志意，作溝通交流。這種運用《詩》中的章、句作媒介表達志意進行交流的做法，上古文獻稱之為「詩言志」。準確地說，這樣的做法是「借《詩》言志。」由於那時人們並不關注《詩》中詩文的篇義，所以那時也沒有人對其篇目按內容作其他的分類。

　　《詩》序的出現，是對《詩》的詩文按內容進行分類的開始。《毛詩》序的「美刺說」產生以後，《詩經》學者和一般讀者大都知道《詩經》中有「美」和「刺」兩類的詩文。宋代洪邁《容齋五筆》卷四談及《毛詩》中的「美」詩，說道：「《詩》三百篇中，其譽婦人者至多。如敘宗姻之貴者，若『平王之孫，齊侯之子』，『汾王之甥，蹶父之子』，『齊侯之子，衛侯之妻，東宮之妹，邢侯之姨，譚公維私』；誇服飾之盛者，若『副笄六珈』，『如山如河』，『玉之瑱也，象之揥也』；贊容色之美者，若『唐棣之華』，『華如桃李』，『鬒髮如雲』，『手如柔荑，膚如凝脂，領如蝤蠐，齒如瓠犀，螓首蛾眉。巧笑倩兮，美目盼兮』，『顏如舜華』，『洵美且都』；語嫁聘之侈者，若『百兩彭彭，八鸞鏘鏘，不顯其光。諸娣從之，祁祁如雲，爛其盈門』。其詞可謂盡善矣。」宋代朱熹等學者從《毛詩》中挑出了一大批「淫詩」。這也算是朱熹等人對《毛詩》所作的一種內容分類。朱熹《詩集傳》說：「風者，民俗歌謠之詩也。」這是他對《毛詩》詩文所作的另一種分類。清代學者尹繼美《詩管見》根據周代詩歌創作和實用的情況，以樂說詩，對《詩經》中的詩篇按禮樂性質作了分類。傅斯年在他的《詩經講義稿》裏說，《關雎》為結婚之樂，《樛木》《螽斯》為祝福之

詞，《桃夭》《鵲巢》為送嫁之詞，皆和當時禮制有密切關係。傅斯年從《毛詩》中發現了一批婚慶送嫁詩。朱自清《經典常談·詩經》：「除了這種搜集的歌謠以外，太師們所保存的還有貴族們為了特種事情，如祭祖、宴客、房屋落成、出兵、打獵等等作的詩。這些可以說是典禮的詩。又有諷諫、頌美等等的獻詩。」朱自清對《毛詩》的詩文作了更多的分類。

本書由《毛詩·國風》詩文的字、詞推及其句義和篇義，並經過綜合分析，判斷出各篇最初的產生原因和在現實生活中的實用情況。在此基礎上，對《毛詩·國風》的性質作出如下判斷：

其一，從創作主體上來說，《毛詩·國風》中大部分詞章是貴族所作，少數詞章產生於民間。

其二，從實用性上來說，《毛詩·國風》中，大部分詩篇是婚戀情歌歌詞和貴族的祭祀、燕享、狩獵、婚禮、送別等禮儀樂歌及室內消遣樂歌歌詞，也有少量哀歌歌詞、祝詞、咒詞、禱詞；也有一些採自社會下層的歌詞、謠詞，被貴族作為室內消遣或樂教之用。

其三，《毛詩·國風》中所見的野外婚戀情歌、兒歌，本來都是無樂器配合的徒歌；婚禮樂歌，祭祀、狩獵、燕享、送別等儀式樂歌和室內消遣樂歌，一般都有樂器配合，是合樂的歌曲。

本書從社會生活、禮儀實用的角度，把《毛詩·國風》中的詩篇分為歌詞、謠詞、祝詞、禱詞、咒詞、告詞等類別，又把其中的歌詞分為婚戀情歌歌詞、禮儀樂歌歌詞、怨歌歌詞、哀歌歌詞、巫歌歌詞等等的類別。《毛詩·國風》中的婚戀情歌歌詞共計七十一首，如《關雎》《漢廣》《汝墳》《草蟲》《摽有梅》《江有汜》《野有死麕》《雄雉》《匏有苦葉》《式微》《旄丘》《北風》《靜女》等等。另外，《何彼襛矣》《君子偕老》《碩人》《綢繆》《車鄰》《東門之楊》是婚禮迎親樂歌歌詞；《樛木》《桃夭》《鵲巢》《燕燕》《南山》《敝笱》《載驅》是婚禮送親樂歌歌詞；《兔罝》《騶虞》《叔于田》《大叔于田》《還》《盧令》《駟驖》《狼跋》是狩獵禮儀樂歌歌詞；《定之方中》是祭祀禮儀樂歌歌詞；《采蘩》《采蘋》《甘棠》《干旄》是祭祀告詞；《甫田》《猗嗟》是外交享禮樂歌歌詞；《渭陽》《匪風》《下泉》是外交送別禮儀樂歌歌詞；《二子乘舟》是祖道送別朋友的樂歌歌詞；《清人》《鄭風·羔裘》《伐檀》《蟋蟀》是嘉禮犒賞大夫的饗燕禮儀樂歌歌詞；《黃鳥》《秦風·無衣》是軍旅禮儀樂歌歌詞；《谷風》《氓》《中谷有蓷》《女曰雞鳴》《溱洧》《雞鳴》是講婚戀及婚姻愛情離合故事的說唱詞；《七

月》是農業政事說唱詞;《擊鼓》《王風・揚之水》是軍旅情歌歌詞;《卷耳》《殷其雷》《邶風・柏舟》《終風》《伯兮》《小戎》是貴族婦人遣懷的室內樂歌歌詞;《東山》是貴族男子遣懷的室內樂歌歌詞;《小星》《柏舟》《日月》《北門》《兔爰》《鴇羽》《權輿》是怨歌歌詞;《新臺》《牆有茨》《鶉之奔奔》《相鼠》《葛藟》《株林》是兒童歌謠詞;《綠衣》《凱風》《唐風・無衣》《葛生》《墓門》《素冠》是哀歌歌詞;《螽斯》《麟之趾》《鳲鳩》是祝詞;《陟岵》是招魂告詞;《芣苢》是禮贊性質的巫歌歌詞;《碩鼠》是詛咒性質的巫歌歌詞;《椒聊》是禱詞。

本書作者

2021 年 2 月再修訂

目次

周　南

　　周，地名，即周原。在岐山之南。公亶父帶領周族人由豳遷岐，完成了一次大規模的族群遷徙。《大雅‧緜》生動地記述了公亶父率領周人在岐下建設新家園的事蹟。周原是周民族的發祥地。《孟子‧離婁下》：「文王生於岐周，卒於畢郢，西夷之人也。」岐周，即岐山周原。殷甲骨文「周」字在「田」字裏加四點作「圌」形，是田地裏農作物稠密茂盛之義。周原甲骨文「𠱸」字，上部為「圌」之省形，下部的「口」，表示居人之邑。徐中舒《甲骨文字典》：「圌，象界劃分明之農田，其中小點象禾稼之形。」《大雅‧緜》：「周原膴膴，菫荼如飴。」《鄭箋》：「廣平曰原。周之原地，在岐山之南，膴膴然肥美。」周人由豳遷岐，先在岐下立住了腳，又往周邊擴展地盤。今陝西省岐山縣北部、東部和扶風縣北部一帶，是周原人活動的主要地區。

　　周，亦是周公家族的名稱。周公旦在西周成王時任太傅職，其爵位為公，諡號「文」。因其采邑在周原故地，故其氏號為「周」。《史記‧魯周公世家》司馬貞《索隱》：「周，地名，在岐山之陽，本周太王所居之地，後以為周公之菜（采）邑，故曰『周公』。即今之扶風雍東北故周城是也。諡曰『周文公』。」周公旦的采邑在周原，是確鑿無疑的。1976 年 12 月，在陝西扶風縣莊白村出土了青銅器史牆盤，上有「武王則令周公舍圌于周卑處」的銘文。今考古已探明，陝西省岐山縣城西北鳳凰山南麓的周公廟遺址，是周人早期的文化遺存。周公佐成王，在鎬京執政。周公去世後，其子孫襲其爵位，繼承其采邑。鎬京附近、成周地區也應當有周公家族的采邑。

　　《周南》《召南》所共有的「南」字，是對南國音樂的稱呼。南，南音，即南土之音。《詩經》中所稱「南」「南邦」「南土」「南鄉」，指江、漢、淮流

域的申、甫等諸侯國。《周南·樛木》:「南有樛木。」《毛傳》:「南,南土也。」《鄭箋》:「南土,謂荊揚之域。」《小雅·四月》:「江漢滔滔,南國之紀。」《國語》中稱荊蠻、申、呂、應、鄧、陳、蔡、隨、唐等國為「南方之國」。《小雅·鼓鍾》:「以雅以南。」《毛傳》:「南夷之樂曰『南』。」毛享所說的「南夷」,所包括的地域更其廣大。楚國的音樂較為發達,是南樂的代表。春秋時晉國人稱楚國的琴樂為「南音」。《左傳·成公九年》:「晉侯觀于軍府,見鐘儀。問之曰:『南冠而縶者誰也?』有司對曰:『鄭人所獻楚囚也。』使稅(脫)之,召而弔之。再拜稽首。問其族,對曰:『泠(伶)人也。』公曰:『能樂乎?』對曰:『先父之職官也。敢有二事?』使與之琴,操南音。」《呂氏春秋》稱塗山一帶的歌調為「南音」。《呂氏春秋·季夏紀·音初》:「禹行功,見塗山之女。禹未之遇而巡省南土,塗山氏之女乃令其妾候禹於塗山之陽。女乃作歌,歌曰:『候人兮猗。』實始作為南音。周公及召公取風焉,以為《周南》《召南》。」戰國曾侯乙墓出土的編鐘,證明了南樂的發達。

　　《周南》詩是周公家族所使用的樂詞,《召南》詩是召公家族所使用的樂詞。《周南》《召南》這兩部樂詞之所以稱為「南」,並非因為其中的篇目都是採自周、召采邑的南部地區,或者採自東周王城之南的諸侯國,而是因為這些樂詞採用了成周之南江、漢、淮流域的歌調和配樂。自西周中期至東周春秋時期,周王朝的房中燕樂、婚慶用樂、祭祀用樂及狩獵用樂,都染上了南樂的色彩。相對於古樂來說,南樂是「新樂」,是周王朝的流行音樂。《詩經》中《周南》《召南》的「南」字,是大樂師所作的歌調、樂調標識。從《毛詩》現存的《周南》《召南》樂詞來看,其中大部分樂詞的內容與南國沒有關係,只有《汝墳》《江有汜》兩篇的內容明顯帶有「南國」的痕跡。《汝墳》《江有汜》最初當是南調歌曲。

　　《周南》共十一篇詩文,其中婚戀情歌歌詞和婚、祭、祝儀式樂詞佔了多數,也有田獵儀式樂詞。

關雎

關關雎鳩〔1〕,在河之洲〔2〕。
窈窕淑女〔3〕,君子好逑〔4〕。

參差荇菜〔5〕,左右流之〔6〕。
窈窕淑女,寤寐求之〔7〕。

求之不得，寤寐思服〔8〕。
悠哉悠哉〔9〕，輾轉反側〔10〕。

參差荇菜，左右采之〔11〕。
窈窕淑女，琴瑟友之〔12〕。

荇菜參差，左右芼之〔13〕。
窈窕淑女，鍾鼓樂之〔14〕。

【注釋】

〔1〕關關雎鳩：雎鳩「喈喈」地鳴叫呀。關關，與呱呱音近，象聲詞，雎鳩的鳴叫聲。關，本義為門栓，其動詞為關門之義。《說文》：「關，以木橫持門戶也。」《方言》第十二：「關，閉也。」此義在「關關雎鳩」一句中講不通，當從「關」字的通假字中尋找其在句中的實際意義。「關」可能是「喈」的通假字。關、喈皆見母元部字。《玉篇‧口部》：「喈，古環切。關關，和鳴也。或為喈。」《廣韻‧刪韻》：「喈，二鳥和鳴。」明張自烈《正字通‧丑集‧口部》：「喈喈，和鳴。……喈喈，即《詩》『關關雎鳩』之『關』。舊注但知喈音關，不知喈通作關也。」先秦經典中不見有「喈」字，《爾雅》《說文》亦無。《玉篇》有「喈」字，當是收自古書。或《詩經》時代原本無「喈」字，借「關關」為象聲詞。一說，「關關」是二鳥和鳴之聲。《毛傳》：「關關，和聲也。」王先謙《詩三家義集疏》引《魯說》：「關關，音聲和也。」《爾雅‧釋詁》：「關關、噰噰，音聲和也。」雎鳩，水鳥名，魚鷹。雎，又作「鴡」，金口魚鷹。《爾雅‧釋鳥》：「鴡鳩，王雎。」郭璞《注》：「雕類。今江東呼為鶚。」《禽經》：「王鴡、鴡鳩，魚鷹也。」《史記‧孔子世家》張守節《正義》：「王雎，金口鶚也。」清邵晉涵《爾雅正義》：「《史記正義》云：『王雎，金口鶚也。』好在江渚山邊食魚者。……今鶚鳥能翱翔水上，捕魚而食，後世謂之『魚鷹』。」金口鶚，即魚鷹。徐中舒《漢語大字典》：「雎，雎鳩，也叫『王雎』，魚鷹。鳥綱，鶚科。」魚鷹善於捕魚，會發出「喈喈」或「呱呱」的鳴叫聲。此歌詞裏的「關關」不是二鳥和鳴之聲，而是一鳥獨鳴之聲。一說，「雎鳩」一名「王雎」。《毛傳》：「雎鳩，王雎也。」《魯說》：「鴡鳩，王雎。」《爾雅‧釋鳥》：「鴡鳩，王雎。」《爾雅》中凡物之大者皆冠以「王」字。例如，《釋蟲》：「蟒，王蛇。」《釋草》：「蒙，王女。」「菳，王蒭。」清胡承珙《儀禮古今文疏義》：「《爾雅》凡物之大者或有王名，如『蟒，王蛇』之類。《周禮‧廞人》注亦云：『王鮪，鮪之大

者。」《說文》：「鴡，王鴡。」《玉篇・佳部》：「雎，王雎也。」一說，「雎鳩」
是雁鶩類水鳥。宋鄭樵《通志・昆蟲草木略序》：「凡雁鶩之類，其喙褊者，則
其聲『關關』；雞雉之類，其喙銳者，則其聲『鷕鷕』。此天籟也。雎鳩之喙似
鳧雁，故其聲如是，又得水邊之趣也。」一說，「雎鳩」為白鷲。《說文》：「白
鷲，王雎也。」白鷲，即白鶂，又稱為「鶿」。《爾雅・釋鳥》：「鶿，白鷲。」
清郝懿行《爾雅義疏》：「白鷲，即今白鶂子，似雀鷹而大，尾上一點白，因名
焉。一名印尾鷹，望淺草間掠地而飛，善捕鳥雀，亦向風搖翅，故又名風鶂子。
鷹、鶂、鶿俱聲相轉也。」白鷲非水鳥。

〔2〕在河之洲：傻傻地站在黃河裏的沙洲上不下水捉魚。河，黃河的專稱。今之黃
河，先秦古文獻中只稱「河」。此蓋指東周王城附近的一段黃河。之，語助詞。
此處表示所屬關係。洲，古體作「州」，象水中有陸地之形。「洲」為俗字。洲，
《齊詩》《魯詩》《韓詩》作「州」。《毛傳》：「水中可居者曰洲。」段玉裁校《說
文》：「州，水中可居者曰州。水匊繞其旁，从重川。昔堯遭洪水，民居水中高
土。故曰九州。《詩》曰：『在河之州。』」雎鳩常在沙洲上棲息，到水裏捕魚
吃。「關關雎鳩，在河之洲」與《曹風・候人》「維鵜在梁，不濡其翼」的說法
意思相同。曹國女子把不積極前往婚戀集會會場擇偶的男子比作站在水梁上
不下水捉魚的鵜鶘，以取笑之。「關關雎鳩，在河之洲」的意思是說雎鳩站在
黃河裏的沙洲上不下水捉魚。這是女子拿不下水捉魚的雎鳩比作不積極前往
婚戀集會會場擇偶的男子，笑他們呆傻。

〔3〕窈窕淑女：貴族的年輕女子。窈窕，本義為大而深的宮室。《毛傳》：「窈窕，
幽閒也。」閒，同間。《荀子・王制》：「無幽閒隱僻之國。」楊倞《注》：「幽，
深也。閒，隔也。」隔，隔遠。《孔疏》：「窈窕者，謂淑女所居之宮形狀窈窕
然。」班固《西都賦》：「步甬道以縈紆，又窈窕而不見陽。」《說文》：「窈，
深遠也。」「窕，深四極也。」「窱，杳窱也。」《廣雅・釋訓》：「窱窱、窈窈，
深也。」《玉篇・穴部》：「窈窕，幽閒也，深遠也。」窈，幽深。窈通幽。窈、
幽皆影母幽部字。窕，亦為幽深義。窕通遙。窕，定母宵部；遙，喻母宵部。
定、喻準旁紐。清王引之《經義述聞・爾雅・釋言》：「窕、肆，皆謂深之極也。」
貴族所居的宮室大而深。一說，「窈窕」謂女子的美態。漢揚雄《方言》第二：
「秦晉之間美貌謂之娥，美狀為窕，美色為豔，美心為窈。」淑女，即少女。
淑，從水，叔聲，本義為水清澈。引申為清湛之義。《說文》：「淑，清湛也。
從水，叔聲。」《廣雅・釋詁》：「淑，清也。」漢劉安《淮南子・本經訓》：「日

月淑清而揚光。」淑通少。淑，禪母覺部；少，審母宵部。禪、審旁紐，覺、宵旁對轉。「淑女」的構詞與「季女」「淑姬」同例。參見《召南‧采蘋》注〔12〕、《陳風‧東門之池》注〔3〕。這句歌詞有誇張色彩，為讚美之言。

〔4〕君子好逑：才是我的配偶。君子，本義為國君之子。後來，「君子」一詞演變為所有國君後代的代稱。此是歌者自稱。概而言之，凡諸侯國（包括王畿地區各小國）的貴族男子皆稱「君子」。《詩經》中凡貴族男子皆稱為「君子」。衛國國君被稱為「君子」。《鄘風‧君子偕老》：「君子偕老，副笄六珈。」許國的卿大夫等上層貴族男子被稱為「君子」。《鄘風‧載馳》：「大夫君子，無我有尤。」晉國負責造車的官員被稱為「君子」。《魏風‧伐檀》：「彼君子兮，不素餐兮！」秦國駐守西戎地區的將領被稱為「君子」。《秦風‧小戎》：「言念君子，溫其如玉。」下層貴族服役者被稱為「君子」。《王風‧君子于役》：「君子于役，不知其期。」眾貴族男子被稱為「君子」。《小雅‧巷伯》：「凡百君子，敬而聽之。」在《詩經》中，「君子」與「小人」是相對的概念。小人，又稱「野人」，指社會底層的人，包括農人和城市百工雜役。《小雅‧采薇》：「君子所依，小人所腓。」《小雅‧大東》：「君子所履，小人所視。」《小雅‧角弓》：「君子有徽猷，小人與屬。」《孟子‧滕文公上》：「無君子莫治野人，無野人莫養君子。」《淮南子‧說林訓》：「農夫勞而君子養焉。」《漢書‧董仲舒傳》：「乘車者，君子之位也，負擔者，小人之事也。」在《詩經》的婚戀情歌中，女性歌者常稱其所追求的貴族男子為「君子」，男性貴族則自稱或互稱「君子」。好逑，即妃仇、匹儔，夥伴、配偶之義。好，「妃」字的訛字。妃，配偶。妃通配。妃，滂母微部；配，滂母物部。微、物對轉。妃又通匹。匹，滂母質部。微、質旁對轉。《邶風‧匏有苦葉》「深則厲，淺則揭」《鄭箋》：「為之求妃耦。」《釋文》：「妃，音配。本亦作配。」《爾雅‧釋詁》：「妃，匹也。」《說文》：「妃，匹也。」逑，本義為斂聚。《說文》：「逑，斂聚也。」逑通仇。逑、仇皆群母幽部字。逑，《魯詩》《齊詩》作「仇」。《毛傳》：「逑，匹也。」《釋文》：「逑，音求，毛云『匹也』。本亦作仇。」《爾雅‧釋詁》：「仇，匹也。」清段玉裁《詩經小學》：「逑、仇古通用。」逑、仇的「匹偶」義皆源於「讎」字。《爾雅‧釋詁》：「讎，匹也。」《說文》：「仇，讎也。」讎，通雔。讎、雔皆禪母幽部字。《說文》：「雔，雙鳥也。從二隹。」一鳥為隹，二鳥在一起為雔。仇又通儔。班昭《大雀賦》：「乃鳳凰之匹儔。」曹植《贈王粲》：「哀鳴求匹儔。」《玉篇‧人部》：「儔，侶也。」《廣韻‧尤韻》：「儔，侶也。」「好逑」與「妃仇」「匹儔」實

為一詞。說見聞一多《詩經新義·一》。《周南·兔罝》「公侯好仇」亦即「公侯匹儔」。「妃仇」「匹儔」，古之習語。

〔5〕參差荇菜：水中生長著長長短短的荇菜。參差，長短不齊貌。朱熹《集傳》：「參差，長短不齊之貌。」《楚辭·九歎·思古》：「山參差以嶄岩兮，阜杳杳以蔽日。」張衡《西京賦》：「岡巒參差。」荇菜，一名「接余」，一名「莕」，淺水中的一種植物，其嫩葉可食，亦可做祭品。《毛傳》：「荇，接余也。」荇，齊、魯、韓三家《詩》作「莕」。《爾雅·釋草》：「莕，接余。其葉苻。」段校《說文》：「菨，菨余也。」「莕，菨余也。从艸，杏聲。荇，莕或從洐，同。」《釋文》：「接余，本或作菨茶。」荇菜的莖葉有高有低，故謂之「參差」。一說，「荇菜」是蓴菜。《爾雅·釋草》「莕」郭璞《注》：「叢生水中，葉圓，在莖端。長短隨水深淺。」陸璣《毛詩草木疏》：「接余，白莖，葉紫赤色，正圓，徑寸餘，浮在水上，根在水底，與水深淺等。大如釵股，上青下白，鬻其白莖，以苦酒浸之，脆美，可案酒。」北齊顏之推《顏氏家訓·書證》：「《詩》云：『參差荇菜。』《爾雅》云：『荇，接余也。』字或為莕。先儒解釋皆云：水草，圓葉細莖，隨水淺深。今是水悉有之，黃花似蓴，江南俗亦呼為豬蓴，或呼為荇菜。」

〔6〕左右流之：左邊右邊皆可採。左右，向左邊採了又向右邊採。流，古作「㳅」，本義為河水的主流。動詞為水流動之義。《說文》：「㳅，水行也。」流通摎。流、摎皆來母幽部字。摎，捋取。《廣雅·釋言》：「摎，捋也。」摎通寽。寽，來母月部。幽、月旁通轉。寽，寽取。段校《說文》：「寽，五指寽也。」一說，「流」為選擇之義。《魯說》：「流，擇也。」「流」字本無選擇之義。向左邊採了又向右邊採，才是表示選擇之義。一說，「流」為尋求之義。《毛傳》：「流，求也。」《爾雅·釋言》：「流，求也。」之，代詞。代指荇菜。

〔7〕寤寐求之：我的心裏白天和黑夜都在追求你。寤寐，醒時和睡著時。代指白天和黑夜。寤，睡醒。《毛傳》：「寤，覺。」段校《說文》：「寤，寐覺而有言曰寤。」寐，睡著。《毛傳》：「寐，寢也。」《說文》：「寐，臥也。」《段注》：「臥也。俗所謂睡著也。」在《詩經》中，「寤寐」已是固定詞組。《陳風·澤陂》：「寤寐無為，涕泗滂沱。」《衞風·考槃》：「獨寐寤言，永矢弗諼。」寐寤，「寤寐」的異構詞。求，「裘」字的古文。象裘衣之形，又聲。本義為裘衣。《說文》：「裘，皮衣也。……求，古文省衣。」求通勼。求，群母幽部；勼，見母月部。群、見旁紐，幽、月旁通轉。勼，甲骨文金文皆從人從亡，尋求之

義。亡，無。指人尋求其所無。徐中舒《甲骨文字典》：「匃，〔釋義〕一、乞求也。」匃又作「匂」。俗作「丐」。《說文》：「匃，气也。逯安說，亡人為匃。」《段注》：「气者，雲气也。用其聲假借為气求、气與字。……从亡人者，人有所無必求諸人，故字从亡、从人。」《廣雅・釋詁》：「匃，求也。」唐釋慧琳《一切經音義》卷二十五「乞匃」下：「匃，音蓋，行求乞索也。」《左傳・昭公六年》：「禁芻牧採樵，不入田，不樵樹，不採刈，不抽屋，不強丐。」陸德明《左傳釋文》：「匃，本或作丐，音蓋，乞也。」《玉篇・勹部》：「匃，乞也。行請也。」《廣韻・曷韻》：「匃，乞也。亦作丐。」乞，匃的通假字。乞，溪母物部。見、溪旁紐，月、物旁轉。乞，「气」字的初文，甲骨文作「三」，象天地之間夾雲氣之形，本義為雲氣。于省吾《甲骨文字釋林・釋气》：「甲骨文之『三』即今气字，俗作乞。《說文》：『气，雲气也。』……气字之用法有三：一為气求之气，二為迄至之迄，三為終止之訖。气訓气求，典籍常見。……自東周以來，為了易於辨別，故一變作氕，再變作气。但其橫畫皆平，中畫皆短，其嬗變之跡，固相銜也。」一說，甲骨文「三」字為汔之本字。迄，典籍一般作「迄」。訖，典籍一般作「訖」。气與乞形體嬗變的軌跡很清楚。自「求」字代替了「匃」字之後，又產生了「裘」字，「裘」字行而「求」字的本義遂廢，「求」專有了求索之義。《玉篇・裘部》：「求，索也。」《邶風・擊鼓》：「爰居爰處？爰喪其馬？于以求之？于林之下。」《邶風・谷風》：「何有何亡，黽勉求之。」《豳風・七月》：「爰求柔桑。」「求」字又引申為追求之義。《周南・漢廣》：「漢有游女，不可求思。」《召南・摽有梅》：「求我庶士，迨其吉兮！」《邶風・匏有苦葉》：「雉鳴求其牡。」《邶風・新臺》：「燕婉之求，籧篨不鮮。」《小雅・我行其野》：「不思舊姻，求爾新特。」之，代詞。代指窈窕淑女。這句歌詞極言男子追求淑女心情之迫切。

〔8〕思服：即伏思，思念。服，通伏。伏枕而思。服、伏皆並母職部字。《毛傳》：「服，思之也。」《陳風・澤陂》：「寤寐無為，輾轉伏枕。」「伏枕」即伏枕而思，亦即伏思、伏念。《楚辭・七諫・沉江》：「伏念思過兮，無可改者。」

〔9〕悠哉悠哉：想你啊想你啊。悠，憂思。《毛傳》：「悠，思也。」《鄭箋》：「思之哉！思之哉！言己誠思之。」《爾雅・釋詁》：「悠，思也。」《釋訓》：「悠悠，思也。」《釋文》：「悠，音由，思也。」悠通慐。悠，喻母幽部；慐，影母幽部。喻、影通轉。慐，通作「憂」。段校《說文》：「悠，慐也。从心，攸聲。」「慐，愁也。从心、頁。慐心形於顏面，故从頁。」《爾雅・釋詁》「憂，

思也」邢昺《疏》：「憂者，愁思也。」《邶風・終風》：「悠悠我思。」《邶風・泉水》：「思須與漕，我心悠悠。」《鄭風・子衿》：「青青子佩，悠悠我思。」《秦風・渭陽》：「我送舅氏，悠悠我思。」悠悠，思而又思之義。哉，語氣詞。《說文》：「哉，言之閒也。」閒，同間。「哉」在一句話之間表示逗停，也常置於句子末尾表示感歎語氣。《召南・殷其雷》：「振振君子，歸哉歸哉！」《邶風・北門》：「已焉哉！天實為之，謂之何哉！」《衛風・氓》：「反是不思，亦已焉哉！」《王風・黍離》：「悠悠蒼天！此何人哉！」《秦風・終南》：「顏如渥丹，其君也哉！」

〔10〕輾轉反側：我在席上翻來覆去睡不著。輾轉，指身體轉動。《鄭箋》：「臥而不周曰輾。」《釋文》：「輾，本亦作展。」輾，車輪轉動之義。今本《毛詩》作「輾」，為借字。輾通展。輾、展皆端母元部字。展，從尸，本為身體轉動之義。輾、展又通轉。轉，端母元部。《說文》：「展，轉也。从尸，襄省聲。」《段注》：「展者，未轉而將轉也。」《禮記・檀弓下》：「去國，則哭于墓而後行；反其國，不哭，展墓而入。」展墓，即轉墓，圍繞墳墓轉一周。《魯詩》《齊詩》《韓詩》作「展」。《魯說》：「展轉，不寐貌。」《楚辭・九歎・惜賢》「憂心輾轉愁怫鬱兮」王逸《注》引《詩》：「展轉反側。」反側，身體往回轉後側身而臥。《韓說》：「展轉，反側也。」《廣雅・釋訓》：「展轉，反側也。」《韓非子・存韓》：「展轉不可知。」清王先慎《韓非子集解》：「展轉，猶反覆也。」《戰國策・趙策一・秦王謂公子他》：「展轉不可約。」鮑彪《注》：「展轉，猶反覆也。」展轉、反側，皆指人身體來回轉動睡不好覺。此句歌詞描述「君子」因愛情願望不能實現翻來覆去不能安眠的樣子。《陳風・澤陂》：「有美一人，傷之如何？寤寐無為，涕泗滂沱！」「有美一人，碩大且儼。寤寐無為，輾轉伏枕。」

〔11〕采：用手摘取。《說文》：「采，捋取也。」《芣苢》：「采采芣苢。」《毛傳》：「采，取也。」之，指荇菜。荇菜的嫩葉可作祭品。

〔12〕琴瑟友之：用琴瑟演奏婚禮樂曲來表示對「窈窕淑女」的歡迎和友好之意。琴、瑟，木製絃樂器。在鄉飲酒禮、鄉射禮、燕禮和大射禮中，瑟是聲樂伴奏的主要樂器。友之，友愛她。指用琴瑟演奏樂曲來表達對所娶女子的友愛之情。友，意動詞，友愛。《毛傳》：「宜以琴瑟友樂之。」《魯說》《韓說》：「友，親也。」之，人稱代詞，她。此句的意思是說，在舉行婚禮時，男方要用琴瑟之樂來娛樂女方，使其感到男方對她的親密和友愛之意。

〔13〕芼之：左右側視著採擇荇菜。芼，通覒，側視著採擇。芼、覒皆明母宵部字。《韓詩》作「覒」。《廣雅·釋詁》：「覒，視也。」《廣韻·號韻》：「覒，邪視也。」一說，芼、覒為採擇之義。《毛傳》：「芼，擇也。」《說文》：「覒，擇也。」《爾雅·釋言》：「芼，搴也。」《玉篇·見部》「覒」字下：「《詩》曰：『左右覒之。』覒，擇也。本亦作芼。」用眼瞄視著尋找適合採的荇菜，就是在作選擇。

〔14〕鍾鼓樂之：用演奏鍾鼓之樂來迎娶她。鍾鼓，鐘和鼓。鍾，《毛詩正義》《唐石經》皆作「鍾」。「鍾」字本義為酒器。鍾通鐘。鍾、鐘皆照母東部字。鐘，編鍾，青銅質架掛式打擊樂器。《說文》：「鍾，酒器也。」「鐘，樂鐘也。」鼓，打擊樂器，橢圓柱形，中空，兩頭蒙皮。一說，「鐘鼓」為「鼓鐘」之誤。《韓詩》作「鼓鐘」。《韓說》：「后妃房中樂有鐘磬。」《韓說》以鐘磬樂為貴族房中燕樂。古本《韓詩外傳》引《詩》作「鼓鐘樂之」。清陳喬樅《三家詩遺說考》：「喬樅案，『鐘鼓樂之』唯《外傳》五引《詩》作『鼓鐘』，而此仍作『鐘鼓』。今考《外傳》言天子左五鐘右五鐘而不兼言鼓。侯包言后妃房中之樂，亦但云有鐘磬而不及鼓。疑《韓詩》之義，訓鼓為擊，不與毛同。此所引《詩》當作『鼓鐘』為是。」今按，「鼓鐘」說不可取。婚禮用樂非僅擊鐘，還有鼓及其他樂器。貴族的燕樂用鐘鼓。《唐風·山有樞》：「子有鐘鼓，弗鼓弗考。」《小雅·彤弓》：「我有嘉賓，中心貺之。鐘鼓既設，一朝饗之。」《小雅·賓之初筵》：「鍾鼓既設，舉酬逸逸。」據此推理，婚禮用樂亦鐘鼓並用。一說，鐘鼓之樂是宗廟用樂。《毛傳》：「德盛者宜有鍾鼓之樂。」《鄭箋》：「琴瑟在堂，鍾鼓在庭，言共荇菜之時，上下之樂皆作，盛其禮也。」樂，動詞，演奏音樂。此指用演奏音樂來歡迎。之，指「淑女」。男子說他願意用鐘鼓之樂來歡迎他所娶的女子。這是表示其願意成大婚之意。

【詩旨說解】

　　《關雎》是一首男女對唱的婚戀情歌歌詞。在周代，「仲春集會」是民間的一種婚戀風俗。這種集會常常在河流旁、湖塘邊、山坡前舉行。在春光熙和的日子裏，眾多的男女求偶者會集到一個較為偏僻安靜的地方，唱起情歌，各自尋找合適的婚姻伴侶，王室、諸侯國的青年貴族也往往參與其中，甚至一國之君也可能偶而參加這樣的活動。魯隱公「如棠觀魚」（《左傳·隱公五年》），魯莊公「如齊觀社」（《左傳·莊公二十三年》），其實都是國君參加民間婚戀集會活動之事。魯哀姜就是魯莊公「如齊觀社」時所選中的婚姻

對象。黃河岸邊的洛邑地區，坐落著西周王朝的陪都洛邑成周以及後來東周王朝的首都周王城。這裡居住著很多周朝的貴族。貴族青年人參與民間的婚戀集會，是當時的社會風俗使然。在婚戀集會場合，男女都要用情歌來表達自己的求偶意向，展示自己的求偶技巧，誰唱的情歌最具有吸引力，誰就占得了擇偶的先機。《關雎》這篇歌詞，反映了周代婚戀集會上一個對唱情歌求偶的事件。

第一章：「關關雎鳩，在河之洲」是女詞。一個女子在「仲春集會」場合唱情歌求偶。她說：「雎鳩站在沙洲上「關關」地叫，就是不下水捕魚，真是個傻鳥。」這句歌詞的言外之意，是說男子不主動地參與婚戀活動，就像雎鳩站在沙洲上不下水捕魚一樣傻。女子用這樣的比喻性語言來刺激男子，先作個試探，希望他們中有人積極跟她談戀愛。

「窈窕淑女，君子好逑」是男詞。一個貴族男子聽到了女子唱「關關雎鳩，在河之洲」之後，反應很快，立即用歌聲作了回答：他不是不想「下水捕魚」，而是想觀察一下，找一位年輕的貴族閨秀作配偶。

第二章：「參差荇菜，左右流之」是女詞。女子說，她找對象要像在水中採荇菜那樣細心地作選擇。在周代，採集野菜作祭品是婦女的專職。未婚女子常以採集野菜之名，行婚戀求偶之實。女子在求偶時唱到「荇」這種可用於祭祀的菜，很容易使男子聯想到女子成婚時的「辭廟之禮」。這是女子用採「荇菜」來表示其有尋偶結婚的誠意。這句歌詞仍然是女子對男子的試探之語。她在等待那個男子作出讓她滿意的回答。「仲春集會」常在水邊舉行。女子以在水中採擇荇菜之事比喻擇偶之事，十分自然，也十分易懂。女子說她尋找婚姻對象要細心地選擇，不能草率。這多半是因為她第一眼並未看上跟她對歌的男子，想另作選擇，或者想對這位男子作進一步的考察。

「窈窕淑女，寤寐求之」是男詞。男子說，他若找不到貴族閨秀作婚姻對象誓不甘休。

第三章、第四章的上句與第二章上句的意思相同，都是女子表明其求偶態度的言詞。女子一再表白，她求偶的態度不作改變，仍要堅持像採荇菜那樣認真細緻地作選擇。女子這樣說，是有意對答歌男子的求偶態度作進一步考察。

第三章、第四章的下句是男子的答詞。「窈窕淑女，琴瑟友之。」「窈窕淑女，鍾鼓樂之。」他說在結婚時要用琴瑟之樂來歡迎他所追求的那個女子，

而且要啟用鐘鼓之樂來完成婚禮大典。女子聽到這樣的答歌，也許心裏就滿意了。

　　《關雎》這首情歌的歌調好聽，男女的對話精彩。這樣的情歌，極容易被他人學習和模仿，長時間流傳。有人對這首情歌感興趣，就把它採集記錄下來，獻給了周公家族（或周王室）的樂府。在流傳的過程中，大樂師對《關雎》歌詞作了一定的修改。第二章「求之不得，寤寐思服。悠哉悠哉，輾轉反側」這一段詞，不是原有的歌詞，是大樂師增添的。大樂師將《關雎》情歌改編了，作為婚禮樂歌使用。為了加重婚禮樂歌的恩愛主題、烘托婚禮的快樂氣氛，大樂師給這首婚禮樂歌添加了一段男子通用的情歌語言，並給《關雎》這首情歌配以器樂。後來，《關雎》樂曲又被用於燕樂。據《儀禮》記載，貴族的燕禮、鄉飲酒禮、鄉射禮都把《關雎》作為燕樂正歌末尾的合樂使用。孔子說：「《關雎》之亂，洋洋乎盈耳哉！」（《論語·泰伯》）又說，「《關雎》樂而不淫，哀而不傷。」（《論語·八佾》）孔子的「樂而不淫，哀而不傷」的話，所評論的正是燕樂正歌末尾的合樂——《關雎》之亂。「《關雎》之亂」包括《關雎》《葛覃》《卷耳》三段樂曲，《關雎》樂曲和《葛覃》樂曲都有歡快的特點，《卷耳》樂曲則有哀傷的特點。孔子所評論的是「《關雎》之亂」三首樂曲，不是《關雎》詩文。

　　從文學的角度看，《關雎》這篇作品反映了周代的青年人活潑開放、無拘無束地進行婚戀活動的生動場景。這四段對歌，一方面反映了女主人公求偶態度的積極和審慎，一方面反映了男主人公求偶態度的真誠和執著。

　　《關雎》中的「雎鳩」，是歌者所創造的一個藝術形象。這個藝術形象蘊含著什麼樣的意義？我們拿《關雎》與《曹風·候人》作比較，就可看出端倪。「關關雎鳩，在河之洲」的說法，與「維鵜在梁，不濡其翼。彼其之子，不稱其服。維鵜在梁，不濡其咮。彼其之子，不遂其媾」的說法一致，所表達的意思也一樣，都是用水鳥不下水捕魚來比喻男子不積極地到婚戀會場去擇偶之事。這是女子用調侃的語言，刺激男子積極參加婚戀活動。《曹風·候人》「維鵜在梁，不濡其咮。彼其之子，不遂其媾」這句歌詞，意思更加直白。「鵜鶘」與「雎鳩」是兩種不同的水鳥，但它們又有共同的特點。「鵜鶘」是捕魚能力極強的水鳥，「雎鳩」也是捕魚能力很強的水鳥。在《曹風·候人》中，「鵜鶘」是健壯而又善於談戀愛的男人的化身。在《關雎》中，「雎鳩」也是善於談戀愛的男人的化身。這樣一比較，「雎鳩」這個藝術形象所蘊含的意

義就明確了。以水鳥捕魚比喻男女兩性關係，是中原地區上古求偶情歌的通俗手法。這是一種幽默含蓄、帶有挑逗性的情歌語言。女子常用這樣的語言，刺激男子的求偶熱情，促使男子與其談戀愛。

《關雎》這篇情歌歌詞，反映了周代的婚戀風俗。清代文學家袁枚說：「《關雎》為《國風》之首，即言男女之情。」（《隨園詩話》卷一第三十二章）袁枚的評語是中肯的。

對於「雎鳩」這個藝術形象所蘊含的意義，古代的學者曾作過荒謬的解釋。《毛詩》序：「《關雎》，后妃之德也，《風》之始也，所以風天下而正夫婦也。」《毛傳》：「雎鳩，王雎也。鳥摯而有別。」《鄭箋》：「摯之言至也，謂王雎之鳥，雌雄情意至然而有別。」朱熹《集傳》謂雎鳩「生有定偶而不相亂，偶常並遊而不相狎」。他們皆說「雎鳩」是關關和鳴、配有常偶、愛情專一的貞鳥，儼然是遵守禮法的模範。一些學者論及《關雎》詩的創作之由，說「王后晏起，周道始缺，詩人推本至隱，而作《關雎》」者有之，說「康王晚朝，《關雎》作諷」者有之，說「大哉《關雎》之道也！萬物之所繫，群生之所懸命也」者有之。總之，中國古代的儒家學者們企圖借用《關雎》文本創造出一套修身、齊家、治國、平天下的倫理秩序來，可謂用心良苦。但此類說法嚴重歪曲了《關雎》歌詞的原義。「關關雎鳩，在河之洲」這句歌詞的真實意思被破譯了，古代學者們所製造的「美麗的謊言」也就破滅了。

葛覃

葛之覃兮〔1〕，施于中谷〔2〕，維葉萋萋〔3〕。
黃鳥于飛〔4〕，集于灌木〔5〕，其鳴喈喈〔6〕。

葛之覃兮，施于中谷，維葉莫莫〔7〕。
是刈是濩〔8〕，為絺為綌〔9〕，服之無斁〔10〕。

言告師氏〔11〕，言告言歸〔12〕。
薄汙我私〔13〕，薄澣我衣〔14〕。
害澣害否〔15〕，歸寧父母〔16〕。

【注釋】

〔1〕葛之覃兮：葛藤呀。葛，一種蔓生植物，其莖皮纖維可織布。《毛傳》：「葛所以為絺綌。」之，語助詞。覃，本義為味長。《說文》：「覃，長味也。」《段注》：

「此與西部醰音同義近。醰以覃會意也。」覃通蕈、藤。覃，定母侵部；蕈，從母侵部；藤，定母蒸部。從、定準雙聲，侵、蒸通轉。高亨《詩經今注》：「覃為蕈之省，蕈即藤聲之轉。……『葛之覃』即『葛之藤』耳。」唐張參《五經文字》：「蕈，《詩·葛覃》亦作蕈。」覃，藤蔓之義。此歌詞的「覃」指葛的長莖。兮，語氣詞。

〔２〕施于中谷：爬滿了山谷。施，本義為旗幟在風中委婉飄動的樣子。《說文》：「施，旗貌。」《段注》校正為：「施，旗旖施也。」施通延。施，審母歌部；延，喻母元部。審、喻旁紐，歌、元對轉。延，蔓延。《小雅·頍弁》：「蔦與女蘿，施于松柏。」《大雅·旱麓》「莫莫葛藟，施于條枚」，《呂氏春秋·恃君覽·知分》、《韓詩外傳》卷二、《新序》引《詩》皆作「莫莫葛藟，延于條枚」。一說，「施」是「𢻻」字的假借字。清馬瑞辰《毛詩傳箋通釋》：「經典作施者，多𢻻字之假借。」𢻻，本義為布，敷。《說文》：「𢻻，敷也。从攴，也聲。讀與施同。」「𢻻」字從攴，與「延」字義異。中谷，即谷中。《毛傳》：「中谷，谷中也。」谷，兩山之間的低窪處。後起字作「峪」。《爾雅·釋水》：「水注川曰溪，注溪曰谷。」《說文》：「谷，泉出通川為谷。从水半見，出於口。」山谷中有流水，兩邊生長葛藤。

〔３〕維葉萋萋：它們的葉子多麼稠密。維，通其。維，喻母微部；其，群母之部。喻、群通轉，微、之通轉。《周頌·噫嘻》：「十千維偶。」清陳奐《疏》：「維，其也。」《小雅·無羊》：「眾維魚矣。」陳奐《傳疏》：「維字訓其。」維，《韓詩》作「惟」。惟，喻母微部，亦通其。《小雅·杕杜》：「有杕之杜，其葉萋萋。」萋萋，葉子茂盛密集。《毛傳》：「萋萋，茂盛貌。」《韓說》：「萋萋，盛也。」《魯說》：「萋萋，茂也。」萋，從艸，本義為草盛之貌。《說文》：「萋，艸盛。从艸，妻聲。《詩》曰：『菶菶萋萋。』」「萋萋」又轉指樹葉密集茂盛。《小雅·出車》：「卉木萋萋。」萋通集。萋，清母脂部；集，從母緝部。清、從旁紐，脂、緝旁通轉。萋、集，皆有簇集、密集之義。

〔４〕黃鳥于飛：在天上自由飛翔的黃鳥。黃鳥，黃雀，似麻雀，毛黃色，喜群集覓食。《毛傳》：「黃鳥，摶黍也。」《小雅·黃鳥》：「黃鳥黃鳥，無集于谷，無啄我粟。」一說，「黃鳥」是黃鸝。《魯說》：「倉庚，幽、冀謂之黃鳥。」《爾雅·釋鳥》：「皇，黃鳥。」郭璞《注》：「俗呼黃離留，亦名摶黍。」陸璣《毛詩草木疏》：「黃鳥，黃鸝鶹也。或謂之黃栗留。幽州人謂之黃鶯，或謂之黃鳥。一名倉庚，一名商庚，一名鵹黃，一名楚雀。齊人謂之摶黍。關

西謂之黃鳥。」黃鸝不群集。此說非是。於飛，曰飛，在飛行。於，通曰，語助詞。飛，小篆上部象鳥首，下部象展開的雙翼，本義為鳥飛翔。《說文》：「飛，鳥翥也。象形。」

〔5〕集于灌木：忽然成群地降落在灌木叢上。集，本作「雧」，本義為鳥聚在樹木之上。《說文》：「雧，群鳥在木上也。从雥、木。集，雧或省。」《段注》：「引申為凡聚之偁。漢人多假襍為集。」灌木，低矮叢生沒有主幹或主幹低矮而枝多的樹木。《毛傳》：「灌木，叢木也。」叢木，叢木。《爾雅·釋木》：「木族生為灌。」灌，《魯詩》作「樌」。樌，從木，貫聲，為正字。《玉篇·木部》：「樌，木叢生也。今作灌。」

〔6〕其鳴喈喈：它們在「喈喈」地鳴叫著。其，代詞。代指那些鳥兒。喈喈，黃鳥的叫聲。

〔7〕莫莫：葉子茂密。《魯說》《韓說》：「莫莫，茂也。」莫，古「暮」字。莫通茂。莫，明母鐸部；茂，明母幽部。鐸、幽旁對轉。茂，茂盛。《毛傳》：「莫莫，成就之貌。」《鄭箋》：「成就者，其可採用之時。」毛、鄭說「莫莫」是形容葛藤已長得老成可以採割的樣子。這是隨文釋義。《小雅·旱麓》：「莫莫葛藟，施于條枚。」

〔8〕是刈是濩：把它收割了，再把它的莖皮蒸煮加工。是，連詞。「是……是……」與「以……以……」「載……載……」「式……式……」為相同句式，相當於現代漢語的「又…又…」句式，表示同時或先後連續進行的動作或連續發生的事件。《小雅·棠棣》：「是究是圖。」《小雅·信南山》：「是剝是菹。」「是烝是享。」《大雅·皇矣》：「是禷是禡，是致是附。」「是伐是肆，是絕是忽。」《大雅·生民》：「是穫是畝。」「是任是負。」《魯頌·閟宮》：「是饗是宜。」「是斷是度，是尋是尺。」《小雅·鹿鳴》：「君子是則是傚。」「嘉賓式燕以敖。」《邶風·谷風》：「習習谷風，以陰以雨。」《小雅·無羊》：「以薪以蒸，以雌以雄。」《小雅·鼓鍾》：「以雅以南。」《大雅·旱麓》：「以享以祀。」《邶風·泉水》：「載脂載舝。」《鄘風·載馳》：「載馳載驅。」《衛風·氓》：「載笑載言。」《秦風·小戎》：「載寢載興。」《小雅·四牡》：「翩翩者鵻，載飛載下。」《小雅·采薇》：「載飢載渴。」《小雅·菁菁者莪》：「汎汎楊舟，載沉載浮。」《小雅·沔水》：「鴥彼飛隼，載飛載止。」《小雅·小宛》：「題彼脊令，載飛載鳴。」《小雅·四月》：「相彼泉水，載清載濁。」《小雅·節南山》：「式刈式已。」《魯頌·泮水》：「載色載笑。」刈，古作「乂」，本義為用刀鐮割物。《說文》：

「乂，芟艸也。从丿、乀相交。刈，乂或从刀。」《段注》：「禾部曰：『穫，乂穀也。』是則芟艸穫穀總謂之乂。……乂者，必用鉤鐮之屬也。」《韓說》：「刈，取也。」刈，《釋文》作「艾」，云：「艾，本亦作刈。」濩，同濩，用鑊煮。《毛傳》：「濩，煮之也。」《玉篇・水部》：「濩，煮也。」《釋文》：「濩，煮也。」濩，本義是屋簷水下流的樣子。段校《說文》：「濩，雨流溜下貌。」濩通鑊。濩、鑊皆匣母鐸部字。《魯詩》作「鑊」。《魯說》：「『是刈是鑊。』鑊，煮之也。」《爾雅・釋訓》：「『是刈是濩。』濩，煮之也。」《說文》「濩」字《段注》：「或假濩為鑊。如《詩》『是刈是濩』是也。」鑊是古代煮食物的器具，其功用如鍋。《儀禮・士虞禮》「側亨」鄭玄《注》：「亨於爨用鑊。」鑊亦作刑具用。《漢書・刑法志》：「肉刑大辟，有鑿顛、抽脅、鑊亨之刑。」顏師古《注》：「鼎大而無足曰鑊，以鬻人也。」煮是對葛藤莖皮進行加工的一道工藝。通過煮，除去莖皮的膠質，增加葛纖維的柔韌性和潤滑度，利於紡織。

〔9〕為絺為綌：然後織成細布和粗布。絺，細葛布。綌，粗葛布。《毛傳》：「精曰絺，粗曰綌。」《韓說》：「結曰絺，辟曰綌。」結，細密結實。辟通擘。辟、擘皆幫母錫部字。擘，大拇指。引申為粗大、粗疏之義。《說文》：「絺，細葛也。」「綌，粗葛也。」《小爾雅・廣服》：「葛之精者曰絺，麤者曰綌。」葛布用於製作夏衣。《禮記・大喪記》：「絺綌紵不入。」鄭玄《注》：「絺、綌、紵者，當暑之褻衣也。」

〔10〕服之無斁：穿在身上經久耐用。服之，穿上它。服，本從凡（凡，盤。後訛為「舟」「月」）從𠬝（𠬝，從又從人，象手捕住人之形，會降服、制服之意。又為戰俘之義），會臣隸操盤做事之意。引申為服事、使用之義。《說文》：「服，用也。」服通佩。服，並母職部；佩，並母之部。職、之對轉。佩，人身上的佩飾物。人穿衣服的歷史是從以巾蔽前開始的。巾稱「佩」，是最早的衣服。古代又將衣裳、弁冕等人身體上的佩飾統稱為「服」。《曹風・蜉蝣》：「楚楚衣服。」《小雅・大東》：「粲粲衣服。」《小雅・都人士・毛詩序》：「周人刺衣服無常也。」鄭玄《注》：「服，謂冠冕衣裳也。」銀雀山漢墓竹簡《孫臏兵法・勢備》：「何以知劍之為陳（陣）也？且莫（暮）服之，未必用也。」「服」字作動詞有佩用之義。《魏風・葛屨》：「要之襋之，好人服之。」《孝經・卿大夫章》：「非先王之法服不敢服。」《戰國策・齊策一・鄒忌修八尺有餘》：「朝服衣冠，窺鏡。」無斁，即無斁，不敗散。無，甲骨文字象人雙手持羽跳舞之形，本義為舞蹈。徐中舒《甲骨文字典》：「無，甲骨文無為舞之本字。」小篆「舞」

字，從亡，無聲，沒有之義。古文奇字「无」，蓋為「無」字之減筆變體。無、
无通毋。無、无、毋皆明母魚部字。毋，不。斁，又作「殬」，本義為敗、壞、
解散。《說文》：「斁，解也。从攴，睪聲。《詩》曰：『服之無斁』」解，解散。
《大雅·雲漢》：「耗斁下土。」《鄭箋》：「斁，敗也。」《說文》：「殬，敗也。」
敗，敗散。此歌詞中的女主人公所採的葛，能夠製出優質的葛布，做成衣服之
後經久耐用。

〔11〕言告師氏：我先把我省親的事告訴我的傅姆。言，語助詞。楊樹達《詞詮》卷
七：「言，語首助詞。無義。」《召南·草蟲》：「言採其蕨。」告，告訴。師氏，
又稱「姆」，上層貴族嫁女隨嫁的有文化、懂禮教的專職「保姆」。其職責是教
育出嫁及隨嫁的一班女子，教之以禮儀、生活等方面的知識和技能，以利於她
們與夫家人融洽相處。《毛傳》：「師，女師也。古者女師教以婦德、婦言、婦
容、婦功。」《孔疏》：「女師者，教女之師，以婦人為之。」《魯說》：「婦人所
以有師者何？學事人之道也。」《周禮·天官》記有王室掌禮典婦之官，其中
的「世婦」「女祝」為治事管理之官，「女史」為教書之官。《天官》鄭玄《注》：
「女史，女奴曉書者。」「女史」似亦可稱為「師氏」。《公羊傳·襄公三十年》：
「不見傅母不下堂。」漢何休《春秋公羊傳解詁》：「禮，后夫人必有傅母，所
以輔正其行，衛其身也。選老大夫為傅，選老大夫妻為母。」此又一說。《儀
禮·士昏禮》「姆」字下鄭玄《注》云：「姆，婦人五十無子，出而不復嫁，能
以婦道教人者，若今時乳母矣。」五十無子的婦人，若無文化，則不能充任上
層貴族的傅姆。

〔12〕言告言歸：然後再告訴夫家，說「我要回去看父母了」。告，告訴。此指告訴
夫家。歸，回歸。此指回娘家。歸，金文字從止從帚，灑掃迎至，自聲，本義
為返回，歸來。徐中舒《甲骨文字典》：「歸：一、返還，歸來之義。『貞王其
歸。』『貞勿歸于商。』」《召南·采蘩》：「被之祁祁，薄言還歸。」《召南·殷
其雷》：「振振君子，歸哉歸哉！」《鄘風·載馳》：「載馳載驅，歸唁衛侯。」
《小雅·出車》：「執訊獲醜，薄言還歸。」

〔13〕薄汙我私：趕快洗滌好我的內衣。薄，通迫，趕快。薄，並母鐸部；迫，幫母
鐸部。并、幫旁紐。《釋名·釋言語》：「薄，迫也。」《小爾雅·廣言》：「薄，
迫也。」《廣雅·釋詁》：「迫，急也。」《玉篇·辵部》同。《漢書·嚴助傳》：
「王居遠，事薄遽。」顏師古《注》：「如淳曰：『薄，迫也。言事迫，不暇得
先與王共議之。……師古曰：薄，迫，是也。遽，速也。」汙，同污，本義為

水積聚。水積聚久而成為污水，故引申為污穢之義。《說文》：「汙，薉也。從水，于聲。一曰小池為汙。」《玉篇·禾部》：「薉，不淨也。」《釋名·釋言語》：「汙，洿也，如洿泥也。」此句歌詞中「汙」用作動詞，指利用草木灰洗衣服。《孔疏》：「汙、瀚相對，則汙亦瀚名。」《正字通·巳集·水部》：「汙，同洿省。……去垢汙曰汙。《詩·周南》：『薄汙我私。』……污，污、汙、洿同。本作污。《玉篇》從亏者古文，從于者今文。」清徐鼎《讀書雜釋·詩》「薄污我私」條下：「《詩·葛覃》：『薄污我私。』王荊公曰：『治污曰污。』鼎按，《曲禮》『為長者糞之禮』亦除糞曰糞也。古人此種字法，不可枚舉。」古人利用草木灰的鹹性，將草木灰和成漿狀塗在衣物上，或將衣物浸入灰水之中，搓洗掉衣服上的污漬。《禮記·內則》：「冠帶垢，和灰請漱。衣裳垢，和灰請瀚。」《禮記·月令》：「仲夏之月……令民……毋燒灰，毋暴布。」孫希旦《禮記集解》：「高氏誘曰：『是月炎氣盛猛，暴布由脆傷之。』愚謂『灰』，謂所以用涷布者也。《喪服記》曰：『鍛而勿灰。』」利用草木灰涷布，是古代傳統的做法。先將布放入鍋中煮了，然後再用草木灰漂洗，使布潔白。《禮記·深衣》鄭《注》也有「鍛濯灰治」的說法。鍛，通碫。鍛、碫皆端母元部字。碫，椎布石。碫布，將漿後的生布疊起來放在砧石上用棒槌擊打，使生布柔軟而成為熟布。碫，動詞作「段」。《說文》：「段，椎物也。」《文選》馬融《長笛賦》李善《注》引《倉頡篇》曰：「鍛，椎也。」《廣韻·脂韻》：「椎，亦棒椎也。」濯，洗滌。《廣雅·釋詁》：「濯，灑也。」《說文》：「灑，滌也。」1975年湖北省雲夢縣睡虎地秦墓出土的竹簡《日書》中有「灰室」一詞，蓋指儲存草木灰的房屋。灰室所儲存的草木灰，用於洗衣和涷布。我，象形字，本為一種三齒牙的兵器。故「我」有殺義。《尚書·周書·泰誓中》：「我伐用張，于湯有光。」《孟子·滕文公下》引作「殺伐用張，于湯有光」。我通錡。我，疑母歌部；錡，群母歌部。疑、群旁紐。「我」這種兵器殆即《豳風·破斧》詩中的「錡」。錡是一種有三齒牙的兵器。《說文》：「錡，鉏鋙也。」我又通牙、吾。牙、吾，疑母魚部。歌、魚通轉。古人說「牙」時，張口用手指自己的牙齒，然後發出「牙」的音節；用手自指說「吾」時張口發出的音節，與「牙」音相同。吾，從口，五聲，人的自稱。《爾雅·釋詁》：「吾，我也。」段校《說文》：「吾，我。自偁也。」「我，施身自謂也。……一曰古殺字。凡我之屬皆從我。𢦠，古文我。」此句歌詞中的「我」是「吾」的通假字。私，本義為禾名。《說文》：「私，禾也。」私通褻。私，心母脂部；褻，心母月部。脂、月旁對轉。褻，

貼身穿的內衣。《說文》：「褻，私服。从衣，埶聲。《詩》曰：『是褻袢也。』」一說，「私」為燕服。《毛傳》：「私，燕服也。」燕服，在家中所穿的燕安之服，即便服。其說誤。

〔14〕薄澣我衣：趕快洗好我的外衣。澣，又作「瀚」「浣」，用水洗滌衣物。《鄭箋》：「澣，洗濯之耳。」《說文》：「瀚，濯衣垢也。浣，瀚或从完。」衣，衣服。「衣」與「私」對文，「衣」當指褻衣之外的衣服。

〔15〕害澣害否：哪件洗哪件不洗要想清楚。害，通曷、何，疑問代詞，哪件。指衣物。害、曷，匣母月部；何，匣母歌部。月、歌對轉。《毛傳》：「害，何也。」段玉裁《毛詩故訓傳定本》傳文注：「此謂『害』即『曷』之假借也。曷、何為轉注。假『害』為『曷』，則『害』與『何』亦轉注矣。」《小爾雅·廣言》：「奚、害，何也。」否，不。段玉裁《毛詩故訓傳定本》經文注：「凡經典然否字，古只作不，後人改加口耳。」此句歌詞中「否」與「澣」對文，「澣」為洗，「否」為不洗。

〔16〕歸寧父母：然後回娘家去看望俺的父母。歸寧，歸而使寧。歸，回娘家。寧，古體作「寍」「寗」，本義為心神安定。《說文》：「寍，安也。」此句歌詞中的「寧」用為動詞，使父母心神安定。《毛傳》：「寧，安也。父母在，則有時歸寧耳。」《左傳·莊公二十七年》：「冬，杞伯姬來，歸寧也。凡諸侯之女，歸寧曰『來』，出曰『來歸』。夫人歸寧曰『如某』，出曰『歸于某』。」杜預《注》：「寧，問父母安否。」《公羊傳·莊公二十七年》：「冬，杞伯姬來。」何休《解詁》：「諸侯夫人尊重，既嫁，非有大故不得反。唯自大夫妻，雖無事，歲一歸寧。」大夫之妻歸寧更自由一些。何休習《魯詩》，此說或承《魯詩》說。父母，指歸寧女子的父親和母親。

【詩旨說解】

《葛覃》是一個貴族新婦準備歸寧時所唱歌曲的歌詞。一個貴族新婦獲准省親，在她為省親而高興地洗滌自己的衣服的時候，隨口唱出了一支歌曲。聞一多《詩經通義·乙》：「新婦預計工畢歸寧，喜而有作也。」其說甚是。

第一章：敘貴族新婦到山谷中割取葛藤之事。在周代，貴族婦女平時要從事採集、紡織、製衣、烹飪等等的勞務。貴族新婦去山谷中采葛，見山谷裏葛藤長得茂盛，又聽到黃鳥兒在山谷中鳴叫得歡快。在這樣的環境裏采葛，她的其心情很愉悅。

　　第二章：敘貴族新婦采葛時的思想活動。她一邊采葛，一邊想像著採得葛藤後對葛藤的莖皮進行蒸煮加工的事情。她採的葛藤，能夠製出質量好的葛纖維，然後織出好的葛布來，製成合體的衣服，讓其夫家人穿在身上，感到經久耐用。

　　第三章：敘貴族新婦實施歸寧計劃。貴族新婦在夫家女職做得很好，這為她省親打下了良好的基礎。於是，她決定把自己的省親計劃告訴師氏，先向師氏請求歸寧，經過師氏同意後，由師氏正式向新婦的夫家提出「歸寧」的要求。申請省親的事進展得非常順利，她心裏自然很高興。於是，她把該洗滌的衣服全部洗滌好，整理得妥妥帖帖，打算穿上乾淨漂亮的衣服回娘家省親。

　　從文學的角度看，這篇歌詞概述了一個貴族女子新婚之後在夫家恪盡女職、準備回娘家省親的事情經過，同時也塑造了一個勤勞、處事頭腦清楚、遵守禮法的貴族婦人形象。這篇作品描述景物清新自然，敘述事件簡要得當，將人物寓於景物和事件之中，讓人物的真實情感在景物和事件中自然地顯現出來。此歌詞表現了一個貴族新婚女子省親之前歡樂喜悅的心情，字裏行間流露出一種歡快的節奏感。聞一多《詩經通義‧乙》評論說，這篇作品的歡快的調子與杜甫《聞官軍收河南河北》「即從巴峽穿巫峽，便下襄陽向洛陽」的詩句有異曲同工之妙。

　　《葛覃》這篇作品成為樂府的樂詩，大概經歷了如下過程：首先，貴族新婦把她口頭創作的歌曲用文字記錄下來，作為省親的書面請求，呈給了師氏，或者在室內演唱了這首樂歌給師氏及眾人聽。師氏知其意，同意了她的省親請求。師氏認為這首樂歌很好，便把它推薦給了卿大夫或大樂師，而後卿大夫或大樂師就把它作為貴族夫人省親告廟之禮的樂歌使用了。

卷耳

采采卷耳〔1〕，不盈頃筐〔2〕。
嗟我懷人〔3〕，寘彼周行〔4〕。

陟彼崔嵬〔5〕，我馬虺隤〔6〕。
我姑酌彼金罍〔7〕，維以不永懷〔8〕！

陟彼高岡〔9〕，我馬玄黃〔10〕。
我姑酌彼兕觥〔11〕，維以不永傷〔12〕！

陟彼砠矣〔13〕，我馬瘏矣〔14〕，我僕痡矣〔15〕。
云何吁矣〔16〕！

【注釋】

〔1〕采采卷耳：採呀採呀採卷耳。采，用手持取。《說文》：「采，持取也。从木从
　　爪。」采采，即採呀採，詠唱時的疊詞。《毛傳》：「采采，事采之也。」朱熹
　　《集傳》：「采采，非一采也。」高亨《詩經今注》：「采采，采了又采。」卷
　　耳，野菜名，一名「苓耳」。《毛傳》：「卷耳，苓耳也。」卷，《魯詩》作「菤」。
　　《爾雅·釋草》：「菤耳，苓耳。」郭璞《注》：「《廣雅》云：『枲耳也。亦云
　　胡枲。江東呼為常枲，或曰苓耳。形似鼠耳，叢生如盤。』」《說文》：「苓，
　　卷耳也。」陸璣《毛詩草木疏》：「卷耳一名枲耳，一名胡枲，一名苓耳。葉
　　青白色，似胡荽，白華，細莖蔓生，可煮為茹，滑而少味。」《釋文》：「卷耳，
　　苓耳也。《廣雅》云：『枲耳也。』」朱熹《集傳》：「卷耳，枲耳。葉如鼠耳，
　　叢生如盤。」高亨《詩經今注》：「卷耳，野菜名。」「卷耳」為野菜類植物，
　　非藥類植物蒼耳。婦女採集卷耳菜作祭品或者食用。注家多釋「卷耳」為蒼
　　耳，誤。

〔2〕不盈頃筐：採不滿一隻斜口筐。盈，器皿滿。引申為充滿之義。《說文》：「盈，
　　滿器也。」《廣雅·釋詁》：「盈，充也。」《玉篇·皿部》：「盈，滿也。」頃筐，
　　斜口淺筐，筐體內高外低，淺而易滿。《毛傳》：「頃筐，畚屬。易盈之器也。」
　　《韓說》：「頃筐，敧筐也。」頃，本義為頭偏。引申為傾斜之義。頃同傾。《說
　　文》：「頃，頭不正也。」《段注》：「匕，頭角而不正方。故頭不正從匕，曰頃。
　　引申為凡傾仄不正之稱。今則傾行而頃廢。」貴族婦人因「懷人」而無心採集
　　野菜，故其所採的野菜不能裝滿一個斜口的淺筐。

〔3〕嗟我懷人：我懷人。嗟，歎詞。我，歌者自稱。懷人，思念人。懷，思念。《毛
　　傳》：「懷，思。」《說文》：「懷，念思也。」「我懷人」前加「嗟」，表示深情
　　感歎。

〔4〕寘彼周行：把頃筐放置在大道上。寘，本義為放置。《毛傳》：「寘，置。」《魏
　　風·伐檀》：「坎坎伐檀兮，寘之河之干兮。」《小雅·谷風》：「寘予于懷。」
　　《大雅·生民》：「寘之隘巷。」「寘之平林。」《易·坎卦》：「寘于叢棘。」《左
　　傳·隱公元年》：「遂寘姜氏于城潁。」《周禮·秋官·大司寇》：「凡害人者，
　　寘之圜土。」寘，古籍多作「置」。置，本義為赦罪、釋放。《說文》：「置，赦
　　也。」「置」字行而「寘」字的本義遂晦而不彰。彼，指示代詞，指那邊。《玉

篇·彳部》：「彼，對此之稱。」《廣韻·紙韻》《集韻·紙韻》同上。彼，本義
為斜道。《廣雅·釋言》：「彼，俾也。」王念孫《廣雅疏證》：「彼、俾，皆衺
也。」彼通他、佗、它。彼，幫母歌部；佗、它，透母歌部。幫、透通轉。《集
韻·戈韻》：「佗、他，彼之稱。」《正字通·子集·人部》：「佗，與他、它通。」
佗、它，表示遠指；又謂第三方，別的、其他。《左傳·隱公元年》：「制，岩
邑也，虢叔死焉，佗邑唯命。」《鄘風·柏舟》：「之死矢靡它。」周行，周王
朝專修的道路。朱熹《集傳》：「周行，大道也。」高亨《詩經今注》：「周行，
往周國去的大道。」周，周王朝。行，甲骨文象四達道路、街衢之形，本義為
道路。羅振玉《增訂殷虛書契考釋·文字第五》：「行、𧗠、�、𧗞、𢓜、𢓊，
𧗠象四達之衢，人所行也。」石鼓文「行」字作「𢓜」，表示人所行走的道路。
《小雅·鹿鳴》：「人之好我，示我周行。」「周行」又稱「周道」。《檜風·匪
風》：「顧瞻周道，中心怛兮。」《小雅·大東》：「周道如砥，其直如矢。……
佻佻公子，行彼周行。」《小雅·四牡》：「四牡騑騑，周道倭遲。」《小雅·小
弁》：「踧踧周道，鞠為茂草。」《小雅·何草不黃》：「有棧之車，行彼周道。」
一說，「周行」為周朝的官員行列。《毛傳》：「行，列也。思君子官賢人，置周
之列位。」《鄭箋》：「周之列位，謂朝廷臣也。」此說大誤。

〔5〕陟彼崔嵬：登上高高的山頭。陟，登上。《毛傳》：「陟，升也。」《爾雅·釋詁》：
「陟，升也。」《說文》：「陟，登也。」崔嵬，山高大的樣子。崔，山高。《說
文》：「崔，大高也。」《齊風·南山》：「南山崔崔。」《毛傳》：「崔崔，高大也。」
嵬，山高大的樣子。《說文》：「嵬，高不平也。」崔、嵬連文仍為山高大之義。
引申為高大之義。《小雅·谷風》：「維山崔嵬。」班固《西都賦》：「增盤崔嵬。」
「正殿崔嵬，層構厥高。」張衡《南都賦》：「園廬舊宅，隆崇崔嵬。」何晏《景
福殿賦》：「高甍崔嵬，飛宇承霓。」一說，土山戴石稱「崔嵬」。《毛傳》：「崔
嵬，土山之戴石者。」一說，石山戴土稱「崔嵬」。《爾雅·釋山》：「石戴土謂
之崔嵬。」此二說皆不可取。此句詩「崔嵬」是誇張之語，實指小山。此歌詞
中的女主人公乘車行路，中途不可能爬高山。

〔6〕我馬虺隤：我的馬累得象生了病一樣兩腿發軟。馬，指拉車之馬。虺隤，勞累
得像有了病症，筋骨無力腿腳發軟。虺隤，又作「虺穨」「瘣穨」。虺通瘣。虺，
曉母微部；瘣，匣母微部。曉、匣旁紐。瘣，體內鬱積結塊之病。通指病症。
《毛傳》：「虺隤，病也。」《說文》：「瘣，病也。」隤，通墮、穨、墜，與「墜」
同義。隤、穨，定母微部；墮，定母歌部；墜，定母物部。微、歌旁轉；微、

物對轉；歌、物旁對轉。墜，馬腿發軟從山上往下滑。《說文》：「隤，下隊也。」「隊，從高隊也。」隊，墜。三家《詩》作「虺頹」。《楚辭・九思・逢尤》：「車軏折兮馬虺頹。」頹，又有倒下、塌毀之義。《禮記・檀弓上》：「泰山其頹乎？」「虺隤」蓋當時俗語。

〔7〕我姑酌彼金罍：我且飲些金罍裏的酒。姑，本義為丈夫的母親。《爾雅・釋親》：「婦稱夫之父曰舅，稱夫之母曰姑。」《說文》：「姑，夫母也。」姑通且。姑，見母魚部；且，清母魚部。見、清通轉。《毛傳》：「姑，且也。」《小爾雅・廣言》：「姑，且也。」且，「祖」字的初文。且通暫。暫，從母談部。清、從旁紐，魚、談通轉。暫，從日，斬聲，本義為時間很短。《說文》：「暫，不久也。從日，斬聲。」姑又通及、賈。姑、及、賈皆見母魚部字。三家《詩》作「及」。《說文》：「及，秦以市買（賣）多得為及。從又從又，益至也。《詩》曰：『我及酌彼金罍。』」「賈，市也。從貝，西聲。一曰坐賈售也。」王先謙《集疏》：「此章『姑』字，依上章例之，三家亦當為『及』。」及亦通暫。酌，本義是用勺子從酒罈子裏往外舀酒讓人飲用。引申為飲酒之義。《說文》：「酌，盛酒行觴也。」《段注》：「盛酒於觶中以飲人曰『行觴』。」彼，那個。金罍，青銅質的酒罈子。金，青銅。罍，又作「櫑」，初為陶器，商周時多為青銅器，少有為木器者。因器物上有雲雷紋，故謂之「罍」。《說文》：「櫑，龜目酒尊，刻木作雲雷象，象施不窮也。從木從畾。畾亦聲。罍，櫑或從缶。」罍有方形器和圓形器兩種。

〔8〕維以不永懷：借酒消愁使我不再長時間地思念我的丈夫。維，發語詞。以，又作「㠯」，甲骨文象耒耜之形，又有象人使用耒耜之形者，故有使用之義。《說文》：「㠯，用也。」用，或言憑藉，或言借用。此句詩的「以」字，為「憑藉酒的作用」之義。「以」字的賓詞為酒，此處省略了賓詞。不永懷，不再長時間地想念。永，長。《毛傳》：「永，長也。」懷，思念。這句歌詞說的是借酒消愁之事。

〔9〕高岡：高高的小山頂。高，相對平地而言。《說文》：「高，崇也。象臺觀高之形。」岡，山脊。此指小山。《毛傳》：「山脊曰岡。」《爾雅・釋山》：「山脊，岡。」郭璞《注》：「謂山長脊。」《說文》：「岡，山骨也。」《段注》更正為：「山脊也。《釋山》曰：『山脊，岡。』《周南傳》曰：『山脊曰岡。』」岡，亦有高義。《釋名・釋山》：「山脊曰岡。岡，亢也，在上之言也。」《廣雅・釋詁》：「亢，極也。」「亢，高也。」《小雅・天保》：「如山如阜，如岡如陵。」貴族

　　婦人乘車所過之山，大概像延綿於洛陽到鄭州之間的小土山，不會是很高的
　　山。

〔10〕玄黃：病。玄，黑色；黃，黃色。《魯說》：「玄黃，病也。」《爾雅·釋詁》：「痡、
　　　瘏、虺隤、玄黃，病也。」郭璞《注》：「虺隤、玄黃，皆人病之通名。而說者
　　　便謂之馬疾，失其義也。」漢焦延壽《易林·乾之革》：「玄黃虺隤，行者勞罷；
　　　役夫憔悴，逾時不歸。」王引之《經義述聞·毛詩上》「我馬玄黃」條下：「『虺
　　　隤』疊韻字，『玄黃』雙聲字，皆謂病貌也。」歌者以人病言馬病。一說，「玄」
　　　指馬身體的顏色，「黃」指病了之後毛色變黃。《毛傳》：「玄馬，病則黃。」

〔11〕兕觥：角形飲酒器，盛酒量大。《豳風·七月》：「稱彼兕觥。」兕觥與金罍都
　　　是盛酒器，皆為貴族用物。兕，犀牛。此為形容詞，指兕角形狀的。《毛傳》：
　　　「兕觥，角爵也。」觥，又作「觵」，大型青銅飲酒器。觥最初是用動物角製
　　　成，後為青銅。商、周的觥多為青銅器，有蓋，有鋬和流。出土的青銅觥，
　　　多為商代和西周器物。一說，觥是用兕牛角製成的飲酒器。《說文》：「觵，兕
　　　牛角可以飲者也。从角，黃聲。其狀觵觵，故謂之觵。觥，俗觵从光。」

〔12〕維以不永傷：借酒澆愁使我心中不再長久地憂思。傷，本義為創傷。《說文》：
　　　「傷，創也。从人，𥏻省聲。」傷通慯。傷、慯皆審母陽部字。《毛傳》：「傷，
　　　思也。」《說文》：「慯，悵也。」《段注》：「《周南·卷耳傳》曰：『傷，思也。』
　　　此『傷』即『慯』之假借。『思』與『憂』義近也。」《檜風·羔裘》：「豈不爾
　　　思？我心憂傷。」《小雅·正月》：「正月繁霜，我心憂傷。」《小雅·小宛》：
　　　「我心憂傷，念昔先人。」《小雅·小弁》：「我心憂傷，惄焉如擣。」

〔13〕陟彼砠矣：登上遠處的小山呀。砠，又作「岨」，下石上土的小山。《毛傳》：
　　　「石山戴土曰砠。」砠，《齊詩》《韓詩》作「岨」。段玉裁《毛詩故訓傳定本》
　　　校作「碢」。《說文》：「岨，石戴土也。从山，且聲。《詩》曰：『陟彼岨矣。』」
　　　一說，土戴石為砠。《爾雅·釋山》：「土戴石為砠。」矣，句末歎詞。《說文》：
　　　「矣，語已詞也。」

〔14〕我馬瘏矣：我的馬累病了呀。瘏，病。《毛傳》：「瘏，病也。」《爾雅·釋詁》：
　　　「瘏，病也。」《說文》：「瘏，病也。」《豳風·鴟鴞》：「予口卒瘏。」

〔15〕我僕痡矣：我的僕從也累垮了呀。僕，僕人，僕從。《說文》：「僕，給事者。」
　　　《左傳·昭公七年》：「天有十日，人有十等，下所以事上，上所以共神也。故
　　　王臣公，公臣大夫，大夫臣士，士臣皂，皂臣輿，輿臣隸，隸臣僚，僚臣僕，
　　　僕臣臺。馬有圉，牛有牧，以待百事。」痡，病。《毛傳》：「痡，亦病也。」

《爾雅·釋詁》:「痡,病也。」邢昺《疏》引孫炎曰:「痡,人疲不能行之病。」
《說文》:「痡,病也。从疒,甫聲。《詩》曰:『我僕痡矣。』」

〔16〕云何吁矣:我是多麼憂愁呀!云,象形字,本義為雲氣。《說文》:「雲,山川
气也。从雨,云象云回轉之形。凡雲之屬皆從雲。云,古文省雨。」《段注》:
「古文上無雨,非省也。」云通曰。云,匣母文部;曰,匣母月部。文、月旁
對轉。《說文》「云」字《段注》:「古多假云為曰。如『《詩》云』即『《詩》曰』
是也。」清王引之《經傳釋詞》卷六:「云,言也,曰也。」《禮記·坊記》:
「子云:『君子辭貴不辭賤。』」陸德明《禮記釋文》:「『子云』,至此以下本或
作『子曰』。」曰,甲骨文字形下象口形,上加一短橫指事,表示有聲氣從口
裏出來,本義為張口說話。《爾雅·釋詁》:「粵,曰也。」郝懿行《義疏》:「曰,
猶言也,云也。」《說文》:「曰,詞也。」《廣韻·曰部》同上。《廣雅·釋詁》:
「曰,言也。」《玉篇·曰部》:「曰,言詞也。」《詩經》中的「云」字,一些
用為本義,一些讀為「曰」,還有一些像現在的口頭語,是句子中的語氣詞。
《玉篇·曰部》:「曰,語端也。」何,「曷」的借字,多麼。參見《召南·何
彼襛矣》注〔3〕。吁,從口從于,本義為呼叫之聲。《說文》:「吁,驚也。」
《集韻·虞韻》:「吁,歎也,驚也。」于,字又作「亐」,「竽」字的初文。又
表示吹竽之聲,轉借為人的呼叫聲。《說文》:「亐,於也。象氣之舒亐。从丂
從一。一者,其氣平之也。」《段注》:「於者,古文烏也。『烏』下云:『孔子
曰:烏、亐,呼也。』」短聲歎呼為「亐」「吁」,長聲歎呼為「嗚呼」。吁,通
忬。吁、忬皆曉母魚部字。忬,憂愁。《毛傳》:「吁,憂也。」《說文》:「忬,
憂也。从心,于聲。讀若吁。」《段注》:「《卷耳》『云何吁矣』傳曰:『吁,憂
也。』此謂吁即忬之假借也。」一說,「吁」是「盱」的通假字或訛字。盱,
本義為張目望視。引申為憂愁。《魯詩》作「盱」。《魯說》:「盱,憂也。」《爾
雅·釋詁》:「盱,憂也。」郭璞《注》引詩:「云何盱矣。」《說文》「盱」字
《段注》:「《釋詁》:『盱,憂也。』此引申之義。凡憂者亦有張目直視者也。
《毛詩·卷耳》曰:『盱,憂也。』《何人斯》《都人士》皆無傳。然則三詩皆
作盱,訓憂。今《卷耳》作吁,誤也。《鄭箋》盱為病。又憂之引申之義。」
南宋戴侗《六書故·人三》:「盱,張望眂也。《詩》云:『壹者之來,云何其盱?』
《易》曰:『盱豫悔遲。』張目企望者,必猶豫不進也。」《小雅·都人士》:
「我不見兮,云何盱矣。」《小雅·何人斯》:「云何其盱。」歎呼之憂與張目
之憂有別。

【詩旨說解】

　　《卷耳》是消愁遣懷的室內消遣樂歌歌詞。這篇歌詞反映了一個貴族婦女的苦悶生活和離愁別緒，也表現了她大度豪放的性格和追求愛情生活的執著態度。

　　這個貴族婦人的丈夫在外地服役，她一個人在家中思夫，為離愁所擾，百無聊賴，煩悶之極。於是，她備好了馬車和酒，以採集野菜為名，到野外搞了一次郊遊。她來到郊外，仍然因思念身在遠方的丈夫而心煩意亂，根本無心採摘野菜。未等到採滿筐，她就把盛菜的斜口筐放置在大路的邊上，惆悵地向遠方張望。她原以為到郊野外採一採野菜，換一換新鮮空氣，看一看山川景物，自己的情緒就能夠有所好轉，孰料這一招不靈。她早已做好了兩手準備，若第一招不靈，就作一次遨遊，痛快淋漓地玩一次。於是，她乘坐馬車，翻山越嶺，途中還不斷地飲酒澆愁。但是，直到馬兒「虺隤」「玄黃」，馬瘏僕痡，她心中的憂愁也沒被排解掉。最後，她懊喪地歎道：「云何吁矣！」

　　周代的貴族男女常採取出遊的方式排解憂愁和鬱悶，或駕車，或乘舟，載酒而行，以酒消愁。《詩經》中涉及出遊泄憂的詩篇還有《邶風·柏舟》和《衛風·竹竿》。

樛木

　　南有樛木〔1〕，葛藟纍之〔2〕。
　　樂只君子〔3〕！福履綏之〔4〕。

　　南有樛木，葛藟荒之〔5〕。
　　樂只君子！福履將之〔6〕。

　　南有樛木，葛藟縈之〔7〕。
　　樂只君子！福履成之〔8〕。

【注釋】

〔1〕南有樛木：南國生長著一種枝柯延展的大樹。南，南方之國。此指成周之南的某個諸侯國。《毛傳》：「南，南土也。」《鄭箋》：「南土謂荊、揚之域。」「荊、揚之域」並不是周人所說的「南土」。鄭說蓋誤。周與申、呂、許等南方姜姓國世代通婚。有，金文從又（手）從肉，又兼聲，表示擁有財富。引申為存有、存在之義。《周南·漢廣》：「南有喬木。」《小雅·大東》：「東有

啟明，西有長庚。」《召南‧鵲巢》：「維鵲有巢。」樛木，即枓木，枝柯虯延
的大樹。《韓詩》作「朻」。《阜詩》同。樛，通虯。樛，見母幽部；虯，群母
幽部。見、群旁紐。虯，曲如虯龍。《小雅‧南有嘉魚》：「南有樛木，甘瓠纍
之。」《文選》孫興公《遊天台賦》：「攬樛木之長蘿，援葛藟之飛莖。雖一冒
于垂堂，乃永存乎長生。」曹植《應詔詩》：「爰有樛木，重陰匪息。」這些
詩賦皆說「樛木」是冠蓋龐大的樹。一說，樛通朻，高大的樹木。《說文》：
「朻，高木也。从木，丩聲。」朻通高。朻，見母幽部；高，見母宵部。幽、
宵旁轉。一說，「樛木」是向下彎曲的樹木。《毛傳》：「木下曲曰樛。」《鄭
箋》：「木枝以下垂之故，故葛也藟也得纍而蔓之，而上下俱盛。」《爾雅‧釋
木》：「下句曰朻，上句曰喬。」《說文》：「樛，下句曰樛。从木，翏聲。」下
句，即下曲，向下彎曲。

〔2〕葛藟纍之：葛和藟纏繞覆蓋在它的上面。葛、藟，二植物名。《毛傳》：「南土
之葛、藟茂盛。」王念孫《廣雅疏證‧釋草》：「藟似葛，故古人以葛、藟並
稱。」一說，葛藟一名「藟藤」，蔓生植物，其枝蔓形狀似葛，黑紫色漿果，
俗稱「野葡萄」。藟似葛，又稱「葛藟」。《魯說》：「藟，巨荒也。」《左傳‧
文公七年》：「葛藟猶能庇其本根。」楊伯峻《注》：「葛藟為一物，鄭玄《周
南‧樛木箋》以為兩物，恐誤。葛藟亦單名藟，亦名千歲藟、虆蕪，蓷藟、
苣瓜、巨荒，屬葡萄科，為自生之蔓性植物。若《葛覃》之葛，則為豆科之
蔓生植物，與葛藟有別。」陸璣《毛詩草木疏》：「藟，一名巨苽，似燕薁，
亦延蔓生。」《豳風‧七月》：「六月食鬱及薁。」《毛傳》：「薁，蘡薁也。」
明李時珍《本草綱目‧果部‧蘡薁‧集解》：「時珍曰：蘡薁野生林墅間，亦
可插植，蔓、葉、花、實與葡萄無異。其實小而圓，色不甚紫也。《詩》云『六
月食薁』，即此。」纍，纏繞覆蓋。纍，《魯詩》作「虆」。《魯說》：「虆，緣
也。」緣，緣木上爬。葛、藟攀援著樹幹或低垂的樹枝爬升到樹冠上部，它
的莖葉覆蓋住了樹冠。《楚辭‧九歎‧憂苦》：「葛藟虆於桂樹兮，鴟鴞集於木
蘭。」此歌詞中以「葛、藟」比喻將出嫁的新娘及媵妾，以「樛木」比喻新
郎家庭；也以葛藟蒙住樹冠比喻福蔭。雙關語。《大雅‧旱麓》：「莫莫葛藟，
施于條枚。豈弟君子，求福不回。」

〔3〕樂只君子：快樂呀君子！樂，動詞，快樂、歡樂、安樂。只，句間或句末語氣
詞。《說文》：「只，語已詞也。从口，象氣下引之形。」《廣雅‧釋詁》：「只，
詞也。」只通哉。只，照母支部；哉，精母之部。照、精準雙聲，之、支旁轉。

哉，亦用為句間或句末語氣詞。《說文》：「哉，言之間也。」《論語·八佾》：「大哉問！」《左傳·昭公二十五年》引童謠：「鴝鵒之巢，遠哉遙遙。」古代文獻多用「哉」，少見用「只」，其語法作用相同。君子，貴族男子。這是對南國新郎官的稱呼。

〔4〕福履綏之：上天降下福祿讓你們永遠生活安康。福履，即福祿。古指天神降賜財物豐厚，護祐人們生活幸福安康。《毛傳》：「履，祿。」履通祿。履，來母脂部；祿，來母屋部。脂、屋旁通轉。「祿」與「福」同義。《魯說》：「履，福也。」《爾雅·釋詁》：「履，福也。」《爾雅·釋言》：「履，祿也。」《說文》：「祿，福也。从示，彔聲。」馬瑞辰《通釋》：「『履』與『祿』雙聲，故『履』得訓『祿』，即以『履』為『祿』之假借字也。」福祿，周代習語，《詩經》中屢見。綏，本義為車上的抓繩，用以登車及行車時站穩身體。《說文》：「綏，車中把也。」徐鍇《繫傳》：「《禮》：升車必正立執綏，所以安也。當從爪、從安河。」《段注》：「《玉篇》作『車中靶也』。《廣韻》引《說文》同。按靶是，把非。靶者，轡也。轡在車前，而綏則繫於車中，御者執以授登車者。故別之曰『車中靶也』。《少儀》曰：『車則脫綏，執以將命。』綏本繫於車中，故可脫。郭璞注《子虛賦》曰：『綏，所執以登車。』《論語》曰：『升車必正立執綏。』周生烈曰：『正立執綏，所以為安。』按引申為凡安之稱。」《廣雅·釋器》：「靶謂之綏。」靶，通作「把」，用手抓著上車的繩帶。《玉篇·糸部》：「綏，安也。《說文》曰：『車中靶也。』」《論語·鄉黨》：「升車，必正立執綏。」朱熹《論語集注》：「綏，挽以上車之索也。」《漢書·司馬相如傳》：「繆繞玉綏。」顏師古《注》引郭璞曰：「綏，所執以登車。」《文選》司馬相如《子虛賦》：「繆繞玉綏。」李善《注》引郭璞曰：「綏，登車所執。言手纏絞之。」故「綏」引申為安定之義。《毛傳》：「綏，安也。」《爾雅·釋詁》：「綏，安也。」《小雅·鴛鴦》：「君子萬年，福祿綏之。」

〔5〕荒：草覆蓋。引申為覆蓋之義。荒、網音義並通。荒，曉母陽部；網，明母陽部。曉、明通轉。《毛傳》：「荒，奄。」奄、掩古今字。《說文》：「荒，草掩地也。」「奄，覆也。」此歌詞以網絡覆蓋在樛木樹冠之上的葛藟比喻護祐新婚者的「福蔭」。

〔6〕福履將之：上天降下的福祿會護祐你們。將，古文作「將」，從寸持肉，爿聲，本義為手持祭品徒步運送。《小雅·楚茨》：「或肆或將。」肆，擺放，陳列。將，手持拿著運送。朱熹《集傳》：「將，奉持而進之也。」故「將」字又引申

為引領、率領之義。《說文》：「將，帥也。」帥，借為「衛」。郭沫若《詛楚文考釋》之《大沈厥湫文》釋文：「衛者侯之兵。」衛，《古文苑·詛楚文》作「率」。衛，率領之義。此句歌詞的「將」字通「扗」。將、扗皆精母陽部字。扗，本義為成年人用手牽護著小孩行走之義。引申為扶助、護持之義。《鄭箋》：「將，猶扶助也。」馬瑞辰《通釋》：「將，為扗之假借。」《說文》：「扗，扶也。从手，爿聲。」《段注》：「古詩：『好事相扶將。』當作扶扗，字之假借也。」《玉篇·手部》：「扗，今作將。」《集韻·陽韻》：「扗，或作撯，通作將。」撯，俗字。之，代詞。此指新婚者男女二人。

〔7〕葛藟縈之：葛和藟縈繞在大樹的上面。縈，纏繞。《毛傳》：「縈，旋也。」《玉篇·糸部》：「縈，旋也。」旋，旋轉縈繞之義。《廣韻·清韻》：「縈，繞也。」《玉篇·糸部》：「繞，纏繞也。」縈又作「榮」。《說文》：「榮，艸旋貌也。从艸，熒聲。《詩》曰：『葛藟榮之。』」《段注》：「榮與縈音義同。」這句歌詞是說上天降下的福祿會像大樹上的葛藟一樣始終籠罩在新婚者的頭頂上。

〔8〕福履成之：上天降下的福祿會成全你們的一切，讓你們生活得永遠幸福。成，成就、完成。《毛傳》：「成，就也。」

【詩旨說解】

《樛木》是一篇婚禮樂歌歌詞。周公家族的女子就要嫁往南方某異姓國，南國的一個男子到成周親迎，周公家族在送親時為新婚者作樂，演唱了《樛木》這首樂歌。歌詞中的「君子」是對南國新郎官的稱呼。

此歌詞祝願新婚者得到神祇護祐，婚姻生活幸福安康。

《詩經》中的《桃夭》《鵲巢》《燕燕》《敝笱》《載驅》《南山》諸篇，也是婚禮送親的樂歌歌詞。可參閱。

螽斯

螽斯羽〔1〕，詵詵兮〔2〕！
宜爾子孫〔3〕，振振兮〔4〕！

螽斯羽，薨薨兮〔5〕！
宜爾子孫，繩繩兮〔6〕！

螽斯羽，揖揖兮〔7〕！
宜爾子孫，蟄蟄兮〔8〕！

【注釋】

〔1〕螽斯羽：蝗蟲飛起來了。螽斯，蝗蟲，又稱「螽」「斯螽」「蜇螽」「蚣蝑」，俗名「螞蚱」。《毛傳》：「螽斯，蚣蝑也。」《爾雅‧釋蟲》：「蜇螽，蚣蝑。」《說文》：「螽，蝗也。」《廣雅‧釋蟲》：「螽，蝗也。」《豳風‧七月》：「五月斯螽動股，六月莎雞振羽。」「斯螽」與「莎雞」對文，說明「斯螽」也是一個名詞，「斯」不是虛字。斯，三家《詩》作「蜇」。螽斯，即螽蜇。羽，字象鳥的兩隻翅膀有長毛之形，指鳥翅膀上的長毛。《說文》：「羽，鳥長毛也。象形。」《玉篇‧羽部》：「羽，鳥毛羽也。」羽通翼。羽，喻母魚部分翼，喻母職部。魚、職旁對轉。翼，鳥翅膀。《說文》：「翼，翅也。」此處「羽」作動詞，羽化、飛動之義。在中原地區黃淮流域，蝗蟲一般一年產生兩代。第一代蝗夏曆四月中、下旬孵化，夏曆五月中、下旬羽化成蟲。陸璣《毛詩草木疏》：「螽斯，……幽州人謂之舂箕。舂箕即舂黍，蝗類也。長而青，長角，長股，肱鳴者也。」陸璣以「螽斯」為蜥蜴，誤。

〔2〕詵詵兮：鋪天蓋地呦。詵詵，形容眾多蝗蟲聚集的樣子。《毛傳》：「詵詵，眾多也。」《玉篇‧言部》：「詵，眾多也。」詵詵，與「甡甡」「莘莘」「駪駪」「莘莘」為同義詞。詵，「莘」或「甡」的通假字，眾多之義。三家《詩》作「莘莘」。《說文》「詵」字下引《詩》：「螽斯羽，詵詵兮。」《段注》：「毛曰：『詵詵，眾多也。』按，以眾多釋『詵詵』，謂即『莘莘』之假借。陸氏《詩音義》云：『詵詵，《說文》作莘。』陸所據『多部』有莘字。引《詩》『螽斯羽，莘莘兮』，蓋三家詩。此引《毛詩》。或作駪駪、莘莘、侁侁。皆同。」《小雅‧皇皇者華》：「駪駪征夫。」《毛傳》：「駪駪，眾多之貌。」《國語‧晉語》引《周詩》作「莘莘征夫」。《廣雅‧釋詁》：「莘，多也。」《大雅‧桑柔》：「甡甡其鹿。」《說文》「甡」字《段注》：「《大雅‧毛傳》曰：『甡甡，眾多也。』其字或作詵詵，或作駪駪，或作侁侁，或作莘莘。皆假借也。《周南傳》曰：『詵詵，眾多也。』《小雅傳》曰：『駪駪，眾多之貌。』」螽斯飛起來「詵詵兮」「薨薨兮」「揖揖兮」，這與蝗蟲高密度聚集的樣子正相符。兮，語氣詞。

〔3〕宜爾子孫：正好拿這些蝗蟲比作您的子孫。宜，象屋裏俎上有肉之形，本義是供食用的熟肴。《爾雅‧釋言》：「宜，肴也。」邢昺《疏》引李巡曰：「宜，飲酒之肴也。」《魯頌‧閟宮》：「是饗是宜。」高亨《詩經今注》：「饗，以飲食獻神。宜，《爾雅‧釋言》：『宜，肴也。』引申以肉獻神亦為宜。」宜通耦。

宜，疑母歌部；耦，疑母侯部。歌、侯旁通轉。耦，本義為二耜並耕。《說文》：「耒廣五寸為伐，二伐為耦。」《周禮·考工記·匠人》：「二耜為耦。」《左傳·昭公十六年》載鄭子產說：「昔我先君桓公，與商人皆出自周，庸次比耦，以艾殺此地，斬之蓬蒿藜藋，而共處之。」《論語·微子》：「長沮、桀溺耦而耕。」「耦」字通用為耦合、匹配之義，又引申為適合、合度之義。耦，「偶」字常借其義。《爾雅·釋詁》：「偶，合也。」宜通耦，故而「宜」字有適合、合度之義。《倉頡篇》：「宜，得其所也。」《周南·桃夭》：「之子于歸，宜其室家。」《鄘風·君子偕老》：「象服是宜。」《鄭風·緇衣》：「緇衣之宜兮。」《小雅·裳裳者華》：「君子宜之。」此句誦詞中的「宜」用其通假字「耦」的引申義，作謂語，意謂螽斯「詵詵兮」的景象與受祝者家族子孫繁盛的景象正相合。一說，宜為「多」義。馬瑞辰《通釋》：「古文宜作宐，宜從多聲，即有多義。『宜爾子孫』，云『多爾子孫』也。」但《詩經》其他篇中「宜」字未見用為「多」義。爾，本作「爾」。爾，「檷」字的古體，象絡絲工具之形，本義為絡絲架。俗名絡子。《說文》：「檷，絡絲檷。从木，爾聲。讀若柅。」《段注》：「檷，絡絲柎也。柎，各本作檷。今依《易·釋文》《玉篇》《廣韻》正。」爾通你。爾，日母脂部；你，泥母之部。日、泥準雙聲，脂、之旁通轉。《玉篇·人部》：「你，爾也。」《廣韻·止韻》：「你，秦人呼傍人之稱。」《類篇·人部》：「伲、儞、你，汝也。」爾又通女、汝。女，泥母魚部；汝，日母魚部。支、魚旁轉。《小爾雅·廣詁》：「而、乃、爾、若，汝也。」明方以智《通雅·疑始》：「爾、你、而、若乃一聲之轉。爾又為尔，尔又音寧禮切。俗作你。」《邶風·雄雉》：「百爾君子。」《鄭箋》：「爾，女也。」《衛風·氓》：「爾卜爾筮，體無咎言。」

〔4〕振振：振翅欲飛的樣子。《說文》：「振，一曰奮也。」「奮，翬也。從奞在田上。」「翬，大飛也。《詩》曰：『不能奮飛。』」《豳風·七月》：「六月莎雞振羽。」《周頌·振鷺》：「振鷺于飛。」《魯頌·有駜》：「振振鷺，鷺于下。」螽斯出生後很快地健壯起來，群聚時異常活躍，振羽欲飛。

〔5〕薨薨兮：聲音「薨薨」地作響。薨薨，蟲群飛時的響聲。薨，《韓詩》作「茲」。薨，「翃」或「狂（翁）」的假借字。薨，曉母蒸部；翃，匣母耕部。曉、匣旁紐，蒸、耕旁轉。《玉篇·羽部》：「翃，蟲飛也。」《廣雅·釋訓》：「茲茲、翩翩，飛也。」翃，同「狂」、「翁」。不釋「翃」為飛聲，誤。宋徐鉉《說文新附》：「翁，飛聲。」《齊風·雞鳴》：「蟲飛薨薨。」此誦詞以蝗蟲群飛時「薨薨」的聲音形容蝗蟲極多。《毛傳》：「薨薨，眾多也。」

〔6〕繩繩：繩與繩相接續，延綿之義。朱熹《集傳》：「繩繩，不絕貌。」《大雅・抑》：「子孫繩繩。」《大雅・下武》：「繩其祖武。」朱熹《集傳》：「繩，繼。」這句誦詞以蝗蟲生出來後成群結隊接續不絕的樣子比喻貴族家族昌盛、子孫延綿不絕。「振振兮」「繩繩兮」「蟄蟄兮」皆為祝讚之語。

〔7〕揖揖：即集集，眾多的蝗蟲聚集在一起的樣子。《毛傳》：「揖揖，會聚也。」揖，《魯詩》《韓詩》作「集」。揖通輯、集。揖、輯、集皆從母緝部字。段玉裁《詩經小學》：「『揖揖兮』，揖蓋輯字之假借。」《集韻・緝部》：「揖，聚也。」清吳任臣《字彙補・手部》：「揖，又與集同。《秦始皇石刻》：『專心揖志。』」陳奐《傳疏》：「《廣雅・釋訓》：『集集，眾也。』說或本三家，與詵詵、薨薨並訓眾多。揖，通作集。」王先謙《集疏》：「愚按：揖、輯、集古字通用。」這句誦詞描述眾多蝗蟲聚集在一起的樣子。

〔8〕蟄蟄：眾多的蝻蟲兒安靜地在一起的樣子。蝗蟲剛出土時稱為「蝻」，此時尚無翅膀，樣子比較安靜。蟄，冬眠藏伏的蟲類，動詞為蟄伏之義。引申為安靜不動之義。《說文》：「蟄，藏也。」《段注》：「凡蟲之伏為蟄。」《周易・繫辭》：「龍蛇之蟄，以存身也。」《呂氏春秋・孟春紀・孟春》：「東風解凍，蟄蟲始振。」《爾雅・釋詁》：「蟄，靜也。」邢昺《疏》：「藏伏靜處也。」

【詩旨說解】

　　《螽斯》是婚儀誦詞。這篇作品以螽斯繁殖得快而多，比喻新郎家族人口繁衍昌盛、綿綿不絕。其中「振振」一詞又見於《麟之趾》，是讚美貴族君子精神振奮、有生命活力的用詞。《後漢書・襄楷傳》：「昔文王一妻誕至十子，今宮女數千，未聞慶育。宜修德省刑，以廣《螽斯》之祚。」《後漢書》的作者范曄對《螽斯》旨義的理解不誤。《毛詩》序：「《螽斯》，后妃子孫眾多也，言若螽斯。不妒忌則子孫眾多也。」「不妒忌」是畫蛇添足之語。

　　高亨《詩經今注》說《螽斯》是「勞動人民諷刺剝削者的短歌」，「詩以蝗蟲紛紛飛翔，吃盡莊稼，比喻剝削者子孫眾多，奪盡勞動人民的糧穀」。其說完全脫離了《螽斯》的原旨。

　　此誦詞三章，其排列順序似乎顛倒了。蝗蟲出土後先是「蟄蟄兮」地聚集靜伏，繼而「繩繩兮」地爬行，隨著身體的強壯又「振振兮」地跳躍，從出土爬行、跳躍、聚集、振翅，到鋪天蓋地飛行開來，逐漸達到鼎盛的階段。如此排列《螽斯》的辭章順序，方為合理。

桃夭

桃之夭夭〔1〕，灼灼其華〔2〕。
之子于歸〔3〕，宜其室家〔4〕。

桃之夭夭，有蕡其實〔5〕。
之子于歸，宜其家室。

桃之夭夭，其葉蓁蓁〔6〕。
之子于歸，宜其家人。

【注釋】

〔1〕桃之夭夭：桃樹那幼壯的枝條上。夭夭，枝條少壯貌。《毛傳》：「桃有華之盛者。夭夭，其少壯也。」夭，象人頭偏仄死亡之形，本義為少壯死亡。《釋名‧釋喪制》：「少壯而死曰夭。」《國語‧周語‧太子晉諫靈王壅穀水》：「然則无夭昏札瘥之忧，而无飢寒乏匱之患。」韋昭《注》：「短折曰夭。」《國語‧魯語‧夏父弗忌改昭穆之常》「其夭札也」韋昭《注》：「不終曰夭。」賈逵《注》：「未名曰夭。」未名，未取名字。《左傳‧昭公四年》：「民不夭札。」杜預《注》：「短折曰夭，夭死為札。」夭通幼。夭，影母宵部；幼，影母幽部。宵、幽旁轉。幼，人小力微，本義為人幼小。引申為人或物幼嫩、幼壯之義。《釋名‧釋長幼》：「幼，少也。言生日少也。」《尚書‧夏書‧禹貢》：「淮、海惟揚州……厥草惟夭，厥木惟喬。」《國語‧魯語‧里革斷宣公罟而棄之》：「澤不伐夭。」韋昭《注》：「草木未成曰夭。」《文選‧魏都賦》：「澤不伐夭。」劉淵林《注》：「草木未成曰夭。」《大戴禮記‧誥志》：「蚑蟲不食夭駒。」孔廣森《大戴禮記補注》：「凡物幼曰夭。」清王夫之《薑齋詩話‧詩譯》：「夭夭者，桃之稚者也。」《邶風‧凱風》：「棘心夭夭。」《毛傳》：「夭夭，盛貌。」《檜風‧隰有萇楚》：「隰有萇楚，猗儺其枝，夭之沃沃。」《毛傳》：「夭，少也。」夭又通妖、媄。妖、媄，影母宵部。妖，本義為少女姣美之貌。引申為樣子美麗好看。媄，同妖。《三蒼》：「妖，妍也。」司馬相如《畋獵賦》：「妖冶嫻都。」曹植《美女篇》：「美女妖且閑。」夭又通枖。夭、枖皆影母宵部字。《魯詩》《韓詩》作「枖枖」。枖，義同「夭」，專指樹木幼盛。春天裏桃樹初生的嫩枝呈現「夭夭」之狀。《說文》：「枖，木少盛貌。从木，夭聲。《詩》曰：『桃之枖枖。』」蓋「枖」是後起字。《段注》疑「枖枖」是「淺人」所改。朱駿聲《說文通訓定聲‧小部》：「枖，實『夭』字之或體，加木。《女部》又引《詩》『桃之媄媄』。」

〔２〕灼灼其華：開滿了火焰一般的花朵。灼灼，像火光一般地耀眼。灼，本義為燒灼、灸。《說文》：「灼，灸也。」灼通焯。灼、焯皆照母沃部字。焯，明亮。《說文》：「焯，明也。」《韓說》：「灼灼，明也。」一說，「灼灼」是花盛狀。《毛傳》：「灼灼，華之盛也。」毛享所解釋的不是「灼灼」的詞義，而是整句詩的意象。其，語助詞。華，古體作「蕚」，又作「蕚」，本義為花。《爾雅·釋草》：「華，蕚也。」「木謂之華，草謂之榮。」《說文》：「華，榮也。」《段注》：「（華）俗作花，其字起於北朝。」高鴻縉《中國字例·象形字舉例·草木》「華」字下：「字原象形，甲文用為祭名。秦人或加草為意符，遂有『華』字。及後『華』借用為光華意。秦漢人乃另造『蕚』，『蕚』見《方言》。六朝人又另造『花』字。日久而『華』字為借意所專，『蕚』字少用，『花』字遂獨行。」「華」字的動詞為開花之義。《禮記·月令》：「仲春之月：始雨水，桃始華。」《淮南子·時則訓》：「仲春之月：始雨水，桃李始華。」桃樹栽種後二年開花，三至五年花枝繁茂，進入盛果期。

〔３〕之子于歸：這位姑娘要出嫁了。之子，這個女子。之，指示代詞，是、這。之通是，此。之，照母之部；是，禪母支部。照、禪旁紐，之、支旁轉。子，此指貴族女子。《毛傳》：「之子，嫁子也。」《齊說》：「之子，是子也。」《王風·揚之水》：「彼其之子，不與我戍申。」《鄭箋》：「之子，是子也。」《說文》「之」字《段注》：「《周南》曰『之子』，嫁子也。此等『之』字皆訓為『是』。」于歸，出嫁。于，語助詞，通聿、曰。于，匣母魚部；曰，匣母月部；聿，喻母物部。匣、喻通轉；魚、月通轉，月、物旁轉，魚、物旁通轉。《爾雅·釋詁》：「于，曰也。」《詩經》中「于歸」「于徵」「聿至」「聿歸」「曰歸」這些詞屢見不鮮。歸，女子歸順夫家，即出嫁。《公羊傳·隱公二年》：「婦人謂嫁曰歸。」《穀梁傳》同。《說文》：「歸，女嫁也。从止从婦省，𠂤聲。」甲骨文「歸」字從帚，𠂤聲。

〔４〕宜其室家：她非常適合她的夫家。宜，通耦。耦，耦合、匹配。引申為適合。參見《螽斯》注〔３〕。室家，家庭、家族。「室家」與下文的「家室」「家人」同義。此句歌詞的意思是說，將要出嫁的女子性格淑善，能使夫家和順，能夠為夫家多多繁衍後代。

〔５〕有蕡其實：將來樹上的桃子個個又肥又大。有蕡，即蕡蕡，指樹上的桃子個個肥大。有，詞頭綴字，語助詞。周代語言習慣，在單音節形容詞前面加「有」字以構成雙音節詞。《小雅·枕杜》：「有睆其實。」《小雅·斯干》：「殖殖其庭，

有覺其楹。」《小雅・大東》：「有饛簋飱，有捄棘匕。」《小雅・菀柳》：「有菀
者柳。」《小雅・何草不黃》：「有芃者狐。」蕡，典籍又作「蘆」「蘱」「萉」，
麻實，又稱「麻蒴子」。《爾雅・釋草》：「蘆，枲實。」《說文》：「蘱，萉或从
麻、蕡。」《玉篇・麻部》：「蘆，枲實也。」蕡通賁，又通肥，有肥大義。蕡、
賁，並母文部；肥，並母微部。文、微對轉。此歌詞中的「蕡」為肥大之義。
《毛傳》：「蕡，實貌。」段玉裁《詩經小學》：「『有蕡其實。』按：蕡，實之
大也。」《大雅・靈臺》：「賁鼓維鏞。」《毛傳》：「賁，大鼓也。」一說，蕡通
斑，指白桃實上的紅色斑痕。于省吾《澤螺居詩經新證》：「『有蕡其實』即有
斑其實。桃實將熟。紅白相間，其實斑然。」此說亦通。實，果實。指桃子。
〔6〕其葉蓁蓁：將來桃樹會長得無比茂盛。蓁蓁，枝葉密集茂盛的樣子。蓁，草茂
盛。借為樹葉茂盛之義。《說文》：「蓁，草盛貌。」《毛傳》：「蓁蓁，至盛貌。」
《齊說》：「夭夭、蓁蓁，美盛貌。」《魯說》：「蓁蓁，茂也。」《韓說》：「蓁蓁，
盛貌。」朱熹《集傳》：「蓁蓁，葉之盛也。」

【詩旨說解】

《桃夭》是送嫁樂歌歌詞。女子出嫁辭廟，行三獻之禮，每獻，按順序
歌《桃夭》一章。

第一章：誇讚即將出嫁的女子容貌美麗無比。

第二章：預祝即將出嫁的女子婚後多生孩子。

第三章：預祝即將出嫁的女子婚後持家有方，家景常好。

這篇歌詞寫得很有文學性。桃樹的「灼灼其華」「有蕡其實」「其葉蓁蓁」
三個喻體，分別比喻將出嫁的女子年輕貌美、生育能力強（多子）、婚後家景
常好三事，其中蘊含了對出嫁女子美貌的稱讚和對新人未來生活的祝福。

兔罝

肅肅兔罝〔1〕，椓之丁丁〔2〕。
赳赳武夫〔3〕，公侯干城〔4〕！

肅肅兔罝，施于中逵〔5〕。
赳赳武夫，公侯好仇〔6〕！

肅肅兔罝，施于中林〔7〕。
赳赳武夫，公侯腹心〔8〕！

【注釋】

〔1〕肅肅兔罝：佈設兔網拉得「唰唰」響。肅肅，象聲詞，猶今言「唰唰」。《爾雅・釋言》：「肅，聲也。」《召南・小星》：「肅肅宵征，夙夜在公。」《唐風・鴇羽》：「肅肅鴇羽，集于苞栩。」《小雅・鴻雁》：「鴻雁于飛，肅肅其羽。」參見《唐風・鴇羽》注〔1〕、《鄭風・風雨》注〔5〕。此歌詞中「肅肅」是人牽著網綱快速布網的聲音。兔罝，捕兔網。《毛傳》：「兔罝，兔罟也。」《魯說》：「兔罝，網也。」《爾雅・釋器》：「兔罟謂之罝。」郝懿行《義疏》：「罝之言阻也。」阻，阻斷兔子的逃路。《說文》：「罝，兔網也。从网，且聲。罝，罝或从糸。」「罟，網也。」捕獸的網亦通稱為「罝」。《禮記・月令》：「田獵罝罘、羅網、畢翳。」鄭玄《注》：「獸罟曰罝罘；鳥罟曰羅；罔小而柄長謂之畢；翳，射者所以自隱也。」

〔2〕椓之丁丁：大錘擊橛「噔噔」地響。椓，動詞，用錘擊打。《說文》：「椓，擊也。」將固定兔網的木橛楔入地下。丁丁，用重物撞擊木橛發出的聲音。《毛傳》：「丁丁，椓杙聲也。」杙，木橛。《小雅・伐木》：「伐木丁丁。」丁丁，砍樹聲。與椓杙聲相似。丁通登。丁，端母耕部；登，端母蒸部。耕、蒸旁轉。《大雅・緜》：「築之登登。」登登，用築造牆發出來的聲音。土木建築用版築法壘土造牆時的擊杵聲，與用重物撞擊木橛的聲音類似。《小雅・斯干》：「椓之橐橐。」橐橐，亦是象聲詞。

〔3〕赳赳武夫：威武有力的武士們。赳赳，人走路威武有力的樣子。《毛傳》：「赳赳，武貌。」《魯說》：「赳赳，武也。」《爾雅・釋訓》：「赳赳，武也。」郭璞《注》：「果毅之貌。」《說文》：「赳，輕勁有才力也。」武夫，武士，勇士，有勇力者。《大雅・江漢》：「武夫滔滔。」《左傳・僖公三十三年》：「武夫力而拘諸原。」古代的田獵兼有軍事訓練的性質。《國語・齊語・管仲對桓公以霸術》：「春以蒐振旅，秋以獮治兵。」參與狩獵的軍士也稱為「武夫」。

〔4〕公侯干城：你們是周公家族的保衛者呀！公侯，王公及諸侯。此指周公家族。周朝實行分封制，天子為其親屬及有功者封邦建國，並給予爵位稱號，至親顯功者封為公侯，守大邑或大國，周王朝的重要職務也由公侯充任。干城，即閑城，城垣。干，通閑，牆垣。干，見母元部；閑，匣母元部。見、匣旁紐。《文選》張衡《西京賦》：「閑庭詭異。」李善《注》引《倉頡篇》：「閑，垣也。」閑，典籍常作「翰」。翰通閑。翰，亦匣母元部字。《詩經》中屢把「藩」「翰」「垣」「屏」「城」對舉。《大雅・崧高》：「維申及甫，維周之翰。四國于蕃，四

方于宣。」《大雅·板》：「价人維藩，大師維垣，大邦維屏，大宗維翰。懷德維寧，宗子維城。」這句歌詞是對參與公侯狩獵活動的武夫們的誇獎和鼓勵之語。

〔5〕施于中逵：布設在多條道路交叉的路口上。施，本義為旗幟隨風飄動的樣子。施通攲。施、攲皆審母歌部字。攲，布設。此即為布網之義。《說文》：「攲，敷（布）也。」《段注》：「今字作施。施行而攲廢矣。」參見《葛覃》注〔2〕。中逵，即逵中、道路之中。逵，多岔路口。《毛傳》：「逵，九達之道。」《爾雅·釋宮》：「九達謂之逵。」把捕獸的網設在野外的道路上，人持械隱伏在網的兩端，然後三面合圍驅趕野獸，使獸奔入網中。

〔6〕公侯好仇：你們是周公家族的好幫手！好仇，即匹儔、伴侶、幫手。好，「妃」字之訛，匹配之義。參見《關雎》注〔4〕。仇，又作「儔」。相伴、共同做事者為仇。《秦風·無衣》：「修我戈矛，與子同仇。」

〔7〕中林：即林中。《毛傳》：「中林，林中。」郊外稱「牧」，牧外稱「野」，野外稱「林」。《爾雅·釋地》：「邑外謂之郊，郊外謂之牧，牧外謂之野，野外謂之林，林外謂之坰。」周公家族在郊外進行田獵活動。

〔8〕腹心：肚子與心臟。它們是人體的重要器官。比喻輔臣和得力助手。《左傳·成公十二年》：「略其武夫，以為己腹心、股肱、爪牙。」今則言「心腹」，即親信的人。

【詩旨說解】

《兔罝》是公侯狩獵儀式樂歌歌詞。公侯組織眾武士外出打獵，形成了龐大的狩獵陣容，並舉行出獵儀式。這篇樂歌歌詞相當於打獵前的動員令，它以鼓動性的語言，要求參加狩獵的人勇猛武毅，全身心地為公侯效力，號召武士們以席捲一切的氣勢進行圍獵。「赳赳武夫，公侯干城」「赳赳武夫，公侯好仇」「赳赳武夫，公侯腹心」，皆是對參加狩獵的武士們的讚美和鼓動之語；歌詞說將捕獸網「施于中逵」「施于中林」，是表示此次出獵將要掃掠過的地域廣，圍獵的聲勢大。

在周代，王朝或諸侯每年都舉辦一些大型的田獵活動，春蒐、夏苗、秋獮、冬狩都有軍事目的。一次大型的狩獵活動其實就是一次大規模的軍事演習，聲勢浩大，組織十分嚴密。《周禮·夏官·大司馬》：「大司馬之職，掌建邦國之九法，以佐王平邦國。……中春，教振旅，司馬以旗致民，平列陳，如戰之陳。辨鼓、鐸、鐲、鐃之用：王執路鼓，諸侯執賁鼓，軍將執晉鼓，師帥執提，旅帥執鼙，卒長執鐃，兩司馬執鐸，公司馬執鐲，以教坐作、進退、疾

徐、疏數之節。遂以搜田，有司表貉，誓民，鼓，遂圍禁；火弊，獻禽以祭社。中夏，教茇舍，如振旅之陳。群吏撰車徒，讀書契，辨號名之用，帥以門名，縣鄙各以其名，家以號名，鄉以州名，野以邑名，百官各象其事，以辨軍之夜事。其他皆如振旅。遂以苗田，如搜之法。車弊，獻禽以享礿。中秋，教治兵，如振旅之陳。辨旗物之用：王載大常，諸侯載旂，軍吏載旗，師都載旜，鄉遂載物，郊野載旐，百官載旟，各書其事與其號焉。其他皆如振旅。遂以獮田，如搜田之法。羅弊，致禽以祀祊。中冬，教大閱，前期，群吏戒眾庶，修戰法。虞人萊所田之野，為表；百步則一，為三表，又五十步為一表。田之日，司馬建旗于後表之中，群吏以旗、物、鼓、鐸、鐲、鐃，各帥其民而致。質明，弊旗，誅後至者；乃陳車徒，如戰之陳，皆坐。群吏聽誓于陳前，斬牲，以左右徇陳，曰：『不用命者斬之！』中軍以鼙令鼓，鼓人皆三鼓，司馬振鐸，群吏作旗，車徒皆作，鼓行。鳴鐲，車徒皆行，及表乃止。三鼓，摝鐸，群吏弊旗，車徒皆坐。又三鼓，振鐸，作旗，車徒皆作。鼓進，鳴鐲，車驟徒趨，及表乃止。坐作如初。乃鼓，車馳徒走，及表乃止。鼓戒三闋，車三發，徒三刺，乃鼓退。鳴鐃，且卻，及表乃止，坐作如初。遂以狩田，以旌為左右和之門，群吏各帥其車徒，以敘和出，左右陳車徒，有司平之。旗居卒間以分地，前後有屯百步，有司巡其前後。險，野人為主；易，野車為主。既陳，乃設驅逆之車，有司表貉于陳前。中軍以鼙令鼓，鼓人皆三鼓，群司馬振鐸，車徒皆作，遂鼓行。徒銜枚而進。大獸公之，小禽私之，獲者取左耳。及所弊，鼓皆駴，車徒皆噪，徒乃弊。致禽饁獸于郊；入，獻禽以享、烝。」《禮記·月令》：「（季秋）是月也，天子乃教于田獵，以習五戎，班馬政。命僕及七騶咸駕，載旌旐，授車以級，整設于屏外。司徒搢扑，北面誓之。天子乃厲飾，執弓挾矢以獵，命主祠祭禽于四方。」《呂氏春秋·季秋紀·季秋》：「司徒搢扑，北向以誓之。」《淮南子·時則訓》：「司徒搢朴，北向以贊之。」高誘《注》：「搢，插也。朴，以教導也。插置帶間，贊相威儀也。司徒主眾，教導之也。」國之大事，在祀與戎。狩獵等同於戎事。在田獵開始之前，司徒官面向北宣誓，申明狩獵的法紀，違者立即用鞭扑予以懲罰。

　　在周代，田獵還有「明禮」作用。《左傳·隱公五年》載魯卿臧伯僖對魯隱公說：「春蒐夏苗，秋獮冬狩，皆於農隙以講事也。三年而治兵，入而振旅，歸而飲至，以數軍實。昭文章，明貴賤，辨等列，順少長，習威儀也。」所謂「明貴賤，辨等列，順少長，習威儀」，就是明禮。

芣苢

采采芣苢〔1〕，薄言采之〔2〕。
采采芣苢，薄言有之〔3〕。

采采芣苢，薄言掇之〔4〕。
采采芣苢，薄言捋之〔5〕。

采采芣苢，薄言袺之〔6〕。
采采芣苢，薄言襭之〔7〕。

【注釋】

〔1〕采采芣苢：採呀採呀採芣苢。采采，採呀採呀。采，動詞，用手摘取或持取植物的有用部分。成熟的車前草，其穗上的子實可用手持取或折取。王先謙《集疏》：「『采采』者，采而又采。薛君以為『采采而不已』，是也。」按，「薛君」是《韓詩章句》的作者薛漢。《韓詩》以「采采」為連續動詞。「采采」和下文「薄言采之」的「采」詞義相同。參見《卷耳》注〔1〕。一說，「采采」為眾盛貌。丁聲樹《詩卷耳芣苢『采采』說》：「三百篇中，外動詞不用疊字，凡疊字之在名詞上者盡為形容詞，則《卷耳》《芣苢》之『采采』，其義自當為眾盛之貌，不得訓為採取。」（《國立北京大學四十週年紀念論文集》乙編上，1940 年）郭沫若《釋「采采」》文中也說：「『采采』應為形容詞，乃雙聲聯語。……『采采』者，燦燦也，青青也，活鮮鮮也。並非動詞，並非所謂『采了又采』。」（《郭沫若全集》第十六卷）王力《古代漢語》也把「采采」作為形容詞，說《芣苢》詩的「采采」為「茂盛鮮明的樣子」。上古人們採收車前草的子實作為藥用。採車前子的時候，其葉子已老而枯黃了，無茂盛可言。芣苢，車前草。《毛傳》：「芣苢，馬舄。馬舄，車前也，宜懷任（妊）焉。」苢，《韓詩》作「苡」。《韓說》：「直曰『車前』，瞿曰『芣苡』。」直，向正前看。《說文》：「直，正視也。」生長於道路上的芣苢稱為「車前」。瞿，向道路兩旁看。生長在道路旁野地裏的則稱為「芣苢」。《爾雅·釋草》：「芣苢，馬舄。馬舄，車前。」《說文》：「苢，茳苢。一名馬舄。其實如李，令人宜子。《周書》所說。」芣苢為多年生草本植物，子實多而細小，非如李子大小。古人認為其子實能治療婦女生育疾病。陸璣《毛詩草木疏》：「芣苢，一名馬舄，一名車前，一名當道。喜在牛跡中生，故曰車前、當道也。今藥

中車前子是也。幽州人謂之牛舌草。可鬻作茹，大滑，其子治婦人難產。」一說，古書所說的「薏苢」即芣苢。聞一多《詩經通義・甲・芣苢》：「舊傳禹母吞薏苡，孕而生禹。故夏人姓姒。按，禹母受孕之事傳說不一。吞薏苡似即食芣苢之流變。」此說又見於聞一多《匡齋尺牘・芣苡》。「芣苢」與「胚胎」的上古音接近，詞義亦應相關。一說，「芣苢」即澤瀉。《文選》劉孝標《辨命論》：「顏回敗其叢蘭，冉耕歌其芣苢。」李善《注》：「薛君曰：『芣苢，澤寫也。』」澤瀉生於水邊，以其塊莖入藥。採莖塊不會用「捋」字來描述，故「芣苢」非澤瀉。

〔2〕薄言采之：快呀快來採。薄言，即迫然，急忙的樣子。薄，通迫，趕快。參見《葛覃》注〔13〕。言，通然，語助詞。言，疑母元部；然，日母元部。疑、日通轉。聞一多《匡齋尺牘・芣苡》：「『薄言』即『薄而』，實際也就等於『薄薄然』。用今語說，就是『急急忙忙的』『趕快的』或『快快的』。『薄言』在《詩經》中連本篇共見過十八次，都是應該這樣解釋，沒有半個例外。」采，用手摘取。《毛傳》：「采，取也。」

〔3〕薄言有之：採了快快放入襟兜裏。有，擁有、得到。指採得芣苢的籽實往兜起的衣襟裏裝。《毛傳》：「有，藏之也。」藏，收藏。一說，「有」為「取」義。《魯說》《韓說》：「有，取也。」《廣雅・釋詁》：「有，取也。」王念孫《疏證》：「《詩》之用詞不嫌於復，『有』亦『取』也。」王念孫說《芣苡》詩中的幾個動詞，文字上雖有變化，其義則一。此歌詞裏所說的每一個採收動作，都不是簡單的重複，小有區別。

〔4〕掇：摘取。《毛傳》：「掇，拾也。」《文選》陶潛《雜詩》：「裛露掇其英。」劉良《注》：「掇，採也。」曹操《短歌行》：「明明如月，何時可掇？」郭璞《遊仙詩》：「臨源挹清波，陵岡掇丹荑。」南宋毛晃、毛居正《增修互注禮部韻略・入聲・末韻》：「掇，採也。」此句歌詞中「掇」為折取之義。芣苢的籽實細小，宜折取整個穗子。

〔5〕捋：本義為用手寽取。《毛傳》：「捋，取也。」捋同寽。寽，用五指握住植物穗子的莖條將籽實從莖條上取下來。《說文》：「寽，五指持也。」《段注》：「寽，五指寽也。各本寽作持。宋本、李燾本、《類篇》、《集韻》、《六術》皆作寽。捋又寽之誤。」車前草穗上的籽實，可以用手寽取。

〔6〕袺：用手向上提起衣襟的外緣以兜物。《毛傳》：「袺，執衽也。」《爾雅・釋器》：「執衽謂之袺。」郭璞《注》：「持衣上衽。」《說文》：「袺，執衽謂之袺。」

「衽，衣裣。」裣，同襟。衽，衣襟。《儀禮‧喪服記》：「衽二尺有五寸。」衽與襜相當。《小雅‧采綠》：「終朝采藍，不盈一襜。」襜，上衣的下擺。《說文》：「襜，衣蔽前。」《段注》：「《釋器》曰：『衣蔽前謂之襜。』此謂衣，非謂蔽膝也。」一說，「祮」是用衣服的袖子兜物。《魯說》：「祮謂之襖。襭謂之裏。」王先謙《集疏》：「『祮謂之裏』，《廣雅‧釋器》文。云『祮謂之襖』者，《釋器》文，云裏袖也。《集韻》襖或書作裏。《玉篇》：『襖，衣被也。』字或作裏，通作胡。《深衣》『袂圓以應規』，《注》謂『胡下也』。《釋名》『褠，襌衣之無胡者也』，此『胡』為『袖』也。《管子‧輕重戊篇》：『丁壯者胡丸操彈。』『胡丸』謂『袖丸』也。采物既多，以袖受之，此『祮』之義也。」《列女傳‧貞順傳‧蔡人之妻》：「始於捋采之，終於懷襖之。」懷通裏、襖，袖。懷、裏，匣母微部；襖，匣母魚部。微、魚旁通轉。

〔7〕襭：同「祮」，提起衣襟外緣以兜物。襭、祮，異體字。一說，用衣服的袖子兜物為「襭」。《魯說》：「襭謂之裏。」一說，將衣襟掖入大帶為「襭」。《毛傳》：「扱衽曰襭。」《孔疏》：「孫炎曰：『持衣上衽。』又云：『扱衽謂之襭。』李巡曰：『扱衣上衽於帶。』衽者，裳之下也。置祮，謂手執之而不扱，襭則扱於帶中矣。」「扱於帶中」即掖於帶中。《爾雅‧釋器》：「扱衽謂之襭。」郭璞《注》：「扱衣上衽於帶。」《說文》：「襭，以衣衽扱物謂之襭。從衣，頡聲。擷，襭或從手。」《釋文》：「擷，戶結反，扱衽也。一本作襭，同。」《廣韻‧屑韻》：「襭，以衣衽盛物也。」扱，通插。扱，初母緝部；插，初母盍部。緝、盍旁轉。《說文》「扱」字《段注》：「《儀禮注》云：『扱柶。』此『插』之假借字。」《廣雅‧釋詁》：「扱，插也。」過去農民採摘棉花時，特意穿大襟長衣，將衣襟向上摺起，掖入腰帶做一個兜子以盛所採收的棉花；若穿短衣採摘棉花，則用手提著衣襟外緣做一個兜子以盛之。

【詩旨說解】

《芣苢》是一篇巫舞配歌的歌詞。

這篇歌詞的內容非常簡短，讓人難以弄懂它所要表達的真實意思是什麼。讀「采采芣苢」「薄言采之」「薄言有之」「薄言掇之」「薄言捋之」「薄言祮之」「薄言襭之」這些句子，我們會感受到《芣苢》歌詞帶有很強的動作性。這篇歌詞當與舞蹈有關。採、有、掇、捋、祮、襭這幾個動作，是從婦女採芣苢的過程中抽繹出來的幾個典型動作，它們代表了採芣苢的全過程。這幾個採芣苢的具體動作，其實也是「採芣苢舞」中的幾個動作。採芣苢歌是上古祭

祀高禖舞蹈的配歌，「采」是描述舞蹈中模仿採摘芣苢動作的詞，「採」是一個描述芣苢動作的詞，疊唱「采采」，加強了舞蹈的韻律感。

祭祀高禖肇始於遠古。在遠古時期，人類遭受著疾病、瘟疫和戰爭的困擾，人力是第一生產力，人口繁衍是人類生存和發展的前提，生育是頭等大事。高禖是主管生育的女神，古代帝王宮中和民間都有祭祀高禖神的活動。《搜神記》說：「高禖，宮中求子祠也。」在周朝，每當仲春之月燕子飛來的時節，人們就聚集在高禖廟前，舉行祭祀活動。《禮記‧月令》：「仲春之月，……玄鳥至。至之日，以大牢祠於高禖，天子親往。后妃帥九嬪御。乃禮天子所御，帶以弓韣，授以弓矢，於高禖之前。」聞一多說：「夏人的高禖祀其先妣深山氏（女媧），殷人的高禖祀其先妣簡狄，周人的高禖祀其先妣姜嫄；楚人的高禖祀其先妣高唐神女。」（《高唐神女傳說之分析》）

芣苢是多籽植物，於是古人便把它作為人類多子的象徵物。正如夏人認為吞服薏苡就能生子一樣，大概周人認為芣苢能治療某些婦科疾病，是有利於婦女生育的藥材。《說文》：「苢，芣苢。一名馬舄。其實如李，令人宜子。《周書》所說。」此說給我們透露了周人對芣苢的藥性認識的蛛絲馬蹟。周代的巫師把芣苢的藥性看作高禖神賦與予它的神力，於是由女巫帶領眾人跳「採芣苢」舞蹈，唱「採芣苢」歌，用這種巫舞和巫歌禮高禖。這也反映了上古巫醫不分的情形。「採芣苢」歌舞，表達了上古人對於生殖女神的虔敬和熱愛。

一說，《芣苢》是先民採芣苢時所唱的歌。宋鄭樵《詩辨妄》說：「《芣苢》之作，興採之也。如後人採菱則為採菱之詩，採藕則為採藕之詩，以述一時所採之興爾，何它義哉？」程俊英《詩經譯注》評論《芣苢》說：「這是一群婦女採集車前子時隨口唱的短歌。」方玉潤《詩經原始》說：「讀者試平心靜氣，涵泳此詩，恍聽田家婦女，三三五五，於平原繡野風和日麗中群歌互答，餘音嫋嫋，若遠若近，忽斷忽續，不知其情之何以移而神之何以曠。則此詩不必細繹而自得其妙焉。」以上諸家所說皆誤。

袁寶泉、陳智賢《詩經探微》說：「古人是以芣苢子、花椒子來比喻子孫眾多。《芣苢》《椒聊》是古代貴族婦人採芣苢、摘花椒時唱的詩歌，這整個活動的目的均在於求子。因此，我們認為《芣苢》《椒聊》都是祈子求福之歌。」這一說法，比較接近《芣苢》歌詞的原旨。

漢廣

南有喬木〔1〕，不可休息〔2〕！
漢有游女〔3〕，不可求思〔4〕！
漢之廣矣〔5〕，不可泳思〔6〕！
江之永矣〔7〕，不可方思〔8〕！

翹翹錯薪〔9〕，言刈其楚〔10〕。
之子于歸〔11〕，言秣其馬〔12〕。
漢之廣矣，不可泳思！
江之永矣，不可方思！

翹翹錯薪，言刈其蔞〔13〕。
之子于歸，言秣其駒〔14〕。
漢之廣矣，不可泳思！
江之永矣，不可方思！

【注釋】

〔1〕南有喬木：南方有高大樹木。南，南方之國。指東周洛邑之南某諸侯國。東周王畿貴族對南方的諸侯國簡稱「南」。參見《樛木》注〔1〕。喬木，高大的樹木。喬，高而上曲。《說文》：「喬，高而曲也。从夭，从高省。」《小雅·伐木》：「伐木丁丁，鳥鳴嚶嚶。出自幽谷，遷于喬木。」喬通堯、翹。喬、翹，群母宵部；堯，疑母宵部。群、疑旁紐。堯，高。《說文》：「堯，高也。」翹，本義為禽尾毛長而高揚。引申為高義。《說文》：「翹，尾毛長也。从羽，堯聲。」《文選》潘岳《射雉賦》：「斑尾揚翹。」

〔2〕不可休息：但我不想在它的下面歇息。不可，不可以。休，從人從木，本義為人在樹下歇息。《說文》：「休，息止也。」休通庥。《爾雅·釋言》：「庇、庥，蔭也。」蔭，樹木之蔭。有樹木庇護，正可休息。息，思的訛字，語助詞。思、息二字音近且形近，易訛。息，心母職部；思，心母之部。陸德明《釋文》、阮元校本皆有說。《韓詩》作「思」。思，語助詞，相當於「斯」「兮」。高大的樹木下是男女婚戀的好場所，但求偶的男子卻表示不願意到那裡去。

〔3〕漢有游女：漢水的堤岸上遊走著一些求偶的女子。漢，漢水，湖北省西北部的一條水名，發源於陝西省寧強縣，向東南至漢陽入長江。游女，即到處遊走求婚的女子。游，通遊。游、遊皆喻母幽部字。遊，遊走，遊逛。張衡《南都賦》：

「游女弄珠於漢皋之曲。」清尹繼美《詩管見》卷二：「《詩》不曰江有游女而曰漢有游女者，近漢之女好遊，其土風固然也。……今襄之樊城，游女尤盛。」

〔4〕不可求思：但我不想渡過河流去追求她們。求，追求。指欲結為婚姻關係。思，語助詞。《毛傳》：「思，辭也。」辭，指虛詞、語助詞。《小雅・采薇》：「昔我往矣，楊柳依依。今我來思，雨雪霏霏。」男子說「不可求思」，他不是不想追求游女，而是想讓游女過河來與他相會。這是男子所施展的一種求偶技巧。

〔5〕漢之廣矣：漢水的水面太寬廣了。廣，本義為無四面牆壁的大屋。引申為廣大、寬廣之義。《說文》：「廣，殿之大屋也。」《段注》：「殿謂堂無四壁……覆乎上者曰屋，無四壁而上有大覆蓋，其所通者宏遠矣，是曰廣。引申之為凡大之稱。」《廣雅・釋詁》：「廣，大也。」《玉篇・廣部》：「廣，大也。」明梅膺祚《字彙・寅集・廣部》：「廣，大也，闊也。」

〔6〕不可泳思：但我不願意渡過去。泳，潛渡。《毛傳》：「潛行為泳。」《爾雅・釋水》：「潛行為泳。」《說文》：「泳，潛行水中也。」在《詩經》中，「泳」與「游」常用為同義詞，皆指浮水而渡。《邶風・谷風》：「就其淺矣，游之泳之。」泳，又作「永」。《六書故・地理三》：「永，潛行水中謂之永。《詩》云：『漢之廣矣，不可永思。』別作泳。」

〔7〕江之永矣：長江是一條很長的水流呀。江，長江。《孟子・滕文公下》：「水由地中行，江、淮、河、漢是也。」永，本義為人潛水而渡。徐中舒《甲骨文字典》：「永，會人潛行水中之意，為泳之原字。」永通羕。永，匣母陽部。羕，喻母陽部。匣、喻通轉。羕，水長。《毛傳》：「永，長。」《說文》：「羕，水長也。從永，羊聲。詩曰：『江之羕矣。』」《說文》所引為《魯詩》文。《魯詩》作「羕」，《韓詩》作「漾」。

〔8〕不可方思：我也不想乘船渡過去。方，甲骨文字象耒形，中一橫劃的兩端有小短豎，表示「兩旁」之義。徐中舒《甲骨文字典》：「⟨⟩，象耒之形，上短橫象柄首橫木，下長橫即足所蹈履處，旁兩短劃或即飾文。古者秉耒而耕，刺土曰推，起土曰方。」按，徐說「旁兩短劃或即飾文」不確，「方」字的橫畫兩端的短豎畫並非飾文，長橫畫及兩端的短豎畫皆為指事符號，指用耒挖溝向兩邊起土。方，本義是向兩旁起土。引申為旁邊之義。《甲骨文字典》卷一有數個甲骨文「旁」字，其一作「⟨⟩」形。「⟨⟩」字上部的長橫兩端加短豎，明顯是由「方」字滋生出來的字。《字彙・卯集・方部》：「古謂掘地為坑方，今作土功算程課者猶以方計。」此句歌詞與甲骨文「方」字的本義「起

土曰方」及其引申義「旁邊」無涉。方通汸。方、汸皆幫母陽部字。汸，名詞為並舟之義，動詞為並船渡水之義。《廣韻·陽韻》：「汸，並船也。《說文》本作方，或从水。」汸，俗字作「舫」「艕」「榜」。《魯詩》作「舫」。《爾雅·釋言》：「艕，舟也。」「舫，舟也。」郭璞《注》：「並兩船。」《廣雅·釋水》：「舫、榜，船也。」唐釋玄應《一切經音義》卷二「船舫」下引服虔《通俗文》：「連舟曰舫。並兩舟也。」《集韻·陽韻》將方、舫作為異體字。北宋李昉《太平御覽·舟部》卷七百六十八引《廣雅》：「舫、艕，船也。」《集韻·映韻》：「艕，船也。」《正字通·辰集·木部》：「榜，並船也。」方通旁、并。方，幫母陽部；旁、并，並母陽部。幫、并旁紐。方舟即旁舟、并舟。《戰國策·楚策一·張儀為秦破從連橫》：「舫船載卒，一舫載五十人。」鮑彪《注》：「舫，並舟也。」《太平御覽》卷七百七十舟部「舸」字下：「王隱《晉書》曰：『顧榮徵侍中，見王路塞絕，便乘舡而還，過下邳，遂解舫為單舸。』」《集韻·宕韻》：「艕，並兩船。或從方。」《說文》：「方，並船也。象兩舟省，總頭形。凡方之屬皆从方。汸，方或从水。」許慎釋「方」字字形「象兩舟省，總頭形」，且以方、汸為重文，誤。方，又通泭。泭，滂母侯部。幫、滂旁紐，陽、侯旁對轉。泭，以筏渡水。《毛傳》：「方，泭也。」《爾雅·釋言》：「舫，泭也。」泭通桴，用木筏渡水。桴，並母幽部。滂、并旁紐，侯、幽旁轉。《爾雅·釋言》：「舫，泭也。」邢昺《疏》：「舫、方、泭、桴音義同。」《爾雅·釋水》：「庶人乘柎。」郭璞《注》：「柎，編木以渡也。」《說文》：「泭，編木以渡也。一曰庶人乘泭。或作柎。」思，語助詞。乘舟渡河，是為著到河彼岸去尋找戀愛對象。《詩經》中不乏乘船渡水婚戀的例子。《邶風·匏有苦葉》：「招招舟子，人涉卬否。人涉卬否，卬須我友。」《鄘風·柏舟》：「汎彼柏舟，在彼中河。髧彼兩髦，實維我儀。」《小雅·菁菁者莪》：「汎汎楊舟，載沉載浮。既見君子，我心則休。」此歌詞的「方」字為動詞，即用大船渡水。方舟是貴族所使用的渡船。《爾雅·釋水》：「大夫方舟，士特舟，庶人乘柎。」特通單。「特舟」即單舟。

〔9〕翹翹錯薪：高高的野草。翹翹，形容詞，高高。翹通喬、高。參見注〔1〕。錯薪，叢生的草。錯，交錯。此指草雜亂地長在一起。《毛傳》：「錯，雜也。」薪，從艸從新（新，用刀斧所取之木），本義為割下來的草。薪草曬乾可用於燃火。《說文》：「薪，蕘也。」《左傳·昭公十三年》：「淫芻蕘者。」孔穎達《疏》：「蕘者，共燃火之草也。」薪，又專指草。《孟子·離婁下》：「毀傷其薪木。」

趙岐《注》：「恐其傷我薪草樹木也。」一說，「薪」指樹上之木枝。《孔疏》：
「薪，木稱。」草可以餵馬，木則不可以餵馬。孔說誤。

〔10〕言刈其楚：割下那最好的。言，語助詞。刈，字本作「乂」，割草。木曰伐，
　　　草曰刈。參見《葛覃》注〔8〕。其，語助詞。楚，從林，足聲，一種有刺的叢
　　　木，名「牡荊」。《說文》：「楚，叢木，一名荊也。从林，足聲。」此歌詞中的
　　　「楚」是「黼」的通假字。楚、黼，初母魚部。黼，布帛上五彩鮮豔的繡花紋。
　　　引申為鮮豔出眾之義。借指長得特別出色的草。參見《曹風‧蜉蝣》注〔2〕。
　　　《王風‧揚之水》「揚之水，不流束楚」、《鄭風‧揚之水》「揚之水，不流束楚」、
　　　《唐風‧綢繆》「綢繆束楚」，其「楚」字皆指長得好的草。一說，「楚」為高
　　　義。《鄭箋》：「楚，雜薪之中尤翹翹者。」《孔疏》：「翹翹然而高者，乃是雜薪。
　　　此薪雖皆高，我欲刈其楚。所以然者，以楚在雜薪之中，尤翹翹而高故也。」
　　　鄭玄、孔穎達釋「楚」為高義，誤。

〔11〕之子于歸：哪位姑娘若願嫁給我。之子，是子。此為非定指。子，指女子。于
　　　歸，出嫁。

〔12〕言秣其馬：餵飽馬兒去迎娶她。秣，本義為餵牲口的飼草。其動詞為餵馬之義。
　　　《毛傳》：「秣，養也。」《小雅‧鴛鴦》：「乘馬在廄，摧之秣之。」《左傳‧成
　　　公十六年》：「秣馬利兵。」《國語‧吳語‧吳欲與晉戰得為盟主》：「令秣馬食
　　　士。」馬，指壯年的馬。《毛傳》：「六尺以上曰馬。」「秣馬」是為了迎親。

〔13〕蔞：高草。這裡指好草。《毛傳》：「蔞，草中之翹翹然。」《說文》：「蔞，草也。
　　　可以烹魚。」陸璣《毛詩草木疏》：「蔞，蔞蒿也。其葉似艾，白色長數寸，高
　　　丈餘，好生水邊及澤中，正月根芽生旁莖，正白，生食之香而脆美。其葉又可
　　　蒸為茹。」王先謙《集疏》：「蔞高丈餘，故亦言『翹翹』。『蔞』是草而言『薪』
　　　者，《說文》『薪』『蕘』互訓。《詩‧板‧釋文》、《文選‧長楊賦》李注引許書
　　　『蕘』下『薪也』二字，並作『草薪也』。《漢書‧賈山傳》、《揚雄傳》顏《注》
　　　並云：『蕘，草薪。』是草可稱『薪』也。」此歌詞中「楚」與「蔞」對文，
　　　皆指好草。

〔14〕駒：六尺以下、五尺以上的馬。《毛傳》：「五尺以上曰駒。」《孔疏》：「正義
　　　曰：《廋人》云：『八尺以上為龍，七尺以上為騋，六尺以上為馬。』故上《傳》
　　　曰『六尺以上曰馬』。此『駒』以次差之，故知五尺以上也。五尺以上，即六
　　　尺以下，故《株林》箋云『六尺以下曰駒』是也。《輈人》注國馬謂種、戎、
　　　齊、道，高八尺。田馬高七尺，駑馬高六尺。即《廋人》三等龍、騋、馬是

也。」《陳風‧株林》:「乘我乘駒。」《鄭箋》:「馬六尺以下曰駒。」段玉裁
《毛詩故訓傳定本》傳文注:「經、傳依《株林》《皇皇者華》正之,皆當作
駒。」按,段說誤。驕,究其字義,當為高馬。《說文》:「驕,馬高六尺為驕。
從馬,喬聲。《詩》曰:『我馬維驕。』」《毛傳》及《株林》詩《鄭箋》言「駒」
五尺以上、高六尺以下,孔穎達據《周禮》為說,辨析甚明。「蔞」「駒」皆
侯部韻,「驕」則為宵部韻。此句歌詞中用「駒」字僅為協韻,理解為馬即
可。

【詩旨說解】

　　《漢廣》是婚戀對歌歌詞。一個成周男子到南國求偶,在南國的一條河
流旁遊走,望見河對岸游正有一個美麗的女子在行走著,便唱情歌招引她過
河談情說愛。女子隨即以挑逗的語氣唱歌作答。

　　第一章:周王畿的貴族男子向河流對岸的女子表示其求偶的意願。他說,
南國有佳樹,大樹下面是戀愛的好場所,但他並不願意到大樹下去;漢水太
寬廣了,他也不想渡水到對面去;長江太長了,他也不想游過長江去。長江、
漢水邊每年都有婚戀集會,也有一些游女,但他並不想去追求她們。其實,
他此次求偶時所面對的河流,既不是長江,也不是漢水,而是南國的某一條
並不寬廣的河流。他不過是拿江、漢說事而已。他在情歌中一連說了兩個「不
可」,這是他明確表示自己不想主動過河與對岸的女子相會,而是想讓對岸的
女子主動過河來跟他相會。河對岸的女子也連用兩個「不可」唱歌作答:漢
水寬闊,是沒法游過去的;長江很長,我也不想乘船渡過去。

　　第二章、第三章:男子向河流對岸的女子表示,他是為求婚而來的,不
是來鬼混的。「翹翹錯薪,言刈其楚。之子于歸,言秣其馬」這話表達的是「秣
馬迎親」之意。男子說,只要女子肯嫁給他,他就割最好的草喂馬,趕著馬車
去迎親。接下來女子仍然唱到:「漢之廣矣,不可泳思!江之永矣,不可方思!」
他還是表示不想主動過河去。

　　這篇對歌歌詞,男女雙方所表達的意思都是婉轉的。男子說「南有喬木,
不可休息」,這是要告知河流對岸的女子,他不想到南方的歡樂之地——大樹
下去野合;他說「漢有游女,不可求思」,這是要告知河流對岸的女子,他不
是到此處來尋樂的,他的真實意圖是要找一個如意的姑娘結婚成親。「言秣其
馬」「言秣其駒」是男子自曝其身份高貴的話語。只有貴族才「秣馬迎親」。這
些都是周王畿來南國求偶的男子在情場上施展婚戀技巧的說辭。總之,他唱

這支情歌的目的，是為了讓河流對岸的女子相信，他既有優越的求偶條件，又有真誠的求偶態度。另一方，女子反覆唱「漢之廣矣，不可泳思；江之永矣，不可方思」，也是在施展婚戀技巧，以圖讓男子主動過河與她相會。在唱了這樣的對歌之後，很可能有一方遷就另一方，主動過河相會，但也不排除發生互不遷就的情況。

《漢廣》反映了春秋時期中原地區自由婚戀的風俗正在發生遭變的事實。殷朝時就有所謂「桑間」「濮上」的婚戀集會。《詩經》中也有不少反映婚戀集會、野合的詩篇。春秋後期，由於私有制經濟的發展，成周一帶原始性的自由婚戀風俗衰歇了，成周貴族男子的求偶方式也發生了重大的改變，貴族小夥子不願意用那種原始性的自由婚戀方式搞對象了，也不一味追求那種原始性的自由野合了，他們有了新的擇偶觀，在戀愛時表現出了一副溫文爾雅的模樣。

《毛詩》序說，《漢廣》反映了「文王之道被于南國，美化行乎江漢之域」的情況，是宣揚「文王德化」的詩。鄭玄《注》：「紂時淫風遍於天下，惟江漢之域先受文王之教化。」《毛傳》：「漢上游女，無求思者。」《鄭箋》：「賢女雖出游流水之上，人無欲求犯禮者，亦由貞潔使之然。」但就《漢廣》歌詞來看，當時南國的「喬木」之下仍有人野合，江、漢二水旁仍有「游女」，其風俗並未變革。《漢廣》歌詞裏所說的「喬木」和「漢水」，正相當於《漢志》裏所說的「桑間」和「濮上」。鄭玄說南國「江漢之域先受文王之教化」是沒有歷史根據的。周王朝的貴族男子溫文爾雅的求偶風格，可能對南國人的婚戀方式產生一定的影響，但這不能稱之為「文王之化」。

齊、魯、韓三家《詩》學認為，《漢廣》是寫男子追求漢水女神的詩。(見王先謙《集疏》)方玉潤說，《漢廣》是樵夫之歌，「首章先言喬木起興，為採樵地；次即言刈楚，為題正面；三兼言刈蔞，乃採薪餘事」。(《詩經原始》)

汝墳

遵彼汝墳[1]，伐其條枚[2]。
未見君子[3]，惄如調飢[4]。

遵彼汝墳，伐其條肄[5]。
既見君子[6]，不我遐棄[7]。

魴魚赬尾〔8〕。王室如燬〔9〕。
雖則如燬〔10〕，父母孔邇〔11〕。

【注釋】

〔1〕遵彼汝墳：沿著汝河的堤岸行走。遵，順著、循著、沿著。《毛傳》：「遵，循也。」《說文》：「遵，循也。」「循，行也。」《魯說》《韓說》：「遵，行也。」《鄭風·遵大路》：「遵大路兮。」《豳風·七月》：「遵彼微行。」遵通循。遵，精母文部；循，邪母文部。精、邪旁紐。汝墳，汝水的河堤。汝，水名，源出於河南省盧氏縣安息山，向東南入淮河。《毛傳》：「汝，水名也。」墳，從土，賁聲，土隆起。賁，有大義。鼓大謂之「鼖」。《大雅·靈臺》：「賁鼓維鏞。」《毛傳》：「賁，大鼓也。」賁，通鼖。果大謂之「蕡」。《桃夭》：「桃之夭夭，有蕡其實。」上古稱河流的堤防為「墳」。《毛傳》：「墳，大防也。」《爾雅·釋丘》：「墳，大防。」《釋地》：「墳莫大於河墳。」墳，又作「坋」。《說文》：「坋，一曰大防也。」「汝墳」指汝河大堤。

〔2〕伐其條枚：隨手折取大堤上樹的枝條。伐，甲骨文字象用戈砍人首之形，本義為殺伐。引申為砍伐之義。《召南·甘棠》：「勿翦勿伐。」上古時青年男女婚戀求偶，總要手持枝條或花、草、果作為媒物。花、草、果皆可隨手摘取，樹上的枝條可用手折取或用腰間所佩帶的容刀削取。《鄭風·將仲子》：「將仲子兮，無踰我里，無折我樹杞。」條枚，樹上的嫩枝。條，細而柔的小枝。《毛傳》：「枝曰條。」《魯說》《韓說》：「條，枝也。」《說文》：「條，小枝也。」枚，粗而硬的樹枝。枚從木從支，支，手執卜以擊人。卜，木棍子。《毛傳》：「幹曰枚。」古人釋條、枚，渾言不別。《廣雅·釋木》：「枚，條也。」《廣韻·灰韻》：「枚，枝也。」「條枚」合指樹枝。

〔3〕未見君子：沒有見到君子時。未，甲骨文字象樹木枝多葉稠蔭翳茂盛之形，本義為樹木茂盛。《說文》：「未，象木重枝葉也。」未通毋、無、沒。未、沒，明母物部；毋、無，明母魚部。物、魚旁通轉。毋，副詞，不。無、沒，沒有。《小爾雅·廣詁》：「未，無也。」在將然句式中，「未」為尚未之義。此句歌詞「未」表示時間上的未然狀態。見，看見、見到。君子，貴族男子。

〔4〕惄如調飢：我想君子想得如同早晨肚子飢餓急於用餐一般。惄，思。此指對婚戀對象的思念。《魯說》：「惄，思也。」《毛傳》：「惄，飢意也。」《鄭箋》：「惄，思也。未見君子之時，如朝飢之思食。」《方言》第一：「自關而西秦晉之間，凡志而不得，欲而不獲，高而有墜，得而中亡，謂之溼，或謂之惄。」

《廣韻・錫韻》:「愵，思也。」《小雅・小弁》:「我心憂傷，愵焉如擣。」愵、惄古通用。《韓詩》作「惄」。《方言》第一:「惄，憂也。自關而西秦晉之間或曰愵。」《說文》:「惄，憂貌。」如，甲骨文字從口，女聲，本義為答應之聲，「諾」的本字。有應聲跟隨之義。《說文》:「如，隨也。从女从口。」如，通若、似、像。如，日母魚部；若，日母鐸部；似，邪母之部；像，邪母陽部。日、邪鄰紐；魚、鐸、陽對轉，魚、之旁轉，之、鐸、陽旁對轉。《韓詩》作「若」。《廣韻・魚韻》:「如，似。」《集韻・御韻》同上。《鄭風・羔裘》:「羔裘如濡。」《孔疏》:「如，似。」《說文》「如」字《段注》:「凡相似曰如。」《廣雅・釋言》:「如，若也。」《玉篇・女部》《廣韻・魚韻》《集韻・魚韻》同上。調飢，即朝飢。調，《魯詩》作「朝」，《齊詩》作「周」。《毛傳》:「調，朝也。」段玉裁《毛詩故訓傳定本》校訂經文「調」作「輖」，校訂傳文為「輖，朝也」，《注》曰「此謂假借」。調、周、輖皆通朝。調、周、輖，照母幽部；朝，端母宵部。照、端準雙聲，幽、宵旁轉。朝，早晨。飢，飢餓。春秋時期一日兩餐，第一頓飯稱為「朝食」，又稱「饔」，一般辰時用餐；第二頓飯稱為「晡」，又稱「飧」，一般申時用餐。從下午的第二頓飯到第二天的朝食之間，約相隔十六七個小時，故早晨飢餓得很厲害。這句歌詞借人生理上的飢餓來形容尋偶女子心理上對男性伴侶的渴求。這是上古求偶情歌慣用的誇張性語言。

〔5〕條肄：即肄條、櫱條，樹木生出來的嫩枝條。《毛傳》:「肄，餘也。斬而復生曰肄。」《魯說》《韓說》:「肄，梬也。」梬，即櫱，樹木的嫩條。《爾雅・釋詁》:「烈、梬，餘也。」郭璞《注》:「晉、衛之間曰櫱，陳、鄭之間曰烈。」肄通烈、梬、櫱。肄，喻母質部；梬、櫱，疑母月部。喻、疑通轉；質、月旁轉。《方言》第一:「烈、梬，餘也。陳、鄭之間曰梬，晉衛之間曰烈，秦晉之間曰肄，或曰烈。」《廣雅・釋木》:「肄，梬也。」《文選》張衡《東京賦》:「山無槎枿。」李善《注》:「斜斫曰槎，斬而復生曰枿。」《廣韻・至韻》:「肄，嫩條也。」梬、櫱又作「櫱」。《說文》:「櫱，伐木餘也。从木，獻聲。」《段注》:「《商頌傳》曰:『櫱，餘也。』《周南傳》曰:『肄，餘也。斬而復生曰肄。』按『肄』者，『櫱』之假借字也。」

〔6〕既見君子：已經見到了君子。既，甲骨文字左半部象食器形，右半部象一人轉身要離開的樣子，本義為吃完飯。引申為已經、完結之義。羅振玉《殷虛書契考釋・文字第五》:「即，象人就食。既，象人食既。」此歌詞中「既」為「已

經」之義。《毛傳》:「既,已。」《廣雅·釋詁》:「既,已也。」《論語·季氏》:
「既來之,則安之。」

〔7〕不我遐棄:即「不遐棄我」。他就不會把我拋棄。遐棄,遠遠地拋棄。遐,遠。
《毛傳》:「遐,遠也。」《說文》:「遐,遠也。」棄,扔掉,拋棄。《說文》:
「棄,捐也。从廾推崋棄之。从㐬。㐬,逆子也。」王粲《七哀詩》其一:「拋
子棄草間。」蘇洵《六國論》:「舉以予人,如棄草芥。」高亨《詩經今注》:
「遐,遠。遐棄,猶言遠離。」

〔8〕魴魚赬尾:魴魚紅尾巴。魴魚,一種紅尾巴的扁體魚。《說文》:「魴,赤尾魚
也。」《爾雅·釋魚》:「魴,魾。」郭璞《注》:「江東人呼魴魚為鯿。一名魾。」
陸璣《毛詩草木疏》:「魴,今伊、洛、濟、潁魴魚也,廣而薄,肥恬而少力,
細鱗,魚之美者。」陸佃《埤雅·釋魚》「魴」字下:「俚語曰:『洛鯉伊魴,
貴於牛羊。』言洛以渾深宜鯉,伊以清淺宜魴也。」東周貴族依伊、洛,傍河
而居,猶喜魴鯉。赬,通赤,紅色。《毛傳》:「赬,赤也。」《韓說》:「赬,赤
也。」赤,從大從火,會意字,火烤人的皮膚之色。《爾雅·釋器》:「一染謂
之縓,再染謂之赬,三染謂之纁。」郭璞《注》:「縓,今之紅也。赬,染赤也。
纁,絳也。」《說文》:「縓,帛赤黃色也。一染謂之縓,再染謂之赬,三染謂
之纁。」「絳,大赤也。」染布染得次數愈多,顏色愈深,一染成淺紅色,二
染成正紅色,三染成為深紅色。「赬」泛指紅色。周朝崇尚紅色,以紅色的魚
為吉祥食物。《詩經》中凡說到「魚」,皆隱含著性和婚姻的問題。

〔9〕王室如燬:雖然周王室的貴族男子婚戀求偶的心情如火一樣地熱烈。王室,周
王族。這裡是「王室貴族男子」的省略語,指周王室前來汝水邊尋偶的貴族男
子。如燬,即如火。如,似。燬,通焜、火。燬、焜、火皆曉母微部字。《韓
詩》作「焜」。《韓說》:「焜,烈火也。」《毛傳》:「燬,火也。」《孔疏》:「孫
炎曰:『方言有輕重,故謂火為燬也。』」《爾雅·釋言》:「燬,火也。」《說文》:
「燬,火也。」「焜,火也。從火,尾聲。《詩》曰:『王室如焜。』」《段注》:
「焜,《周南·汝墳》文。今《詩》作燬。……燬、焜實一字。」清江永《古
韻標準·例言》:「火者燬。火,古音虎洧切。」《詩經》中用「火」字有數篇,
唯《汝墳》一篇用「燬」字。

〔10〕雖則:雖即,雖然。則,通即。參見《召南·草蟲》注〔7〕。

〔11〕父母孔邇:但我的父母卻離得很近。父母,這是歌者稱自己的父母。孔邇,很
近。孔,從子從乚,會意,本義為祈禱生殖神所生的孩子。引申為嘉、善、好

之義。《說文》：「孔，通也。从乙从子。乙，請子之候鳥也。乙至而得子，嘉美之也。故古人名『嘉』字『子孔』。」按照許慎的說法，「孔」字的本義是仲春燕子飛來時在女陰形洞窟前祈禱生殖神所生之子，即嘉子、好子。從子，子即孩子；從乙，乙，又作「乚」「乚」。乙，燕子的抽象字形，又作「鳦」「鳦」。乙通燕。乙，影母物部；燕，影母元部。物、元旁對轉。王力《同源字典》元部影母下列有燕、乙（鳦）（元、月對轉）通假例。《邶風・燕燕》：「燕燕于飛。」《毛傳》：「燕燕，鳦也。」《爾雅・釋鳥》：「燕燕，鳦。」郭璞《注》：「《詩》云：『燕燕于飛。』一名玄鳥，齊人呼鳦。」《說文》：「乙，燕燕，乙鳥也。齊魯謂之乙，取其鳴自評。象形。凡乙之屬皆从乙。鳦，乙或从鳥。」《商頌・玄鳥》：「天命玄鳥，降而生商，宅殷土芒芒。」《史記・殷本紀》：「殷契，母曰簡狄，有娀氏之女，為帝嚳次妃。三人行浴，見玄鳥墮其卵，簡狄取吞之，因孕生契。」中國上古流傳下來的帝嚳妃簡狄吞燕卵生契的神話故事，大概是許慎解釋「乙」「鳦」的根據。《爾雅釋文》：「鳦，本或作乙。」《玉篇・鳥部》：「鳦，燕鳦也。」《廣韻・質韻》：「鳦，燕也。《說文》本作乙。燕，乙，玄鳥也。齊魯謂之乙。」《集韻・質韻》：「鳦，玄鳥也。或通作乙。」孔通空、窟，與「窟窿」音義近。孔、空，溪母東部；窟，溪母物部。東、物旁通轉。《爾雅・釋詁》：「孔，間也。」邢昺《疏》：「孔，孔穴也。」《說文》：「空，竅也。」「竇，空也。」《段注》：「空、孔古今語，凡孔皆謂之竇。」《玉篇・乙部》：「孔，竅也，通也，空也。」在人類原始時期，人口的生育繁衍確實不容易，往往要訴諸神祇，祈求神祇護祐。考古和民俗研究發現，中國上古確有生殖器崇拜的史實。上古人將女陰形山洞作為生殖神，新婚男女就其前拜神祈禱生育。這種女陰形的山洞，即是孔。仲春燕子飛來時，民間有婚戀集會活動，此時禱於女陰形神窟所生的男子稱為「孔」，所生的女子稱為「好」。故孔又通好。孔與吼音近，吼與好音近。孔，溪母東部；吼，曉母侯部；好，曉母幽部。曉、溪旁紐，東、侯對轉，東、幽部旁對轉，幽、侯旁轉。《爾雅・釋器》：「肉倍好謂之璧。」肉，指璧體。好，指璧的中空部分，即孔。《新五代史・前蜀世家》：「元膺為人猳喙齳齒，多材藝，能射錢中孔。」孔，又與好、嘉同義。好，從女從孔省，本義為嘉女。故引申為嘉、善之義。《玉篇・乙部》：「孔，嘉也。」《左傳》鄭公子嘉，字子孔；楚臣成嘉，字子孔；孔丘六世祖名嘉，字孔父。總之，孔、好的語音皆源於「窟窿」。此歌詞的「孔」字非其本義，亦非其引申義，而是其通假字義。孔通甚。甚，禪母侵部。溪、禪通轉，東、侵旁通轉。

甚或音堪、勘，溪母侵部。《毛傳》：「孔，甚。」《韓說》：「孔，甚也。」《爾雅·釋言》《玉篇·乙部》《廣韻·董韻》《集韻·董韻》皆曰：「孔，甚也。」《廣韻·沁韻》：「甚，太過。」《集韻·沁韻》：「甚，過也。」《尚書·夏書·禹貢》：「六府孔修。」孫星衍《尚書今古文注疏》：「史遷『孔』作『甚』。」王引之《經傳釋詞》卷五：「《書·禹貢》：『九江孔殷。』《史記·夏本紀》作『甚中』。」按，「甚中」蓋「甚殷」之誤。朱駿聲《說文通訓定聲·豐部》：「孔，假借又為『甚』。」甚、很音近。很，匣母文部。禪、匣通轉，侵、文通轉。邇，近。《毛傳》：「邇，近也。」《韓說》：「邇，近也。」《爾雅·釋詁》《說文》皆說：「邇，近也。」求偶的女子對周王室的男子說，若要成婚，還須徵得她父母的同意。在《詩經》的婚戀情歌中，此類的例子不少。《鄭風·將仲子》：「豈敢愛之？畏我父母。仲可懷也，父母之言亦可畏也。」「父母之命」常簡作「命」。《鄘風·蝃蝀》：「大無信也，不知命也！」《唐風·揚之水》：「我聞有命，不敢以告人。」春秋時期父母之命在婚姻方面開始起主導作用，原始的自由婚姻正在悄悄地退出歷史舞臺。

【詩旨說解】

《汝墳》是婚戀情歌歌詞。春天來臨，汝水大堤上的樹木綠了，姑娘和小夥子們都到汝河邊上去談情說愛，周王室的個別貴族男子也前往求偶。有一個南國的女子，在汝水大堤上摺樹枝作為媒物，唱一支情歌，表示她要與來自王室的貴族男子談戀愛。「未見君子，惄如調飢」，她用這些話向王室的「君子」表明其求偶的心情。「既見君子，不我遐棄」，她希望周王室貴胄與她婚戀之後不要捨棄她。但接著她又對「君子」唱道：「魴魚赬尾，王室如燬。雖則如燬，父母孔邇。」這句話意思是說，儘管周王室的小夥子找對象的熱情像火一樣地燃燒，但她還要將婚姻之事告知她的父母，經過父母同意了才算數。

這篇歌詞反映了春秋時期汝水地區的婚戀風情。在汝水邊唱情歌求偶的這個女子，也是一名貴族成員，她雖然可以按照傳統的自由方式參加婚戀集會擇偶，但其婚姻之事則需經過其父母許可。這說明春秋時期汝水地區傳統的自由婚姻方式正在發生變化。

麟之趾

麟之趾〔1〕，振振公子〔2〕！
于嗟，麟兮〔3〕！

麟之定〔4〕，振振公姓〔5〕！

于嗟，麟兮！

麟之角〔6〕，振振公族〔7〕！

于嗟，麟兮！

【注釋】

〔1〕麟之趾：這是麒麟的腳呀！麟，麒麟。麒麟是中國古代傳說中的祥瑞之獸，形
　　狀像鹿，頭上有角，全身有鱗甲，尾像牛尾。趾，腳。此指小兒的腳。《毛傳》：
　　「趾，足也。」

〔2〕振振公子：你是一個奮發有為的貴公子呀！振振，有活力的樣子。振，從手
　　從辰，本義為奮力行動。辰，「蜃」的本字。蜃一張一合為動貌。《爾雅·釋
　　言》：「振，訊也。」郭璞《注》：「振者奮迅。」清郝懿行《義疏》：「訊即迅。
　　迅訓疾，疾有奮厲之意。」《召南·殷其雷》：「振振君子。」《螽斯》：「螽斯
　　羽，詵詵兮！宜爾子孫，振振兮！」《廣雅·釋詁》：「振，動也。」《豳風·
　　七月》：「六月莎雞振羽。」《禮記·月令》：「蟄蟲始振。」公子，公侯之子。
　　這是對受禮的貴族男子的稱呼。此句祝詞祝福王公貴族家族興盛，子孫活躍
　　有為。

〔3〕于嗟，麟兮：哎呀，你真是一隻麒麟啊！于嗟，即吁嗟，感歎詞。于，《韓詩》
　　作「吁」。于，古文；吁，今文。《毛傳》：「于嗟，歎辭。」清劉淇《助字辨略》
　　卷一「吁」字下：「《詩·國風》『于嗟麟兮。』于嗟，猶吁嗟。」吁，驚歎詞。
　　《說文》：「吁，驚也。」這句祝詞是讚美的口氣。周王室貴族為其幼兒過三周
　　歲生日，縫製麒麟形或繡有麒麟圖案的鞋、靴，給小兒穿在腳上。穿上「麒麟
　　鞋」，便沾了麒麟的祥瑞之氣，於是人也如麒麟了。在舉行授禮儀式時，長者
　　為小兒穿鞋或靴。祝者誇讚小兒腳上所穿的鞋或靴美，祝福小兒前程美好。

〔4〕麟之定：這是麒麟的頭呀！定，即顁，人的頭頂部。顁通頂、顛。定、顁，定
　　母耕部；頂，端母耕部；顛，端母真部。定、端旁紐，耕、真通轉。《魯詩》
　　作「顁」。《毛傳》：「定，題也。」《爾雅·釋言》：「顁，題也。」郭璞《注》：
　　「題，額也。《詩》曰：『麟之定。』」《爾雅釋文》：「顁，字又作定。」郝懿行
　　《義疏》：「顛、頂、顁一聲之轉。」《玉篇·頁部》：「顁，題顁也。」題，額、
　　頂。《方言》第六：「頂、顛，上也。」《說文》：「題，額也。」「端，物初生之
　　題也。」額，又作「額」。《玉篇·頁部》：「額，額同上。」

〔5〕振振公姓：與「振振公子」同義。公姓，同公族。王公貴族的子孫當然與王公
　　同一姓氏。故《毛傳》曰：「公姓，公同姓。」公，王公。姓，指族姓。族姓
　　源自母系社會。族姓分支為氏，即今之姓。周王室貴族為小兒慶賀三周歲生
　　日，祝者誦「《麟之趾》」第二章，長者為小兒佩戴麒麟形或繡有麒麟圖案的頭
　　飾，祝王公家族的人有活力。

〔6〕麟之角：這是麒麟的角呀！角，又別作「甪」，古音「祿」。此祝詞角、族為韻。
　　傳說麒麟的頭部有獨角。受禮的貴族小兒頭髮紮成一個朝天錐，長者為他佩戴
　　上麒麟角狀的飾品。這句祝詞誇讚貴族小兒頭上角狀的飾物美。

〔7〕振振公族：與「振振公子」「振振公姓」同義。公族，公卿貴族之家通稱「公
　　族」。《毛傳》：「公族，公同祖也。」這句祝詞祝福公卿家族繁榮昌盛。

【詩旨說解】

　　《麟之趾》文字極簡短，主旨隱晦，一直沒人作過恰當的解釋。仔細推
敲，它似是王公貴族之家為其小兒過三周歲生日授鞋帽飾物時贊禮人所作的
祝詞。王公貴族為小兒舉行三周歲生日禮儀時，祝者按授物順序，高聲誦讀
讚美性的詞章，然後授予小兒祥瑞的鞋帽和髮飾。給小兒加佩祥瑞的飾物，
希望其成長為非凡的人才。贊禮程序大致如下：

　　贊禮人誦《麟之趾》第一章，長者授給小兒麒麟形的鞋或靴，讓其家人
為他穿在腳上。

　　贊禮人誦《麟之趾》第二章，長者撫小兒額頭，授給小兒有麒麟紋飾的
帽子，讓其家人為他戴在頭上。

　　贊禮人誦《麟之趾》第三章，長者授給小兒角形髮飾，讓其家人將角形
髮飾繫於小兒的頭上。

　　三授畢，禮成。

　　麒麟是中國人傳說中的祥瑞之獸。在麒麟的身上，寄託著古人美好的願
望。

召　南

　　召，又作「邵」，西周召公一脈的始祖召公奭的采邑。其地在周原。裴駰《史記集解》引譙周曰：「周之支族，食邑於召，謂之召公。」司馬貞《史記索隱》：「召者，畿內菜（采）地。奭始食於召，故曰召公。或說者以為文王受命，取岐周故墟周、召地分爵二公。」鄭玄《毛詩譜‧周南召南譜》：「文王受命，作邑於豐，乃分岐邦周、召之地，為周公旦、召公奭之采地。」學者一般認為，召公奭的采邑在岐山西南。一說，其地在雍城東，岐山之南。酈道元《水經注‧渭水注》說：「雍水又東，逕邵亭南，世謂之樹亭川，蓋邵、樹聲相近，誤耳。亭，故邵公之采邑也。京相璠曰：『亭在周城南五十里。』《後漢‧郡國志》曰：『郿縣有邵亭，謂此也。』」

　　史傳召公奭與姬周同姓。《穀梁傳‧莊公三十年》：「燕，周之分子也。」《史記‧燕召公世家》：「召公奭與周同姓，姓姬氏。周武王之滅紂，封召公於北燕。」《左傳‧僖公二十四年》周襄王的大臣富辰所說「管蔡郕霍，魯衛毛聃，郜雍曹滕，畢原酆郇，文之昭也。」西周初所封十六國中沒有「燕」，故召公不是文王之子。今學者據考古發現的西周初燕國召族諸銅器銘文中的「日名之制」，認為「召」為周之支族，該族很早就從中國西部東移，與殷為鄰，因而沾染了殷人的文化風氣，習用日名（「父辛」「父乙」之類）作為其父祖的死稱。召族人使用「日名之制」，這一點與周族迥然有別。（任偉《西周金文與召公身世之考證》，載《鄭州大學學報》哲學社會科學版，2002年第5期）

　　召公奭是克殷的功臣。《史記‧周魯公世家》：「已殺紂，周公把大鉞，召公把小鉞，以夾武王。」《逸周書‧克殷解》文幾同。西周初，召公被封於北燕，未就封，留王室輔政。召公長子克就封於北燕。《史記‧周本紀》：「召公

為保，周公為師，東伐淮夷，殘奄，遷其君薄姑。」《尚書・周書・君奭序》：「召公為保，周公為師，相成王為左右。」召公奭是周王室的重臣，周成王時為太保，歷武、成、康三朝，諡「康公」。西周初，召公在鎬京畿內亦當有采邑。召公奭職位的歷代繼承者，亦稱為「召公」。東周畿內也有召公的采邑，亦名「邵邑」。

召，又是召公家族的名稱。召公家族跟南方諸國關係密切。周宣王時有一個名叫召伯虎的大臣，他親率王師征討南國，滅謝，在謝地修築城邑，遷置周宣王的母舅之國申國於謝地。召伯虎還率王師征討過「淮夷」。《大雅・江漢》《小雅・黍苗》和《大雅・崧高》皆述及召伯虎南征、營謝之事。召公家族喜歡南國的樂舞，《召南》是召公家族所保存的樂詞。

《召南》共十四篇詩文，主要涉及婚戀、賀婚、祭祀、田獵等內容。其中，《江有汜》的歌詞內容顯示了歌者所在的地域，是地道的南國民間情歌。

鵲巢

維鵲有巢〔1〕，維鳩居之〔2〕。
之子于歸〔3〕，百兩御之〔4〕。

維鵲有巢，維鳩方之〔5〕。
之子于歸，百兩將之〔6〕。

維鵲有巢，維鳩盈之〔7〕。
之子于歸，百兩成之〔8〕。

【注釋】

〔1〕維鵲有巢：喜鵲搭了個漂亮的窩。維，通其。參見《周南・葛覃》注〔3〕。鵲，喜鵲，古又稱「舄」「誰」「山鵲」「乾鵲」「乾鵠」「鳹鵲」「鵯鶋」「翰鶋」。《爾雅・釋鳥》：「鶋，山鵲。」《說文》：「鶋，鵯鶋，山鵲。知來事鳥也。」《廣雅・釋鳥》：「鳹鵲，鵲也。」《淮南子・氾論訓》「乾鵠」高誘《注》：「乾鵠，鵲也。人將有來事憂喜之徵，則鳴。」有，動詞，擁有。《鄭箋》：「鵲之有巢，冬至架之，至春乃成。」《禮記・月令》：「季冬之月……鵲始巢。」《淮南子・天文訓》：「十一月日冬至，鵲始加巢。」巢，鳥窩。《說文》：「窠，空也……穴中曰窠，樹上曰巢。」「巢，鳥在木上曰巢，在穴曰窠。」《段注》：「巢之言高也，窠之言空也。」此歌詞以「鵲有巢」比喻男子有家。

〔2〕維鳩居之：布穀鳥可以住進去了。鳩，即鳲鳩，布穀鳥，杜鵑。《毛傳》：「鳩，鳲鳩，秸鞠也。」《山海經・西山經》：「南山……鳥多尸鳩。」郭璞《注》：「尸鳩，布穀類也。」參見《曹風・鳲鳩》注〔1〕。一說，布穀即今之八哥。王先謙《集疏》說「布穀」與「八哥」為音轉詞。居之，居住在裏面。居，本義為蹲坐，字後作「踞」。《說文》：「居，蹲也。」居通尻。居、尻皆見母魚部字。尻，本義為處。引申為歇息、居住之義。段校《說文》：「尻，处也。从尸得几而止。」《小雅・四牡》：「王事靡盬，不遑啟處。」《小雅・出車》：「王事多難，不遑啟居。」之，它。代指鵲巢。《毛傳》：「鳲鳩不自為巢，居鵲之成巢。」《孔疏》：「《推度災》曰：『鵲以復至之月始作室家，鳲鳩因成事，天性如此也。』」復至之月，即冬十一月。復至，冬至又至。此歌詞的「鳩」借指待嫁之女，「鳩占鵲巢」比喻女子嫁入男家，無貶義。

〔3〕之子于歸：這位姑娘要出嫁了。之子，這位女子。《鄭箋》：「之子，是子也。」于歸，出嫁。參見《周南・桃夭》注〔3〕。

〔4〕百兩御之：有一百輛馬車前來迎接她。百兩，迎親之車一百輛。百，言數量多。《毛傳》：「百兩，百乘也。諸侯之子嫁於諸侯，送御皆百乘。」《大雅・韓奕》：「韓侯取妻，……百兩彭彭，八鸞鏘鏘。」兩，一、𠁁的合體。𠁁，象兩枚錢相併之形，錢一𠁁。引申為兩個、再次之義。《說文》：「兩，二十四銖為一兩。从一、𠁁。」《說文》「𠁁」字《段注》：「凡物有二，其字作𠁁，不作兩。兩者，二十四銖之偶也。今字兩行而𠁁廢矣。」𠁁，又為古「輛」字。𠁁，象車兩軛之形，表示一輛車。引申為兩個、兩兩對稱之義。錢幣之「𠁁」與車輛之「𠁁」字形大致相同，是一種巧合現象。《魯說》：「車有兩輪，故稱兩。」《說文》「輩」字「百兩為輩」下《段注》：「𠁁，各本作兩，今正。車之稱𠁁者，謂一車𠁁輪。」其說不確。車輛之「𠁁」通兩。𠁁、兩皆來母陽部字。故𠁁、兩常混用不別。「輛」為後起字。《廣韻・漾韻》：「兩，車數。」《集韻・漾韻》：「兩，乘也。」《漢書・貨殖傳》：「牛車千兩。」顏師古《注》：「車一乘曰一兩。」御，本義為迎接。徐中舒《甲骨文字典》：「御，從卩（卩）從𢆶（午），或增　字偏旁。……𢆶象交午之束絲，以交午喻主客之迎逆會晤。聞宥謂：卩象跪而迎迓形，彳，道也，迎迓於道是為御。《詩》：『百兩御之。』」御通迓、迎、逆。御、迓，疑母魚部；迎，疑母陽部；逆，疑母鐸部。魚、鐸、陽對轉。迓，逆迎之義。《鄭箋》：「御，迎也。」《荀子・榮辱》「御旅」楊倞

《注》：「御，讀為迓。迓旅，逆旅也。」《說文》：「御，使馬也。」許慎以「使馬」為「御」字本義，誤。御通馭。馭，疑母魚部。馭，使馬之義。《廣雅・釋言》：「馭，駕也。」《玉篇・馬部》：「馭，使馬也。」《廣韻》《類篇》同。《莊子・盜跖》：「顏回為馭，子貢為右，往見盜跖。」《荀子・王霸》：「王良、造父者，善服馭者也。」《管子・形勢》：「馭者，操轡也。」之，她、她們。代指待嫁女及媵人。這句歌詞盛讚男方迎親的隊伍陣容大。

〔5〕方之：前來並居。方通傍、旁、并。方，幫母陽部；傍、旁，並母陽部；並，幫母耕部。幫、并旁紐，陽、耕旁轉。王引之《經義述聞・毛詩上》「維鳩方之」條下：「《莊子・齊物論篇》：『旁日月，挾宇宙。』《釋文》引司馬彪《注》曰：『旁，依也。』『維鵲有巢，維鳩方之』者，維鵲有巢，維鳩依之也。」並，相从。《說文》：「並，相从也。」《段注》：「『相从也。』从，舊作從，今正。合也，兼也。」此歌詞的「方」字為依傍、併入之意，說鳲鳩依傍了喜鵲的巢穴。一說，「方」為佔有之義。《毛傳》：「方，有之也。」此歌詞的「方」字非佔有義。參見《周南・漢廣》注〔8〕。

〔6〕百兩將之：有一百輛大車為其送嫁。將通牂。牂，扶助。引申為護持、護助、護送之義。《毛傳》：「將，送也。」《淮南子・詮言訓》：「來者弗迎，去者弗將。」參見《周南・樛木》注〔6〕。

〔7〕盈：本義為器皿充滿。引申為凡充滿之義。《說文》：「盈，滿器也。」《毛傳》：「盈，滿也。」召公家族的女子出嫁，有眾媵妾隨之到夫家，故說「盈之」。《鄭箋》：「滿者，言眾媵姪娣之多。」朱熹《集傳》：「盈，滿也。謂眾媵姪娣之多。」參見《周南・卷耳》注〔2〕。

〔8〕百兩成之：有一百輛大車為其送嫁。成，使其成婚姻之好。《齊說》：「以成嘉福。」

【詩旨說解】

　　《鵲巢》是婚禮樂歌歌詞。這篇歌詞是對女子結婚出嫁的禮讚。「維鵲有巢，維鳩居之」，這句歌詞開門見山地說明了樂歌的賀婚主題。「之子于歸，百兩御之……百兩將之……百兩成之」，這是極言結婚迎親、送親的隊伍陣容龐大，召公家族嫁女的禮儀隆重。

　　這首樂歌渲染了送嫁時婚禮的熱鬧氣氛。

采蘩

于以采蘩〔1〕？于沼于沚〔2〕。
于以用之〔3〕？公侯之事〔4〕。

于以采蘩？于澗之中〔5〕。
于以用之？公侯之宮〔6〕。

被之僮僮〔7〕，夙夜在公〔8〕。
被之祁祁〔9〕，薄言還歸〔10〕。

【注釋】

〔1〕于以采蘩：在哪裏采蘩菜？于以，即於何，在哪裏、在什麼地方。于，通曰、
　　聿，語助詞。王引之《經傳釋詞》卷一：「《爾雅》曰：『于，曰也。』曰，古讀
　　若聿。『于以采蘩』，聿以采蘩也。」以，通台。以、台皆喻母之部字。台，疑問
　　代詞，何。《經傳釋詞》卷三：「台，猶何也。如台，猶奈何也。《書·湯誓》『夏
　　罪其如台』，《史記·殷本紀》作『夏罪其奈何』；《高宗肜日》『乃曰其如台』，
　　《殷本紀》作『乃曰其奈何』；《西伯戡黎》『今王其如台』，《殷紀》作『今王其
　　奈何』。是古謂『奈何』為『如台』也。」《采蘋》：「于以采蘋？南澗之濱；于以
　　采藻？于彼行潦。」《邶風·擊鼓》：「于以求之，于林之下。」蘩，字又作「蘩」，
　　一種生長在水邊的草，又名「皤蒿」，其莖葉嫩時可作菜用。《毛傳》：「蘩，皤蒿
　　也。」《爾雅·釋草》：「蘩，皤蒿。」《說文》：「蘩，白蒿也。」陸璣《毛詩草木
　　疏》：「蘩，皤蒿。凡艾，白色為皤蒿，今白蒿。春始生，及秋香美可生食，又可
　　蒸食。」《本草綱目·草部·蘩》集解：「禹錫曰：蓬蒿可以為菹。」時珍曰：
　　白蒿處處有之，有水陸二種。」水生的白蒿嫩苗可作祭祀之菜。《左傳·隱公三
　　年》：「苟有明信，澗溪沼沚之毛，蘋蘩薀藻之菜，筐筥錡釜之器，潢汙行潦之水，
　　可薦於鬼神，可羞於王公。」蘋、蘩、薀、藻皆為水生植物，採之用於祭祀。

〔2〕于沼于沚：在小湖裏，在小渚邊。于，曰。沼，小片水澤。《說文》：「沼，池
　　也。」沚，水中小塊陸地。《說文》：「沚，小渚曰沚。從水，止聲。《詩》曰：
　　『于沼于沚。』」

〔3〕于以用之：在哪裏使用它？用，使用。《說文》：「用，可施行也。從卜從中。
　　衛宏說。」甲骨文「用」字，從卜從冃，冃為骨板，卜為骨板灼燒後出現的兆
　　痕，卜、冃合在一起，表示骨板有卜兆，可用。引申為施行、使用之義。說見
　　徐中舒《甲骨文字典》。《邶風·擊鼓》：「踴躍用兵。」

〔4〕公侯之事：用在公侯的祭祀大事上。公侯，王室公卿或諸侯國國君。事，指祭祀之事。《毛傳》：「之事，祭事也。」

〔5〕澗：兩山之間有溪水稱為「澗」。《毛傳》：「山夾水曰澗。」《說文》：「澗，山夾水也。」

〔6〕宮：指宗廟。《毛傳》：「宮，廟也。」《魯說》：「廟寢總謂之宮。」《公羊傳‧文公十三年》：「周公，曰大廟；伯禽，曰大室；群公，曰宮。」

〔7〕被之僮僮：貴族婦女們頭上戴著繁盛的髮飾。被，本義為睡覺用的被子。《說文》：「被，寢衣。長一身有半。從衣，皮聲。」《玉篇‧衣部》：「被，衾也。」《論語‧鄉黨》：「必有寢衣，長一身有半。」被通髲。被、髲皆並母歌部字。髲，用人髮編織成的髮飾。周朝的貴族婦女參加重要的禮儀活動，要佩戴髮飾，以使禮儀顯得隆重。《毛傳》：「被，首飾也。」《鄭箋》：「《禮記》：『主婦髲鬄。』」《釋文》：「髲鬄，本亦作髢。」《儀禮‧少牢饋食禮》：「主婦贊者一人，亦被錫，衣侈袂。」鄭玄《注》：「被錫，讀為髲鬄。古者或剔賤者刑者之髮，以被婦人之紒為飾，因名髲鬄焉。」「被錫」即髲鬄，亦作「髲髢」，用人髮做成的有假髻的髮飾，婦女戴它起美觀作用。「侈袂」即廣袖。僮僮，疊加之義。僮通重。僮、重皆定母東部字。僮僮，即重重，有盛多之義。《魯說》《韓說》：「童童，盛也。」馬瑞辰《通釋》：「《廣雅‧釋訓》：『童童，盛也。』《大雅》：『祁祁如雲。』祁祁，盛貌。僮僮、祁祁，皆狀首飾之盛，《傳》說非也。」一說，「僮僮」為敬重之貌。《毛傳》：「僮僮，竦敬也。」毛亨不是解釋「僮僮」的字面意思，而是解釋詩句的言外之意。貴族婦女戴著「僮僮」的髮飾，乃是為了隆禮，恭敬先祖。這句歌詞是說，參加祭祀活動的婦女多，她們頭上的髲鬄等飾物很繁盛。由此可看出周代祭祀禮儀的隆重和講究。

〔8〕夙夜在公：她們晚上和黎明前都在公侯的祭祀場所裏忙碌著。夙夜，晚上和黎明前的時間。《衞風‧氓》：「夙興夜寐，靡有朝矣。」《小雅‧雨無正》：「莫肯夙夜。」「莫肯朝夕。」《商頌‧那》：「溫恭朝夕，執事有恪。」夙，從夕從丮，會意字，會早起手執器物做事之意。引申為早義，天亮前的一段時間。《毛傳》：「夙，早也。」《孔疏》：「早謂祭日之晨，夜謂祭祀之先夕之期也。先夙後夜，便文爾。夜在事，謂先夕視濯溉。早在事，謂朝視饎爨。」濯溉，洗滌祭祀所用的器皿。饎爨，烹煮之事。《說文》：「夙，早敬也。從丮、夕。持事雖夕不休，早敬者也。」夜，從夕，亦聲，本義為夜間。《廣雅‧釋言》：「夜，暮也。」《廣雅‧釋詁》「宵」字王念孫《疏證》：「凡日入以後，日出以前，通謂之夜。」

《春秋·莊公七年》：「夏，四月，辛卯，夜，恒星不見。」孔穎達《疏》：「夜者，自昏至旦之總名。」在公，在國君的宗廟裏做公事。在，表示身在某地幹某事。公，春秋時期一般稱諸侯國國君為「公」。公，公廟、公堂、公事之省言。《召南·小星》：「肅肅宵征，夙夜在公。」《魯頌·有駜》：「夙夜在公，在公飲酒。」周代貴族婦女參加祭祀活動時比較忙碌，世婦作為掌管祭祀事務之官，統領一干婦女參與祭祀事務。《鄭箋》：「公，事也。早夜在事，謂視濯溉饎爨之事。」《周禮·天官·世婦》：「世婦掌祭祀、賓客、喪紀之事，率女宮而濯摡，為齋盛。及祭之日，蒞陳女宮之具，凡內羞之物。」

〔9〕被之祁祁：戴著髮鬢參與祭事的貴族婦女們。祁祁，眾多之義。《大雅·韓奕》：「韓侯取妻，……諸娣從之，祁祁如雲。」《豳風·七月》：「采蘩祁祁。」《毛傳》：「祁祁，眾多也。」《小雅·大田》：「有渰萋萋，興雨祁祁。」《呂氏春秋·有始覽·務本》引《詩》作「興雲祁祁」。以《呂覽》所引為是。祁祁與濟濟音近義通，皆為眾多、聚集之義。祁，群母脂部；濟，精母脂部。群、精通轉。《小雅·楚茨》：「濟濟蹌蹌，絜爾牛羊，以往烝嘗。」《大雅·文王》：「濟濟多士。」《大雅·旱麓》：「榛楛濟濟。」《周頌·載芟》：「載穫濟濟，有實其積，萬億及秭。」《魯頌·泮水》：「濟濟多士，克廣德心。」濟濟與濈濈、輯輯、集集音近義通。濈，莊母緝部；輯、集，從母緝部。精、莊準雙聲，精、從旁紐，莊、從準旁紐。脂、緝旁通轉。《小雅·無羊》：「誰謂爾無羊，三百維群。……爾羊來思，其角濈濈。」濈濈，眾多的羊頭角彙集在一起的樣子。一說，「祁祁」為舒遲之義。《毛傳》：「祁祁，舒遲也。」此說非是。蓋傳抄有誤。《豳風·七月》「春日遲遲，采蘩祁祁」《毛傳》：「遲遲，舒緩也。」「祁祁，眾多也。」

〔10〕薄言還歸：請你們趕快回家吧。薄言，即迫然、趕快。參見《周南·芣苢》注〔2〕。還歸，返回、回家。主祭者指示在宗廟裏從事祭祀事務的婦女們暫時離開祭祀場所，迴避休息。

【詩旨說解】

《采蘩》是祭祀先祖的報告詞。周代的貴族對於宗族祭祀非常用心、非常講究。在祭祖時，他們不僅把軍國大事逐一地向先祖報告，也將祭祀各項事務的安排及處置結果一一告聞於先祖，以示周到。《采蘩》這篇報告詞，用簡練的筆墨描繪了眾多貴族婦女為祭祀先祖到池塘、山澗采蘩，頭戴著厚重的髮飾日夜在宗廟裏忙碌祭祀事務的情形。在祭祀活動中，貴族婦女的職責

是採擇祭菜、濯滌、製作和擺設祭品、撤掉祭品等。她們所採擇的野菜有很多種,「蘩」作為諸菜的代表,顯示在祭祀報告詞中。

《采蘩》的前二章兼有樂歌歌詞的性質。祭祀贊禮人要向列祖列宗報告婦女們參與祭祀的勞績,讚揚了她們的宗族祭祀熱情。祭祖報告一般是由孝孫(祭主)、祝人和樂工一起完成的。《小雅‧楚茨》:「孝孫祖位,工祝至告。」孝孫在祖廟裏的神主前就位站立,祝人高聲誦讀報告詞,樂工們隨之演唱祭祀樂歌。樂工們演唱《采蘩》樂歌,烘托出祭祖時莊嚴肅穆的氣氛。

第三章是祝人的誦告詞。按照既定程序,在祭祀儀式開始之前,主祭者要請在宗廟裏忙於雜務的婦女們退出宗廟,迴避歇息。祝人向先祖誦告,本族的婦女們參與祭祀活動勞績顯著,在祭祀開始前,按照禮法規定她們要離開宗廟。這是向先祖報告,他們的祭祀儀程安排嚴守禮法,無絲豪差錯。同時,也順便通知參與事務的婦女們離開宗廟。而後,婦女們退出宗廟回家休息。此章樂工不唱。

祭祀完畢,婦女們還要返回宗廟撤掉祭品。《小雅‧楚茨》:「諸宰君婦,廢徹不遲。」諸宰,各位廚師。君婦,宗族貴族婦人中主祭事者。撤祭品的事務是由廚師和君婦帶領宗族的貴族婦人及僕役一同完成的。

草蟲

喓喓草蟲〔1〕,趯趯阜螽〔2〕。
未見君子〔3〕,憂心忡忡〔4〕。
亦既見止〔5〕,亦既覯止〔6〕,我心則降〔7〕。

陟彼南山〔8〕,言采其蕨〔9〕。
未見君子,憂心惙惙〔10〕。
亦既見止,亦既覯止,我心則說〔11〕。

陟彼南山,言采其薇〔12〕。
未見君子,我心傷悲〔13〕。
亦既見止,亦既覯止,我心則夷〔14〕。

【注釋】

〔1〕喓喓草蟲:蟈蟈兒在「喓喓」地鳴叫。喓喓,草蟲的鳴叫聲。《毛傳》:「喓喓,聲也。」《韓說》:「喓喓,鳴也。」草蟲,昆蟲名,即今之蟈蟈。《毛傳》:「草

蟲，常羊也。」陸璣《毛詩草木疏》：「草蟲，常羊也。大小長短如蝗，奇音青色，好在茅草中。」馬瑞辰《通釋》：「今以目驗，蓋即順天及濟南人所稱『聒聒』者，《詩》以『喓喓』言之，亦取其善鳴也。」

〔2〕趯趯阜螽：長腿阜螽在到處跳躍。趯趯，跳躍的樣子。《毛傳》：「趯趯，躍也。」《韓說》：「趯趯，跳也。」《說文》：「趯，踴也。」《段注》更正為：「趯，躍也。」《漢書・李尋傳》：「湧趯邪陰。」顏師古《注》：「趯字與躍同。」王引之《經義述聞・毛詩下》「古詩隨處有韻」條下：「『喓喓草蟲，趯趯阜螽。』喓、趯為韻。趯，古讀若『躍』。《爾雅》趯趯作躍躍，《漢書》踴躍作湧趯。」趯、躍、跳、超音近義通。趯，透母沃部；躍，喻母沃部；跳、超，透母宵部。透、喻準旁紐，沃、宵對轉。《廣雅・釋訓》：「趯趯，跳也。」《玉篇・走部》：「趯，跳踴也。」《廣韻・錫韻》：「趯，跳貌。」阜螽，蝗類，善跳，體青色。一說，「阜螽」是蚱蜢。《毛傳》：「阜螽，蠜也。」蠜，蚱蜢。《玉篇・蟲部》：「蠜，阜螽也。即蚣蝑。」蚣蝑，即螽斯、蜇螽，蝗蟲。一說，「阜螽」是蝗子。《釋文》：「李巡云：『蝗子也。』《草木疏》云：『今人謂蝗子為螽。』」一說，「阜螽」即前文「草蟲」。《爾雅・釋蟲》「皇螽，蠜」「草螽，負蠜」郝懿行《義疏》：「草螽，《詩》作『草蟲』。蓋變文以韻句。蟲、螽古字通也。『負』者，假借字。《詩》作『阜』。《說文》作『𨿳』，云『𨿳蠜也』。」「今驗，一種青色善鳴者。登萊人謂之『聒子』，濟南人謂之『聒聒』，並音如『乖』。順天人亦謂之『聒聒』，音如『哥』。體青綠色，比蝗蟲粗短，狀類蟋蟀。振翼而鳴，其聲清滑。及至晚秋，鳴聲猶壯。《詩・出車・箋》：『草蟲鳴晚秋之時』，及《陸疏》『奇音青色』唯此足以當之。」王先謙《集疏》：「郝說即今之蟈蟈也，以為草蟲近之。」郝懿行以「草蟲」「阜螽」為同一物。以郝氏說為長。

〔3〕未見君子：沒有看見君子時。未見，沒見到。君子，貴族男子。此指到南山參加婚戀活動的某貴族青年男子。

〔4〕憂心忡忡：我的心跳動不安。憂心，憂愁不安的心情。憂，又作「惥」，愁貌。心，象形，本義為人的心臟。《說文》：「心，人心也。在身之中，象形。」古人以為人的心臟是思惟器官，故言「憂心」。忡忡，心動不安的樣子。忡，《魯詩》作「爞」。《毛傳》：「忡忡，猶衝衝也。」《說文》：「忡，憂也。」徐鍇《繫傳》：「忡，臣鍇曰：憂而心動也。」《齊詩》作「沖」。沖沖，心臟跳動的聲音。《豳風・七月》：「二之日鑿冰沖沖。」沖沖，俗作「冲冲」，鑿冰的聲音。

〔5〕亦既見止：已經看見了你。亦既，也已，已經。亦，本義為腋窩。《說文》：「亦，人之臂亦也。从大，象兩亦之形。」《段注》：「人臂兩垂，臂與身之間則謂之『臂亦』。」亦通也。亦，喻母鐸部；也，喻母歌部。鐸、歌通轉。也，時間副詞，表示已然狀態。既，已經。《大雅・抑》：「借曰未知，亦既抱子。」《尚書・周書・梓材》：「亦既用明德。」《左傳・成公十三年》：「亦既報舊德矣。」見，看見。止，通之，虛詞。止、之皆照母之部字。

〔6〕亦既覯止：已經與你相逢在一起了。覯，通遘、遇，相遇在一起。覯、遘，見母侯部；遇，疑母侯部。見、疑旁紐。《毛傳》：「覯，遇。」《說文》：「覯，遇見也。」《魯詩》作「遘」。《爾雅・釋詁》「遘」字邢昺《疏》引《詩》：「《召南・草蟲》云：『亦既遘止。』」止，之。《毛傳》：「止，辭也。」

〔7〕我心則降：我的心情就平靜下來了。則，副詞，就、即，表示因果關係。則，金文從鼎從刀，表示刻在鼎上的法典文字，本義為法律。參見《豳風・伐柯》注〔6〕。則通即。則，精母職部；即，精母質部。職、質旁通轉。《廣雅・釋言》：「則，即也。」《集韻・德韻》：「則，即也。」王引之《經傳釋詞》卷八：「則與即同聲而通用。」裴學海《古書虛字集釋》卷八：「則，即也。……其所以通者，由其雙聲耳。則、即既通用，故其訓多相同。」《邶風・終風》：「願言則嚏。」王先謙《集疏》：「三家則作即。」朱駿聲《說文通訓定聲・頤部》「則」字下：「《終風》：『願言則嚏。』按猶即也。」李富孫《易經異文釋》卷四「月盈則食」條下：「《眾經音義》二又十四引作『即蝕』。」清吳昌瑩《經詞衍釋》卷八：「凡經言『則』，子史引作『即』者，不可勝舉。」即，立即，馬上。降，本義為從高處下來。引申為下降、降落、變為常態之義。《毛傳》：「降，下也。」《說文》：「降，下也。」此句歌詞的「降」字用其引申義，指一直提弔著的心落下來了。

〔8〕陟：登，上。《爾雅・釋詁》：「陟，升也。」《說文》：「陟，登也。」南山，東周召邑之南的山。《召南・殷其雷》：「殷其雷，在南山之側。」一說，「南山」即終南山。《毛傳》：「南山，周南山也。」周南山，即周地南部之山，亦即終南山。歌者所稱「南山」在東周召公封地之內，非終南山。

〔9〕言采其蕨：我來這裡采蕨菜。言，語助詞。蕨，一種山野菜，嫩葉似小兒拳，紫黑色，又稱「鱉菜」。《毛傳》：「蕨，鱉也。」《爾雅・釋草》：「蕨，蟞。」北魏賈思勰《齊民要術・菜茹》：「蕨菜，蟞也。《詩疏》曰：『秦國謂之蕨；齊、魯謂之蟞。』」

〔10〕惙惙：心跳不安的樣子。《毛傳》：「惙惙，憂也。」《說文》：「惙，憂也。從心，
叕聲。《詩》曰：『憂心惙惙。』」

〔11〕我心則說：我的心情就變成喜悅的了。說，本義為解釋、說明、開導。《說文》：
「說，說釋也。」《段注》：「說釋者，開解之意。」說通悅。說，審母月部；
悅，喻母月部。審、喻旁紐。悅，喜悅。《爾雅·釋詁》：「悅，樂也。」《廣雅·
釋詁》：「悅，喜也。」《孫子·火攻》：「怒可以復喜，慍可以復悅。」求偶的
女子說，她跟「君子」相見後，心情立即轉為喜悅。

〔12〕薇：一年或二年生草本植物，又名「巢菜」，俗名「野豌豆」。此草嫩時可作菜，
其籽粒可充糧。《毛傳》：「薇，菜也。」《說文》：「薇，菜也。似藿。」《段注》：
「『似藿』，謂似豆葉也。……項安世曰：『薇，今之野豌豆也。』」陸璣《毛詩
草木疏》：「薇，山菜也。莖葉皆似小豆，蔓生，其味亦如小豆。藿可作羹，亦
可生食。今官園種之以供宗廟祭祀。」

〔13〕傷悲：即悲傷、憂傷，因憂思而傷心。傷，通愓。《說文》：「愓，憂也。」《段
注》：「《周南·卷耳》傳曰：『傷，思也。』此傷即愓之假借。思與憂義相近
也。」悲，傷心。《說文》：「悲，痛也。」《段注》：「悲者，痛之上騰者也。」
悲，從心，非聲兼義。非，通飛。非、飛皆幫母微部字。飛，上騰。痛，心
痛。悲，內心的疼痛上騰，至於口為愴呼，至於目為淚。《豳風·七月》：「女
心傷悲。」

〔14〕我心則夷：我的心情就變得高興了。夷，本是中原文化區的居民對東方居民的
稱呼。《說文》：「夷，東方之人也。」夷通恱。夷、恱皆喻母脂部字。恱，喜。
《魯說》：「夷，悅也，喜也。」《爾雅·釋詁》：「夷，悅也。」邢昺《疏》：「怡、
夷音義同。」《爾雅釋文》：「恱，本又作夷。」《玉篇·心部》：「恱，悅也，忻
也。」《廣韻·脂韻》：「恱，悅樂。」朱駿聲《說文通訓定聲·履部》：「夷，
又為臺。《爾雅·釋言》：『夷，悅也。』字亦作恱。《詩·風雨》『云胡不夷。』
《那》：『亦不夷懌。』」臺，本義為喜悅，後作「怡」。《說文》：「臺，說也。」
《段注》：「臺、說者，今之怡、悅字。」《鄭風·風雨》：「既見君子，云胡不
夷？」《毛傳》：「夷，說也。」《商頌·那》：「我有嘉客，亦不夷懌。」《毛傳》：
「夷，說也。」夷懌與怡懌同義。《文選》成公綏《嘯賦》：「和樂怡懌。」劉
良《注》：「怡懌，喜悅也。」

【詩旨說解】

《草蟲》是婚戀情歌歌詞。一個女子按照先前的約定，以採野菜為名到南山裏與一個貴族小夥子婚戀相會。一到山中，她的心中就急迫不安，心裏像蟈蟈的鳴叫那樣亂，心臟像阜螽跳躍一樣「突突」地跳。當她看見貴族男子如約來到了南山，心情立即由憂轉喜，於是趕緊唱了一支情歌，表達她對這個貴族男子思慕若渴的心情。

這是一支示愛的婚戀情歌，三章歌詞的意思累複，語言直白，直抒胸臆。

采蘋

于以采蘋〔1〕？南澗之濱〔2〕。
于以采藻〔3〕？于彼行潦〔4〕。

于以盛之〔5〕？維筐及筥〔6〕。
于以湘之〔7〕？維錡及釜〔8〕。

于以奠之〔9〕？宗室牖下〔10〕。
誰其尸之〔11〕？有齊季女〔12〕。

【注釋】

〔1〕于以采蘋：在哪裏採集蘋菜？于以，于何，在什麼地方。參見《采蘩》注〔1〕。蘋，水生植物，四葉草。今稱「田字草」。《毛傳》：「蘋，大萍也。」《韓說》：「沈者曰蘋，浮者曰藻。」《爾雅·釋草》：「萍，蓱。其大者蘋。」蘋，字又作「蘋」。《說文》：「蘋，大萍也。」《段注》：「蘋、蓱古今字。」陸璣《毛詩草木疏》：「蘋，今水上浮萍是也。其粗大者謂之蘋，小者曰蓱。」蘋可作為祭祀之菜。

〔2〕南澗之濱：在南山裏的澗水邊。南澗，南山之澗。南山，召邑南面的山。濱，水邊。《毛傳》：「濱，涯也。」

〔3〕藻：字又作「藻」，一種水草，可食。《毛傳》：「藻，聚藻也。」《說文》：「藻，水草也。從艸從水，巢聲。《詩》曰：『于以采藻？』藻，藻或從澡。」《段注》：「今水中莖大如釵股，葉蒙茸深綠色，莖寸許有節者是。左氏謂之『薀藻』。」陸璣《毛詩草木疏》云：「藻，水草也，生水底。有二種：其一種，葉如雞蘇，莖大如箸，長四五尺。其一種莖大如釵股，葉如蓬蒿，謂之聚藻。」藻也是可用作祭祀之菜。

〔4〕行潦：即洐潦，溝水和窪地的積水。行，本義為道路。行通洐。行、洐皆匣母陽部字。洐，流動的溝水。《說文》：「洐，溝水行也。」《段注》更正為：「洐，溝行水也。」潦，窪地所積雨水。《說文》：「潦，雨水大貌。」《段注》更正為：「潦，雨水也。」《韓非子・外儲說右上》：「天雨，廷中有潦。」《左傳・隱公三年》：「苟有明信，澗谿沼沚之毛，蘋蘩薀藻之菜，筐筥錡釜之器，潢汙行潦之水，可薦於鬼神，可羞於王公。」孔穎達《疏》引服虔云：「畜小水謂之潢，水不流謂之汙。」《說文》：「潢，積水池也。」《說文》：「小池為汙。」《國語・周語・單穆公諫景王鑄大錢》：「猶塞川原而為潢汙也。」韋昭《注》：「大曰潢，小曰汙。」以韋昭說為是。一說，「行潦」為流動成潦的水。《毛傳》：「行潦，流潦也。」一說，「行潦」為道路積水。孔穎達《疏》引服虔云：「行潦，道路之水。」此二說誤。

〔5〕于以盛之：用什麼器具盛它們的？于以，于何，用什麼器具。盛，用器具盛起來。《說文》「盛」字《段注》：「盛者，實於器中之名也。」《廣韻・清韻》：「盛，盛受也。」《大雅・生民》：「卬盛于豆。」《左傳・襄公九年》：「修器備，盛餱糧。」《漢書・東方朔傳》：「壺者，所以盛也。」

〔6〕維筐及筥：用的是筐和筥。維，通乃，是。維，喻母微部；乃，泥母之部。喻、泥準旁紐，微、之通轉。王引之《經傳釋詞》卷六：「乃，猶是也。」吳昌瑩《經詞衍釋》卷六同。及，連詞，和。《豳風・七月》：「六月食鬱及薁，七月亨葵及菽。」筐、筥，竹製的盛器。《毛傳》：「方曰筐，圓曰筥。」《魯說》：「方底曰筐，圓底曰筥。」

〔7〕于以湘之：用什麼炊具為祭菜烹煮和焯水？湘，通鬺。湘，心母陽部；鬺，審母陽部。心、審準雙聲。鬺，烹煮加熱。《韓詩》作「鬺」。《韓說》：「鬺，飪也。」《毛傳》：「湘，亨也。」《廣雅・釋言》：「鬺，飪也。」《玉篇・鬲部》：「鬺，煮也。鬺同上。」《漢書・郊祀志》：「皆嘗鬺享上帝鬼神。」顏師古《注》：「鬺、亨，一也。鬺、亨，煮而祀也。《韓詩・采蘋》曰：『于以鬺之，唯錡及釜。』」鬺，又作「鬺」「䰞」。《說文》：「鬺，鬻也。」《段注》：「鬺，亦作鬺，亦作䰞。」祭菜可烹煮，也可焯水。經焯水半熟的菜作為魚、肉類供品的墊藉物，或者加在肉類供品上作點綴。用焯水菜作祭品，是比較講究的做法。貧民百姓常用鮮菜葉點綴祭品，一般不焯水。

〔8〕維錡及釜：用的是三足鍋和無足鍋。錡、釜，兩種鍋。錡，三足；釜，無足。《毛傳》：「錡，釜屬。有足曰錡，無足曰釜。」《釋文》：「錡，其綺反。三足釜也。」

〔9〕于以奠之：把祭品放置在哪裏啦？奠，放置祭品。《毛傳》：「奠，置也。」《說文》：「奠，置祭也。从酋。酋，酒也。下其丌也。」「丌，下基也。薦物之丌。象形。凡丌物之屬皆从丌，讀若箕同。」之，代詞，代指祭品。

〔10〕宗室牖下：放在了宗廟大室外面的前窗下。宗室，宗廟的大室。按周代的明堂建築制度，天子、諸侯及其大宗皆有宗廟，宗廟皆有大室。大室在宗廟建築的中央位置。《毛傳》：「宗室，大宗之廟也。大夫、士祭於宗室，奠於牖下。」牖下，窗下。牖，窗。宗廟大室的窗在門西邊。《鄭箋》：「牖下，戶牖間之前。祭不於室中者，凡婚事，於女禮設几筵於戶外。」鄭玄認為，《采蘋》所寫的祭祀活動是為嫁女而舉行的，嫁女祭祖在大室外做祭事。

〔11〕誰其尸之：由誰來充當代受祭禮的尸呢？誰，疑問人稱代詞，哪個人。誰，複詞作「誰何」，本是疑問人、事、物的代詞。《說文》：「誰，何也。从言，隹聲。」《段注》更正為：「誰，誰何也。」「誰」指人例：《行露》：「誰謂雀無角？」《邶風·谷風》：「誰謂荼苦？」《國語·魯語》：「臣殺其君，誰之過也？」《論語·微子》：「吾誰欺？欺天乎？」其，語助詞。尸，代替被祭祀者受祭的活人。此是名詞用為動詞，充當受祭者。《毛傳》：「尸，主。」主，受祭之主，即受祭者。《禮記·曾子問》引孔子曰：「祭成喪者必有尸，尸必以孫。孫幼，則使人抱之。無孫，則取於同姓可也。」在祭祀時，必須有尸來充當受祭者，代表逝世的先人享受祭禮，接受主人的祭拜。扮作尸的人，一般都是受祭者的孫子輩年齡幼小者。《儀禮·士虞禮》：「男，男尸。女，女尸，必使異姓，不使賤者。」鄭玄《注》：「『異姓』，婦也。『賤者』，謂庶孫之妾也。尸配尊者，必使適也。」適，通嫡。《儀禮》說，祭祀男性先祖要以男性為尸，祭祀女性祖先要以女性為尸。鄭玄說，祭祀女性先祖時，尸一般由其嫡孫之妻充當，不用庶孫之妾。

〔12〕有齊季女：是已經沐浴齋戒了的嫡孫之妻。齊，通齋。齊，從母脂部；齋，莊母脂部。從、莊準旁紐。齋，今作「齋」，古籍常作「齊」。齋，用香液沐浴。《釋文》：「齊，本亦作齋。」《說文》：「齋，戒潔也。」《集韻·皆韻》：「齋、齊，《說文》：『戒潔也。』」潔身靜心，是祭祀活動必有的程序。在祭祀之前，尸和主祭人都須作齋戒。齋，又作「齍」。齍，已齋戒的女子。《韓詩》《齊詩》作「齍」。齋戒而後祭祀，表示有敬祖之心。所以《毛傳》說：「齊，敬。」一

說，「齋」為好義。《韓說》：「齋，好也。」《廣雅·釋詁》：「齋，好也。」《說文》：「齋，材也。从女，齊聲。」《玉篇·女部》：「齋，阻皆切。『有齋季女』，《說文》：『子奚切。材也。』」材女亦即好女。已齋戒充尸的女子，懂禮儀、頭腦清楚，皆為好女。此說非「齋」字本義。季女，少女。又泛指年輕的女子。《毛傳》：「季，少也。」《說文》：「季，少稱也。从子从稚省，稚亦聲。」《段注》：「叔、季皆謂少者，而季又少於叔。」《左傳·襄公二十八年》：「濟澤之阿，行潦之蘋藻，寘諸宗室，季蘭尸之，敬也。」阿，通荷。季蘭，年輕女子名「蘭」。

【詩旨說解】

《采蘋》是祭祀女性先祖的報告詞，也是祭祖的樂歌歌詞。周代的貴族女子出嫁，要先教其禮節和儀容，教成，祭祀其女性先祖。女祖在宗廟裏屬於配祭的角色。婚嫁祭祀女祖不在宗廟大室內而在宗廟大室門外進行，並由「季女」充當尸，代表女祖受祭。在祭祀開始前，祝人向女祖報告祭祀事務的準備情況，樂工隨即演唱樂歌。

第一章：祝人向女祖報告貴族婦女們採集祭菜辛苦勞作的情況。

第二章：祝人向女祖報告用器物裝盛祭菜和對祭菜進行加工處理的情況。

第三章：祝人向女祖報告把準備好的祭品放置在什麼地方了，由什麼樣的人來充當尸。

報告詞盡述祭者的祭祀之禮合乎制度，敬祖之心虔誠周到。為了讓女祖安享馨祭，貴族婦女們虔誠地對待每一項祭祀事務，做事認真妥帖。她們遵守古制，在山澗、行潦辛勤地採集供祭祀的野菜，還要將採回來的野菜細緻地洗淨並烹煮焯水；充當尸的女子也提前作了齋戒。

周代嫁女有「先嫁三月，教於宗室」的禮儀程序，有「教成之祭」。《禮記·昏義》：「古者婦人先嫁三月，祖廟未毀，教于公宮；祖廟既毀，教于宗室。教以婦德、婦言、婦容、婦功。教成，祭之，牲用魚，芼之以蘋、藻，所以成婦順也。」《采蘋》毛《傳》：「蘋藻，薄物也。澗潦，至質也。筐、筥、錡、釜，陋器也。少女，微主也。古之將嫁女者，必先禮之於宗室，牲用魚，芼之以蘋、藻。」

甘棠

蔽芾甘棠〔1〕，勿翦勿伐〔2〕，召伯所茇〔3〕。

蔽芾甘棠，勿翦勿敗〔4〕，召伯所憩〔5〕。

蔽芾甘棠，勿翦勿拜〔6〕，召伯所說〔7〕。

【注釋】

〔1〕蔽芾甘棠：濃蔭茂密的甘棠社樹。蔽芾，樹葉濃蔭遮蔽。此謂大樹茂密陰翳。蔽，從艸，敝聲，本義為小草。《說文》：「蔽，蔽蔽，小艸也。」蔽，字又作「蔢」「蔽」。蔢，從手，以手持物遮蔽之義；蔽，從巾，亦有遮蔽之義。漢《張遷碑》：「蔽沛棠樹。」《廣雅·釋詁》：「蔽，障也。」「蔽，隱也。」《玉篇·艸部》：「蔽，障也。」《廣韻·祭韻》：「蔽，掩也。」《集韻·祭韻》：「蔽，奄也。或作蔢。」《類篇·艸部》：「蔢，一曰奄也。」「蔽，一曰奄也……又必列切，蔓也。」《禮記·月令》：「無有掩蔽。」《禮記·內則》：「女子出門，必擁蔽其面，夜行以燭，無燭則止。」《楚辭·九歌·國殤》：「旌蔽日兮敵若雲。」芾，從艸從市，草遮蔽之義。引申為遮蔽之義。市，腰下大巾，起遮蔽的作用。芾，同「巿」，從市與從巾同義。芾，《韓詩》作「茀」。芾通蔽、茀。芾、蔽，幫母月部。茀，幫母物部。月、物旁轉。《衛風·碩人》：「翟茀以朝。」《齊風·載驅》：「簟茀朱鞹。」《小雅·采芑》：「簟茀魚服。」《大雅·韓奕》：「簟茀錯衡。」翟茀即簟茀，車上的竹簾子，有遮蔽作用。蔽芾，同蔽蔽、芾芾，重重遮蔽之義。《廣雅·釋訓》：「芾芾，茂也。」《廣韻·物韻》：「芾，草木盛也。」茂盛的大樹枝葉濃密，能遮日蔽蔭，故說「蔽芾」。《小雅·我行其野》：「我行其野，蔽芾其樗。」一說，蔽芾，很小的樣子。《毛傳》：「蔽芾，小貌。」此說大誤。甘棠，能結甜美果子的棠梨樹，喬木。《毛傳》：「甘棠，杜也。」《爾雅·釋木》：「杜，赤棠。白者，棠。」郭璞《注》：「今之杜棠。」邢昺《疏》：「舍人曰：『杜，赤色名赤棠，白者亦名棠。』然則其白者名棠；其赤者為杜，為甘棠，為赤棠。《詩·召南》：『蔽芾甘棠。』」棠梨本有赤、白之別。赤者稱「杜」，白者稱「棠」。杜，與赭音近，本義為赤梨。杜，定母魚部；赭，照母魚部。定、照准旁紐。春秋時至漢初白棠、赤棠之甜者皆稱「甘棠」，故《毛傳》《爾雅》兩說之。《山海經·西山經》：「（崑崙之丘）有木焉，其狀如棠。」郭璞《注》：「棠，梨也。」召邑人把一棵茂盛的甘棠樹作為社樹。

〔2〕勿翦勿伐：不要剪伐它的樹枝。勿，甲骨文字從弓，會撥動弓弦有聲之意。徐
中舒《甲骨文字典》：「發弓撥弦乃『勿』之本義，卜辭借其聲而為否定詞。」
勿通毋。勿，明母物部；毋，明母魚部。物、魚旁通轉。毋，不要。《說文》：
「毋，止之也。」《禮記・曲禮上》：「毋不敬。」《禮記釋文》：「毋，音無。《說
文》止之辭。……古人云『毋』，猶今人言『莫』也。」《廣韻・虞韻》：「毋，
止之辭。」《小雅・角弓》：「毋教猱升木。」鄭玄《箋》：「毋，禁辭。」翦，
本義為羽毛初生。《說文》：「翦，羽生也。」翦通劗。翦，精母元部；劗，初
母元部。精、初準旁紐。《韓詩》《魯詩》作「劗」。劗，字又作「剗」「劗」，
用刀斧砍斷。《廣雅・釋詁》：「劗，削也。」《玉篇・刀部》：「劗，劗削也。」
《廣韻・獮韻》：「翦，截也。」《集韻・產韻》：「劗，翦也。《韓詩》：『勿劗勿
敗。』」朱駿聲《說文通訓定聲・乾部》：「劗，齊斷也。從刀，前聲。今隸誤
作剪，從二刀。字亦作劗、作劗。」剪，用刀、剪把物體截斷。《說文》：「剪，
齊斷也。」桂馥《義證》：「剪，通作翦。」《玉篇・刀部》：「剪，俗翦字。」
《墨子・公孟》：「昔者越王句踐剪髮文身。」《禮記・內則》：「擇日剪髮為鬌。」
伐，字象以戈砍人頭之形，本義為殺伐。借為砍斫之義。《豳風・七月》：「以
伐遠揚。」《呂氏春秋・士容論・上農》：「山不敢伐材下木。」高誘《注》：「伐，
斫也。」《廣韻・月韻》：「伐，斬木也。」

〔3〕召伯所茇：召伯曾在這棵甘棠社樹下搭建了一個審理官司的草屋。召伯，指西
周初年武王、成王時期的大臣召公奭。在朝稱「公」，在其邑稱「伯」。所，語
助詞。茇，本義為草根。《說文》：「茇，草根也。」茇通废。茇、废皆並母月
部字。茇、废又為古今字。茇字或本來就有草根、草舍兩個義項。《鄭箋》：「茇，
草舍也。」《齊詩》《魯詩》《韓詩》作「废」。废，草房。《說文》：「废，舍也。
從廣，友聲。《詩》曰：『召伯所废。』」《段注》：「茇、废，實古今字也。」《玉
篇・廣部》：「废，草舍也。」《周禮・夏官・大司馬》「茇舍」下鄭玄《注》：
「茇舍，草止之也。軍有草止之法。」草止之法，草野宿營之方法。指搭建草
房以臨時駐紮軍隊。召公奭在甘棠社樹下搭建草屋，作為臨時的司法辦公處
所，在此審理了一次陰訟。

〔4〕敗：毀壞。《說文》：「敗，毀也。」《廣雅・釋詁》：「敗，壞也。」《玉篇・攴
部》同上。朱熹《集傳》：「敗，折。」折枝即毀樹。

〔5〕憩：「愒」之異體，休息。《毛傳》：「憩，息也。」《孔疏》：「憩，本又作愒。」
《爾雅・釋詁》：「憩，息也。」《說文》：「愒，息也。」《釋文》：「憩，本又作

揭。」憩，段玉裁《毛詩故訓傳定本》校作「愒」，校訂傳文：「愒，息也。」憩、愒、揭皆溪母月部字，三字通假。揭、愒又形近，揭或是訛字。召公奭曾在此甘棠樹下歇息。

〔6〕拜：又作「捭」，本義為俯首下拜。《說文》：「捭，首至手也。」拜，通扒、擘，用手折斷樹枝。拜、扒，幫母月部；擘，幫母錫部。月、錫旁通轉。《魯詩》《韓詩》作「扒」。《韓說》：「扒，擘也。」《廣雅·釋言》：「扒，擘也。」《廣韻·怪韻》引《詩》作「勿翦勿扒」。《集韻·薛韻》：「扒，剖分也。或作捌。」擘，用手折，使物體斷裂開。《說文》：「擘，撝也。」「撝，裂也。」《廣雅·釋詁》：「擘，分也。」《廣雅·釋言》：「擘，剖也。」《玉篇·手部》：「擘，擘裂也。」慧琳《一切經音義》卷四十「擘開」下引《字書》：「擘，手析物破也。」一說，「拜」通拔。《鄭箋》：「拜之言拔也。」拔，拔除。《說文》：「拔，擢也。」「擢，引也。」拔，本為提拔、抽拔之義。甘棠是社樹，樹大根深葉茂，是不可能用手拔掉的。此說不可取。

〔7〕召伯所說：召伯曾在這棵甘棠樹下面休息。說，本義為解釋、開導。說通脫。說，審母月部；脫，透母月部。審、透準旁紐。《釋文》：「說，本或作稅，又作脫，同。」脫，停車解馬。解下車上的馬停車歇息。引申為停歇之義。《毛傳》：「說，舍也。」舍，停歇。說又通稅。稅，審母月部。《方言》第七：「稅，舍車也。宋、趙、陳、魏之間謂之稅。」《陳風·株林》：「說于株野。」《釋文》：「說本或作稅。」稅亦通脫。

【詩旨說解】

　　《甘棠》是召公族人祭祀其社神的樂歌歌詞。

　　上古的社神，即土地之神，是化育生長萬物者。男女聚集在社林裏祭祀社神，祈禱五穀豐收，也祈禱人口的生育繁衍。中國上古居民非常崇拜社神。在上古人的心目中，社神的地位非常崇高。社神所居的社樹是不准砍伐的。《甘棠》一再強調「勿翦勿伐」「勿翦勿敗」「勿翦勿拜」，就是號召召公族人保護其社樹。《大雅·桑柔》：「菀彼桑柔，其下侯旬。捋採其劉，瘼此下民。」這幾句話的表面意思是，茂盛的大桑樹所遮蔽的範圍廣大，如果大家任意砍伐它，就會妨害人們在它下面生息。其真實意思是，捋、採、劉社樹，將會影響人民的生息。《甘棠》樂歌裏唱「勿翦勿伐」「勿翦勿敗」「勿翦勿拜」，號召族人保護其社樹。這與《桑柔》號召國民保護其社神之位所在的大桑樹是同樣的意思。

　　上古的社神之位在茂密的樹林之中，謂之「社叢」。《六韜·略地》:「社叢勿伐。」社樹是由上古的社林演變而來的。社樹，又稱「叢位」。《墨子·明鬼》:「其始建國營都日，……必擇木之修茂者立以為叢位。」《戰國策·秦策三》又稱「叢位」為「神叢」。《墨子·明鬼》:「燕之有祖，當齊之社稷、宋之有桑林、楚之有雲夢也。此男女之所屬而觀也。」祖，「沮」的借字。沮，沮澤。沮澤旁有社林。齊之社，齊國人的社林。「有」「稷」字皆為衍文。宋之桑林即宋國的社林。隨著時間的推移，社神的居所由野外的社林逐漸演變成了單獨的樹木——社樹。社樹一般都是高大茂盛的樹木。《莊子·人間世》:「匠石之齊，至於曲轅，見櫟社樹。其大蔽數千牛，絜之百圍，其高臨山十仞而後有枝，其可以為舟者旁十數。」再後來，貴族把祭祀社神的場所遷入都城內，以谷神作配祀，統稱為「社稷」。《周禮·春官·小宗伯》:「小宗伯之職，掌建國之神位，右社稷，左宗廟。」《禮記·祭義》:「建國之神位，右社稷而左宗廟。」

　　古代祭祀社神的場所較多。西周時有大社及東、西、南、北四郊之社。大社是天子之社，四郊之社是鄉社。大社與四郊的社樹也各不相同。《白虎通義·社祭》引《尚書》:「大社唯松，東社唯柏，南社唯梓，西社唯栗，北社唯槐。」社樹都是當地普遍種植的樹木，唯其比普通的樹茂盛而已。《周禮·地官·大司徒》則說:「設其社稷之壝而樹之田主，各以其野之所宜木。」田主，即土地之主，蓋指社、稷二神。社、稷二神所在之處，四周設有低矮的圍牆，牆裏植樹木。社神之位仍在樹上，稷神與之同位。

　　西周初，召公族人的社神之位設在了一棵茂盛的甘棠樹上。傳說召公奭曾在召邑一棵甘棠社樹下斷過陰訟。因其斷案公正利落，此事被傳為美談。《甘棠》樂歌裏的「召伯」指召公奭。召公奭在朝稱為「公」，在邑則稱為「伯」。《甘棠》鄭《箋》:「召伯聽男女之訟，不重煩勞百姓，止舍小棠之下而聽斷焉。國人被其德，說（悅）其化，思其人，敬其樹。」孔穎達《疏》:「武王之時，召公為西伯，行政於南土，決訟於小棠之下，其教著明於南國，愛結於民心，故作是詩以美之。《經》三章，皆言國人愛召伯而敬其樹，是為美之也。」召公審理陰訟的地方在召邑界內，非在南國。

　　為什麼召公奭在社樹下審理陰訟？因為上古社神主管婚姻生育之事，且有生殺之權。《周禮·地官·媒氏》:「凡男女之陰訟，聽之于勝國之社。」鄭玄《注》:「陰訟，爭『中冓』之事以觸法者。勝國，亡國也。亡國之社，奄其上而棧其下，使無所通。就之以聽陰訟之情，明不當宣露。」勝國之社，

即亡國之社。勝利之國將戰敗之國的社神之位遷於自己國中，蓋上一處石室或干欄式房屋，將戰敗之國的社神之位置於其中，以斷其地天相通之氣，絕其生機。這也就是《禮記‧郊特牲》所說的「故喪國之社屋之，不受天陽也。薄社北牖，使陰明也」。這顯然是一種迷信的做法。周朝的「亡國之社」是殷社，周人稱之為「亳社」。東周時以亳社作為審理陰訟的場所。西周初，由於剛剛建國，沒有設置亳社的諸侯國或公卿食邑，其行政官只好在野外的社樹下審理陰訟官司。陰訟是男女因性生活矛盾而產生的一種特殊官司，控、辯、審三方皆不願意當眾啟齒，也不願意將案情公開。為了保護當事人的隱私，便於審案，所以要選擇勝國之社作為審理陰訟的處所。沒有設立亳社的邑，在社樹下審理此等官司，要搭建一個草屋，作為臨時的審案處所。西周初，召邑沒有設立亳社，所以召公奭就在甘棠社樹下搭了一個草屋來審理陰訟。

召公奭是西周建國的功臣，是召族人的榮祖。召族人後來用《甘棠》詩作為祭祀召公奭的樂歌歌詞。所以，古代的學者多認為，《甘棠》詩的主旨與祭祀召公奭有關。茲列舉幾例如下：

一，《左傳‧襄公十四年》：「周人之思召公焉，愛其甘棠。」

二，《史記‧燕召公世家》：「其在成王時，召公為三公。自陝以西，召公主之；自陝以東，周公主之。……召公之治西方，甚得兆民和。召公巡行鄉邑，有棠樹，決獄政事其下，自侯伯至庶人各得其所，無失職者。召公卒，而民人思召公之政，懷棠樹不敢伐，哥（歌）詠之，作《甘棠》之詩。」

三，《韓詩外傳》卷一：「昔者周道之盛，邵伯在朝，有司請營邵以居。邵伯曰：『嗟！以吾一身，而勞百姓，此非吾先君文王之志也。』於是出而就蒸庶於阡陌隴畝之間，而聽斷焉。邵伯暴處遠野，廬於樹下，百姓大悅，耕桑者倍力以勸。於是歲大稔，民給家足。其後在位者驕奢，不恤元元，稅賦繁數，百姓困乏，耕桑失時。於是詩人見召伯之所休息樹下，美而歌之。《詩》曰：『蔽芾甘棠，勿剪勿伐，召伯所茇。』此之謂也。」

四，《孔子家語‧好生》載孔子語：「吾於《甘棠》，見宗廟之敬也甚矣。邵伯聽訟於甘棠。愛其樹，作《甘棠》之詩也。思其人，必愛其樹；尊其人，必敬其位。道也。」

五，《說苑‧貴德》：「孔子曰：『吾於《甘棠》，見宗廟之敬也甚。尊其人，必敬其位。順安萬物，古聖之道幾哉！』」

六，上海博物館藏戰國楚竹書《孔子詩論》中有四處關於《甘棠》詩的評論：

第十簡：「……《甘棠》之保（報）……」

第十五簡：「……及其人，敬愛其樹，其保（報）厚矣。《甘棠》之愛，以邵公……」

第二十四簡：「吾以《甘棠》得宗廟之敬，民性古（固）然。甚貴其人，必敬其位，悅其人，必好其所為。惡其人者亦然。召公也。」

以上《左傳》《孔子家語》《孔子詩論》的作者及韓嬰、司馬遷、劉向皆認為，《甘棠》是懷念、讚美召公奭的詩篇。

陸侃如、馮沅君先生則認為，《甘棠》是周人為紀念召穆公姬虎而創作的詩篇。（陸侃如、馮沅君《中國詩史》第二篇第五章）當代的學者多從其說。召伯虎是西周宣王時的一個大臣。《小雅・黍苗》《大雅・崧高》《大雅・江漢》記錄了召伯虎率領大軍南征的事蹟。但《甘棠》樂歌中的「召伯」是否與召伯虎有關，實須商榷。

行露

　　　　厭浥行露〔1〕。
　　　　豈不夙夜〔2〕？謂行多露〔3〕。

　　　　誰謂雀無角〔4〕？何以穿我屋〔5〕？
　　　　誰謂女無家〔6〕？何以速我獄〔7〕？
　　　　雖速我獄，室家不足〔8〕！

　　　　誰謂鼠無牙〔9〕？何以穿我墉〔10〕？
　　　　誰謂女無家？何以速我訟〔11〕？
　　　　雖速我訟，亦不女從〔12〕！

【注釋】

〔1〕厭浥行露：道路上的露水又濕又重。厭浥，即涪涪，露多潮濕之義。厭通涪。厭，影母談部；涪，溪母侵部。影、溪鄰紐，談、侵旁轉。《毛傳》：「厭浥，溼意也。」《魯詩》《韓詩》作「涪」。《魯說》《韓說》：「涪涪，溼也。」涪與溼為異體字。溼，今同濕。《說文》：「涪，幽溼也。」「溼，幽溼也。」《廣雅・釋詁》：「涪涪，溼也。」浥，溼潤。《說文》：「浥，溼也。」行露，路途中的

露水。行，本義為道路。借指行途。《毛傳》：「行，道也。」露，露水。實指露氣。

〔2〕豈不夙夜：我怎不願意趁天不亮啟程私奔？豈，何，哪裏，怎能。豈，象建鼓之形，本義是軍隊凱旋慶功之樂。《說文》：「豈，還師振旅樂也。」《段注》：「《周禮·大司樂》曰：『王師大獻，則令奏愷樂。』《注》曰：『大獻，獻捷於祖。愷樂，獻功之樂。鄭司農說以春秋晉文公敗楚於城濮。傳曰：振旅愷以入於晉。』按經、傳豈皆作愷。」豈通愷，喜。豈、愷，溪母微部：喜，曉母之部。溪、曉旁紐，微、之通轉。豈，滋衍為愷。愷，喜悅之義。軍隊打勝仗而歸，眾皆喜樂。清阮元《經籍籑詁補遺·賄韻》：「《詩·魚藻》『豈樂飲酒』，《白帖》卅六作『愷樂飲酒』。」豈，又通可、何。可，溪母歌部；何，匣母歌部。溪、匣旁紐；微、歌旁轉。可、何，皆是疑問副詞，表示反詰。不，不願意。夙夜，本為朝夕之義。此歌詞中「夙夜」為偏正結構詞組，意在強調「夙」。夙，早。此指早起。引申為早義。《鄭箋》：「夙，早。」男女私奔一般選擇在黎明前出走。

〔3〕謂行多露：只是怕私奔的路途上露水太重了。謂，通畏。謂，匣母物部；畏，影母微部。影、匣鄰紐，微、物對轉。畏，討厭、憎惡；害怕。《說文》：「畏，惡也。」《廣雅·釋詁》：「畏，懼也。」「畏，恐也。」「豈不夙夜，謂行多露」與「豈不……畏……」句型相符合。《王風·大車》：「豈不爾思？畏子不敢。」《小雅·出車》：「豈不懷歸，畏此簡書。」《小雅·小明》：「豈不懷歸，畏此罪罟。」《左傳·莊公二十二年》引逸《詩》：「《詩》云：『翹翹車乘，招我以弓，豈不欲往，畏我友朋。』」行多露，道路上露氣濃重。露氣重時能濕透衣服。《左傳·襄公七年》引《詩》：「『豈不夙夜，謂行多露。』」杜預《注》：「《詩》言雖欲早夜而行，懼多露之濡己。」

〔4〕誰謂雀無角：誰說麻雀沒有硬硬的嘴？誰，誰人，何人，哪個人。謂，從言，胃聲，本義為說話。《爾雅·釋詁》：「謂，說也。」《廣雅·釋詁》：「謂，說也。」《玉篇·言部》：「謂，道也。」《廣韻·未韻》：「謂，言也。」《邶風·谷風》：「誰謂荼苦？」《衛風·河廣》：「誰謂河廣？」《齊風·還》：「揖我謂我儇兮！」謂通曰。謂，匣母物部；曰，匣母月部。物、月旁轉。曰，本義為人張口說話。《說文》：「曰，詞也。从口、乚，象口氣出也。」《段注》：「『詞也』，詞者，意內而言外也。」曰通說。說，審母月部。匣、審通轉。雀，麻雀。無角，沒有嘴。角，象形字，本義為獸類動物的角。《說文》：「角，獸角也。象形。」

角與鳥雀無關。角，通噣。角，見母屋部；噣，端母屋部。見、端通轉。噣，鳥嘴。角有觸義。《廣雅‧釋言》：「角，牴觸也。」此歌詞的「角」還可能是「觸」或「捔」的省文或殘文。觸，古文作「捔」。《廣韻‧燭韻》「觸」字下：「捔，古文。」捔亦通噣。觸，穿母屋部；噣，端母屋部。穿、端準旁紐。用、噣、觸三字同韻部。噣，字又作「咮」。咮，端母侯部。屋、侯對轉。《曹風‧候人》：「維鵜在梁，不濡其咮。」《玉篇‧口部》：「噣，喙也。《詩》曰：『不濡其噣。』亦作咮。」《正字通‧酉集‧角部》：「或曰角謂禽鳥之咮，銳而剛，可以代齒。《詩‧召南》：『誰謂雀無角。』角即指雀咮。」聞一多《詩經新義‧角》：「噣、角音同，角蓋噣之初文，故噣為喙，角亦為喙。」《詩經通義‧乙》：「《說文》曰：『噣，喙也。』角即噣之本字。」聞氏謂噣、角音同，近是；謂角為噣之初文，誤。角，又作「用」。用，來母屋部。見、來通轉。角，又與綠、祿、綠音近。《禮記‧喪大記》：「實于綠中。」鄭玄《注》：「『綠』當為角聲之誤也。」宮、商、角、徵、羽五音，《魏書‧江式傳》作「宮商祿徵羽」。《集韻‧屋韻》：「祿、觮、祿，東方音也。或從鹿從角。」《正字通‧酉集‧角部》：「《通雅》曰：『角，古音祿。』」歌者把憑嘴吃飯的媒婆子比作一隻嘰嘰喳喳的雀。

〔5〕何以穿我屋：不然為什麼能鑽進我家的屋裏來？何以，即以何，用什麼，憑藉什麼。何，通曷，什麼。以，用。《說文》：「以，用也。」穿，穿透。此指用嘴啄出一個洞。《說文》：「穿，通也。」《字彙‧穴部》：「穿，鑿也。」屋，房子。《廣雅‧釋宮》：「屋，舍也。」《秦風‧小戎》：「在其板屋。」農人野外所建的屋，一般為木構草覆，用秸稈塗上泥巴作牆壁。《豳風‧七月》：「亟其乘屋，其始播百穀。」鳥能用它的嘴啄透秸稈泥巴的屋牆。歌者把媒婆比作一隻雀。雀若不憑藉硬硬的嘴，便不能「穿屋」。

〔6〕誰謂女無家：誰說你沒有成家室？女，與汝、爾、你通假。女，泥母魚部；汝，日母魚部。爾，日母脂部；你，泥之部。泥、日準雙聲；魚、之旁轉，與脂部旁通轉。《鄭箋》：「女，汝。」家，家室。男子已經有了家室，欲再納一房妾，託媒人前往女家說親，送采禮。他是一個「強委禽」者。

〔7〕何以速我獄：你憑什麼要跟我打官司？速，本義為快疾。《說文》：「速，疾也。」速通束。速，心母屋部；束，審母屋部。審、心準雙聲。束，一束用以打官司起訴申告的箭。引申為告官、提起訴訟之義。《周禮‧秋官‧大司寇》：「以兩造禁民訟。入束矢于朝然後聽之。」賈公彥《疏》：「禁民獄訟不

－77－

使虛誣之事。言『禁』者，謂先令入束矢，不實，則沒入官。」在周代，打民事官司，原告、被告各須先將一束箭交給官府作為抵押，以申其直。一說，「速」為招請之義。《毛傳》：「速，召。」《爾雅・釋言》：「速，徵也。徵，召也。」《玉篇・辵部》：「速，召也。」《廣韻・屋韻》：「速，召也。」《易・需卦》：「上六：入于穴，有不速之客三人來，敬之終吉。」唐孔穎達《疏》：「速，召也。」《小雅・伐木》：「以速諸父。」《鄭箋》：「速，召。」《儀禮・鄉飲酒禮》：「主人速賓。」鄭玄《注》：「速，召也。」古代或送一束肉請人，故「束」有召請之義。一說，「速」為速來之義。清胡培翬《儀禮正義》引敖氏云：「召之而云『速』者，欲其來之速也。」獄，動詞，爭訟，打官司。《毛傳》：「獄，埆也。」埆，確實。即對質，核實情況。朱駿聲《說文通訓定聲・需部》：「獄，訟也。」《釋文》：「埆，盧植云：相質慤爭訟者也。」《周禮・地官・大司徒》：「萬民之不服教而有獄訟者，與有地治者聽而斷之。其附于刑者，歸于士。」鄭玄《注》：「爭罪曰獄，爭財曰訟。」《周禮・秋官・大司寇》：「以兩劑禁民獄。」鄭玄《注》：「獄，謂相告以罪名者。」鄭玄以「獄」為刑事訴訟，以「訟」為民事訴訟。古代財產糾紛本為民事案件，但嚴重侵權的則轉為刑事案件。此歌詞的「獄」「訟」皆指打民事官司。男子以向官府提起訴訟來威脅女方。

〔8〕室家不足：你也做不成逼婚之事。室家，動詞，使結成室家，即成婚。不足，不能，做不成。「不足」非謂禮數和采禮不足，而是謂成婚的理由不足。《魯說》：「言夫家之禮不備足也。」《鄭箋》：「『室家不足』，謂媒妁之言不和，六禮之來強委之。」此類舊說不可取。

〔9〕誰謂鼠無牙：誰說老鼠沒有牙齒？鼠，象形字，老鼠。此指家鼠。《說文》：「鼠，象形。」

〔10〕何以穿我墉：不然它憑什麼打穿了我家的屋牆？墉，屋牆。《毛傳》：「墉，牆也。」《禮記・郊特牲》：「君南鄉于北墉下。」鄭玄《注》：「牆謂之墉。」老鼠有尖利的牙齒，自然能夠在牆上打洞，鑽進屋裏去。歌者把一個企圖用財物逼婚的男子比作一隻打洞鑽屋的老鼠。

〔11〕何以速我訟：為什麼要跟我打官司？訟，從言，公聲，本義為到官府爭論誰是誰非。《說文》：「訟，爭也。」戴侗《六書故・人四》：「訟，爭曲直於官有司也。」《周禮・地官・大司徒》：「有獄訟者。」鄭玄《注》：「爭財曰訟。」《論語・顏淵》：「聽訟，吾猶人也，必也使無訟乎。」

〔12〕亦不女從：我也不會順從你的意願。亦，也。參見《草蟲》注〔5〕。不女從，即「不從女」，賓語前置。女，爾、你。指「強委禽」的男子。女，《韓詩》作「爾」。從，本義為跟隨。引申為順從之義。《毛傳》：「不從，終不棄禮而隨此強暴之男。」毛亨以禮說詩。

【詩旨說解】

《行露》是一首拒婚歌歌詞。乍看上去，此歌詞三章的內容似無關聯，有人曾誤以為這是錯簡所致。其實不然，這篇歌詞的內容是有機地聯繫在一起的。歌詞中的女主人公已經有了意中人，一個已婚男子又託媒人前往女家說親，並往女方家中送了采禮。送禮求婚之後，男子的態度變得強硬起來了，聲言女方如若不從，就要告官，讓女方吃官司。該女子不願服從其父母的意志，不願聽任媒妁的擺佈，堅決要辭掉這樁「強委禽」的婚約，而後與她的意中人結為夫妻。在一次婚戀集會上，這個女子等待與她的意中人相會，豈料那個「強委禽」的男子尾隨其後，被這個女子發現了。為了擺脫這個無賴男子的求婚糾纏，她編唱了這支歌表示與這個「強委禽」的男子決絕。

第一章：女子說，她本想趁天不亮與自己的意中人一起私奔，又擔心出行的途中露水太重。這是她委婉地告訴「強委禽」的男子，她已經有了自己的意中人。

第二章：女子用巧妙的比喻，編排著罵媒人和「強委禽」的男子。歌詞中的「雀」是一個媒婆的藝術形象。媒婆能說會道，像麻雀一樣嘰嘰喳喳地飛到這家，飛到那家。那個託媒人求婚的男子已有了妻室，又「強委禽」納妾，並揚言說，女方若不同意這樁婚事，就讓她家吃官司。女方父母收了聘禮又悔婚，在那時是要吃官司的。這個女子不願意跟一個以財騙婚的無賴男人作妾，用歌回應這個男子說：「你就是告官也甭想把我娶走！」

第三章：女子繼續用巧言罵那個已有家室又「強委禽」的男子。歌詞中的「鼠」，是一個用心險惡的無賴男子的藝術形象。

從文學的角度看，此歌詞顯示了抗拒媒妁婚姻女子的潑辣性格，並刻畫了「雀」（媒婆），和「鼠」（「強委禽」的男子）兩個藝術形象。這三個人物，各有其鮮明的個性特徵。

《行露》反映了春秋時期中原地區的社會婚姻狀況。此時，民間原始性的自由婚姻正在走向衰微，「父母之命」「媒妁之言」作為婚姻的社會主導力量，逐漸佔據了上風。到戰國時期，原始性的自由婚姻方式基本消亡了，以

「父母之命」「媒妁之言」為導向的專制的婚姻方式佔據了統治地位。《孟子·滕文公下》載孟子說：「丈夫生而願為之有室，女子生而願為之有家；父母之心，人皆有之。不待父母之命、媒妁之言，鑽穴隙相窺，逾牆相從，則父母國人皆賤之。」《戰國策·燕策一》載蘇代對燕王說：「周坉賤媒，為其兩譽也。之男家曰女美，之女家曰男富。然而周之俗不自為取妻。且夫處女無媒，老且不嫁；捨媒而自衒，弊而不售。順而無敗，售而不弊者，唯媒而已矣。」

羔羊

羔羊之皮〔1〕，素絲五紽〔2〕。
退食自公〔3〕，委蛇委蛇〔4〕。

羔羊之革〔5〕，素絲五緎〔6〕。
委蛇委蛇，自公退食。

羔羊之縫〔7〕，素絲五總〔8〕。
委蛇委蛇，退食自公。

【注釋】

〔1〕羔羊之皮：即羔裘，用小羊皮做的裘衣。羔，甲骨文字從羊從小，本義為小羊。小羊皮的質地柔軟，可做成輕裘。羊，本義為大羊。《毛傳》：「小曰羔，大曰羊。」此歌詞的「羔羊」為一偏正詞組，指小羊。皮，「皮裘」的省稱。《齊說》：「羔羊皮革，君子朝服。」段玉裁《毛詩故訓傳定本》傳文注：「有毛者曰皮，去毛者曰革。」《鄭風·羔裘》：「羔裘豹飾，孔武有力。彼其之子，邦之司直。」《檜風·羔裘》：「羔裘逍遙，狐裘以朝。」《淵鑒類函·服飾·裘》引班固《白虎通義·衣裳》：「古者緇衣羔裘，黃衣狐裘。」羔裘是大夫、士冬季所穿的官衣，黑色。《論語·鄉黨》：「緇衣，羔裘；素衣，麑裘；黃衣，狐裘。」清劉寶楠《論語正義》：「經、傳凡言『羔裘』，皆謂黑裘，若今稱紫羔矣。」天氣轉冷之後，士大夫一般要身穿精製的羔裘上朝公幹。

〔2〕素絲五紽：用細而白的絲線縫連。素絲，白色的絲線。素，本義為未染色的帛。《說文》：「素，白緻繒也。」「繒，帛也。」《小爾雅·廣服》：「繒之精者曰縞，縞之粗者曰素。」素，引申為白色之義。《毛傳》：「素，白也。」五紽，用細絲線交互縫連。指將小塊皮子縫成較大的衣片。五，本義為線、繩交互纏繞。甲骨文「五」字作「乂」形，交互之義明顯。《齊風·南山》：「葛屨五兩，冠

綏雙止。」《秦風・小戎》:「小戎俴收,五楘梁輈。」此歌詞的「五」字為針線交互縫連之義。紽,本義為二根絲做成的線。此指細絲線。《毛傳》:「紽,數也。」《玉篇・糸部》《廣韻・歌韻》《集韻・戈韻》皆說:「紽,絲數也。」馬瑞辰《通釋》:「紽通他,蓋二絲之數。」一說,「紽」為五絲之數。《廣雅・釋詁》:「紽,數也。」王念孫《疏證》:「紽、緎、總皆數也。五絲為紽,四紽為緎,四緎為總。」此歌詞的「紽」字用為動詞,指用細絲線縫合皮裘衣片的小縫,亦有縫合之義。下文「緎」「總」亦為動詞。

〔3〕退食自公:即「自公退食」,從公侯那裡吃過公家的飯回家。退食,吃完公飯從就食處退出來。食,此指公卿、諸侯國供給大夫的飯食。公卿、諸侯在朝中宴饗群臣,幹公事的大夫在朝中吃公飯。《左傳・襄公二十八年》:「公膳,日雙雞。」杜預《注》:「卿大夫之膳食。」自公,從公侯那裡。自,從。《爾雅・釋詁》:「從,自也。」郭璞《注》:「自,猶從也。」《廣雅・釋詁》:「自,從也。」《論語・學而》:「有朋自遠方來。」南朝梁皇侃《論語義疏》:「自,猶從也。」《禮記・中庸》:「知風之自,知微之顯。」公,公卿家門。《毛傳》:「公,公門也。」召公一族世襲公卿職務。

〔4〕委蛇:即逶迤,彎曲。委,字象禾彎曲下垂之形,本義為彎曲下垂。引申為彎曲之義。《說文》:「委,委隨也。」委隨,即委墮,彎曲下垂之貌。蛇,形容詞,蛇爬行貌。委蛇,《齊詩》《韓詩》作「逶迤」。《後漢書・荀爽傳》:「道固逶迤也。」李賢《注》:「逶迤,曲也。」此歌詞的「羔羊之皮,素絲五紽」「羔羊之皮,素絲五緎」「羔羊之皮,素絲五總」,是描述士大夫衣著形象的說辭;「委蛇委蛇」,形容士大夫走路時隨意曲行閒適自得的樣子。《鄭箋》:「委蛇,委曲自得之貌。」委曲,宛轉曲折。指曲行。

〔5〕羔羊之革:即羔羊裘衣。革,經過鞣製的獸皮。「革」與上文的「皮」對文,皆指皮裘,非指無毛的板皮。《毛傳》:「革,猶皮也。」

〔6〕緎:二十根絲合成的粗線。王念孫《疏證》:「四紽為緎。」馬瑞辰《通釋》曰:「緎為二十絲之數。」「緎」亦有縫合之義。《毛傳》:「緎,縫也。」《玉篇・糸部》:「緎,縫也。」此歌詞的「緎」指用中粗線縫合皮裘衣。

〔7〕羔羊之縫:亦即羔羊裘衣。縫,名詞,縫製好的成衣。此歌詞中「皮」「革」「縫」對文。

〔8〕總:通作「總」,八十根絲合成的粗線。《毛傳》:「總,數也。」馬瑞辰《通釋》:「總為八十絲之數也。」總,本義為聚束。《說文》:「總,聚束也。」《段注》:

「『聚束也。』謂聚而縛之。」《廣雅‧釋詁》:「總,結也。」總通繶。總、繶皆精母東部字。繶,用大粗線縫合裘衣袖子與裘衣主體之間的縫。《史記‧孝景本紀》:「令徒隸衣七繶布。」張守節《正義》:「繶,八十縷也。」「紽」「緎」「總」是為了歌唱押韻所選用的字,不必嚴格計算其絲數,此三字可以分別理解為細線、中粗線和大粗線。

【詩旨說解】

《羔羊》是公膳撤食樂歌歌詞。此歌詞描述了召邑大夫吃飽公飯後逍遙自在地回家的樣子。

這是一篇消遣娛樂性質的樂歌歌詞。

殷其雷

殷其雷〔1〕,在南山之陽〔2〕。
何斯違斯〔3〕?莫敢或遑〔4〕。
振振君子〔5〕,歸哉歸哉〔6〕!

殷其雷,在南山之側〔7〕。
何斯違斯?莫敢遑息〔8〕。
振振君子,歸哉歸哉!

殷其雷,在南山之下。
何斯違斯?莫或遑處〔9〕。
振振君子,歸哉歸哉!

【注釋】

〔1〕殷其雷:轟隆隆的雷聲。殷,古體從身從殳,以聲辨之,似為殹字之異體。殷,影母文部;殹,影母之部。殷通磤。殷、磤皆影母文部字。磤,本義為滾石之聲。藉以形容雷聲。《說文》:「磤,滾石聲。」《毛傳》:「殷,雷聲也。」馬瑞辰《通釋》:「《文選》何晏《景福殿賦》李善《注》引《毛傳》曰:『磤,雷聲也。』」慧琳《一切經音義》卷第三十八引《通俗文》:『雷聲曰磤。』《廣雅‧釋詁》:『磤,聲也。』」《集韻‧欣韻》:「磤,磤磤。聲也。」磤磤,石相擊聲。《集韻‧刪韻》「砏,砏磤。石聲。」《楚辭‧九懷‧危俊》:「鉅寶遷兮砏磤。」砏磤,洪興祖《補注》:「石聲。」一說,殷通隱,指隱隱的雷聲。陳奐《傳疏》:「殷,猶殷殷也。殷殷,猶隱隱也。」其,語助詞。雷,名詞,雲層中的放電

現象，有閃光和激響。此指雷聲。《禮記・月令》：「仲春之月……雷乃發聲。」
「仲秋之月……雷始收聲。」

〔２〕在南山之陽：在南山的南面響起來了。南山，東周召邑之南的一座山。參見《草
　　蟲》注〔８〕。陽，本義為山阜的南面。《毛傳》：「山南曰陽。」《說文》「陽」
　　字《段注》：「山南曰陽，故從昜。」

〔３〕何斯違斯：你離開家多久了呀？何，通曷，什麼時候。斯，通兮，語氣助詞。
　　斯，心母支部；兮，匣母支部。心、匣通轉。《詩經》中多見陳述句、感歎句
　　中加「斯」「兮」字的例子。《豳風・鴟鴞》：「恩斯勤斯，鬻子之閔斯！」《小
　　雅・蓼蕭》：「蓼彼蕭斯，零露湑兮。」《邶風・簡兮》：「簡兮簡兮，方將萬舞。」
　　《鄘風・君子偕老》：「玼兮玼兮，其之翟也！」《鄭風・子衿》：「挑兮達兮。」
　　《曹風・候人》：「薈兮蔚兮。」《衛風・淇奧》：「有匪君子，終不可諼兮！」
　　《邶風・綠衣》：「綠兮衣兮，女所治兮！」違，離開。《毛傳》：「違，去。」
　　《爾雅・釋詁》：「違，遠也。」《說文》：「違，離也。」「何斯違斯」是拖長了
　　語氣的疑問句。

〔４〕莫敢或遑：現在你還不敢稍有停歇。莫敢，不敢。莫，通毋，不。莫，明母鐸
　　部；毋，明母魚部。鐸、魚對轉。敢，本義為勇敢。指不畏懼、有膽量。敢，
　　古文作「𢾅」，籀文作「𢿁」。《說文》：「𢾅，進取也。从𠬞，古聲。𢿁，籀文
　　𢾅。」《段注》：「𠬞蓋亦爪也。𠬞音冒。用爪用殳，冒而前也。今字作敢。」
　　《廣雅・釋詁》：「敢，勇也。」《玉篇・支部》：「敢，敢果也。」《集韻・𢾅韻》：
　　「𢾅，隸作敢。」《荀子・非二十子》：「剛毅勇敢不以傷人。」或遑，即有遑，
　　有停歇。或，讀為「有」。或，匣母職部；有，匣母之部。職、之對轉。馬瑞
　　辰《通釋》：「或、有古通用。」《廣雅・釋詁》：「或，有也。」王引之《經傳
　　釋詞》卷三：「有猶或也。」「或猶有也。」遑，又作「偟」，本義為急迫。《說
　　文新附》：「遑，急也。從辵，皇聲。或從彳。」事急則無暇。急迫中的短暫空
　　閒時間也稱為「遑」。《毛傳》：「遑，暇也。」《玉篇・辵部》：「遑，急也。又，
　　暇也。」《左傳・昭公七年》：「社稷之不皇（遑）。」杜預《注》：「皇，暇也。」
　　遑，又作「偟」「徨」。《爾雅・釋言》：「偟，暇也。」《釋文》：「遑，本或作徨。」

〔５〕振振君子：勤奮不息的君子呀。振振，勤奮不息的樣子。《周南・螽斯》：「宜
　　爾子孫，振振兮。」《周南・麟之趾》：「麟之趾，振振公子。」君子，貴族男
　　子。

〔６〕歸哉：回來吧。歸，回來。哉，語氣助詞。

〔7〕側：旁邊。《毛傳》：「亦在其陰與左右也。」《說文》：「側，旁也。」

〔8〕遑息：短暫地休息。息，本義為鼻孔中平緩進出的氣息。引申為歇息之義。《說文》：「息，喘也。」《段注》：「喘為息之疾者，析言之。此云息者喘也，渾言之。人之氣急曰喘，舒曰息。引申為休息之稱，……引申之義行而鼻息之義廢矣。」《小雅・小明》：「無恒安息。」《小雅・北山》：「或燕燕居息。……或息偃在床。」《小雅・菀柳》：「有菀者柳，不尚息焉。……有菀者柳，不尚愒焉。」《大雅・民勞》：「民亦勞止，汔可小康。……汔可小休。……汔可小息。……汔可小愒。……汔可小安。」息、愒、安、康、休，皆有安歇之義。《說文》：「愒，息也。」愒，俗體作「憩」。《說文》有「愒」字，無「憩」字。《爾雅・釋詁》：「憩，息也。」《召南・甘棠》：「召伯所憩。」《毛傳》：「憩，息也。」孔穎達《疏》：「憩，本又作愒。」《釋文》：「憩，本又作揭。」揭，「愒」字之訛。《毛傳》說：「息，止也。」止，停住幹活站住腳，是休息之義。

〔9〕莫或遑處：不敢短暫地停歇。莫或，莫有。指不敢有。或，敦煌本、日本抄本《詩經》有作「敢」者。遑處，短暫的歇息時間。處，同処，停止、停留、住歇之義。《說文》：「処，止也。从夂、几。夂得几而止也。處，処或從虍聲。」《段注》：「引申之為凡尻處之字。」《毛傳》：「處，居也。」

【詩旨說解】

《殷其雷》是一個貴族婦女所唱的室內樂歌的歌詞。這個貴族女子的丈夫，大概是一個負責農業工程或者農田管理的官員，他出公差已經數日沒有回家了。當雷聲在召邑之南的山邊響起的時候，這位官員正在南山下公幹。貴族婦女在家裏百無聊賴，此時聽到雷聲在南山那邊滾動，便不由得思念起她的丈夫來，心中產生了一種莫名的惆悵。她丈夫是一個願意為王室（或公族）出力的「振振君子」。現在天氣驟變，雷聲滾滾，她希望她的丈夫快快回家歇息，享受安閒的生活。於是，她創作了一支歌曲在室內演唱，自我排遣。

《殷其雷》表現了一個貴族婦女對夫妻恩愛生活的追求，同時也反映了她生活的閒散和無聊。

摽有梅

摽有梅〔1〕，其實七兮〔2〕！
求我庶士〔3〕，迨其吉兮〔4〕！

摽有梅，其實三兮〔5〕！
求我庶士，迨其今兮〔6〕！

摽有梅，頃筐塈之〔7〕！
求我庶士，迨其謂之〔8〕！

【注釋】

〔1〕摽有梅：快快拋出你們的梅果吧！摽，本義為擊打。《說文》：「摽，擊也。」
《邶風・柏舟》：「寤辟有摽。」摽通叐。摽，滂母宵部；叐，並母宵部。滂、
并旁紐。叐，從上下手，會彼人手拋物此人手接物之意。叐，今字作「拋」。
《說文》：「叐，物落也。上下相付也。從爪、又。凡叐之屬皆從叐。讀若《詩》
『摽有梅』。」《段注》：「《毛詩》『摽』字正『叐』之假借。」《魯詩》《韓詩》
作「芛」，《齊詩》作「蔈」。芛，從叐，與摽、蔈、莩字音同。《漢書・食貨志》：
「野有餓芛而不知發。」顏師古《注》引鄭氏曰：「芛音『蔈有梅』之蔈。芛，
零落也。人有餓死零落者，不知發倉廩貸之也。」一說，「摽」為古「拋」字。
聞一多《詩經新義》：「摽，即古拋字。《玉篇》曰『拋，擲也』，《說文新附》
曰『拋，棄也』，重文作摽。《公羊傳・莊二年》曰『曹子摽劍而去之。』《孟
子・萬章下篇》曰『摽使者出諸大門之外』，二摽字並即拋。」《別雅》卷二：
「摽劍，拋劍也。」一說，「摽」訓飄，飄落之義。《毛傳》：「摽，落也。」毛
說非正解。有，詞頭，語助詞。周代語言習慣，在單音節名詞之前加「有」字
構成雙音節詞。王引之《經傳釋詞》卷三：「有，語助也。一字不成詞，則加
『有』字以配之。若虞、夏、殷、周皆國名，而曰有虞、有夏、有殷、有周是
也。」梅，本義為楠木。《爾雅・釋木》：「梅，柟。」《說文》：「梅，柟也。」
柟，同楠。梅通某。梅、某皆明母之部字。某，古文作「槑」，字又作「楳」，
本義為一種似杏的酸果樹。《韓詩》作「楳」。《說文》：「某，酸果也。從木從
甘。槑，古文某從口。」朱熹《集傳》：「梅，木名，花白，實似杏而酢。」《爾
雅・釋木》「梅」郭璞《注》：「梅，似杏，實酢。」《說文》「梅」字《段注》：
「《召南》之『梅』，今之酸果也。……凡酸果之字作梅，皆假借也。」梅樹是
亞熱帶植物。先秦時期，黃河流域終南山一帶皆生長梅樹。《秦風・終南》：「終
南何有？有條有梅。」《大戴禮・夏小正》：「（正月）梅、杏、杝、桃則華。」
春秋時期，曹國、魯國、鄭國皆有梅樹。《曹風・鳲鳩》：「鳲鳩在桑，其子在
梅。」《春秋・僖公三十三年》：「十有二月，……李梅實。」《左傳・襄公十八

年》：「楚師伐鄭，次於魚陵。右師城上棘，遂涉潁，次于旃然。爲子馮、公子格率銳師侵費滑、胥靡、獻于、雍梁，右回梅山，侵鄭東北。」杜預《注》：「〔梅山〕在滎（榮）陽密縣東北。」此歌詞的「梅」指梅樹結的果子。拋媒物求偶是我國上古民間一種傳統的婚戀風俗。梅子曾充當過華夏先民婚戀求偶的媒物。「媒」字音、義俱得於「某」字。青而酸的果子可能具有性暗示的意義。

〔2〕其實七兮：梅樹上所剩的梅子只有七成了。其，代詞，它的。指梅樹。實，果實。指梅子。七，表示多數。指梅樹上的果子已被取走三成，所存尚有七成。《毛傳》：「盛極則隋（墮）落者，梅也。尚在樹者七。」梅樹上的梅子尚有七成，並非因盛極而衰，而是因為談戀愛的男女青年人都去摘取它，越摘越少。

〔3〕求我庶士：想要追求我的小夥子們。求，追求。庶士，眾貴族青年男子。庶，眾。《鄭箋》：「庶，眾也。」《爾雅‧釋詁》：「庶，眾也。」士，貴族階層的最低級別的男子。這裡特指到婚戀集會場合求偶的貴族男子。也有人認為，這裡的「士」是對一般青年男子的褒稱。

〔4〕迨其吉兮：要趁著今天的好日子呀！迨，及。《鄭箋》：「迨，及。」《爾雅‧釋訓》：「迨，及也。」迨通逮。迨，定母之部；逮，定母月部。之、月旁通轉。逮，及。《爾雅‧釋詁》：「逮，與也。」《說文》：「逮，唐逮，及也。」《邶風‧匏有苦葉》：「士如歸妻，迨冰未泮。」《豳風‧鴟鴞》：「迨天之未陰雨，徹彼桑土，綢繆牖戶。」迨又通乘。乘，神母蒸部。定、神準雙聲，之、蒸對轉。乘，乘機、趁著之義。《左傳‧文公十七年》：「秋，周甘歜敗戎于邧垂，乘其飲酒也。」《孟子‧公孫丑上》：「雖有智慧，不如乘勢。」其，助詞。吉，「吉日」的省語。《小雅‧吉日》：「吉日維戊。」《小雅‧小明》：「二月初吉。」男女青年人都把婚戀集會的日子看作吉日。

〔5〕三：三成。梅樹上的梅子越摘越少，只剩下三成了。

〔6〕今：今日。女子用歌聲催促小夥子們趁著今天的好時光，趕快來追求她，可見其求偶的心情非常急切。《毛傳》：「今，急辭也。」

〔7〕頃筐墍之：你們趕快背著斜口筐去搶摘吧。頃筐，一種輕便的斜口筐。頃，《韓詩》作「傾」。頃，同傾。傾，斜。參見《周南‧卷耳》注〔2〕。墍，又作「摡」，本義為從內部用泥塗屋頂。《說文》：「摡，仰塗也。从土，既聲。」《段注》：「以草蓋屋曰茨。涂墍次者，涂其茨之下也。故必卬（仰）涂。」墍通摡。墍、摡皆曉母物部字。摡，取。《韓詩》作「摡」。《毛傳》：「墍，取也。」《廣雅‧

釋詁》：「摡，取也。」《玉篇·手部》：「摡，許氣切。《詩》云：『傾筐摡之。』本亦作墍。」馬瑞辰《通釋》：「『墍』者，『摡』之假借。」女子催促那些在婚戀場合尋偶的小夥子們趕緊背著頃筐去搶摘梅果，拋梅子來追求她。這句歌詞是女子在婚戀場合的調侃之語。

〔8〕迨其謂之：就趁著這次集會的日子吧！謂，本義為說。參見《行露》注〔4〕。謂，通會。指婚戀集會的日子。謂，匣母物部；會，匣母月部。物、月旁轉。「迨其謂之」與「迨其吉兮」對言，「謂」「吉」語義大致相當，會日即吉日。之，語助詞。

【詩旨說解】

　　《摽有梅》是求偶情歌歌詞。一個性格潑辣的女子前去參加婚戀集會，也許她到達婚戀集會現場晚了一些，但她毫不示弱，高歌入場，先聲奪人。

　　「摽有梅，其實七兮！求我庶士，迨其吉兮！」——女子一到場，便向在場的小夥子們發出了求偶的信號，招呼小夥子們前來搭訕她。

　　「摽有梅，其實三兮！求我庶士，迨其今兮！」——女子繼續提示小夥子們：「梅樹上的梅果已經不多了，要追求我的小夥子們，請抓緊點兒吧！」

　　「摽有梅，頃筐墍之！求我庶士，迨其謂之！」——女子繼續挑逗小夥子們：「你們拋了那麼多的梅果，也沒找到合適的對象，快背著頃筐再去搶摘一些梅果吧！」女子諷刺那些拋梅求偶屢拋不中的小夥子，說他們就要找不到合適的婚姻對象了，要他們趁著今天的好時光，直接向她拋梅子。

　　此歌詞反映了春秋時期東周召邑地區民間「拋梅求偶」的婚戀風俗。這篇歌詞的語言潑辣、熱烈、質樸、詼諧，沒有任何掩飾。

小星

　　嘒彼小星〔1〕，三五在東〔2〕。
　　肅肅宵征〔3〕，夙夜在公〔4〕。
　　寔命不同〔5〕！

　　嘒彼小星，維參與昴〔6〕。
　　肅肅宵征，抱衾與裯〔7〕。
　　寔命不猶〔8〕！

【注釋】

〔1〕嘒彼小星：看天上那些密密麻麻的小星星。嘒，從口，彗聲，本義為聲音小。《說文》：「嘒，小聲也。从口，彗聲。」此歌詞中「嘒」是「暳」的訛字。《韓詩》作「暳」。暳，星星微小眾多的樣子。《玉篇·日部》：「暳，眾星貌。」《廣韻·霽韻》：「暳，小星。」《集韻·霽韻》：「小星謂之暳。」《正字通·辰集·日部》：「暳，小星貌。」今本《毛詩》經傳皆訛為「嘒」。《毛傳》：「嘒，微貌。」《大雅·雲漢》：「瞻卬昊天，有嘒其星。」彼，那，那些。小星，指天上眾多無名的小星星。《毛傳》：「小星，眾無名者。」

〔2〕三五在東：參星和昴星也掛在東方的天空。三，指參宿。參星宿共七顆星，中間的三顆亮星連成了一線，在天空中非常耀眼，故稱之為「三」。參宿三星是民間熟知的星象之一。五，指昴宿。昴星宿有五顆亮星，故稱其為「五」。視力好的人肉眼能看到昴星宿有七顆星。在中國古代天文學二十八星宿中，參、昴同屬於西方白虎七星宿。一說，「三」「五」為心、噣二星宿。心，二十八星宿東方蒼龍七宿的第五宿。噣，即咮，二十八星宿南方朱雀七宿的第三宿。《毛傳》：「三，心；五，噣。」《鄭箋》：「眾無名之星，隨心、噣在天。」此說非是。聞一多《詩經通義·乙》：「王引之云：『三五即參昴。《文選》任彥升《宣德皇后令》注引《論語比考讖》：「堯觀河渚，乃有五老游渚，流為飛星，上入昴。」又引《注》曰：「入昴宿則復為星。」據此，則漢以前相傳昴宿五星，故有降精為五老之說。其參之三星，則《史記·天官書》明著之。昴、參相距不遠，故得俱見東方。若心、噣相距甚遠，心在東則噣在西，不得言「三五在東」矣。三、五舉其數，參、昴著其名，其實一而已矣。』案王說至確。」在東，在東方。指在東方的天空。春秋時期，中原一帶深秋傍晚時參、昴二星宿出現在東方的天空。參見《唐風·綢繆》注〔2〕。

〔3〕肅肅：象聲詞，人快步行走時發出的響聲。大鳥起飛或降落時，也能聽到其翅膀發出「肅肅」的響聲。《唐風·鴇羽》：「肅肅鴇羽，集于苞栩。」《小雅·鴻雁》：「鴻雁于飛，肅肅其羽。」一說，肅肅即速速。《毛傳》：「肅肅，疾貌。」宵征，夜晚趕路。宵，夜。《毛傳》：「宵，夜。」《說文》：「宵，夜也。」《魯說》：「宵，夜也。」征，出門遠行。《毛傳》：「征，行。」《爾雅·釋言》：「征，行也。」《類篇·彳部》：「征，正行也。」《小雅·小宛》：「我日斯邁，而月斯征。」

〔4〕夙夜在公：我總是早晚在公宮裏忙碌著。夙夜，早晚。夙，黎明前的一段時間。夜，日入為夜。參見《采蘩》注〔8〕。在公，在公宮。公宮，公卿、諸侯的宮殿。

〔5〕寔命不同：君主所安排的任務確實有些偏頗！寔命，即實命、舍命，君主下達的命令或任務。寔，通實。寔，禪母錫部；實，照母錫部。禪、照旁紐。實，捨置，安排。命，君主的命令、差遣。命，與令同義。《鄭風·羔裘》：「舍命不渝。」一說，寔通是。《毛傳》：「寔，是也。」一說，寔通實。《韓詩》作「實」。《釋文》：「寔，《韓詩》作實，云有也。」不同，不一樣。《毛傳》：「命不得同於列位也。」派給其他的士大夫的任務較輕，他們都可以鑽進溫暖的被窩裏睡個懶覺，而歌者則沒有得到這樣的待遇。

〔6〕維參與昴：那是參星宿和昴星宿。維，通乃，是。參見《采蘋》注〔6〕。與，和。《邶風·擊鼓》：「平陳與宋。」《鄘風·定之方中》：「望楚與堂。」《鄭風·雞鳴》：「弋鳧與鴈。」參、昴，即上文「三五」。王引之《經義述聞·毛詩上》「三五在東」條下：「三、五舉其數也，參、昴著其名也，其實一而已矣。」參，古體作「曑」，星宿名，西方白虎七宿之一，本指參宿的三顆亮星。《唐風·綢繆》：「三星在天。」《毛傳》：「三星，參也。」昴，星宿名，西方白虎七宿之一。

〔7〕抱衾與裯：拋開了溫暖的被窩。抱，通拋。抱，並母幽部；拋，滂母幽部。并、滂旁紐。聞一多《詩經新義·抱》：「今案抱當讀為拋。（包從勹聲，尥亦從勹聲，二字古為同音。）《史記·三代世表》：『姜嫄以為（后稷）無父，賤而棄之道中，牛羊避不踐也，抱之山中，山者養之。』錢大昕謂『抱』即拋字。」衾，大被子。《毛傳》：「衾，被也。」《說文》：「衾，大被。」裯，本義短內衣。《方言》第四：「汗襦，江、淮、南楚之間謂之襌。自關而西或謂之祇裯。自關而東謂之甲襦。陳、魏、宋、楚之間謂之襜襦，或謂之襌襦。」《說文》：「裯，祇裯。」《後漢書·羊續傳》：「其資藏惟有布衾、敝祇裯。」裯，通幬，床帳。裯、幬皆定母幽部字。三家《詩》作「幬」。《魯說》：「幬謂之帳。」《韓說》：「幬，單帳也。」《鄭箋》：「幬，床帳也。」《說文》：「幬，襌帳也。」《玉篇·衣部》：「裯，床帳也。」一說，「裯」為單被。《毛傳》：「裯，襌被也。」一個大夫在深秋或初冬季節，拋開了溫暖的被窩去忙碌公務，故有此怨歌。

〔8〕寔命不猶：與「寔命不同」同義。不猶，不如、不同，不一樣。猶，本為獸名，猴類動物。《說文》：「猶，玃屬。从犬，酋聲。一曰隴西謂犬子為猶。」猶通

如、若。猶，喻母幽部；如，日母魚部；若，日母鐸部。喻、日旁紐，幽、魚旁轉，幽、鐸旁對轉。《毛傳》：「猶，若也。」《廣韻·尤韻》：「猶，似也。」王引之《經傳釋詞》卷一：「猶為若似之若。」劉淇《助字辨略》卷二「猶」字下：「《廣韻》云：『似也。』愚案『似也』，如也。《孟子》：『猶緣木而求魚也。』」

【詩旨說解】

《小星》是一個大夫所唱怨歌的歌詞。一個大夫夜間突然接到了君主的命令，在一個深秋（或初冬）的夜晚，他拋開溫暖的被窩，前往君主宮中公幹。這趟公差打擾了他的幸福生活。與那些沒有安排任務的大夫相比，他的心中不平衡了，一邊行走，一邊哼出了這首埋怨的小曲來。

《毛詩》序、鄭玄認為《小星》所述的是「妾進御於君」之事。《毛詩》序：「《小星》，惠及下也。夫人無妒忌之行，惠及賤妾，進御於君，知其命有貴賤，能盡其心矣。」《鄭箋》：「夙，早也。謂諸妾肅肅然夜行，或早或夜，在於君所，以次序進御者，是其禮命之數不同也。」「諸妾夜行，抱被與床帳，待進御之，次序不若，亦言尊卑異也。」朱熹也同樣認為《小星》所述的是「眾妾進御於君」之事。朱熹《集傳》：「南國夫人承后妃之化，能不妒忌以惠其下，故其眾妾美之如此。蓋眾妾進御於君，不敢當夕，見星而往，見星而還，故因所見以起興。」以上是關於《小星》的主旨「正統」說法。

清代姚際恒《詩經通論》針對「眾妾進御於君」說唱了一個反調。他說：「此篇章俊卿（按：章為宋人）以為『小臣行役之作』，是也。今推廣其意言之，山川原隰之間，仰頭見星，東西歷歷可指，所謂『戴星而行』也。若宮闈永巷之地，不類一也。『肅』『速』同，疾行貌。若為婦人步屧之貌，不類二也。『宵征』云者，奔馳道路之辭。若為往來宮闈之辭，不類三也。嬪御分期夕宿，此鄭氏之邪說。若《禮》云『妾御莫敢當夕』，此固有之，然要不離宮寢之地。必謂見星往還，則來於何處？去於何所？不知幾許道里，露行見星，如是之疾速征行？不可通一也。據鄭氏邪說，謂八十一御女，九人一夜。按夜，陰象也，宜靜；女，陰類也，尤宜靜。乃於黑夜群行，豈成景象！不可通二也。前人之以為妾媵作者，以『抱衾與裯』一句也。予正以此句而疑其非，何則？進御於君，君豈無衾裯，豈必待其衾裯乎！眾妾各抱衾裯，安置何所？不可通三也。」姚氏駁斥《毛詩》序、《鄭箋》和朱熹《集傳》，說得有理。

　　聞一多《詩經新義》說：「序說此詩為『夫人無妒忌之行，惠及賤妾，進御於君』，其言甚鄙，且於文義多未可通。自來解者，惟王質曰『婦人送君子以夜而行，事急則人勞』，最為明通。」「抱當讀為拋。……『拋衾與裯』者，婦人謂其夫早夜從公，拋棄衾裯，不遑寢息，殆猶唐人詩『辜負香衾事早朝』之意與？」聞氏以為《小星》是女詞，且說《小星》說的是「婦人送君子以夜而行」之事，亦誤。

江有汜

　　江有汜〔1〕！之子歸〔2〕，不我以〔3〕。
　　不我以，其後也悔〔4〕！

　　江有渚〔5〕！之子歸，不我與〔6〕。
　　不我與，其後也處〔7〕！

　　江有沱〔8〕！之子歸，不我過〔9〕。
　　不我過，其嘯也歌〔10〕！

【注釋】

〔1〕江有汜：長江分岔了！江，長江的專稱。有，存在著。表示真實存在的狀況。汜，江水分出的岔，支流。《毛傳》：「決復入為汜。」《說文》：「汜，水別復入水也。一曰汜，窮瀆也。从水，巳聲。《詩》曰：『江有汜。』」汜，又作「洍」。《說文》：「洍，水也。从水，匝聲。《詩》曰：『江有洍。』」汜、洍、支、枝皆通歧。汜、洍，邪母之部；支、枝，照母支部；歧，群母支部。照、邪鄰紐，且與群母通轉；之、支旁轉。長江自蜀入鄂，有一條江水的別流，分而復合入長江。這條江水名為「汜江」又書寫為「洍江」。秦代名其地為「芰江」，漢代為「枝江」，即今湖北省枝江。唱「江有汜」，等於說「事情出岔子了」。下文「江有渚」「江有沱」與「江有汜」的意思相同，都是以長江有分岔比喻事情出了岔子。唱情歌的女子用「汜」「渚」「沱」作比喻，她大約是生活在湖北枝江地區的人。

〔2〕之子歸：你回家去。之子，這個人。指某男子。之，通是、此，這，這個。之，照母之部；是，禪母支部；此，清母支部。照、禪旁紐，與清母鄰紐；之、支旁轉。《鄭箋》：「之子，是子也。」歸，回家。

〔3〕不我以：不帶我一塊兒回去。以，隨帶。《邶風・擊鼓》：「從孫子仲，平陳與宋。不我以歸，憂心有忡。」「不我以」是「不我以歸」的省略語，「以」字之後省略了「歸」字。

〔4〕其後也悔：過後你會懊悔的！其後，過後。其，時間副詞。悔，懊惱。

〔5〕渚：江河中的小洲。渚能把水流分開，故有分岔之義。《毛傳》：「渚，小洲也。水枝成渚。」

〔6〕不我與：即不與我，不讓我跟你一起走。與，跟隨一起。

〔7〕其後也處：過後你會萬分傷心！處，通瘋。處，穿母魚部；瘋，審母魚部。穿、審旁紐。聞一多《詩經新義》：「『處』亦疑當讀為瘋，訓憂。瘋、處音同例得相假。」瘋，本義為憂鬱症。引申為深憂。《爾雅・釋詁》：「瘋，病也。」《爾雅釋文》：「瘋，舍人云：『心憂懣之病。』孫炎云：『瘋者，畏之病也。』」《集韻・語韻》：「瘋，憂病。」《小雅・正月》：「瘋憂以痒。」朱熹《集傳》：「瘋憂，幽憂也。」瘋憂，深憂，難解之憂。

〔8〕沱：長江分出的支流。《毛傳》：「沱，江之別者。」沱，通他，有水別行之義。小江與大江別行。沱，定母歌部；他，透母歌部。定、透旁紐。《齊說》：「江沱出枝江縣西，東入江。」依《毛傳》和《齊說》，沱江仍指枝江。

〔9〕不我過：即「不過我」，不到我的家裏來。過，造訪。朱熹《集傳》：「過，謂過我而與俱也。」《戰國策・齊策四・齊人有馮諼者》：「乘其車，揭其劍，過其友。」男女在野外戀愛成功後，男子若要與女子私奔成婚，須到女子家中造訪女子三次，然後二人攜手私奔。

〔10〕其嘯也歌：我要用放情嘯歌來排遣我內心的煩惱。其，語助詞。嘯也歌，歌中有嘯。嘯，字又作「歗」，口收緊作長叫，有聲無詞。嘯是一種獨特的發音形式，起抒情作用。嘯，《魯詩》作「歗」。《鄭箋》：「嘯，蹙口而出聲。」段校《說文》：「歗，吹也。从欠，肅聲。《詩》曰：『其嘯也謌。』」東晉王嘉《拾遺記・前漢上》：「（漢武帝）泰始二年，西方有因霄之國，人皆善嘯。丈夫嘯聞百里，婦人嘯聞五十里。」《文選・嘯賦》對「嘯」也有專門的描寫。嘯又是歌的內在成分。《王風・中谷有蓷》：「條其嘯矣。」《小雅・白華》：「嘯歌傷懷。」《楚辭・招魂》：「永嘯呼些。」歌，有詞有調。歌，《魯詩》作「謌」。《說文》：「歌，詠也。」徐鍇《繫傳》：「歌，長引其聲以誦之也。」《易・離卦》：「不鼓缶而歌。」《尚書・虞書・舜典》：「歌永言。」永言，長言。這是對「歌」的解釋。把「言」的聲音拖長了即是歌，亦即拖腔。《禮記・樂記》：

「歌之為言也，長言之也。」女子求偶不成，便以放開情懷歌嘯來抒發其內心的不快。

【詩旨說解】

《江有汜》是婚戀情歌歌詞。一名女子與一名男子談婚，未能達成一致，男子確定不再理會這位女子了。女子為了挽回失利的局面，唱一支歌向男子表白她的最後態度，期望這個男子能夠迴心轉意。

此歌詞中用「汜」「渚」「沱」作比喻，說明唱情歌的女子是生活在長江附近的人。

野有死麕

野有死麕〔1〕，白茅包之〔2〕。
有女懷春〔3〕，吉士誘之〔4〕。

林有樸樕〔5〕，野有死鹿〔6〕。
白茅純束〔7〕，有女如玉〔8〕。

舒而脫脫兮〔9〕！
無感我帨兮〔10〕！
無使尨也吠〔11〕！

【注釋】

〔1〕野有死麕：在郊外獵獲了一隻獐子。野，郊外。《毛傳》：「郊外曰野。」死麕，在田獵中被射死的獐子。麕，典籍又作「麋」，獐子，鹿屬。《說文》：「麋，麞也。從鹿，囷省聲。麕，籀文不省。」

〔2〕白茅包之：我用潔淨的白茅包裹好了分到的獐子肉。白茅，多年生草本植物，花穗上密生白毛。因白茅根潔白而有甜味，古人用它纏束或墊藉供品。包之，包裹它。包，「胞」字的初文。引申為包裹之義。《毛傳》：「包，裹也。」《釋文》作「苞」。段玉裁《毛詩故訓傳定本》校訂經文作「苞」，校訂傳文：「苞，裹也。」《說文》：「包，象人裹妊，巳在中，象子未成形也。……凡包之屬皆從包。」《段注》：「引申之為凡外裹之稱。亦作苞。皆假借字。凡經傳言苞苴者，裹之曰苞，藉之曰苴。」包通苞。包、苞皆幫母幽部字。《尚書·夏書·禹貢》：「厥包橘柚錫貢。」《左傳·僖公四年》：「爾貢包茅不入。」包，皆「苞」之假借。古代凡贈送禮品一般都有「苞苴」，用白茅作包裹纏束和墊藉之物。

之，它。代指鹿肉。《毛傳》：「野有死麕，群田之獲而分其肉。」男子在田獵
後分得獐子的肉，以白茅包裹起來作為求婚的禮物送給女家，以表示心意。

〔3〕有女懷春：有個女子想戀愛啦。懷春，思念仲春集會的日子。懷，思念。《毛
傳》：「懷，思也。」春，春天。代指仲春集會的日子。據說，少昊氏時代就有
了專門司分、司至的天文官職了。《左傳・昭公十七年》：「少皞摯之立也，鳳
鳥適至，故紀於鳥，為鳥師而鳥名。鳳鳥氏，歷正也。玄鳥氏，司分者也；伯
趙氏，司至者也。」春秋時期，「春夏秋冬」四季的概念已經形成了，與夏曆
的春夏秋冬是一致的，仲春就是春分之時。《豳風・七月》：「春日載陽，有鳴
倉庚。」《小雅・出車》：「春日遲遲，卉木萋萋。」《唐風・葛生》：「夏之日，
冬之夜。」《衞風・氓》：「秋以為期。」《陳風・宛丘》：「無冬無夏，值其鷺羽。」
《邶風・谷風》：「我有旨蓄，亦以御冬。」《小雅・四月》：「秋日淒淒，百卉
具腓。」「冬日烈烈，飄風發發。」女子到了談情說愛的年齡，萌動了戀愛之
心，就會盼著仲春集會之日的到來。「有女懷春」是仲春集會婚戀風俗的反映。
《毛傳》：「春，不暇待秋也。」毛亨以為春天是結婚的時節，誤。《鄭箋》：「有
貞女思仲春以禮與男會，吉士使媒人道（導）成之。」仲春集會上的婚戀一般
不通過媒人說合。鄭說「使媒人道（導）成之」，亦誤。

〔4〕吉士誘之：我這個好青年前去引誘她。吉士，好青年。士，指貴族青年男子。
這是歌者自謂。誘之，引誘她，讓她動心。誘，引誘。《毛傳》：「誘，道也。」
道通導。道、導皆定母幽部字。導，引導、誘導之義。《說文》：「導，引也。」
《釋文》：「誘之，導也。」《玉篇・言部》：「誘，誘引也；進也；相勸動也。」
之，代詞，她。男子持獵肉前往女家送禮，引誘女子跟他談戀愛。

〔5〕林有樸樕：郊外生長著樸樹和檞樹。林，城邑的郊野之外的地方。《爾雅・釋
地》：「邑外謂之郊，郊外謂之牧，牧外謂之野，野外謂之林。」《說文》：「郊，
距國百里為郊。」古以距國都五十里為近郊，百里為遠郊，三百里為野，野外
為牧，牧外則為林。小諸侯國土地狹窄，其郊、野、牧、林的範圍比大國縮小
很多。樸，本義為未經加工的木材。《說文》：「樸，木素也。」《段注》：「素，
猶質也。以木為質，未雕飾，如瓦器之坯然。」樸借為朴。朴，本義為朴樹皮，
即厚朴，有辛辣味。《說文》：「朴，木皮也。」木皮，厚朴。厚朴是一味藥材，
也可作煮肉的佐料。樸通朴。樸、朴皆滂母屋部字。朱駿聲《說文通訓定聲・
需部》：「樸，假借為朴。」檞，又稱「檞樕」，檞樹，一種大葉樹木。《說文》
「檞」字徐鍇《繫傳》：「檞，即今小檞樹。栗之類也。」富孫《詩經異文釋》

卷一：「『林有樸樕。』《御覽》五十七引作『樸薪』。」樕，通薪。樕、薪皆心母屋部字。《南齊書‧樂頤樂預傳》：樂預「建武中為永世令，民懷其德。卒官。有一老嫗行擔斛薪葉將詣市，聞預死，棄擔號泣。」槲樹葉，其形闊大，可用它包裹獐子的肉。故有賣斛薪葉於市者。男子用槲葉包鹿肉，束上白茅根，再加上點煮肉的佐料朴皮，送給一個懷春的女子，表示他的求婚之意。一說，「樸樕」是一種小棵樹木。《毛傳》：「樸樕，小木也。」

〔6〕野有死鹿：在郊外獵獲的那隻獐子。死鹿，即上文的「死麕」。獐子，鹿類動物，形狀像鹿，故歌者又稱其為「鹿」。

〔7〕白茅純束：我用白茅繩把分到的鹿肉包裹捆束好。純束，即稇束。純通稇。純，定母文部；稇，溪母文部。定、溪通轉。稇，本義為用一縷禾將收割的莊稼捆束起來。引申為捆束之義。《說文》：「稇，絭束也。」《國語‧齊語‧桓公霸諸侯》：「稇載而歸。」《戰國策‧秦策一‧蘇秦從燕之趙始合從》：「錦繡千純。」高誘《注》：「純，音屯，束也。」

〔8〕有女如玉：送給那個顏色如玉的女子。如玉，像玉一樣白皙。如，似。玉，指白玉。那個懷春之女皮膚白皙，容貌姣好。男子想著他所追求的女子姣好的模樣，心中無比欣喜。

〔9〕舒而脫脫兮：心情要放鬆，腳步要放輕，走路的姿勢要好看呀！舒而，即舒爾、舒然，行動舒緩的樣子。舒，舒緩。《毛傳》：「舒，徐也。」「徐，安行也。」而，通爾、然，那個樣子。而，日母之部；爾，日母脂部；然，日母元部。之與脂、元旁通轉，脂、元旁對轉。脫脫，輕鬆安舒的樣子。《毛傳》：「脫脫，舒遲也。」脫通娧。脫、娧皆透母月部字。娧娧，舒適地行走的樣子。三家《詩》作「娧」。慧琳《一切經音義》卷第三十九「娧澤」下引《毛傳》云：「娧娧，舒遲之貌也。」《集韻‧夳韻》：「娧，娧娧，舒遲貌。」《說文》：「娧，好也。」《段注》：「《召南》『舒而脫脫兮』，《傳》曰『脫脫，舒貌』。按，『脫』蓋即『娧』之假借。此謂舒徐之好也。」

〔10〕無感我帨兮：不要動手搖我的佩巾呀。無，通毋，不要。參見《甘棠》注〔2〕。感，通撼，搖動。感，見母侵部；撼，匣母侵部。見、匣旁紐。《毛傳》：「感，動也。」三家《詩》作「撼」。帨，女子的佩巾，平時繫於腰間，作擦拭用。《毛傳》：「帨，佩巾也。」《說文》：「巾，佩巾也。从冂，丨象繫也。凡巾之屬皆从巾。」《段注》：「『帶』下云：『佩必有巾。』佩巾，《禮》之『紛帨』也。鄭曰：『紛帨，拭物之巾也。』按，以巾拭物曰巾。如以帨拭手曰帨。……『丨

象繫也。』有繫而後佩於帶。」《說文》：「帨，佩巾也。從巾，自聲。帨，帨
或從兌聲。」《段注》：「『帨或從兌聲。』今音稅。此二篆今人久不知為一字矣。
《召南》毛傳曰：『帨，佩巾也。』《鄉飲酒禮》《鄉射禮》《燕禮》《大射儀》
《公食大夫禮》《有司徹》皆言『帨手』。《注》：『帨，拭也。』帨手者於帨。
帨，佩巾。」《玉篇・巾部》：「帨，巾也。」

〔11〕無使尨也吠：不要讓小長毛狗叫起來呀。尨，毛長的狗。《毛傳》：「尨，狗
也。」《說文》：「尨，犬之多毛者。從犬從彡。《詩》曰：『無使尨也吠。』」吠，
狗叫。《說文》：「吠，犬鳴也。」女子家中養了狗。要想不惹犬狂叫，就得准
備好餵狗的食物。民國至中華人民共和國建立初期，中國西南部納西族的摩梭
人還保留著原始的婚戀方式，青年男人到女方家中與女子相會，要帶上糯米肉
飯團防止狗叫。若依前例，此句詩文的末尾應當有「兮」字。

【詩旨說解】

《野有死麕》是婚戀情歌歌詞。一個男子參加一個集體田獵活動，分得
了獐子肉，想把獐子肉送給他心儀的姑娘。他按捺不住心中的快樂，即興編
唱了這支情歌。

第一章：男子田獵時分得了一塊獐子肉。他想拿獐子肉作為禮物，引誘
一個懷春的姑娘跟他私奔，於是用槲葉和白茅根把獐子肉包好，要給那個懷春
的姑娘送去。白茅根潔白而有甜味，用它包裹禮品，最能表達送禮者的美意。

第二章：男子用白茅和槲葉包裹了鹿肉，還要把一種有辛味的樹皮作為
煮肉的佐料放在包內。一想到那個女子可愛的模樣，他就陶醉了。他要用這
份禮物贏得那位姑娘的愛，所以他這次送禮格外用心。

第三章：男子像演戲一樣，充當了反串的角色，模仿著懷春女子的口吻，
哼唱幾句「貓腔狗調」，來抒發他內心得意的情緒。「舒而脫脫兮，無感我帨
兮，無使尨也吠」——男子模仿著女子的聲音說：「你前來跟我相會時心情要
放鬆些，走路要小心些呀，不要慌裏慌張的！你不要搖動我的佩巾呀！動作
要輕些，勿使俺家的小狗叫出聲來呀！」這個男子裝腔學樣地把他自己那種
得意的心情作了一番調皮而又滑稽的表達。

何彼襛矣

何彼襛矣〔1〕，唐棣之華〔2〕。
曷不肅雝〔3〕，王姬之車〔4〕！

何彼襛矣，華如桃李〔5〕。
平王之孫〔6〕，齊侯之子〔7〕！

其釣維何〔8〕？維絲伊緡〔9〕。
齊侯之子，平王之孫！

【注釋】

〔1〕何彼襛矣：王姬出嫁的花車，車帷上所畫的花兒多麼稠密呀。何彼，即彼何。
彼，代詞，那。指王姬出嫁的花車。何，通曷，多麼。襛，本義為衣厚。《說
文》：「襛，衣厚貌。从衣，農聲。《詩》曰：『何彼襛矣。』」襛通穠。襛、穠
皆泥母冬部字。穠，花木茂盛之義。《玉篇·禾部》：「穠，花木盛也。」《廣韻·
鍾韻》：「穠，花木厚。」王姬出嫁所乘車的帷幕上畫的棠棣花朵穠稠繁盛。一
說，「襛」是「戎戎」的合音。《毛傳》：「襛，猶戎戎也。」襛，《韓詩》作「茙」。
茙亦通穠。茙，日母冬部。泥、日準雙聲。戎戎，穠密貌。《古文苑》張衡《冢
賦》：「乃樹靈木，靈木戎戎。」宋章樵《注》：「戎戎，盛貌。」

〔2〕唐棣之華：那是棠棣的花朵。唐棣，即棠棣、常棣，木名，薔薇科落葉灌木。
今稱「鬱李」。此種樹春季開花，花淡紅色，與桃花相似。鬱李的花朵濃密豔
麗。《爾雅·釋木》：「常棣，棣。」郭璞《注》：「今山中有棣樹，子如櫻桃，
可食。」《小雅·常棣》：「常棣之華，鄂不韡韡。」《毛傳》：「常棣，棣也。」
《論語·子罕》引逸詩：「唐棣之華，偏其反而。豈不爾思，室是遠而。」華，
古「花」字。《爾雅·釋草》：「木謂之華，草謂之榮。不榮而實者謂之秀，榮
而不實者謂之英。」《周南·桃夭》：「桃之夭夭，灼灼其華。」周代上層貴族
的婚車，一般喜歡用竹製的車簾，簾上畫鳥或花。《齊風·載驅》：「載驅薄薄，
簟茀朱鞹。」《小雅·采薇》：「彼爾維何？維常之華。彼路斯何，君子之車。」
爾，「薾」的借字。薾，花茂盛的樣子。借為車簾上的繪花之義。《說文》：「薾，
華盛。从艸，爾聲。《詩》曰：『彼薾惟何？』」常，常棣。下層貴族婚姻嫁娶
所用的車輛用布作車帷，稱為「帷裳」。《衞風·氓》：「淇水湯湯，漸車帷裳。」
一說，「唐棣之華」是比喻王姬的顏色美麗。《鄭箋》：「何乎彼戎戎者？乃枒
（棣）之華。興者，喻王姬顏色之美盛。」

〔3〕曷不肅雝：多麼肅雝呀。曷不，即何不、哪裏不、多麼。曷，從曰，匄聲，疑
問詞，什麼、哪裏。《說文》：「曷，何也。从曰，匄聲。」曷通何。曷，匣母
月部；何，匣母歌部。月、歌對轉。曷，典籍多以「何」代之。「曷」為本字，

「何」為借字。《邶風‧綠衣》：「曷維其已？」《邶風‧雄雉》：「曷云能來？」《王風‧君子于役》：「曷至哉？」《王風‧揚之水》：「曷月予還歸哉！」《齊風‧南山》：「曷又懷之？」《唐風‧鴇羽》：「曷其有所？」《唐風‧有杕之杜》：「曷飲食之？」肅雝，整飾和諧，安靖莊重。《毛傳》：「肅，敬。雝，和。」《周頌‧清廟》：「於穆清廟，肅雝顯相。」《周頌‧有瞽》：「肅雝和鳴。」

〔4〕王姬之車：王姬出嫁的花車！王姬，周天子的女兒稱「王姬」。《春秋‧莊公元年》：「夏，單伯送王姬。秋，築王姬之館于外。冬十月乙亥，……王姬歸于齊。」《春秋‧莊公二年》：「秋七月，齊王姬卒。」《春秋‧莊公十一年》：「冬，王姬歸于齊。」《春秋》記載的這兩個「王姬」，前一個嫁給齊襄公不到一年便抑鬱而死，後一個嫁給了齊桓公。此歌詞所稱「王姬」究係何人？楊伯峻《春秋左傳注》據顧炎武《日知錄‧何彼襛矣》認為，詩中的「王姬」就是魯莊公元年嫁給齊襄公做夫人的那位王姬。「王姬之車」是齊侯的女兒乘坐之車。此車本是嫁給齊襄公的那位王姬的嫁車，齊侯的女兒又乘坐它嫁到東周。王先謙《集疏》引三家遺說：「言齊侯嫁女，以其母王姬之車遠送之。」又說：「案，如三家說，是『齊侯之子』為齊侯所嫁之女。『平王之孫』，周平王之外孫女也。平王女王姬先嫁於齊，留車反馬。今所生之女嫁西都畿內諸侯之國，榮其所自出，故以其母王姬始嫁之車送之。詩人見此車而貴之，知其必有肅雝之德，故深美之也。」周王朝與齊國世為婚姻，春秋時期嫁到齊國的王姬到底有幾個，是個搞不清楚的問題。除上述兩個王姬之外，或許另有其人。

〔5〕華如桃李：車簾上的棠棣花朵如同桃李的花朵一樣鮮豔！如桃李，棠棣花與桃樹、李樹花相似。如，似、像。參見《周南‧汝墳》注〔4〕。

〔6〕平王之孫：她是周平王的外孫女。平王，周平王宜臼。孫，凡兩代以後，男女皆可稱「孫」。《爾雅‧釋訓》：「子子、孫孫，引無極也。」《魯頌‧閟宮》：「周公之孫，莊公之子。」魯莊公之子魯僖公是周公姬旦的遠孫，亦被稱為「周公之孫」。

〔7〕齊侯之子：她又是齊國國君的女兒！齊侯，齊國的國君。子，此指女子。《詩經》中男女皆可稱「子」。《衛風‧碩人》所稱「齊侯之子，衛侯之妻，東宮之妹；邢侯之姨，譚公維私」，實為衛莊姜一人；《大雅‧韓奕》所稱「韓侯取妻，汾王之甥，蹶父之子」，為韓侯妻一人；《魯頌‧閟宮》所稱「周公之孫，莊公之子」，為魯僖公一人。由此判斷，「平王之孫，齊侯之子」所稱亦為一人。這個人就是齊國國君和王姬所生的女兒，她是周平王的外孫女。

〔8〕其釣維何：釣魚用了什麼樣的繩線？其，代詞，代指此次釣魚。維，通乃，是。參見《采蘋》注〔6〕。釣，釣魚。《說文》：「釣，鉤魚也。」《段注》：「鉤者，曲金也。以曲金取魚謂之釣。」《論語‧述而》：「子釣而不綱。」何，什麼。代指釣魚的線繩。

〔9〕維絲伊緡：用的是精美的絲線和緡繩。維，通乃，是。絲，細釣線。釣小魚時用細釣繩。伊通維。伊，影母脂部；維，喻母微部。影、喻通轉，微、脂旁轉。《毛傳》：「伊，維。」《爾雅‧釋詁》：「伊，維也。」緡，又作「緍」，合股絲。釣大魚時用粗釣繩。《毛傳》：「緡，綸也。」《爾雅‧釋詁》：「緡，綸也。」《說文》：「緡，釣魚繳也。」「綸，糾青絲綬也。」「維絲伊緡」即「維絲維緡」「乃絲乃緡」。此樂歌的最後一章說到「釣魚」之事，用「釣」字來點明樂歌的主題。周代的婚姻風俗，迎親的歸途中有「捕魚」的程序。《衛風‧碩人》：「施罛濊濊，鱣鮪發發。」此樂歌所說的「釣魚」，或許是迎親歸途中的一個禮儀程序。

【詩旨說解】

《何彼襛矣》是東周王族郊迎齊侯之子的祝婚樂歌歌詞。

「何彼襛矣，唐棣之華！曷不肅雝？王姬之車」，這句歌詞是稱讚齊侯之子出嫁所用的花車華美肅雝。

「何彼襛矣，華如桃李！平王之孫，齊侯之子」，這句歌詞既稱讚齊侯之子出嫁所用的花車的華美，又稱讚齊侯之子家族地位高貴顯赫，同時也點明了周王室與齊國聯姻的重要性。

「其釣維何？維絲伊緡。齊侯之子，平王之孫」，這句歌詞用「釣魚」點明周、齊聯姻的主題，進一步強調了周、齊聯姻的重要性。

春秋時期，周王族及諸侯的婚禮有「郊迎」「郊送」儀式，並舉樂。《何彼襛矣》《衛風‧碩人》《鄘風‧君子偕老》是婚禮郊迎樂歌，《邶風‧燕燕》《齊風‧敝笱》《齊風‧載驅》則是婚禮郊送樂歌。《碩人》中說到了在黃河裏用網捕魚之事。《敝笱》中說到了用笱捕魚之事。《何彼襛矣》中說到了「釣魚」之事。「捕魚」或「釣魚」是貴族婚禮儀式中必有的環節。與《碩人》《鄘風‧君子偕老》相比，《何彼襛矣》的內容顯得很單薄。《何彼襛矣》中顯示的東周貴族婚禮程序中的「釣魚」，也比不上衛國貴族婚禮程序中的「捕魚」有氣派。

騶虞

彼茁者葭〔1〕！
壹發五豝〔2〕。
于嗟乎〔3〕，騶虞〔4〕！

彼茁者蓬〔5〕！
壹發五豵〔6〕。
于嗟乎，騶虞！

【注釋】

〔1〕彼茁者葭：圍獵場上的蘆葦長得又嫩又壯！彼，那。代指澤藪獵場。茁，剛長
出來的草又嫩又壯的樣子。《毛傳》：「茁，出也。」段玉裁《毛詩故訓傳定本》
傳文注：「『也』當作貌。」《說文》：「茁，草初生出地貌。从艸，出聲。《詩》
曰：『彼茁者葭。』」茁，通壯。茁，莊母物部；壯，莊母陽部。物、陽旁通轉。
壯，人健壯。借指植物盛壯。《方言》第一：「秦晉之間凡人之大謂之奘，或謂
之壯。」《釋名·釋長幼》：「三十曰壯，言丁壯也。」《禮記·曲禮上》：「三十
曰壯，有室。」《管子·小問》「至其壯也」尹知章《注》：「壯，謂苗轉長大。」
者，語助詞。葭，初生的蘆葦。《毛傳》：「葭，蘆也。」狩獵場上生長著幼嫩
茁壯的蘆葦。

〔2〕壹發五豝：大家一次圍獵要射殺五隻母野豬。壹發，一次圍獵射箭。壹，一
次。《史記·春申君列傳》：「恐壹舉兵而滅楚。」發，射箭。《鄭風·大叔于田》：
「叔發罕忌。」《小雅·吉日》：「發彼小豝，殪此大兕。」《小雅·賓之初筵》：
「大侯既抗，弓矢斯張，射夫既同，獻爾發功。發彼有的，以祈爾爵。」五豝，
五隻母野豬。五，五個。表示多數。豝，二歲母野豬。《廣雅·釋獸》：「獸一
歲為豵，二歲為豝，三歲為肩，四歲為特。」一說，「豝」為母豬。《毛傳》：
「豕牝曰豝。」國王、國君或公卿大臣到苑囿裏打獵，虞官一次釋放出獸圈中
一定數量的未成年小野獸供狩獵者獵獲。這樣的打獵帶有表演的性質。這句歌
詞是要求虞官多釋放些野獸出來，供狩獵者射獵。

〔3〕于嗟乎：「于嗟」又加「乎」，複合感歎詞，重而長的感歎語氣。于嗟，同猗
嗟，複合感歎詞。于，匣母魚部；猗，影母歌部。匣、影鄰紐，魚、歌通轉。
《周南·麟之趾》：「于嗟，麟兮！」《毛傳》：「于嗟，歎詞。」《邶風·擊鼓》：
「于嗟闊兮，不我活兮！」《衛風·氓》：「于嗟鳩兮，無食桑葚！」《齊風·猗

嗟》：「猗嗟昌兮，頎而長兮！」《毛傳》：「猗嗟，歎詞。」參見《周南・麟之
趾》注〔3〕。於，《魯詩》作「吁」。

〔4〕騶虞：苑囿司獸官員。騶，本義為以草餵馬。引申為餵養之義。騶，名詞又指
負責養馬、駕車者。《說文》：「騶，廄御也。」《尚書・周書・立政》有「趣馬」
這個官職，即養馬管馬之官。趣通騶。趣，清母侯部；騶，莊母侯部。清、莊
準旁紐。《說文》「騶」字《段注》：「按騶之假借作趣。《周禮》《詩》《周書》
之『趣馬』，《月令》《左傳》謂之『騶』。一用假借，一用本字也。」漢賈誼《新
書・禮》：「騶者，天子之囿也。」賈誼蓋以「騶」為天子苑囿裏負責飼養動物
的官員。虞，古代管理山澤鳥獸或在御苑專門負責管理鳥獸的官員。虞，本義
為披著虎皮呼叫的狩獵者，後來演變為一種官職的名稱。《左傳・昭公二十年》：
「山林之木，衡鹿守之；澤之萑蒲，舟鮫守之；藪之薪蒸，虞候守之。海之鹽
蜃，祈望守之。」杜預《注》：「衡鹿、舟鮫、虞候、祈望皆官名也。」孔穎達
《疏》：「《周禮》山澤之官皆名為虞。」《周禮・地官・山虞》：「山虞，掌山林
之政令。」《周禮・地官・澤虞》：「澤虞，掌國澤之政令。」《禮記・淄衣》：
「若虞機張。」鄭玄《注》：「虞，主田獵之地者也。」賈誼《新書・禮》：「虞
者，囿之司獸者也。」古之所謂「虞」，泛指看守山林、澤藪、苑囿或負責田
獵的官員。此樂歌中「騶虞」是苑囿司獸之官。狩獵儀式的贊禮人嚴詞要求司
獸官做好本職工作。

〔5〕彼茁者蓬：圍獵場上的蓬草長得又嫩又壯！蓬，一種多年生野草，子實上有長
長的白絨毛，秋天遇風漫天飛。《毛傳》：「蓬，草名也。」段玉裁《毛詩故訓
傳定本》傳文注：「『名』字俗增。」

〔6〕豵：小野豬。《毛傳》：「一歲曰豵。」《爾雅・釋獸》：「豵，豕生六月也。」《說
文》：「豵，生六月豚。」《廣雅・釋獸》：「獸一歲為豵。」《小爾雅・廣獸》：
「豕之大者謂之豜，小者謂之豵。」《豳風・七月》：「言私其豵。」一說，豬
一次生下三個小豬稱為「豵」。《鄭箋》：「豕生三曰豵。」《爾雅・釋獸》：「豕
生三，豵；二，師；一，特。」此樂歌「豝」與「豵」對文，分別代表大、小
野獸。

【詩旨說解】

《騶虞》是狩獵樂歌歌詞。貴族春天有狩獵活動。在開始狩獵之前，要
先舉行一個儀式。這個儀式相當於一個小型的誓師會。

　　這篇樂歌歌詞用極簡短的語言，描繪了春天獵場上誘人的景色，提醒虞官多釋放些野獸供狩獵者射殺，號召狩獵者各盡其力，多有斬獲。這篇樂詞有很強的鼓動性。

邶　風

　　邶，殷故地。《說文解字》:「邶，故商邑。自河內朝歌以北是也。」鄭玄《毛詩譜‧邶鄘衛譜》:「自紂城而北謂之邶。」《今本竹書紀年》:「（成王）二年，奄人、徐人及淮夷人入於邶以叛。」明崇禎《湯陰縣志‧沿革‧鎮集》:「邶城鎮集在縣東南三十里。」清乾隆《湯陰縣志‧地理志‧古蹟》:「邶城在縣東三十里。武王封紂子武庚地，今遺址尚存。」考古工作者在湯陰縣瓦崗鄉邶城村發現了一處古城遺址，認為是邶城遺址。周武王滅殷，將紂的京都朝歌一帶封給了他的弟弟蔡叔度，將鄘地封給了他的另一個弟弟管叔鮮，而將邶地封給了紂的兒子武庚祿父，讓他們一同管理舊殷人。管叔、蔡叔、霍叔共同監督武庚及其他殷舊臣，號為「三監」。《逸周書‧作雒解》:「武王克殷，乃立王子祿父，俾守商祀。建管叔於東，建蔡叔、霍叔於殷，俾監殷臣。」《漢書‧地理志》說:「河內本殷之舊都。周既滅殷，分其畿內為三國，《詩‧風》邶、庸、衛國是也。邶，以封紂子武庚;庸，管叔尹之;衛，蔡叔尹之。以監殷民，謂之三監。」周武王死，其長子姬誦年幼，周公姬旦代為執政。管叔、蔡叔猜忌周公，於是散佈流言說:「公將不利於王。」殷朝的舊勢力奄國、薄姑的國君見有隙可乘，便唆使武庚勾結管、蔡發動叛亂。周公姬旦率大軍前去鎮壓叛亂，處死了管叔，流放了蔡叔，將霍叔貶為庶民。一說，蔡叔被囚禁，管叔自縊，武庚祿父北奔。《逸周書‧作雒解》:「武王克殷，乃立王子祿父，俾守商祀。建管叔於東，建蔡叔、霍叔於殷，俾監殷臣。……周公、召公內弭父兄，外撫諸侯……降辟三叔，王子祿父北奔，管叔經而卒，乃囚蔡叔於郭凌。」清光緒年間，在直隸省易州淶水縣西南張家窪出土了北伯鼎、卣、尊等器物一宗。淶水邶國蓋武庚祿父北奔之地。平定武庚叛亂之後，周公將

邶、鄘、衛三地及殷遺民封賞給了他的弟弟姬封，建立衛國。姬封定國都於朝歌，稱衛君。衛國建立，邶、鄘成了衛國的小附庸國。後來，邶、鄘變為邑。

南宋羅泌《路史》卷二十七：「邶、鄘亡於春秋前，故有詩。」「故有詩」的說法值得商榷。《邶風》《鄘風》的詩文雖以地名冠之，但並非全是邶、鄘地所產。春秋戰國時期的人將《邶風》《鄘風》一併視為衛國的作品。據《左傳・襄公二十九年》記載，吳國公子季札到魯國觀周樂，「使工為之歌《邶》《鄘》《衛》。曰：『美哉，淵乎！憂而不困者也。吾聞衛康叔、武公之德如是，是其『衛風』乎！』」《左傳》中季札論詩這段文字，蓋為戰國時的經師所添加。此段文字的作者把《邶風》《鄘風》看作是《衛風》的分目。《左傳・襄公三十一年》記載，衛國大夫北宮文子跟隨衛襄公出訪楚國，他在楚國與衛襄公論及「威儀」問題時說：「《衛詩》曰：『威儀棣棣，不可選也。』」北宮文子以《邶風・柏舟》為衛人的作品。今本《毛詩》中，《邶風》《鄘風》與《衛風》並列。既然邶、鄘兩國在西周初年已併入衛國了，為什麼周代的詩歌以國分卷還要有「邶」「鄘」之名呢？對這一問題，古來議論紛然。王國維《觀堂集林・北伯鼎跋》說：「邶即燕，鄘即魯。」又說：「後人以《衛詩》獨多，遂分隸之於《邶》《鄘》。」王國維認為《邶風》和《鄘風》原來「有目無詩」，因《衛詩》較多，管理樂詩的人便將部分《衛詩》分配在《邶》《鄘》名目之下了。清尹繼美《詩管見・邶鄘衛論》說：「邶、鄘、衛一國之詩而分為三者，亦必其詩入樂於聲有異，故太師因以《邶》《鄘》《衛》志別。」尹繼美則認為，《邶風》《鄘風》是用邶地、鄘地歌調演唱的詩，故在衛詩之外另立了分冊，以作區別。

《邶風》共有十九篇詩文，其內容大多與婚戀有關。

柏舟

汎彼柏舟〔1〕，亦汎其流〔2〕。
耿耿不寐〔3〕，如有隱憂〔4〕。
微我無酒〔5〕，以敖以遊〔6〕。

我心匪鑒〔7〕，不可以茹〔8〕。
亦有兄弟，不可以據〔9〕。
薄言往愬〔10〕，逢彼之怒〔11〕。

我心匪石〔12〕，不可轉也〔13〕！
我心匪席〔14〕，不可卷也〔15〕！
威儀棣棣〔16〕，不可選也〔17〕！

憂心悄悄〔18〕，慍于羣小〔19〕。
覯閔既多〔20〕，受侮不少〔21〕。
靜言思之〔22〕，寤辟有摽〔23〕。

日居月諸〔24〕，胡迭而微〔25〕？
心之憂矣，如匪澣衣〔26〕。
靜言思之，不能奮飛〔27〕。

【注釋】

〔1〕汎彼柏舟：讓柏木舟在寬闊的水面上自由地漂游。汎，在水上自由地漂游。《毛傳》：「汎，流貌。」《說文》：「汎，浮貌。」《廣雅·釋訓》：「汎汎，浮也。」《二子乘舟》：「二子乘舟，汎汎其景。」《鄘風·柏舟》：「汎彼柏舟，在彼中河。」《小雅·菁菁者莪》：「汎汎楊舟，載沉載浮。」《小雅·采菽》：「汎汎楊舟，紼纚維之。」彼，那，那個。柏舟，柏木船。《毛傳》：「柏，木。所以宜為舟也。」柏木易漂浮，是造船的好材料。柏木舟為貴族所用之舟。

〔2〕亦汎其流：忽然間它又漂進了河水的中流。亦，也。流，河水的主流。或言中流。《說文》：「流，水行也。」《衞風·碩人》：「河水洋洋，北流活活。」《大雅·常武》：「如川之流。」「汎其流」指順河水中流向遠方漂浮，不是橫渡。《毛傳》：「亦汎汎其流，不以濟度（渡）也。」當河流水面寬闊時，其主流水急，旁流水緩。船進入河道主流之後，就會漂流得很遠。

〔3〕耿耿不寐：我睜著眼睛不能入睡。耿耿，夜空裏星星明亮。耿，本義為耳朵緊貼面頰。《說文》：「耿，耳著頰也。从耳，烓省聲。」《段注》：「『从耳。烓省聲。』烓，小徐作炯。大徐本舊皆作烓。烓，讀若冂。」冂，坰。耿通炯。耿、炯皆見母耕部字。《魯詩》作「炯」。耿耿即炯炯，明亮。《說文》：「炯，光也。从火，冋聲。」《楚辭·遠遊》：「夜耿耿而不寐兮。」王逸《注》：「耿，一作炯。」《漢樂府·傷歌行》：「優人不能寐，耿耿夜何長！」《文選》謝朓《暫使下都夜發新林至京邑贈西府同僚》：「秋河曙耿耿，寒渚夜蒼蒼。」李善《注》：「耿耿，光也。」不寐，睡不著覺。《楚辭·哀時命》：「夜炯炯而不寐兮，懷

－105－

隱憂而歷茲。」王逸《注》:「言己中心愁悒,目為炯炯而不能眠。」心有憂愁事,在床上透過窗戶瞪著眼睛看星月,難以入眠。

〔4〕如有隱憂:其實是因為心中有許多的煩憂。如,通而、乃。如,日母魚部;而,日母之部;乃,泥母之部。日、泥準雙聲,魚、之旁轉。《玉篇·女部》:「如,而也。」《廣韻·魚部》《集韻·魚部》同上。王引之《經義述聞·毛詩上》「如有隱憂」條下:「如,讀為而。惟有隱憂,是以不寐。非謂『若有隱憂』也。《易林·屯之乾》曰:『耿耿寤寐,心懷大憂。』得詩人之旨矣。」《大戴禮記·誥志》:「民咸廢惡如進良。」清王聘珍《大戴禮記解詁》:「『如進』,讀曰『而』,如、而古文通也。」乃,是。王引之《經傳釋詞》卷六:「乃,猶是也。」隱憂,許多的煩憂。隱,通殷,心裏痛多。隱、殷皆影母文部字。《毛傳》:「隱,痛也。」《說文》:「殷,痛也。」《段注》:「《傳》曰:『隱,痛也。』此謂『隱』即『殷』之假借。『痛憂』猶『重憂』也。《桑柔》:『憂心殷殷。』」隱,三家《詩》作「殷」。《齊說》:「殷,大也。」《韓說》:「殷,深也。」《魯說》:「隱,幽也。」

〔5〕微我無酒:不是我沒有酒。微,通非。微,明母微部;非,幫母微部。明、幫旁紐。非,本義為相背。引申為錯誤、不是之義。《說文》:「非,違也。」《段注》糾正說:「非,韋也。各本作『違』,今正。違者,離也。韋者,相背也。自違行,韋廢。」《毛傳》:「非我無酒,可以敖遊忘憂也。」

〔6〕以敖以遊:攜帶著它去遠遊。以,通載、是。「以……以……」與「是……是……」「載……載……」是相同的句式,相當於現代漢語的「又……又……」。參見《周南·葛覃》注〔8〕。敖,遨的本字。《說文》:「敖,出遊也。」《玉篇·辵部》:「遨,遨遊也。」遊,與敖同義。《玉篇·辵部》:「遊,遨遊。與遊同。」《齊風·載驅》:「齊子遊敖。」春秋時期貴族婦女有載酒遨遊泄憂的行為。

〔7〕我心匪鑒:我的心不是一面銅鏡子。匪,借為非。匪、非皆幫母微部字。鑒,又作「鑑」,鏡子。古文作「監」。上古人最早使用盛水的陶盆當作鏡子,其名為監。後來貴族用青銅皿器盛水作鏡子,稱為「鑑」。春秋時期貴族一般使用青銅鏡,仍稱為「鑑」「鑒」。《毛傳》:「鑒,所以察形也。」《說文》:「鑑,大盆也。一曰監諸,可以取明水於月。从金,監聲。」徐灝《注箋》:「鑑,古祇作監。從皿,以盛水也。因其可以照形,而監察之義生焉。其後範銅為之,而

用以照形者，亦謂之鑒。聲轉為鏡。」監、鑑、鑒皆通鏡。監、鑑、鑒，見母談部；鏡，見母陽部。談、陽通轉。《廣雅·釋器》：「鑒謂之鏡。」

〔8〕不可以茹：不能把它裝進匣子裏藏起來。不可，不能夠。以，把、用。《小雅·大東》：「維南有箕，不可以簸揚。」茹，本義為喂馬吃草。引申為「吃」義。《說文》：「茹，飤馬也。」《方言》第七：「茹，食也。吳越之間凡貪飲食者謂之茹。」郭璞《注》：「今俗呼能粗食者為茹。」《孟子·盡心下》：「舜之飯糗茹草也，若將終身焉。」《莊子·人間世》：「回（顏回）之家貧，唯不飲酒不茹葷者數月矣。」《禮記·禮運》：「飲其血，茹其毛。」茹通內，納。茹，日母魚部；內，泥母物部。日、泥準雙聲，魚、物旁通轉。內通納、入。納，泥母緝部；入，日母緝部。物、緝通轉。《說文》：「內，入也。」《廣雅·釋詁》：「納，入也。」《豳風·七月》：「十月納禾稼。」《鄭箋》：「納，內也。」《大雅·烝民》：「柔則茹之，剛則吐之。」朱熹《集傳》：「茹，納也。」納，將鏡子放入鏡匣之中。國君的正妻說，她的心不能像鏡子一樣被放入匣中。

〔9〕不可以據：不能夠當作依靠的對象。據，依靠。《毛傳》：「據，依也。」《說文》：「據，杖持也。」《戰國策·燕策一·燕昭王收破燕後即位》：「馮（憑）几據杖。」

〔10〕薄言往愬：我慌慌張張地回到我的母國去傾訴心中的屈辱。薄言，即薄然、迫然，趕快地。薄，通迫，快快。言，通然。往訴，前往娘家訴說屈辱。

〔11〕逢彼之怒：不料我的兄弟卻對我大發脾氣。逢，見面。彼，他，他們。指衛君正妻的娘家兄弟們。《毛傳》：「彼，彼兄弟。」之，通是。之，照母之部；是，禪母支部。照、禪旁紐，之、支旁轉。王引之《經義述聞·儀禮》「勖帥以敬先妣之嗣」條下：「凡《詩》言『先君之思』『云誰之思』『燕婉之求』『維子之好』，『之』字皆與『是』同義。」怒，發怒，發脾氣。在古代，女人在婆家受了氣，到娘家去訴說，找兄弟們撐腰，是常有的事。但娘家的人可能由於種種原因不予支持。《衛風·氓》：「兄弟不知，咥其笑矣。」《玉臺新詠·古詩為焦仲卿妻作》：「我有親父兄，性行暴如雷。」

〔12〕我心匪石：我的心不像石頭那樣。石，石頭。

〔13〕不可轉也：是不能被任意移動的！不可，不能。轉，轉動、移動。也，句末語氣詞，表示加強語氣。

〔14〕我心匪席：我的心不像一張席子那樣。席，從巾，庶聲，席子。《說文》：「席，藉也。《禮》：『天子、諸侯席有黼繡純飾。从巾，庶聲。』」貴族使用的席子有「黼繡」的帛鑲邊，故「席」字從巾。

〔15〕不可卷也：是不能被任意捲起來拿走的！不可，不可以，不能。卷，本義為膝捲曲。引申為捲曲之義。《說文》：「卷，𨘗曲也。」《段注》：「『𨘗曲也。』卷之本義也。引申為凡曲之稱。」歌者說她的心不是一件可以被任意挪動的物體。面對受侮的現實，她心如明鏡，主意堅定，毫不動搖。

〔16〕威儀棣棣：我出行時要保持威嚴的儀容。威儀，威嚴莊重的儀式。威，從女（即從人）從戌（或從戈），本義為女性尊者有怒氣。引申為威嚴之義。戌，像鉞一樣的兵器。鉞，王所秉持的兵器，有殺伐之威。鉞又作侍衛王的儀仗，人持以警戒，以示威嚴可懼。《說文》「威」字《段注》：「引申為有威可畏。」《釋名・釋言語》：「威，畏也，可畏懼也。」威通畏。威、畏皆影母微部字。儀，古作「義」，從羊從我，「羊」是人頭上的美飾，「我」為兵器。義，儀仗威嚴之象。《說文》：「義，己之威儀也。」許慎謂「己之威儀」，蓋因「義」字從我。許說蓋誤。《尚書・周書・顧命》：「思夫人自亂於威儀。」孔安國《傳》：「有威可畏，有儀可象。」《漢書・薛宣傳》：「宣為人好威儀，進止離容，甚可觀也。」棣棣，猶秩秩、趀趀。秩秩，植物排列有序的樣子。引申為人排列及行走有序。棣通秩、趀。棣、秩、趀皆定母質部字。趀趀，行走有序的樣子。《說文》：「趀，走也。從走，戟聲。讀若《詩》『威儀秩秩。』」《小雅・賓之初筵》：「賓之初筵，左右秩秩。」秩秩，參加宴會的人員依禮行、站、坐皆有秩序。《荀子・仲尼》：「貴賤長少秩秩焉，莫不從桓公而貴敬之。」楊倞《注》：「秩秩，順序之貌。」按照周朝禮儀，國君的正妻出行，要保持莊重威嚴的姿態，隨行的隊伍秩秩有序。一說，「棣棣」是安和之貌。《毛傳》：「棣棣，富而閑習也。」棣棣，典籍又作「逮逮」。《禮記・孔子閒居》引《詩》：「威儀逮逮，不可選也。」鄭玄《注》：「逮逮，安和之貌也。」毛、鄭釋「棣棣」義不確。

〔17〕不可選也：決不能低於他人一等！選，本義為遣送。《說文》：「選，遣也。」選通巽、遜。選、巽，心母元部；遜，心母文部。元、文旁轉。遜，卑順、恭讓、退讓。《尚書・虞書・堯典》：「巽朕位。」《尚書釋文》：「巽，音遜。馬云：『讓也。』」南宋蔡沈《書集傳》引吳氏曰：「巽、遜古通用。」《文選》左思《魏都賦》：「巽其神器。」李善《注》：「巽，與遜同。」作為國君的正妻，決不能喪失自己的威嚴，自遜於眾妾。

〔18〕憂心悄悄：我經常愁容難解。悄悄，憂愁的樣子。《毛傳》：「悄悄，憂貌。」悄，憂愁。《說文》：「悄，憂也。從心，肖聲。《詩》曰：『憂心悄悄。』」《陳風・月出》：「勞心悄兮。」《小雅・出車》：「憂心悄悄。」疊用「悄」字，言憂愁多。

〔19〕慍于群小：被眾妾中的小人氣得身體哆嗦。慍，怨怒，生氣。《毛傳》：「慍，怒也。」《倉頡篇》：「慍，恨也。」《說文》：「慍，怒也。」群小，罵詞。指眾妾中的心性壞惡之人。《鄭箋》：「群小，眾小人在君側者。」由於眾妾中的小人經常跟國君正妻作對，因而讓她生氣懊惱。一說，「群小」為眾妾。因其身份低於正妻，故稱之為「群小」。朱熹《集傳》：「群小，眾妾也。言見怒於眾妾也。」

〔20〕覯閔既多：我遭受的煩心事已經很多。覯閔，遭遇病困。覯，同遘，遭遇、遭受。《魯詩》《齊詩》作「遘」。《大雅·桑柔》：「多我覯痻。」痻，同愍。《尚書·周書·金縢》：「遘厲虐疾。」閔，本義為弔問遭難者。引申為痛惜憐憫之義。《說文》：「閔，弔者在門也。」《段注》：「引申為凡痛惜之辭。俗作憫。」閔又通愍。閔，明母文部；愍，明母真部。文、真旁轉。愍，傷痛、病困。《毛傳》：「閔，病也。」病，心病。《魯詩》《齊詩》作「愍」。《說文》：「愍，痛也。」《豳風·鴟鴞》：「鬻子之閔斯！」此歌詞中「閔」實指眾妾中小人的詬病和構陷。歌者被眾妾中小人所製造的一起起煩心事所困擾。

〔21〕受侮不少：受到的屈辱真不少。侮，輕視和作賤，欺侮。《說文》：「侮，傷也。」「傷，輕也。」輕，輕賤。《左傳·昭公元年》：「不侮鰥寡。」歌者因眾妾中小人的故意搗亂而遭受了國君的指責和訓斥。

〔22〕靜言思之：安下身來想一想這些事。靜言，即竫然，站立而思的樣子。靜，通竫。竫，字又作「靖」，安靜站立思考之義。靜、靖皆從母耕部字。《毛傳》：「靜，安也。」《說文》：「竫，亭安也。」「靖，立竫也。」《段注》：「謂立容安竫也。安而後能慮，故《釋詁》《毛傳》皆曰：『靖，謀也。』」《說文》「靜」字《段注》：「安靜本字當从立部之竫。」毛、許不言及「靜」有思慮之義，段則言及思慮之義。段氏亦有所本。《方言》第一：「惟、慮、願、念、靖，思也。……東齊海岱之間曰『靖』。」《衛風·氓》：「靜言思之，躬自悼矣。」蓋衛、齊方言「靖」有思考之義。

〔23〕寤辟有摽：讓我捫心捶胸難以入眠。寤，睜著眼睛睡不著覺。辟，本義為法律、法度。《說文》：「辟，法也。从卩，从辛，節制其罪也；从口，用法者也。」甲骨文「辟」字不從口，從卩，從辛，為會意字。辟通擗。辟，幫母錫部；擗，並母錫部。幫、并旁紐。《韓詩》作「擗」。段玉裁《毛詩故訓傳定本》作「擗」。《爾雅釋文·釋訓》「辟」字下引《詩》：「寤擗有摽。」《文選·馬融〈長笛賦〉》李善注、《七命》李善注引《毛詩》作「寤擗有摽」。《玉篇·手部》：「擗，捫心也。《詩》曰：『寤擗有摽。』亦作辟。」擗，用手拍胸。《毛傳》：「辟，捫

心也。」《韓說》：「擗，拊心也。」《魯說》：「辟，拊心也。」拊心，即拍胸。擗通拍。拍，滂母鐸部。并、滂旁紐，錫、鐸旁轉。《說文》：「拍，拊也。」《孝經・喪親》：「擗踊哭泣，哀以送之。」有摽，即又摽。有通又。有、又皆匣母之部字。摽，擊打。《說文》：「摽，擊也。」國君正妻對所發生的那些煩心事越想越懊惱，晚上難以入眠，氣得雙手直捶自己的胸脯。

〔24〕日居月諸：太陽呀月亮呀。居、諸，語助詞，相當於「乎」。居、諸、乎皆魚部字。《孔疏》：「居、諸者，語助也。」《日月》「日居月諸，照臨下土」《毛傳》：「日乎月乎，照臨之也。」此歌詞以日、月比喻衛國的君和臣。《鄭箋》：「日，君象也。月，臣象也。」

〔25〕胡迭而微：為什麼在交替運行之中就失去了光明？胡，通何，為什麼。胡，匣母魚部；何，匣母歌部。魚、歌通轉。迭，本義為更迭、交替輪流。《說文》：「迭，更迭也。」此句歌詞的「迭」指日升月落交替更迭。迭又通遞。迭，定母質部；遞，定母支部。質、支通轉。遞，順次遞進，交替。《說文》：「遞，更易也。」微，本義為隱秘地行走。小道隱行，有隱蔽偵察之義。《說文》：「微，隱行也。」微通昧。微，明母微部；昧，明母物部。微、物對轉。昧，昏暗。《小爾雅・廣詁》：「昧，冥也。」《廣雅・釋詁》《玉篇・日部》同上。《尚書・周書・牧誓》：「時甲子昧爽。」孔安國《傳》：「昧，冥也。」《荀子・哀公》：「君昧爽而櫛冠。」楊倞《注》：「昧，暗；爽，明也。謂初曉尚暗之時。」《楚辭・九章・懷沙》：「日昧昧其將暮。」昧與晦、黑義通。晦，曉母之部；黑，曉母職部。明、曉通轉，物部與職、之部通轉。日入為夜、月入為晦。日食月食亦稱為「晦」。《說文》：「晦，月盡也。」《小雅・十月之交》：「彼月而微，此日而微。」衛國的君臣聽信讒言，受蒙蔽而不察事實真相，凡事總是責怪正妻，正如日月被掩蔽而失去了光明。

〔26〕如匪澣衣：我就像一隻關在籠子裏的天雞。如，似、像。匪，字又作「篚」，本義為盛衣服等物件的圓形器。《說文》：「匪，器，似竹篋。從匚，非聲。」《段注》：「『匪，器。似竹医。』小徐祇云如篋……《小雅》言匪，《禹貢》《禮記》言匪。應劭《漢書注》曰：『《漢書》作棐。』應劭曰：『棐，竹器也。方曰箱，隋曰棐。隋者，方而長也。』……匪、篚古今字。《玉篇・竹部》：「篚，筐篚。」《廣韻・尾韻》：「篚，竹器。方曰筐，圓曰篚。」匪，器如竹篋。今從竹，為筐篚字。《尚書・夏書・禹貢》：「厥貢漆絲，厥篚織文。」此歌詞中「匪」字代指雞籠子，其動詞意義是在籠子裏關閉著。澣衣，「翰音」的音

轉詞。澣、翰皆匣母元部字。衣，影母微部；音，影母侵部。微、侵通轉。翰音，又直稱「翰」，一種五色山雞，古稱「天雞」。翰，又作「鶾」。《爾雅·釋鳥》：「鶾，天雞。」郭璞《注》：「鶾雞，赤羽。《逸周書》曰：『文翰，若彩雞。』周成王時蜀人獻之。」《說文》：「翰，天雞也。赤羽。从羽，倝聲。《逸周書》曰：『文翰，若翬雉。』一名鷐風。周成王時蜀人獻之。」《玉篇·羽部》：「翰，天雞也。」《廣韻·寒韻》：「翰，天雞。羽有五色。」《易·中孚》：「翰音登于天。」五彩長羽天雞本是鳳凰的原型。翰音，又是雞的別稱。《禮記·曲禮下》：「凡祭宗廟之禮，牛曰一元大武，豕曰剛鬣，豚曰腯肥，羊曰柔毛，雞曰翰音。」《文選》張協《七命》「封熊之蹯，翰音之跖」李善《注》：「《禮記》：『雞曰翰音。』」呂延濟《注》：「翰音，雞也。」此句歌詞的「澣衣」，當指五彩羽天雞。

〔27〕不能奮飛：不能夠振翅飛向天空。不能，不能夠。能，本義為熊類動物。《說文》：「能，熊屬，足似鹿。」能通耐。能、耐皆泥母之部字。耐，從寸（手持物），而聲，指有超常的韌力，能擔當。有耐力，即有能力。《玉篇·而部》：「耐，能也，任也。」《荀子·正名》：「能有所合謂之能。」楊倞《注》：「能，當為『耐』，古字通也。耐，謂堪任其事。」《禮記·禮運》：「故聖人耐以天下為一家。」鄭玄《注》：「耐，古能字也。」《禮記·樂記》：「故人不耐無樂。」鄭玄《注》：「耐，古書『能』字也。後世變之，此獨存焉。」《管子·入國》：「不耐自生者。」郭沫若《管子集校》引張文虎云：「耐，讀為『能』。」「不能」是春秋時期的俗語。《鄘風·載馳》：「不能旋反。」《鄭風·狡童》：「使我不能餐兮！」《齊風·東方未明》：「不能辰夜。」《唐風·鴇羽》：「不能蓺稷黍。」《小雅·雨無正》：「哀哉不能言。」因外界阻力大而沒辦法解決問題，也可說為「不能」。奮飛，振翅高飛。奮，本義為鳥在田地的上空加力飛翔。《爾雅·釋鳥》：「雉絕有力，奮。」《說文》：「奮，翬也。从奞在田上。《詩》曰：『不能奮飛。』」「翬，大飛也。」「奞，鳥張毛羽自奮也。」衛君正妻把她自己在宮廷中的處境，比作處在樊籠之中迫切地要飛出宮牆但又飛不出去的天雞。《毛傳》：「不能如鳥奮翼而飛去。」

【詩旨說解】

　　《柏舟》是衛國國君夫人的怨歌歌詞。國君夫人因受侮於君妾，又遇到了昏昧的國君和大臣，心中鬱悶至極，自己在房中作樂，自述其苦惱，以排解心中的鬱悶和憂愁。

　　第一章：述國君夫人憂愁深重，焦灼不安，徹夜不眠，欲乘船載酒遨遊。

第二章：述國君夫人帶著憂怨回到母國，找娘家人訴說其受辱的經過，想得到母國的支持。但她的母家兄弟們卻不支持她在衛國宮中與眾妾及國君、大臣鬥氣。

第三章：述國君夫人決心以實際行動捍衛自己的尊嚴。

第四章：述「群小」對國君夫人的種種構陷、輕慢。對此，國君夫人越想越氣惱，氣得用雙手捶自己的胸脯。

第五章：述國君夫人「隱憂」的根本原因。國君夫人屢屢「覯閔」「受侮」，其根本原因不在於君妾猖狂，乃在於衛君和大臣的昏昧。作者十分清楚她自己的處境，她把自己比作一隻天雞，而衛國的宮廷就是囚禁這只天雞的樊籠。她為自己不能飛出宮廷的高牆而憂心忡忡。

這篇怨歌歌詞，通過敘事的方式反映了衛國某國君的夫人生活的不幸，表達了她欲打破「樊籠」獲得自由的強烈願望。此歌詞為倒敘結構。作者通過層層敘事，使歌詞的主旨由隱到顯，終而大明。歌詞的敘事有分有合，眉目尚清楚。此歌詞的抒情色彩也很強烈。用敘事的方法抒情，是此歌詞突出的創作特點。

綠衣

綠兮衣兮〔1〕，綠衣黃裏〔2〕。
心之憂矣〔3〕，曷維其已〔4〕？

綠兮衣兮，綠衣黃裳〔5〕。
心之憂矣，曷維其亡〔6〕？

綠兮絲兮〔7〕，女所治兮〔8〕！
我思古人〔9〕，俾無訧兮〔10〕！

絺兮綌兮〔11〕，淒其以風〔12〕。
我思古人，實獲我心〔13〕！

【注釋】

〔1〕綠兮衣兮：綠色的衣服啊。綠衣，青黃色的衣服。綠，青黃色。《說文》：「綠，帛青黃色也。」衣，甲骨文「𧘇」字象曲領、兩袖中空、襟衽左右掩覆之形，本義上衣。羅振玉《增訂殷虛書契考釋》卷中「曰衣」條下：「蓋象襟衽左右掩覆之形。」《說文》：「衣，依也。上曰衣，下曰裳。」《段注》：「依者，倚也。

衣者，人所倚以蔽體者也。」許慎訓「衣」為「依也」，不確。衣通翳、奄。
衣，影母微部；翳，影母脂部；奄，影母談部。微、脂旁轉，與談部旁通轉。
翳，掩翳。《方言》第十三：「翳，掩也。」《說文》「翳」字《段注》：「翳之言
蔽也。」奄，掩蓋。《說文》：「奄，覆也。」「衣」字又有掩蓋之義。《易・繫
辭下》：「古之葬者，厚衣之以薪，葬之中野，不封不樹。」睡虎地秦簡《封診
式・賊死》：「令甲以布裙剡狸男子某所，侍令。」「剡」字不見於字書，當讀
如「衣」，影母微部字。剡狸，當讀為「瘞埋」。狸，借為薶。薶，俗作「埋」。
《禮記・祭法》：「燔柴於泰壇，祭天也；瘞薶於泰折，祭地也。」《爾雅・釋
天》：「祭地曰瘞薶。」瘞埋，即掩埋。《說文》：「瘞，幽埋也。」《玉篇・土部》：
「瘞，幽也；藏也；薶也。」《廣韻・祭韻》：「瘞，埋也。」在周代，綠色衣
服是常服。考古發現，秦始皇兵馬俑剛出土時，兵俑的衣服多為綠色。此可為
一旁證。《鄭箋》：「『褖兮衣兮』者，言褖衣自有禮制也。」鄭玄改經文「綠」
字為「褖」，不妥。此歌詞將「綠衣」一詞拆分開，加入兩個拖腔的「兮」字，
表示哀訴的語氣。

〔2〕綠衣黃裏：綠色的衣服黃色的裳。黃裏，指裳。綠衣配黃裳。黃，本義為人身
　　上的一種佩玉，後作「璜」。黃，假借為黃色之義。郭沫若《金文叢考・金文
　　余釋・釋黃》：「黃、珩、衡為一物……後假借為黃白字，卒至假借義行而本義
　　廢乃造珩若璜以代之，或更假用衡字。」黃通皇。黃、皇皆匣母陽部字。皇，
　　金文象燈火輝煌之形，本義為燈火輝煌。「皇」字後作「煌」「兘」。燈火之光
　　為黃色，故「皇」字引申而為黃色之義。自「黃」字假借為黃色之義，一借不
　　還，「皇」字則專有盛大之義。《周南・葛覃》：「黃鳥于飛。」《小雅・何草不
　　黃》：「何草不黃？」裏，從衣，本義為衣服的內層。又有內裏，裏邊之義。《說
　　文》：「裏，衣內也。」《段注》：「引申為凡在內之稱。」《小雅・小弁》：「不屬
　　于毛，不離于裏。」《左傳・僖公二十八年》：「表裏山河，必無害也。」裳為
　　上所掩，在衣之裏，亦可謂之「裏」。余冠英《詩經選》注釋〔一〕：「裏，在
　　裏面的衣服，似即指下章『黃裳』之裳，而不是夾衣的裏層。」此說可取。

〔3〕心之憂矣：我心中的思念呀。憂，本當作「惪」，思念而有愁容之義。《爾雅・
　　釋詁》：「憂，思也。」《說文》：「惪，愁也。」參見《周南・關雎》注〔9〕。

〔4〕曷維其已：什麼時候才能停止？曷，通何，疑問代詞，什麼時候。參見《召南・
　　何彼襛矣》注〔3〕。維，通乃，才、才能。王引之《經傳釋詞》卷六：「乃，
　　猶方也、裁（才）也。」其，語助詞。已，「已」字的異體字。《說文》有「已」

字而無「已」字。巳，甲骨文、金文字形大致相同，象胎兒之形，形即其義。朱駿聲《說文通訓定聲‧頤部》：「巳，孺子為兒，襁褓為子，方生順出為充，未生在腹為巳。」「包」字從巳。《說文》：「包，象人裹妊，巳在中，象子未成形也。」徐鼎《讀書雜釋》卷十三論「已巳無兩字」條下：「今就班固《漢書》、許慎《說文》及永康以前漢碑文考之，猶可知巳午之巳，即終已之已……是漢、魏通儒皆以巳午之巳，取終已為義。」巳、已皆通止。巳，邪母之部；已，喻母之部；止，照母之部。邪母與喻、照母鄰紐，喻、照旁紐。止，象人足之形，本義為腳趾。《說文》：「止，下基也。」《段注》：「止即趾也。《詩》：『麟之止。』」人有足，用以停止站立。故「止」字又引申為停止、終止之義。《玉篇‧巳部》：「已，止也。」《廣韻‧止韻》：「已，止也。」《鄭風‧風雨》：「雞鳴不已。」《鄭箋》「已，止也。」此句歌詞的「已」為停止、了結之義。《毛傳》：「憂雖能自止，何時能止也？」朱熹《集傳》：「已，止也。」

〔5〕黃裳：黃色的下衣。裳，古作「常」，下衣。《毛傳》：「上曰衣，下曰裳。」《說文》：「常，下帬也。从巾，尚聲。裳，常或从衣。」《釋名》曰：『上曰衣。』『下曰裳。』『裳，障也。以自障蔽也。』……今字『裳』行而『常』廢矣。」古代的下裳像現在的半身裙。《釋名‧釋衣服》：「凡服，上曰衣……以茇寒暑也。下曰裳。裳，障也。所以自障蔽也。」《集韻‧陽韻》：「常、裳，辰羊切。《說文》：『常，下帬也。』或從衣。」《儀禮‧士冠禮》：「玄端，玄裳、黃裳、雜裳可也。」

〔6〕曷維其亡：什麼時候才能消失？亡，古文獻多為人逃走之義。《說文》：「亡，逃也。」亡通無、沒。亡，明母陽部；無，明母魚部；沒，明母物部。陽、魚對轉，又與物部旁通轉。沒，沉於水。引申為消失之義。《說文》：「沒，湛也。」《段注》：「沒者，全入於水。故引申之義訓盡。」「其亡」與「其已」義同，指心中的思念停止。

〔7〕綠兮絲兮：精美的綠色絲線啊。綠絲，綠色的絲線。此指織帛和縫衣服的綠絲線。一說，「綠絲」是成布之前的絲線。《毛傳》：「綠，末也。絲，本也。」毛享以為先有絲，而後染成綠色的絲線，再織布、製衣。

〔8〕女所治兮：是你用它織成了帛和做成了衣裳的呀！女，通汝、爾，你。參見《召南‧行露》注〔6〕。這裡是丈夫稱其亡妻。治，本為河流名。《說文》：「治，水。出東萊曲城陽丘山，南入海。」《段注》：「城當作成，字之誤也。東萊郡曲成，二《志》同。今山東萊州府掖縣東北六十里有曲成故城。前《志》『曲成』下曰：

『陽丘山，治水所出。』……今字訓理，蓋由借『治』為『理』。」治通理。治，定母之部；理，來母之部。定、來旁紐。理，本義為治玉，即加工玉石。引申為整理、辦理、操理之義。《說文》：「理，治玉也。」綠衣是妻子親手用絲線縫成。「治」包括染絲、織布和製衣。《鄭箋》：「先染絲，後製衣，皆汝所治為也。」

〔9〕我思古人：我是多麼思念我那過世的妻子呀。古人，即故人，已死去的人。古，通故。古、故皆見母魚部字。故，本義為造成某事物的原因。《說文》：「故，使為之也。从攴，古聲。」故通久。久，見母之部。魚、之旁轉。久，時間久。引申為舊、過去之義。

〔10〕俾無訧兮：你的提醒和告誡使我少犯過錯啊！俾，使。《毛傳》：「俾，使。」《說文》「俾」字《段注》：「經、傳之『俾』皆訓『使』也，無異解。」無訧，不犯過錯。訧，過錯。《毛傳》：「訧，過也。」《玉篇·言部》：「訧，過也。」訧，通作「尤」。《釋文》：「『訧兮』，音尤。本或作尤，過也。」歌者說，他的妻子周密安排家庭生活，就像用絲線縫合的衣服一樣嚴密無疏漏。歌者說，他的妻子是持家過生活的能手，使他減少了不少過錯。

〔11〕絺兮綌兮：身上倘若穿著葛布的衣服。絺，細葛布。綌，粗葛布。此句「絺」「綌」合指葛布衣服，非指葛布。葛布衣服是夏天穿用的單衣，天氣寒冷時不宜穿用。《鄭箋》：「絺綌所以當暑。」

〔12〕淒其以風：在深秋天氣裏被風一吹就涼透了整個身體。淒，「凄」的訛字或通假字。淒、凄皆清母脂部字。淒，本義為雲密起之貌，無寒冷義。《說文》：「淒，雨雲起也。从水，妻聲。《詩》曰：『有渰淒淒。』」凄，從欠（冰），本義為寒冷之氣襲膚骨。《毛傳》：「淒，寒風也。」《玉篇·冫部》：「凄，寒也。」《小雅·四月》：「秋日淒淒，百卉具腓。……冬日烈烈，飄風發發。」《毛傳》：「淒淒，涼風也。」其，語助詞。以風，受風，被風吹。以，通因。以，喻母之部；因，影母真部。喻、影通轉，之、真旁通轉。因，就。因風，就風。《說文》：「因，就也。」葛布單衣到晚秋就不能抵御風寒了。

〔13〕實獲我心：你洞悉我的內心！實，通寔、是。實，神母質部；寔，禪母錫部；是，禪母支部。神、禪旁紐，支、錫對轉，且與質部通轉。是，本義為正，不偏斜。是，可譯作「確實」「誠然」。《爾雅》：「寔，是也。」《說文》：「是，直也。从日、正。」《段注》：「以日為正則曰是。」《邶風·燕燕》：「實勞我心。」《鄘風·柏舟》：「實維我儀。」《鄭風·揚之水》：「人實誑女！」《大雅·生民》：「實覃實訏。」獲，古作「隻」，表示獲得獵物。隻，甲骨文會捕鳥在手之意。

引申為獲得之義。《說文》:「獲，獵所獲也。」《段注》:「『獵所獲也。』故從犬。引申為凡得之稱。」心，本義為人的心臟。引申為人的心理活動之義。此指歌者自己內心的想法和需求。《毛傳》:「實得我之心也。」歌者說，他已故的妻子十分瞭解他心中的需求，早早地為他縫製好了禦寒之衣。

【詩旨說解】

《綠衣》是悼亡歌歌詞。這篇歌詞的作者是一位男性貴族成員。他的亡妻原來是一位心靈手巧而又善解人意的溫柔型婦女，善製衣，生活中又體貼丈夫。她為其丈夫所做的衣裳既合體又舒適，讓其丈夫穿在身上感到十分地愜意。他們倆過著恩愛的生活，但她不幸英年早逝了。這位男子在祭祀亡妻時，編唱了一支哀歌來表達對他亡妻的思念之情。男兒有淚不輕彈。這首哀歌寄託了作者纏綿的憂傷和對亡妻無盡的思念。

歌者所說的「綠衣」，是其妻為他親手做的禦寒之衣。歌者拿禦寒功能差的葛布衣服與綠衣作對比，意在用綠衣的溫暖柔和來表現其亡妻生前對他的愛意和溫柔體貼之情。

上海博物館藏戰國楚竹書《孔子詩論》第十六簡:「《綠衣》之憂，思古人也。」古人，即故人。《詩論》所說不誣。

燕燕

燕燕于飛〔1〕，差池其羽〔2〕。
之子于歸〔3〕，遠送于野〔4〕。
瞻望弗及〔5〕，泣涕如雨〔6〕。

燕燕于飛，頡之頏之〔7〕。
之子于歸，遠于將之〔8〕。
瞻望弗及，佇立以泣〔9〕。

燕燕于飛，下上其音〔10〕。
之子于歸，遠送于南〔11〕。
瞻望弗及，實勞我心〔12〕！

仲氏任只〔13〕！其心塞淵〔14〕。
終溫且惠〔15〕，淑慎其身〔16〕。
先君之思〔17〕，以勖寡人〔18〕。

【注釋】

〔1〕燕燕于飛：燕子在天空裏飛翔。燕燕，即燕子。俗稱「燕燕」。燕，燕子。又稱「玄鳥」「鳦」「乙」。《毛傳》：「燕燕，鳦也。」《說文》：「燕，玄鳥也。」《商頌》：「天命玄鳥，降而生商。」《毛傳》：「玄鳥，鳦也。」參見《周南‧汝墳》注〔11〕。于飛，曰飛。于，通曰、聿，語助詞。

〔2〕差池其羽：在空中扇動著漂亮的翅膀。差池，同「參差」，不齊貌。此指鳥飛翔時翅膀伸縮羽毛長短不齊的樣子。《毛傳》：「燕之于飛，必差池其羽。」《鄭箋》：「差池其羽，謂張舒其尾、翼。」馬瑞辰《通釋》：「差池，義與『參差』同，皆不齊貌。」參差，不齊貌。《周南‧關雎》：「參差荇菜。」張衡《西京賦》：「岡巒參差。」其，代詞，它的。羽，鳥羽毛。實指鳥的翅膀。參見《周南‧螽斯》注〔1〕。

〔3〕之子于歸：我的妹妹要出嫁。之子，是子，這位女子。這是衛君稱呼其妹。《毛傳》：「之子，去者也。」去者，即遠嫁者。于歸，曰歸。歸，出嫁。

〔4〕遠送于野：我遠遠地送別你到衛國南部的郊野。野，郊外稱「牧」，牧外稱「野」。此指衛國南部邊鄙之地。

〔5〕瞻望弗及：一會兒翹首遠望也看不到你了。瞻望，即遠望。瞻，看視。《毛傳》：「瞻，視也。」《邶風‧雄雉》：「瞻彼日月。」望，甲骨文作「望」，金文作「望」，從臣（瞪目），從壬（人立地上），本義為人挺立瞪目遠觀。徐中舒《甲骨文字典》：「望，象人立土上遠望。為遠望之望本字。」《玉篇‧亡部》：「望，遠視也。」《魏風‧陟岵》：「陟彼岵兮，瞻望父兮！」弗及，不及。弗，甲骨文字象以繩捆箭杆及箝夾具之形，本義為矯枉。《說文》：「弗，撟也。」弗通不。弗，幫母物部；不，幫母之部。物、之通轉。「弗及」謂目光所不及，看不到了。

〔6〕泣涕如雨：讓我淚如雨下。泣涕，大哭之淚。泣、涕義略同。《說文》「涕，泣也。」「泣，無聲出涕曰泣。」《廣雅‧釋言》：「涕泣，淚也。」《玉篇‧水部》：「涕，目汁出曰涕。」無聲下淚或低聲下淚為泣涕。如雨，像下雨。衛國國君送其妹遠嫁南國，因手足至親別離而「泣涕如雨」。

〔7〕頡頏：燕子在天空飛翔的樣子。頡，本義為脖項挺直。《說文》：「頡，直項也。從頁，吉聲。」頡通翓。頡、翓皆匣母質部字。慧琳《一切經音義》卷第九十八「頡頏」下：「頡，或作翓。」翓，鳥先向下再向上飛。《玉篇‧羽部》：「翓，飛上也。或作頡。」頏，從頁，亢聲，同「吭」，本義人的喉嚨。引申為吞咽

之義。《玉篇・口部》:「吭,鳥嚨也。」《集韻・蕩韻》:「吭,咽也。或從頁。」
《洪武正韻・漾韻》:「吭,咽也。又吞也。亦作肮、頏。」頏通翂。頏、翂皆
匣母陽部字。翂,鳥向上飛再向下飛。《玉篇・羽部》:「翂,飛高下貌。或作
頏。」《廣韻・唐韻》:「翂,飛高下也。」一說,「頡」是向上飛,「頏」是向
下飛。《毛傳》:「飛而上曰頡,飛而下曰頏。」《廣韻・屑韻》「頡」字下:「頡
翂,飛上下。」《集韻・唐韻》:「鳥飛上曰頡,下曰翂。」

〔8〕遠于將之:遠遠地去護送她。遠于,遠遠地。于,語助詞。將,通牂,帶領,
護送。參見《召南・鵲巢》注〔6〕。《魯說》:「將,送也。」《鄭箋》:「將,亦
送也。」《爾雅・釋言》:「將,送也。」之,代詞,她。

〔9〕佇立以泣:我久久站立著南望,為你大哭一場。佇立,長時間地站立。《毛傳》:
「佇立,久立也。」《說文》:「佇,久立也。从人从寧。」以,通而。以,喻
母之部;而,日母之部。喻、日旁紐。而,連詞。

〔10〕下上其音:一會兒在下面叫一聲,一會兒在上面叫一聲。下,下面。上,上面。
《毛傳》:「飛而上曰上音,飛而下曰下音。」其,語助詞。音,本義為樂器發
出的聲音。又泛指一切聲音。參見《鄭風・子衿》注〔4〕。此指燕鳴聲。

〔11〕遠送于南:遠遠地送你到南境。南,指衛國的南部邊境。春秋時期跨國婚姻有
郊送之禮。衛君送其妹出嫁南國,最後在衛國南部的一個邊邑作別。

〔12〕實勞我心:我會為你長期地掛心!實,是,確實。參見《綠衣》注〔13〕。我,
衛國國君自稱。勞,從 從力,表示有燈火照明,夜以繼日地做事,本義為勞
作。《說文》:「勞,勮也。从力,熒省。」「勮,務也。」「務,趣也。」《段注》:
「趣者,疾走也。務者,言其促疾於事也。」勞心,用心如用力。今說「牽心」
「掛心」。

〔13〕仲氏任只:我的二妹子你敢說敢當呀!仲氏,在兄弟或姊妹中排行第二。詩中
的這位「仲氏」是衛君的妹子,在其姊妹中排行第二。一說,「仲」是排行在
中間者。《韓說》:「仲,中也。言位在中也。」任,本義為抱。《說文》:「任,
符也。从人,壬聲。」《段注》糾正為:「任,保也。」保,背負孩子之義。《尚
書・周書・召誥》:「夫知保抱攜持厥婦子。」保通抱,借為抱。保,並母幽部;
抱,幫母幽部。并、幫旁紐。故可以「保」釋「任」。負亦通保。負,並母之
部。幽、之旁轉。《大雅・生民》:「是任是負。」《國語・齊語・管仲對桓公以
霸術》:「負任儋荷。」此樂歌的「任」為敢於擔當之義。一說,「任」是衛君
之妹的氏號,她所嫁的國家是任姓的薛國,故稱其為「任氏」。南宋王質《詩

總聞》：「仲氏，次女也。任氏也，其女所嫁之家也。」王質乃依《大雅・大明》
「摯仲氏任，自彼殷商，來嫁于周，曰嬪于京」為說。此歌詞述衛君郊送「仲
氏」之事。「仲氏」尚未完婚，而其兄不得以夫家之姓稱其妹。王說誤。只，
句末語氣詞。參見《周南・樛木》注〔3〕。《鄘風・柏舟》：「母也天只！不諒
人只！」《楚辭・大招》：「魂魄歸來，無遠遙只！」

〔14〕其心塞淵：你的內心堅定而又深沉。塞，本義為堵塞。《豳風・七月》：「穹窒
熏鼠，塞向墐戶。」《左傳・襄公十四年》：「塞井夷灶。」塞通寨。塞、寨皆
心母職部字。寨，內心充實安定。《鄘風・定之方中》：「匪直也人，秉心塞淵。」
《鄭箋》：「塞，充實也。」《說文》：「寨，實也。从心，塞省聲。《虞書》曰：
『剛而寨。』」朱駿聲《說文通訓定聲・頤部》：「寨，實也。……經、傳皆以
『塞』為之。」《集韻・代韻》：「寨，實也。通作塞。」《方言》第六：「塞，
安也。」錢繹《方言箋疏》：「寨，與實通。」《大雅・常武》：「王猶允塞。」
《淮南子・主術訓》：「外邪不入謂之塞。」一說，塞為安靜之義。《毛傳》：「塞，
瘞。」瘞通瘱。瘞、瘱皆影母月部字。《說文》：「瘱，靜也。」《段注》：「靜當
作竫，亭安也。此篆或作嫕。」《方言》第六：「塞，安也。」《文選》宋玉《神
女賦》：「澹清靜其愔嫕兮。」李善《注》引《說文》曰：「嫕，靜也。」淵，
深水。此指「仲氏」心如淵水，思慮深沉。《毛傳》：「淵，深也。」《魯說》：
「淵，深也。」《廣雅・釋詁》：「淵，深也。」《易・乾卦》：「或躍在淵。」《鄘
風・定之方中》：「匪直也人，秉心塞淵。」

〔15〕終溫且惠：你既溫和又有仁愛之心。終，既。參見《終風》注〔1〕。溫，性情
溫和淑善。《爾雅・釋訓》：「溫溫，柔也。」《秦風・小戎》：「溫其如玉。」《大
雅・抑》：「溫溫恭人，維德之基。」臉色和氣亦為溫。《鄭箋》：「溫，謂顏色
和也。」《論語・季氏》：「色思溫。」《禮記・內則》：「柔色以溫之。」且，連
詞，而且。王引之《經傳釋詞》卷八：「且，猶又也。」《鄘風・載馳》：「眾稚
且狂。」《小雅・魚藻》：「君子有酒，旨且多。」惠，仁愛。《說文》：「惠，仁
也。」《毛傳》：「惠，順也。」順，順人之心。毛享另作一解。

〔16〕淑慎其身：你還十分注重修養身心，行事謹慎。淑，本義為水清澈。參見《周
南・關雎》注〔3〕。淑通俶。淑，禪母覺部；俶，穿母覺部。禪、穿旁紐。
俶，本義為善、好。《鄭箋》：「淑，善也。」《爾雅・釋詁》：「淑，善也。」
郝懿行《義疏》：「淑者，俶之假音也。」《說文》：「俶，善也。从人，叔聲。
《詩》曰：『令終有俶。』」《段注》：「按，《釋詁》《毛傳》皆曰：『淑，善也。』

蓋假借之字。其正字則『俶』也。淑者，水之清湛也。自『淑』行而『俶』
之本義廢矣。」《王風‧中谷有蓷》：「遇人之不淑矣。」《曹風‧鳲鳩》：「淑
人君子，其儀一兮！」慎，處事誠實謹慎。《爾雅‧釋詁》：「慎，誠也。」《說
文》：「慎，謹也。」此歌詞「淑」「慎」為使動詞，謂使自身善、誠。身，甲
骨文字象人有孕大腹之形，腹中有一短橫，指女體有孕。《正字通‧酉集‧身
部》：「身，女懷妊曰身。」李孝定《甲骨文字集釋》卷八：「身，契文從人而
隆其腹，象人有身之形，當是『身』之象形初字。」徐中舒《甲骨文字典》：
「身，從人而隆其腹，以示其有孕之形，本義當為妊娠。」《大雅‧大明》：
「大任有身，生此文王。」《毛傳》：「身，重也。」《鄭箋》：「重，謂懷孕也。」
《孔疏》：「以身中復有一身，故言『重』。」身，又引申為人的身軀之義。《說
文》：「身，躬也。象人之身。」《字彙‧酉集‧身部》：「身，軀也。耳、目、
鼻、口百體共為一身。」王引之《經義述聞‧通說上》「身」條下：「人自頂
以下，踵以上，總謂之身。」《秦風‧黃鳥》：「如可贖兮，人百其身！」《小
雅‧雨無正》：「凡百君子，各敬爾身。」《小雅‧何人斯》：「我聞其聲，不見
其身。」《大雅‧烝民》：「既明且哲，以保其身。」《周禮‧考工記‧廬人》：
「凡兵，無過三其身。」《論語‧鄉黨》：「（曾子）必有寢衣，長一身有半。」
《荀子‧非相》：「衛靈公有臣曰公孫呂，身長七尺。」此歌詞「身」指身體
所含「心」和身體的動作行為。《論語‧學而》：「曾子曰：『吾日三省吾身。』」
《論語‧子路》：「子曰：『其身正，不令而行；其不正，雖令不從。』」古之
所謂「心」，除指心臟外，常指人的思想意識。「行」則指行為操守。這句歌
詞是說「仲氏」注意修養自己的心性。

〔17〕先君之思：要常思念故去的君父。先君，指衛國現任國君和「仲氏」共同的生
父。之，通是。王引之《經義述聞‧儀禮》「勖帥以敬先妣之嗣」條下：「凡《詩》
言『先君之思』『云誰之思』『燕婉之求』『維子之好』，『之』字皆與『是』同
義。」思，思念。「先君之思」可能是「仲氏」在辭廟時對其哥哥說過的一句
話。她要求她的國君哥哥牢記先父的教誨。

〔18〕以勖寡人：你用這樣的話來規勸我。勖，勸勉。《毛傳》：「勖，勉也。」《爾雅‧
釋詁》：「勖，勉也。」《說文》：「勖，勉也。」寡人，衛君自稱。謙詞。《禮記‧
曲禮下》：「諸侯見天子曰臣某、侯某；其與民言，自稱曰寡人。」孔穎達《疏》：
「寡人者，言己是寡德之人。」

【詩旨說解】

《燕燕》是送嫁樂歌歌詞。衛君之妹出嫁南國，衛君親送其妹到衛國南境作別，在南境行餞別之禮。

此歌詞前三章述衛女出嫁、衛君送別之事。「燕燕于飛，差池其羽」「燕燕于飛，頡之頏之」「燕燕于飛，下上其音」，這些話描述了郊送時的天氣背景。在一個日暖風和、飛燕鳴春的日子裏，衛君送其妹出嫁去南國。這本來是一場喜事，但因親人將遠別，衛君的心裏卻十分難過。「之子于歸，遠送于野」「之子于歸，遠于將之」「之子于歸，遠送于南」「瞻望弗及，泣涕如雨」「瞻望弗及，佇立以泣」「瞻望弗及，實勞我心」，這些話表達了衛君送別其妹時那種依依不捨的至親之情。

第四章著重讚揚了衛君之妹「仲氏」的人品。本章對「仲氏」的人品作了高度的概括，說她「其心塞淵」，對國家大事有謀劃能力；又說她「淑慎且惠」，對自己要求嚴格，行事謹慎有度，待人接物溫和有禮，富有仁愛之心；她還經常提醒她的國君哥哥時刻牢記先父的諄諄教誨，且莫做對不起先輩、對不起國家的事情。由這些讚語可知，「仲氏」是一位富有仁德和愛國情懷而又處事幹練的女子。

總之，這篇歌詞集中地讚揚了「仲氏」的美德，表達了衛君與其妹難捨難分的至親之情。

《毛詩》序說，《燕燕》的主題是「衛莊姜送歸妾」，其作者是衛莊姜。《毛傳》：「陳在衛南。」「仲，戴媯字也。」鄭玄《注》則進一步說，「莊姜無子，陳女戴媯生子名完，莊姜以為己子。莊公薨，完立，而州吁殺之，戴媯於是大歸，莊姜遠送之于野，作詩見己志。」《毛詩》序作者、毛亨、鄭玄皆認為《燕燕》的作者是衛莊姜，「仲氏」是戴媯。《列女傳‧母儀傳‧衛姑定姜》：「衛姑定姜者，衛定公之夫人，公子之母也。公子既娶而死，其婦無子，畢三年之喪，定姜歸其婦，自送之，至於野。恩愛哀思，悲心感慟，立而望之，揮泣垂涕。乃賦詩曰：『燕燕于飛，差池其羽，之子于歸，遠送于野，瞻望不及，泣涕如雨。』送去歸泣而望之。又作《詩》曰：『先君之思，以畜寡人。』」《列女傳》的作者劉向認為，《燕燕》的主題是「衛定姜歸其娣」，其作者是衛定姜。以上這些說法與《燕燕》所表露出來的至親關係皆不合。此外，尚有「莊姜送公子完婦大歸」「定姜送子婦大歸」「薛君送其妹遠嫁」「衛君送別其情人」諸說，此不細論。

南宋王質《詩總聞》評論《燕燕》詩：「二月中為乙鳥至，當是國君送女娣適他國在此時也。」王質力反舊說，認為《燕燕》寫的是國君送其妹嫁往他國的詩。崔述《讀風偶識》評論《燕燕》詩說：「此篇之文，但有惜別之意，絕無感時悲遇之情。而詩稱『之子于歸』者，皆指女子之嫁者言之，未聞有稱大歸為『于歸』者。恐係衛女嫁於南國，而其兄送之之詩，絕不類莊姜戴媯事也。」王、崔所論至確。

日月

日居月諸〔1〕，照臨下土〔2〕。
乃如之人兮〔3〕！逝不古處〔4〕？
胡能有定〔5〕，寧不我顧〔6〕？

日居月諸，下土是冒〔7〕。
乃如之人兮！逝不相好〔8〕？
胡能有定，寧不我報〔9〕？

日居月諸，出自東方〔10〕。
乃如之人兮，德音無良〔11〕！
胡能有定，俾也可忘〔12〕？

日居月諸，東方自出。
父兮母兮〔13〕，畜我不卒〔14〕！
胡能有定，報我不述〔15〕？

【注釋】

〔1〕日居月諸：太陽呀月亮呀。居、諸，語助詞。參見《邶風·柏舟》注〔24〕。

〔2〕照臨下土：照耀著它下面的土地。臨，本義為從高處向下看。引申為居高臨下之義。臨與監互訓。《爾雅·釋詁》：「臨，視也。」《說文》：「監，臨下也。」「臨，監臨也。」《段注》更正為：「臨，監也。」《大雅·大明》：「上帝臨女。」《荀子·勸學》：「不臨深溪，不知地之厚也。」下土，指大地。與日、月相對而言，大地為下方。

〔3〕乃如之人兮：竟有像這樣的人呀！乃，竟。對某事表示驚異之詞。裴學海《古書虛字集釋》卷六：「乃，猶竟也。意料不及之辭。」如，通若，像。參見《周

南・汝墳》注〔4〕。之人，是人，這個人。之，此、是。參見《召南・江有汜》
注〔2〕。《鄭箋》：「之人，是人也。」

〔4〕逝不古處：他離開我不再到老地方來了？逝，往、去。《說文》：「逝，往也。」
《廣雅・釋詁》：「逝，行也。」《邶風・谷風》：「毋逝我梁。」《楚辭・九歌・
少司命》：「倏而來兮忽而逝。」不古處，不到老地方來。古處，即故處。古通
故。古、故皆見母魚部字。《毛傳》：「古，故也。」《爾雅・釋詁》：「古，故也。」
《說文》《廣韻》《集韻》同上。故處，老地方。指男方原來經常光顧的地方，
即女方的住處。

〔5〕胡能有定：你何時才能安定下來？胡，通何。參見《邶風・柏舟》注〔25〕。
《毛傳》：「胡，何。」段玉裁《毛詩故訓傳定本》校訂傳文：「胡，何也。」
能，能夠。參見《邶風・柏舟》注〔27〕。定，安定。此句歌詞的「定」字謂
安定地同住。《毛傳》：「定，止也。」《小雅・采薇》：「我戍未定。」「豈敢定
居，一月三捷。」《小雅・節南山》：「亂靡有定。」男子走婚，沒有安定的住
所。在這種情況下，女友也很難打聽到他的信息。

〔6〕寧不我顧：即「寧不顧我」，難道你不再回來看看我？寧，疑問詞，難道。《鄭
風・子衿》：「縱我不往，子寧不嗣音？」《史記・陳涉世家》：「王侯將相寧有
種乎！」寧通乃、能。寧，泥母耕部；乃、能，泥母之部。耕、之旁對轉。《經
傳釋詞》卷六：「乃，猶寧也。……寧、乃一聲之轉。故乃訓為寧，寧亦訓為
乃。」「寧，猶乃也。」吳昌瑩《經詞衍釋》卷六：「寧，猶乃也。」《衛風・
芄蘭》：「雖則佩觿，能不我知？」「能不我知」即「寧不我知」。顧，本義為回
頭看。《說文》：「顧，還視也。」《段注》：「還視者，返而視也。《檜風》箋云：
『回首曰顧。』」此句歌詞中「顧」字為回來看之義。

〔7〕下土是冒：即「冒是下土」，照耀著下面的土地。冒，從冃從目，本義為帽子。
引申為覆蓋之義。冃，覆蓋之義。此謂日月之光覆蓋大地。《毛傳》：「冒，覆
也。」《鄭箋》：「覆，猶照臨也。」

〔8〕相好：男女雙方相互友好。《管子・輕重丁》：「五衢之民，男女相好往來之市
者，罷市相睹樹下，談語終日不歸。」相，與「省」字形近、音近義同，本義
為察看。相，心母陽部；省，心母耕部。陽、耕旁轉。《爾雅・釋詁》：「相，
視也。」《說文》：「相，省視也。從目，從木。《易》曰：『地可觀者，莫可觀
於木。』《詩》曰：『相鼠有皮。』」戴侗《六書故・人三》：「相，息亮切，度
才也。工師用木，必相眂其長短、曲直、陰陽、剛柔之所宜也。相之取義始於

此。」《小雅・四月》：「相彼泉水，載清載溞。」《小雅・伐木》：「相彼鳥矣，
猶求友聲。」相，又有面對、面向、交互、互相之義，副詞。相或通鄉、向。
相，心母陽部；鄉、向，曉母陽部。心、曉通轉。鄉，本義為面對、面向。向，
本義為窗戶。借為朝向之義。《集韻・漾韻》：「鄉，面也。」《廣韻・漾韻》：
「向，對也。」《鄭風・野有蔓草》：「邂逅相遇。」《鄭風・溱洧》：「伊其相謔。」
《小雅・角弓》：「不令兄弟，交相為瘉。」《莊子・大宗師》：「四人相視而笑。」
好，友好。《小雅・斯干》：「兄及弟矣，式相好矣，無相猶矣。」

〔9〕寧不我報：即「寧不報我」，難道你不來報答我對你的那份情感？報，本義為
制服人犯，對人犯判決定罪。《說文》：「報，當罪人也。从㐄从𠬝。𠬝，服罪
也。」報通復。報，幫母幽部；復，並母覺部。幫、并旁紐，幽、覺對轉。復，
返、還。《廣雅・釋言》：「報，復也。」朱駿聲《說文通訓定聲・孚部》：「報，
假借又為復。」《爾雅・釋言》：「復，返也。」《說文》：「復，往來也。」《段
注》：「辵部曰：『返，還也。』『還，復也。』皆訓往而仍來。」《易・泰卦》：
「無往不復。」復，本義為按原路返回。引申為回報、報答之義。《說文》：「復，
行故道也。」毛晃、毛居正《增修互注禮部韻略・去聲・號韻》：「報，告也，
復也，答也，酬也。」《衞風・木瓜》：「投我以木瓜，報之以瓊琚。」《鄭風・
女曰雞鳴》：「雜佩以報之。」《大雅・抑》：「無言不讎，無德不報。」歌者以
前與她所相好的那個男子有過許多的恩愛，於是便希望他不忘舊情。

〔10〕出自東方：從東方出來，升上天空。出自，從某處出來。出，出來。《毛傳》：
「日始月盛，皆出東方。」自，從。《鄭箋》：「自，從也。」「出自」一詞在《詩
經》中多見。《邶風・北門》：「出自北門。」《小雅・伐木》：「出自幽谷。」《小
雅・巧言》：「出自口矣。」東方，方位詞，東邊。「東方」一詞在《詩經》中
多見。《齊風・東方之日》：「東方之日兮。」《齊風・東方未明》：「東方未明。」
《大雅・烝民》：「城彼東方。」《魯頌・閟宮》：「保彼東方。」下文「東方自
出」與「出自東方」詞序異，義同。

〔11〕德音無良：你連一丁點音信也不帶給我。德音，好音信，亦即音信。「德音」
是周代的習慣用語。此句中「德」字被虛化了。無良，不善、不好；沒有好的。
《毛傳》：「良，善也。」《小雅・白華》：「子之無良，二三其德。」《尚書・周
書・泰誓》：「惟予小子無良。」

〔12〕俾也可忘：讓我每天都能看見你。俾，使，讓。《鄭箋》：「俾，使也。」《說文》：
「俾，益也。」《段注》：「俾與埤、朇、裨音義皆同。今裨行而俾、埤、朇皆

廢矣。經、傳之俾皆訓使也，無異解，蓋即益義之引申。」也。語助詞。可忘，
即可望。忘，通望。忘、望皆明母陽部字。聞一多《詩經通義甲》：「本篇『俾
也可忘』，忘讀為望。望忘古字通。」

〔13〕父兮母兮：我的父親呀，我的母親呀。

〔14〕畜我不卒：你們不能養我到年老！畜，本義為家中存養的獵物。作動詞為飼養
動物之義。借為養人之義。《說文》：「畜，田畜也。」田畜，田獵所獲得的動
物，在家中飼養。徐中舒《甲骨文字典》：「《淮南子・本經篇》：『拘獸以為畜。』
田獵所得而拘繫之，斯為家畜，此為玄田之正解。」《論語・鄉黨》：「君賜生，
必畜之。」《楚辭・大招》：「畜鸞鳳只。」《鄭箋》：「畜，養。」《小雅・我行
其野》：「爾不我畜，復我邦家。」《小雅・蓼莪》：「父兮生我，母兮鞠我。拊
我畜我，長我育我。」《孟子・梁惠王上》：「仰不足以事父母，俯不足以畜妻
子。」畜亦通慉。《邶風・谷風》：「不我能慉，反以我為讎。」不卒，不終。
卒，甲骨文字象衣服有文飾之形，本義為下層雜役人員所穿的有標識的衣服。
雜役人員亦稱為「卒」。《說文》：「卒，隸人給事者為卒。卒，衣有題識者。」
卒通訖、既。卒，精母物部；訖、既，見母物部。精、見通轉。朱駿聲《說文
通訓定聲・履部》：「卒，〔假借〕又為『鞁』，為『汔』，為『訖』，或為『悉』。」
訖，本義為終止。《爾雅・釋詁》：「訖，止也。」《說文》：「訖，止也。」既，
本義為食既、吃完。引申為凡完結之義。參見《周南・汝墳》注〔6〕。既、訖，
皆為終止之義。卒又通盡。盡，從母真部。精、從旁紐，物、真旁對轉。卒、
盡皆有終義。《鄭箋》：「卒，終也。」《爾雅・釋詁》：「卒，盡也。」「卒，已
也。」「卒，終也。」《玉篇・衣部》《廣韻・術韻》《集韻・術韻》同上。《豳
風・七月》：「無衣無褐，何以卒歲？」《鄭箋》：「卒，終也。」《小雅・蓼莪》：
「民莫不穀，我獨不卒。」《鄭箋》：「卒，終也。」《論語・子張》：「有始有卒
者，其惟聖人乎！」邢昺《疏》：「卒，猶終也。」此句歌詞的「卒」字指壽命
終止。父母不能養活子女到終壽之年，此屬通理。歌者先報怨負心男子丟下她
不管，轉而又報怨起她的父母來了。

〔15〕報我不述：希望你以不毀前約來報答我。不述，不毀前約。述，通墜、彖。述，
神母物部；墜，定母物部；彖，邪母物部。神、定準雙聲，與邪母鄰紐。墜，
毀、失。于省吾《澤螺居詩經新證》：「述、墜音近字通。《書・酒誥》『今惟殷
墜厥命』，《盂鼎》：『我聞殷述命』。《書・君奭》『乃其墜命』之墜，《魏石經》

古文正作述。金文墜作豕，述乃假字。《邾公華鐘》『怒穆不豕于厥身』，《師袁簋》『師袁虔不豕』，《錄伯威簋》『女肇不豕』，是『不豕』乃周人語例。」歌者對她的男友仍然抱有莫大的期望。

【詩旨說解】

《日月》是怨歌歌詞。歌者與她所思念的男子所結成的是對偶婚關係。她不經過媒人介紹，也不經過父母許可，便與該男子過上了同居生活。但不久該男子拋棄了這個女子而去，不再到她的居處來了。他們之間的「婚姻關係」出現了較為嚴重的問題。這個女子迫切希望她的這位男友能夠迴心轉意，來跟她過安定的婚姻生活。有一天，她在家中期盼這位情人到來，情人不至，於是她就編唱了這首怨歌，來排遣心中的愁悶，表達自己對安定婚姻生活的期待。在歌中，女子以「日月照臨」「日出東方」為常理，斥說那個背叛愛情離她而去的男子行為乖張。

這篇歌詞反映了春秋時期女子不嫁和男子走婚的社會婚姻現象，也反映了對偶婚女性一方要求過穩定的夫妻制生活的強烈願望。

戰國、秦漢時期，齊地有長女不嫁和贅婿現象。《戰國策·齊策四·齊人見田駢》：「齊人見田駢曰：『聞先生高議（義），設為不宦，而願為役。』田駢曰：『子何聞之？』對曰：『臣聞之鄰人之女。』田駢曰：『何謂也？』對曰：『臣鄰人之女，設為不嫁，行年三十而有七子。不嫁則不嫁，然嫁過畢矣。今先生設為不宦，賮養千鍾，徒百人，不宦則然矣，而富過畢也。』田子辭。」《史記·滑稽列傳》：「淳于髡者，齊之贅婿也。」齊國的長女不嫁而生育子女和贅婿婚，類似走婚或者「望門居」。女兒住在母家，不是一直讓母家養著，而是到了成婚的年齡就到別室居住，跟異姓男子一起生活。互為婚偶的男女雙方，經濟關係並不密切，婚姻關係也不穩定，男子或經常到女方家中小住，或者只在農活不忙的時候到女方住所與女子相聚；女子碰上感情好的男子，也會與之結成穩定的婚姻關係。漢朝時齊地還存有長女不嫁的習俗。《漢書·地理志》：「始桓公兄襄公淫亂，姑姊妹不嫁，於是令國中民家長女不得嫁，名曰『巫兒』，為家主祠，嫁者不利其家，民至今以為俗。」班固認為齊地「長女不嫁」的風俗是齊襄公使用公權力推動的結果。其實，這是齊襄公之前齊地原有的傳統婚姻風俗。衛國跟齊國地緣接近，春秋時期衛國也存在類似齊國的對偶婚姻。

終風

終風且暴〔1〕，顧我則笑〔2〕。
謔浪笑敖〔3〕，中心是悼〔4〕！

終風且霾〔5〕，惠然肯來〔6〕？
莫往莫來〔7〕，悠悠我思〔8〕！

終風且曀〔10〕，不日有曀〔9〕。
寤言不寐〔11〕，願言則嚏〔12〕。

曀曀其陰〔13〕，虺虺其雷〔14〕。
寤言不寐，願言則懷〔15〕。

【注釋】

〔1〕終風且暴：在一個刮起烈風的日子裏。終風，已經刮起了風。終，既，已經。
王引之《經義述聞·毛詩上》「終風且暴」條下：「終，猶既也，言既風且暴
也。……《燕燕》曰：『終溫且惠，淑慎其身。』《北門》曰：『終窶且貧，莫
知我艱。』《小雅·伐木》曰：『神之聽之，既和且平。』《商頌·那》曰：『既
和且平。』……既、終，語之轉。既已之既轉為終，猶既盡之既轉為終耳。」
風，颮風。一種天氣現象。一說，終日不停的風為「終風」。《毛傳》：「終日風
為終風。」一說，「終風」是秋風。《韓說》：「終風，西風也。」西風，秋風。
暴，本義為日曬。《小爾雅·廣言》：「暴，曬也。」《廣韻·屋韻》：「暴，日乾
也。曝，俗（字）。」《周禮·冬官·考工記》：「晝暴諸日。」《孟子·告子上》：
「一日暴之，十日寒之。」暴，通瀑、飆、猋，猛烈、急驟之義。暴，並母沃
部；瀑，滂母宵部；飆、猋，幫母宵部。并、滂、幫旁紐，沃、宵對轉。暴風
又稱「飆風」「飆風」「猋風」「回風」「旋風」「扶搖」。《毛傳》：「暴，疾也。」
《鄭箋》：「既竟日風矣，而又暴力疾。」《禮記·月令》：「猋風暴雨總至。」
《管子·小問》：「飄風暴雨不為人害。」

〔2〕顧我則笑：他一見到我就嬉笑。顧，看。我，歌者自稱。則，通即，副詞，就。
參見《召南·草蟲》注〔7〕。笑，嬉笑。歌者述其男友在一個壞天氣裏來跟她
相會時的樣子。

〔3〕謔浪笑敖：我們倆放縱地調笑。謔浪，即浪謔，放肆地戲謔。浪，聲音大、動
作大。引申為放縱。浪，通莽。浪，來母陽部；莽，明母陽部。來、明鄰紐。

《莊子·齊物論》「孟浪之言」，即輕率大言。孟浪，急讀之則為「莽」。孟，明母陽部。《小爾雅·廣詁》：「莽，大也。」《文選》左思《吳都賦》：「相與騰躍乎莽□之野。」李善《注》：「莽罠，廣大貌。」《集韻·宕韻》：「莽罠，廣大貌。」謔，戲謔，調情。《毛傳》：「言戲謔不敬。」《魯說》：「謔，戲謔也。」《爾雅·釋詁》：「『謔浪笑敖』，戲謔也。」郭璞《注》：「謂（相）調戲也。」《說文》：「謔，戲也。从言，虐聲。《詩》曰：『善戲謔兮。』」笑敖，即敖笑，過分地嬉笑。敖，通謷、警、嗷，大叫，說話聲音過度。敖，謷、警、嗷皆疑母宵部字。《荀子·禮論》：「歌謠、謷笑、哭泣、諦號，是吉凶憂愉之情發於聲音者也。」笑，心中樂而有嬉笑之色。《魯說》：「笑，心樂也。」《說文》：「笑，喜也。」《詩經》中描述男女在婚戀活動中相互調笑的例子不少。《衛風·淇奧》：「善戲謔兮，不為虐兮！」《衛風·芃蘭》：「雖則佩韘，能不我甲？」《鄭風·出其東門》：「縞衣茹藘，聊可與娛。」《鄭風·溱洧》：「士與女，伊其相謔，贈之以勺藥。」

〔4〕中心是悼：想起這些便讓我的心中思念不已。中心，即心中。悼，思。《鄭箋》：「悼者，傷其如是，然而己不能得而止之。」《邶風·谷風》：「靜言思之，躬自悼矣。」《毛傳》：「悼，傷也。」傷，通愓，憂思。

〔5〕終風且霾：在一個颮風揚沙的日子裏。霾，大風捲土揚沙的天氣。霾通埋。霾、埋皆明母之部字。天空降沙塵多而埋物。《魯說》：「風而雨土為霾。」《毛傳》：「霾，雨土也。」《說文》：「霾，風雨土也。从雨，狸聲。《詩》曰：『終風且霾。』」雨土，天降沙塵，即沙塵暴。

〔6〕惠然肯來：今天他能施善心到我這裡來？惠然，即惠爾，友好的樣子。惠，給別人好處。《說文》：「惠，仁也。」然，通爾、而。然，日母元部；爾，日母脂部；而，日母之部。元、脂旁對轉，與之部旁通轉。王引之《經傳釋詞》卷七：「然，猶而也。《詩·終風》曰『惠然肯來』，惠而肯來也。」《邶風·北風》：「惠而好我，攜手同行。」肯來，能來，願意來。肯，字本作「肎」，本義為緊緊附著在骨間的肉。《說文》：「肎，骨間肉肎肎箸也。」《莊子釋文·養生主》：「肯，《說文》作肎，《字林》同，口乃反。云：『著骨肉也。』」「肯」為俗字。《玉篇·肉部》：「肎，今作肯。」肯通可。肯，溪母蒸部；可，溪母歌部。蒸、歌旁通轉。《鄭箋》：「肯，可也。」可，「歌」字的古體。《說文》：「哥，聲也。从二可。古文以為謌字。」哥，又是「可」字的繁文。可、哥皆是「歌」字的古文。歌，上古巫唱歌禮神，請求神祇許可所禱之事。故「可」引申為許

可、願意之義。《爾雅·釋言》：「肯，可也。」《說文》：「可，肯也。」《玉篇·肉部》：「肯，可也。」《廣韻·等韻》：「肯，可也。」《廣韻·哿韻》：「可，許可也。」劉淇《助字辨略》卷三「肯」字下：「肯，願詞也。心誠願之，故為『可』也。」裴學海《古書虛字集釋》卷五：「肯，願詞也。《詩·終風》篇：『惠然肯來。』」朱駿聲《說文通訓定聲·升部》：「肯，假借為『可』。」《魏風·碩鼠》：「莫我肯顧。」《唐風·有杕之杜》：「噬肯適我？」《小雅·黃鳥》：「不我肯穀。」來，甲骨文字象小麥之形，本義為小麥。參見《鄘風·載馳》注〔20〕。來通麥。麥，從夊，來聲，本義為來去之來。來、麥字義互換，一借不還。《爾雅·釋詁》：「來，至也。」《禮記·曲禮上》：「往而不來，非禮也。來而不往，亦非禮也。」出土的周器單伯鐘銘文及長由盉銘文有「倈」字，即來去之「來」。倈，同徠。《楚辭·九歌·少司命》：「望嬈人兮未徠。」歌者期望那個與她相好的男子，趁著壞天氣，光顧她家。

〔7〕莫往莫來：在你不往不來的日子裏。莫，不。往，去。來，過來。

〔8〕悠悠我思：我一直在深深地思念著你。悠悠，深深思念的樣子。悠，本義思念。《爾雅·釋訓》：「悠悠，思也。」《說文》：「悠，憂也。從心，攸聲。」《周南·關雎》：「悠哉悠哉，輾轉反側。」

〔9〕曀：因颮風而使天色變得昏暗。《毛傳》：「陰而風曰曀。」《魯說》：「陰而風為曀。」《說文》：「曀，陰而風也。從日，壹聲。《詩》曰：『終風且曀。』」《釋名·釋天》：「曀，翳也。言掩翳日光使不明也。」

〔10〕不日有曀：沒過兩天又是一個陰風晦暗的天氣。不日，不幾日，沒過幾天。《大雅·靈臺》：「經始靈臺，經之營之。庶民攻之，不日成之。」有，借為「又」。有、又皆匣母之部字。《鄭箋》：「有，又也。」歌者遇到了一連串的壞天氣，她的男友該過訪卻沒有來訪。

〔11〕寤言不寐：我睜著眼睛睡不著覺。寤言，即寤焉、寤然，睜眼醒著的樣子。寤，醒著。言，通焉、然，語助詞。參見《周南·茉莒》注〔2〕。不寐，睡不著。《邶風·柏舟》：「耿耿不寐，如有隱憂。」

〔12〕願言則嚏：我一想他，他就該打個噴嚏。願言，即願焉，心中思緒湧動的樣子。願，本義為大頭。《說文》：「願，大頭也。從頁，原聲。」願通愿。願、愿皆疑母元部字。願、愿各有本義。愿，從心從原，原聲，心裏衝動。原，源的本字，源泉。愿，思如泉湧。指思緒衝動。引申為思念之義。《鄭箋》：「願，思也。」朱熹《集傳》：「願，思也。」《爾雅·釋詁》：「願，思也。」《方言》

第一：「願，欲思也。」《廣韻·願韻》：「願，欲也，念也，思也。」言，通焉。《二子乘舟》：「願言思子，中心養養。」《衞風·伯兮》：「願言思伯，使我心痗。」則，副詞，即，就，表示因果關係。王先謙《集疏》：「三家則作即。」嚏，動詞，打噴嚏。《鄭箋》：「嚏，讀當為不敢嚏咳之嚏。……今俗，人嚏云『人道我』。此古之遺語也。」宋洪邁《容齋隨筆》卷第四：「今人噴嚏不止者，必噀唾祝云『有人說我』，婦人尤甚。予按《終風》詩：『寤言不寐，願言則嚏。』鄭氏《箋》云：『我其憂悼而不能寐，女思我心如是，我則嚏也。今俗，人嚏云「人道我」，此古之遺語也。』乃知此風自古以來有之。《韓詩》作「疐」，《唐石經》作「嚏」。嚏，又作疐。《釋文》：「疐，本又作嚏。」王先謙《集疏》：「《韓》疐作嚏者，《玉篇·口部》：『嚏，噴鼻也。《詩》云「願言則嚏。」』按，今《毛詩》作『嚏』，當本是『疐』。」疐，本為踩絆之義。《豳風·狼跋》：「狼跋其胡，載疐其尾。」疐通嚏。疐、嚏皆端母質部字。《說文》「嚏」字下引《詩》為「願言則嚏」。睡虎地秦簡《封診式》：「刺其鼻不疐。」歌者說，她想念那個與她相好的男子了，一連幾個夜晚睡不著覺。她希望他能打個噴嚏，知道有人想他了。古來傳言，被別人想起或說起時，本人會打噴嚏。這是中國民間的習慣說法，至今猶然。

〔13〕曀曀其陰：天氣陰陰沉沉的。曀曀，天氣陰風霧雨的樣子。其，語助詞。陰，本義為山阜北。陰通霒。陰、霒皆影母侵部字。霒，從云，今聲，天空有雲之義。《說文》：「陰，山之北也。」《段注》：「按，山北為陰，故『陰』字從自。自漢以後通用此為『霒』字。霒，古文作霒。」霒易與陰陽有別。《說文》「易」字《段注》：「此陰陽正字也。陰陽行而霒易廢矣。」

〔14〕虺虺其雷：一會兒又「虺虺」地打起雷來了。虺虺，象聲詞，初起的雷聲。《廣雅·釋訓》：「虺虺，聲也。」雷，動詞，打雷。

〔15〕願言則懷：我想他了，他也該想起我來。則，即，就。懷，動詞，心中想念。《毛傳》：「懷，傷也。」傷，通偒，思也。《說文》：「懷，念思也。」

【詩旨說解】

《終風》是情歌歌詞。一個女子在壞天氣裏思念其情人，百無聊賴，在室內唱歌遣懷。

「終風且暴，顧我則笑」——女子回憶她跟男友第一次相會時的情形。這個男子總是在閒暇的時間（例如刮大風、陰霾、下雨）裏才來跟她相會。這是走婚的男子按照慣例行事。她回想起與情人曾經擁有的快樂生活，覺得他

們之間的愛情格外值得珍惜。「終風且霾，惠然肯來」——今天又是一個可以
相會的天氣，他能到我這裡來嗎？女子想到這裡，深沉地歎道：「莫往莫來，
悠悠我思！」這一天她的情人果然沒來跟她相會，惹得她無精打采，相思綿
綿。「終風且曀，不日有曀」「曀曀其陰，虺虺其雷」——她等了一兩天，這一
天又是個壞天氣，她的情人仍然沒有來跟她相會。她寂寞難耐，於是就以唱
歌來排解心中的憂愁和苦悶。

　　這篇歌詞反映了春秋時期殘存的走婚的現象。

擊鼓

擊鼓其鏜 [1]，踴躍用兵 [2]。
土國城漕 [3]，我獨南行 [4]。

從孫子仲 [5]，平陳與宋 [6]。
不我以歸 [7]，憂心有忡 [8]。

爰居爰處 [9]？爰喪其馬 [10]？
于以求之 [11]？于林之下 [12]。

死生契闊 [13]，與子成說 [14]。
執子之手 [15]，與子偕老 [16]。

于嗟闊兮 [17]，不我活兮 [18]！
于嗟洵兮 [19]，不我信兮 [20]！

【注釋】

〔1〕擊鼓其鏜：大鼓敲得鏜鏜響。鼓，指戰鼓。其鏜，即鏜鏜。鏜，本義為擊鐘
　　聲。《說文》：「鏜，鐘鼓之聲。从金，堂聲。《詩》曰：『擊鼓其鏜。』」以上《說
　　文》「鼓之」二字及下引《詩》皆為後人篡改添加的內容。鏜通鼞。鏜、鼞皆
　　透母陽部字。鼞，象聲詞，擊鼓聲。《齊詩》《韓詩》作「鼞」。《說文》：「鼞，
　　鼓聲也。从鼓，堂聲。《詩》曰：『擊鼓其鼞。』」擊鼓以鼓勵士兵練武。《毛傳》：
　　「鏜然，擊鼓聲也。使眾皆踴躍用兵也。」《鄭箋》：「此用兵，謂治兵時。」
　　治兵，秋季練兵以治軍。《周禮·夏官·大司馬》：「中秋，教治兵，如振旅之
　　陳。」《郭沫若全集·集外·搜苗的檢閱》：「例如我們中國的周代，在一年四
　　季裏也都是有軍事上的操練的，春天的叫作振旅，夏天的叫作拔舍，秋天的叫
　　作治兵，冬天的叫作大閱。」

〔2〕踊躍用兵：官兵跳躍練刀槍。踊躍，跳躍。《說文》：「踊，跳也。」《廣雅·釋詁》：「踊、躍，跳也。」《廣韻·藥韻》：「躍，跳躍也。」用兵，操起兵器練武。兵，槍械武器。《說文》：「兵，械也。」此句歌詞述衛國軍隊出征之前的練兵活動。

〔3〕土國城漕：人們大都在國內服役，在朝歌城和漕邑挖壕修城。土國，在衛國的都城內服土木之役。土，動詞，動土功。國，國都。《魏風·園有桃》：「聊以行國。」《考工記·匠人》：「國中九經九緯。」衛國的國都在朝歌城。城漕，在衛國的漕邑修築城牆。城，動詞，修築城牆。《左傳·魯莊公二十八年》：「邑曰築，都曰城。」都，比國小一個級別的城邑。《左傳·隱公元年》：「先王之制：大都，不過參國之一；中，五之一；小，九之一。」漕，本應作「曹」，衛邑。其地在今河南省滑縣東南。秦、漢在曹地置白馬縣。《毛傳》：「漕，衛邑也。」《左傳·閔公二年》：「立戴公以廬于曹。」「齊侯使公子無虧帥車三百乘、甲士三千人，以戍曹。」衛懿公時，狄人攻佔衛都朝歌城。衛懿公戰死，衛人在宋桓公帶領的宋國軍隊的接應掩護下渡過黃河，將曹邑作為衛國的臨時都城，暫住在曹邑。衛戴公、衛文公居曹。衛文公二年，衛都遷至楚丘。曹是衛國的一個重要城邑。「土國城漕」說明這時衛國的都城尚在朝歌城。

〔4〕我獨南行：唯獨我被派遣到南國去執行任務。獨，本義為二犬相鬥。《說文》：「獨，犬相得而鬥也。从犬，蜀聲。」獨，與杕、特、單音近，可通假。參見《唐風·杕杜》注〔1〕。故「獨」字又有孤獨、單獨、一個人之假借義。南行，到南國去執行任務。《魯說》：「二十從役。」春秋時期男子二十歲左右要參軍服役，其中有的人尚未成婚。

〔5〕從孫子仲：跟隨著孫子仲將軍。從，跟隨。孫子仲，衛國派往南方去調停陳國和宋國爭端的衛軍主將。孫，氏；子仲，字。《毛傳》：「孫子仲，謂公孫文仲也。」衛國公孫文仲的事蹟在《春秋》和《左傳》中不見有記載。王先謙《集疏》據《唐書·宰相世系表》，推測「孫子仲」是衛武公之孫姬耳。

〔6〕平陳與宋：幫助陳、宋二國媾和，解決其爭端。平，調停爭端，媾和。《左傳·隱公六年》杜預《注》：「和而不盟曰平。」陳，陳國。宋，宋國。

〔7〕不我以歸：即「不以我歸」，不帶著我回衛國去。我，歌者自稱。他是跟隨衛國將軍孫子仲前往陳、宋執行軍事調停任務的一個衛國軍士。以，帶。孫子仲「平陳與宋」之後就回國了，把一部分官兵留在了陳、宋邊境駐防。

〔8〕有忡：即忡忡，憂煩不安的樣子。《毛傳》：「憂心忡忡然。」《召南・草蟲》：「未見君子，憂心忡忡。」

〔9〕爰居爰處：在哪裏紮營又在哪裏野宿？爰，何，在哪裏。爰通焉、安。爰，匣母元部；焉、安，影母元部。匣、影鄰紐。焉、安通何、曷。何，匣母歌部；曷，匣母月部。元、歌、月對轉。《廣韻・仙韻》：「焉，何也。」《集韻・仙韻》同上。《顏氏家訓・音辭》：「案：諸字書『焉』者鳥名，或云語詞，皆音於愆反。自葛洪《要用字苑》分『焉』字音訓：若訓何、訓安，當音於愆反，『於焉逍遙』『於焉嘉客』『焉用佞』『焉得仁』之類是也。」朱駿聲《說文通訓定聲・乾部》：「焉，假借為『曷』，與『安』同。」居，通尻、處。居、尻，見母魚部；處，穿母魚部。見、穿通轉。處，字本作「処」，住歇之義。《說文》：「処，止也。得几而止。从几从夊。」《段注》：「人遇几而止，引申之為凡尻處之字。」

〔10〕爰喪其馬：又是在哪裏丟失了我的軍馬？喪，丟失。《說文》「喪」字徐鍇《繫傳》：「凡失物則為喪。」《易・坤卦》：「西南得朋，東北喪朋。」衛國的小軍士不能隨子仲將軍回國，無法見到他的心上人，心煩意亂，以至於在執勤時迷失了方向，找不到營地，甚至連軍馬也丟失了。他駐守時大概負責牧馬，或是負責駕御戰車。

〔11〕于以求之：又是在哪裏找到了它？于以，在哪裏。以，通何。參見《召南・采蘩》注〔1〕。求之，尋找到它。求，通匄，尋求、尋找之義。參見《周南・關雎》注〔7〕。之，代詞，代指那匹軍馬。

〔12〕于林之下：在樹林裏的大樹下。林，成片的樹木。樹木多，謂之「林」。《毛傳》：「山木曰林。」《說文》：「林，平土有叢木曰林。」由於小軍士的粗心大意，拴繫不牢，軍馬掙開拴繩跑了。馬通人性。找來找去，軍馬並沒有跑得太遠，它在樹林下悠然地吃草呢。

〔13〕死生契闊：不管生和死都不分離。死生，死去或者活著。契闊，同契括，本義為纏束、捆綁。《韓說》：「契闊，約束也。」契，通挈、絜，約束之義。契、挈溪母月部；絜，匣母月部。溪、匣旁紐。《說文》：「絜，麻一端也。」《段注》：「一端，猶一束也。端，頭也。束之必齊其首，故曰端。」將麻漚製好剝下來麻纖維，用細繩纏束其粗端以成捆，便於存放和使用。一端，即一束、一捆。許慎釋「絜」為量詞。絜，動詞為約纏之義。《說文》：「係，絜束也。」「約，纏束也。」係通絜。係，見母錫部。見、匣旁紐，錫、月旁通轉。《玉

篇・糸部》：「絜，結束也。」《莊子・人間世》：「絜之百圍。」唐成玄英《南華真經疏》：「絜，約束也。」《釋文》：「契，本作挈。」《釋名・釋姿容》：「挈，結也。結，束也，束持之也。」《集韻・屑韻》：「挈，通作絜。」《周禮・夏官・序官》「挈壺氏」清孫詒讓《周禮正義》：「鄭《大學注》云：『絜猶結也，挈也。』是挈、絜、結聲義並通。」闊，通括。闊，溪母月部；括，見母月部。溪、見旁紐。《說文》：「括，絜也。」《文選》劉琨《答盧諶》詩序：「昔在少壯，未嘗檢括。」李善《注》引薛君《韓詩章句》曰：「括，約束也。」「死生契闊」即兩個人生死永不分離之義。這句話是衛國小軍士與其女友的愛情誓言。

〔14〕與子成說：這是我與你一起定下的誓約。成說，定下的誓約。成，通定。成，禪母耕部；定，定母耕部。禪、定準旁紐。《國語・楚語・蔡聲子楚材晉用》：「二子爭之，未有成。」韋昭《注》：「成，猶定也。」《周禮・地官・小司徒》：「使各登其鄉之眾寡。」鄭玄《注》：「登，成也。成猶定也。」《周禮・地官・司市》：「以量度成賈而徵價。」賈公彥《疏》：「成，定也。」說，言說，談話。《說文》：「說，釋也。从言、兌。一曰談說也。」釋，解釋、說明。《墨子・經上》：「說所以明也。」此句歌詞的「說」字指男女二人在婚戀場合雙方共同明確約定的誓言。朱熹《集傳》：「成說，謂成其約誓之言。」

〔15〕執子之手：我緊緊握住你的手說。執，從圥從丮，會意，本義為執拿有罪的人。《說文》：「執，捕罪人也。从圥从丮。」圥，甲骨文字象夾梏罪人手腕的刑具。于省吾《甲骨文字釋林・釋圥、執》：「圥即簎的本字。簎箝兩腕的刑具叫作圥。圥作𡻕，本象腕械形。」丮，甲骨文象人雙手握持之形，本義為用手執拿。《說文》：「丮，持也，象手有所丮據也。」執通丮。執，照母緝部；丮，見母緝部。照、見通轉。典籍通作「執」，「丮」遂廢。《爾雅・釋詁》：「秉，執也。」《玉篇・幸部》：「執，持也。」《邶風・簡兮》：「有力如虎，執轡如組。」《衛風・伯兮》：「伯也執殳。」《王風・君子陽陽》：「君子陽陽，左執簧，右招我由房。」《鄭風・遵大路》：「遵大路兮，摻執子之袪兮。」子，你。歌者稱其婚戀對象為「子」，是愛之之詞。

〔16〕與子偕老：一定要與你相愛一生，共同生活到年老。偕老，並老，一起生活到年老壽終。偕，人與人共同在一起。引申為共同、隨同、一起之義。《毛傳》：「偕，俱也。」《說文》：「偕，一曰俱也。」《鄭風・女曰雞鳴》：「與子偕老。」《魏風・陟岵》：「夙夜必偕。」《毛傳》：「偕，俱也。」《秦風・無衣》：「王于

興師，修我甲兵，與子偕行。」這句歌詞是衛國小軍士復述其愛情誓言。在參
加「平陳與宋」軍事行動之前，小軍士執女友之手說出了這句愛情誓言。《鄭
箋》：「執其手與之約誓，示信也。」

〔17〕于嗟闊兮：哎，我們相距得太遠啦！于嗟，同吁嗟，感歎詞。朱熹《集傳》：
「于嗟，歎詞。」闊，距離遠。《爾雅·釋詁》：「闊，遠也。」

〔18〕不我活兮：讓我無法去跟你相會呀！不我，不讓我……幹某事，意即我無法幹
某事。「我不」是主動行為，「不我」是被動行為。「不我」的說法在《詩經》
中多見。活，通佸、會。活、佸、會皆匣母月部字。佸，相會。《王風·君子
于役》：「君子于役，不日不月，曷其有佸。」《毛傳》：「佸，會也。」《說文》：
「佸，會也。」會，會合，相會。《說文》：「會，合也。」《廣雅·釋詁》：「會，
聚也。」《小雅·杕杜》：「會言近止，征夫邇止。」言，語助詞。衛國這次「平
陳與宋」的外交軍事行動，打亂了小軍官的愛情生活，他離開了本國，滯留在
陳、宋邊境，無法回到衛國與其女友相會。

〔19〕于嗟洵兮：哎，我們分別的時間太長久啦！洵，通敻、迥。洵，心母真部；敻，
曉母耕部；迥，匣母耕部。曉、匣旁紐，與心母通轉；真、耕通轉。敻、迥，
距離遠。借為時間久遠。《魯詩》《韓詩》作「敻」。《毛傳》：「洵，遠。」《廣
雅·釋詁》：「敻，遠也。」王念孫《疏證》：「敻之言迥也。」「敻，長也。」
「長，久也。」《穀梁傳·文公十四年》：「長轂五百，縣地千里，過宋、鄭、
滕、薛，敻入千乘之國。」《爾雅·釋詁》：「迥，遠也。」《說文》同上。

〔20〕不我信兮：讓我無法信守諾言呀！信，通申，重申之言為「信」。指誓言、諾
言。信，心母真部；申，審母真部。心、審準雙聲。《爾雅·釋詁》：「誠，信
也。」《說文》：「信，誠也。」此歌詞的「信」字用為動詞，即守信。這句歌
詞是衛國小軍士在內心對他的女友所作的自我檢討。

【詩旨說解】

　　《擊鼓》是軍旅情歌歌詞。此歌詞敘述了一個衛國小軍士在異國駐守時
思念戀人的事情經過。衛國的小軍士隨其主將孫子仲率領的衛國軍隊去調停
陳、宋二國的爭端。孫子仲調停陳、宋爭端之後，恐陳、宋二國再起戰事，
遂讓衛國軍隊的一部留守在陳、宋邊境。此小軍士即在留守之列。這個小軍
士在家鄉衛國有一個與他私訂了終身的姑娘在等待著他回國成親。他一心想
著返回衛國去，但一直沒有回國的機會。於是他「憂心有忡」，整日裏精神

恍惚,一天到晚也不知道自己身在何處、在何處駐紮、在何處休息,恍惚之中還把他所牧放的軍馬弄丟了。他唱道:「駐守地離家太遠啦,讓我無法與心愛的姑娘相會呀!」「駐守的時間太長啦,讓我無法信守當初對姑娘所發的誓言呀!」他報怨說,這次「平陳與宋」的服役期太長了,使他不能與他的心上人相會,阻止了他兌現「死生契闊」「與子偕老」的愛情誓言。

這篇歌詞的創作年代,大約是在春秋早期衛懿公喪國之前。歌詞中說到了「踴躍用兵」「土國城漕」「平陳與宋」之事,說明當時衛國的國力強大,在各諸侯國之間也很活躍。

一說,「平陳與宋」事件發生在春秋時期中葉。清姚際恒《詩經通論·擊鼓》說:「此詩乃衛穆公背清丘之盟救陳,為宋所伐,平陳、宋之難,數軍興旅,其下怨之而作此詩也。」衛大夫孔達曾於魯宣公十二年、衛穆公三年(公元前 597 年)救陳。《左傳·宣公十二年》:「宋為盟故,伐陳。衛人救之。孔達曰:『先君有約言,若大國討,我則死之。』」衛穆公派往陳國的將軍是孔達而非孫子仲。姚說與《擊鼓》所反映的情況不合。

凱風

凱風自南〔1〕,吹彼棘心〔2〕。
棘心夭夭〔3〕,母氏劬勞〔4〕!

凱風自南,吹彼棘薪〔5〕。
母氏聖善〔6〕,我無令人〔7〕。

爰有寒泉〔8〕,在浚之下〔9〕。
有子七人〔10〕,母氏勞苦。

睍睆黃鳥〔11〕,載好其音〔12〕。
有子七人,莫慰母心〔13〕。

【注釋】

〔1〕凱風自南:溫暖和煦的風從南方吹來。凱風,使人高興快樂之風。《毛傳》:「南風謂之凱風。」《魯說》同。《爾雅·釋天》:「南風謂之凱風。」邢昺《疏》:「『南風謂之凱風』者,李巡曰:『南風長養萬物,萬物喜樂,故曰凱風。凱,樂也。』」凱,又作「豈」「愷」,本義是軍隊凱旋之樂。豈、凱、愷皆溪母微部字。愷,快樂。參見《召南·行露》注〔2〕。《爾雅·釋詁》:「愷、康,安

也。」《說文》心部：「愷，樂也。」《說文》豈部「愷」字《段注》：「《毛傳》釋『豈弟』曰：『豈，樂也。弟，易也。』按『奏豈』經、傳多作愷。『愷樂』，《毛詩》亦作豈。是二字互相假借也。『愷』不入心部而入此者，重以豈會意也。《詩》又作凱，俗字也。《邶風》傳曰：『南風謂之凱風，樂夏之長養。』凱亦訓樂，即愷字也。《小雅·魚藻》：「王在在鎬，豈樂飲酒。」《鄭箋》：「豈，亦樂也。」《小雅·蓼蕭》：「孔燕豈弟。」《毛傳》：「豈，樂。」自南，從南方吹來。自，方位介詞，從。南，南邊。在中國中原地區，春天自東南、南方吹來季候風，使人感到溫暖快樂。此祭詞以「凱風」比喻母親。母親對兒子的溫馨呵護正如春天溫暖柔和的南風。《鄭箋》：「凱風喻寬仁之母，棘猶七子也。」

〔２〕吹彼棘心：吹拂著墳地上的棘榛叢。彼，指墓地。棘心，即棘榛，低矮的小樹叢。棘，本義為野棗樹。《說文》：「棘，小棗叢生者。」棘，又指低矮的雜樹叢。《唐風·葛生》：「葛生蒙棘。」《曹風·鳲鳩》：「其子在棘。」《小雅·湛露》：「湛湛露斯，在彼杞棘。」《小雅·青蠅》：「止于棘。」心，本義為人的心臟。《說文》：「心，人心，土藏，在身之中。象形。」心通榛。心，心母侵部；榛，莊母真部。心、莊準旁紐，真、侵旁通轉。榛，叢木，多有刺。《淮南子·原道訓》：「隱於榛薄之中。」高誘《注》：「藂木曰榛，深草曰薄。」《淮南子·主術訓》高注同。《廣雅·釋木》：「木藂生曰榛。」陸德明《大雅·旱麓·釋文》釋「榛」字引《字林》云：「木叢。」《曹風·鳲鳩》：「其子在榛。」《小雅·青蠅》：「止于榛。」《南史·薛安都傳》：「棘榛深密。」古時墓地多棘榛。

〔３〕棘心夭夭：棘榛的葉子很柔嫩。夭夭，樹枝葉新嫩的樣子。見《周南·桃夭》注〔１〕。一說，「夭夭」為盛貌。《毛傳》：「夭夭，盛貌。」「夭夭」言春天樹枝樹葉新嫩的景象。此祭詞以墓地裏棘榛的嫩枝嫩葉沐於春風之中，比喻七個兒子自幼深受其母的關懷。《鄭箋》：「夭夭，以喻七子少長，母養之病苦也。」

〔４〕母氏劬勞：母親呀您一輩子受盡了苦勞！母氏，祭者對其母親的稱呼。劬勞，苦勞。《毛傳》：「劬勞，病苦也。」病苦，困於生活。《說文》：「劬，勞也。」「勞，勮也。」下文「勞苦」與「劬勞」同義。

〔５〕棘薪：「棘心」的變文，同棘榛。薪，通心、榛。薪，心母真部。薪又通亲。亲，莊母真部。亲同榛。《禮記·曲禮下》：「婦人之摯，椇、榛、脯、修、棗、栗。」《禮記釋文》：「榛，……木叢也。古本又作亲。」親，「亲」的訛

字。《說文》：「亲，果，實如小栗。从木，辛聲。《春秋傳》曰：『女摯不過栗。』」《段注》：「（亲，）《韻會》作『木名，實如小栗』六字。《周禮·籩人》、《記》『曲禮』『內則』、《左傳》、《毛詩》字皆作榛，假借字也。榛行而亲廢矣。」

〔6〕聖善：通情達理，溫和善良。聖，甲骨文字從口從人有大耳，耳善於聽，口善於言。引申為通情達理之義。《毛傳》：「聖，叡也。」《說文》：「聖，通也。」《段注》：「聖從耳者，謂其耳順。」《說文》：「叡，深明也，通也。」《段注》：「馬注《尚書》、鄭注《尚書大傳》皆曰：『睿，通也。』許則於『叡』曰『深明也』，於『聖』曰『通也』。叡從目，故曰明。聖從耳，故曰通。此許意也。」善，古文從言從羊，羊即祥，吉祥之言為善。貞卜曰吉。引申為嘉好之義。《說文》：「善，吉也。从誩从羊。此與義、美同意。」祭者謂其母親心地善良，處事幹練。

〔7〕我無令人：我們兄弟中間竟然沒有孝順之人。我，我們。祭者自稱。無，「舞」的本字。參見《周南·葛覃》注〔10〕。無通沒。無、無，明母魚部；沒，明母物部。魚、物旁通轉。沒，人沒入水中。引申為盡、沒有之義。《說文》：「沒，湛也。」《段注》：「沒者，全入於水。故引申之義訓盡。」《小爾雅·廣詁》：「沒，無也。」令人，善人，好人。此指孝順父母的人。《鄭箋》：「令，善也。」令，本義為命令。《說文》：「令，發號也。」令通靈。令、靈皆來母耕部字。靈，金文作「霝」「靈」，從霝從玉，或從示，本義為巫。《說文》：「靈，巫也。以玉事神。从王（玉），霝聲。靈，靈或从巫。」古人以為巫有超人的能力，被視為善好之人。故「靈」訓善。《說文》「令」字《段注》：「《般庚》正義引《釋詁》：『靈，善也。』蓋今本《爾雅》作令，非古也。凡令訓善者，靈之假借也。」《小雅·蓼蕭》：「宜兄宜弟，令德壽豈。」《小雅·湛露》：「顯允君子，莫不令德。」《小雅·車舝》：「令德來教。」《大雅·文王》：「亹亹文王，令聞不已。」《大雅·卷阿》：「令聞令望。」《大雅·烝民》：「令儀令色。」令又通良。令，來母耕部；良，來母陽部。耕、陽旁轉。良，善，嘉，美好。《說文》：「良，善也。」《廣韻·陽韻》：「良，賢也，善也。」《論語·學而》：「溫良恭儉讓。」劉寶楠《論語正義》：「良，謂心善之也。」良人，即令人。《秦風·黃鳥》：「彼蒼者天，殲我良人。」《毛傳》：「良，善也。」《唐風·綢繆》：「今夕何夕？見此良人！」《秦風·小戎》：「厭厭良人，秩秩德音。」《大雅·桑柔》：「維此良人，弗求弗迪。」《鄭箋》：「良，善也。」

〔8〕爰有寒泉：有一處名叫「寒泉」的水井。爰，通曰。爰，匣母元部；曰，匣母月部。元、月對轉。曰，語助詞。《鄭箋》：「爰，曰也。」王引之《經傳釋詞》卷二：「《爾雅》曰：『爰，曰也。』曰與聿同，字或作聿。聿、爰一聲之轉。」寒泉，浚邑城邊的一處水井名。此井極深，井水夏天很涼。在春秋時期，浚邑的寒泉是天下名井。《小雅·小弁》：「莫浚匪泉。」古稱深井為「寒泉」。《藝文類聚·水部》載梁朝范雲《詠井》詩：「兼冬積溫水，疊暑必寒泉。」

〔9〕在浚之下：它在浚邑的城牆之下。浚，古地名，春秋衛邑，在楚丘東南。《毛傳》：「浚，衛邑也。」祭者的意思是說，他們已故的母親身居九泉之下。「人死入黃泉」「靈魂不死」的觀念古已有之。《左傳·隱公元年》記載鄭莊公因其母親姜氏為其弟共叔段爭討封地的事，與母親發生了矛盾。鄭莊公對他的母親發誓說：「不及黃泉，無相見也！」春秋時期，人的頭腦裏確已有了「人死入黃泉居住」的觀念，想像死者在地下仍然過著類似人間的生活。

〔10〕有子七人：您有七個子女。子，子女。

〔11〕睍睆黃鳥：羽毛鮮豔好看的黃鸝鳥。睍睆，奪目，悅目。睍，眼睛突出。《說文》：「睍，出目也。」睆，眼睛睜大。《玉篇·目部》：「睆，出目貌。」玄應《一切經音義》卷十九「瞳睆」下引《倉頡篇》：「睆，目出貌也。」《說文》：「睅，大目也。從目，旱聲。」《廣韻·潸韻》：「睆，大目也。」睆，或是「睅」字的音轉字。睍睆，《韓詩》作「簡簡」。段玉裁《毛詩故訓傳定本》經文注：「《說文》無『睆』字，疑此本作『睍睍黃鳥』，故《韓詩》作『簡簡黃鳥』也。」黃鳥，黃鸝。黃鸝鳥毛色好看，奪人目光。故《毛傳》說：「睍睆，好貌。」一說，「睍睆」是鳥鳴聲。高亨《詩經今注》：「睍睆，黃鳥鳴的聲音。」

〔12〕載好其音：還能夠鳴叫出好聽的聲音來。載，通則，還。載，精母之部；則，精母職部。之、職對轉。好其音，即好音。黃鸝鳥的鳴叫聲婉轉動聽。其，語助詞。

〔13〕莫慰母心：卻不能安慰我們母親的心。慰，安慰。《毛傳》：「慰，安也。」《說文》同。這句是祭者對其已故的母親致歉之語。

【詩旨說解】

　　《凱風》是一首致哀詞。衛國有這樣一個偉大的母親，她生了七個子女，其中或有成大器者，但她不幸去世了。七個子女到其母親的墓前弔祭，奏哀樂，在墓前誦讀致哀詞《凱風》，讚頌其母親持家養子的功績，表達子女們對偉大母親的歉疚之意。

「凱風自南，吹彼棘心。棘心夭夭，母氏劬勞」——祭者說，他們的母親仁愛寬厚地撫養他們弟兄姊妹七人，就像和煦的春風吹著墓地的野樹叢一樣，使他們的心中感到無比溫暖。

「爰有寒泉，在浚之下。有子七人，母氏勞苦」——子女們想像九泉之下的母親，感到十分慚愧和歉疚。

「睍睆黃鳥，載好其音。有子七人，莫慰母心」——子女們在野外墓地裏沐浴著和煦的春風，聽著黃鸝婉轉的鳴叫，於是覺得他們的祭品不夠馨香，他們的祭語還不如黃鸝的叫聲好聽，不能夠安慰其九泉之下母親的心。這些話仍是表達對其母親的歉疚之意。

關於《凱風》詩的主旨，還有另外一些說法：

《毛詩》序：「《凱風》，美孝子也。衛之淫風流行，雖有七子之母，猶不能安其室。故美七子能盡其孝道，以慰其母心，而成其志爾。」朱熹《集傳》：「母以淫風流行，不能自守，而諸子自責，但以不能事母，使母勞苦為詞，婉詞幾諫，不顯其親之惡，可謂孝矣。」說《凱風》是「美孝子」的詩篇尚可，若把一個善良勤勞慈愛的母親說成是因「衛之淫風流行」而「不能安其室」和「不能自守」的人，實屬栽贓之語。

聞一多《風詩類鈔》評論《凱風》說：「大風吹棘，喻父不能善待母而使之憂勞也。」其《詩經通義·甲》又申說：「篇中一則曰『凱風吹棘』，再則曰『寒泉浸薪』，皆影射父之不能善待其母。明乎此，則詩之作，名為慰母，實為諫父。」「寒泉浸薪」是無中生有之說，「名為慰母，實為諫父」亦屬猜議之語。

雄雉

雄雉于飛〔1〕，泄泄其羽〔2〕。
我之懷矣〔3〕，自詒伊阻〔4〕。

雄雉于飛，下上其音〔5〕。
展矣君子〔6〕，實勞我心〔7〕。

瞻彼日月〔8〕，悠悠我思〔9〕。
道之云遠〔10〕，曷云能來〔11〕？

百爾君子〔12〕，不知德行〔13〕！
不忮不求〔14〕，何用不臧〔15〕？

【注釋】

〔1〕雄雉于飛：雄野雞在空中飛起來了。雄雉，雄性野雞。頭上有紅色冠，尾長羽，毛五色。于飛，在飛。于，通曰，語助詞。雄野雞飛在空中，呈現一團異常美麗的彩色。

〔2〕泄泄其羽：用力地鼓動著它的翅膀。泄泄，用力鼓翼的樣子。泄通枻（楔）。泄、枻皆喻母月部字。枻，短槳。枻枻，形容鳥翅膀用力頻繁扇動的樣子。《毛傳》：「雄雉見雌雉飛，而鼓其翼泄泄然。」羽，鳥羽毛。此指鳥的翅膀。春天是野雞交配繁殖的季節，雄野雞非常活躍，常常在空中撲楞楞地飛著尋找雌野雞交配，且雄野雞之間常常為了爭奪交配權而格鬥。歌者以雄野雞比喻他的意中男子。

〔3〕我之懷矣：我心中想念他呀。我，唱歌者自稱。之，語助詞。懷，想念、思念。此指情思。《說文》：「懷，念思也。」《段注》：「念思者，不忘記之思也。」《周南·卷耳》：「嗟我懷人。」《鄭風·將仲子》：「仲可懷也。」《豳風·東山》：「伊可懷也。」女子見雄雉在空中飛翔而思其戀人。

〔4〕自詒伊阻：這是我自己給自己增添煩惱。詒，通貽、遺、嗣、予，送給、留給。詒、貽，喻母之部；遺，喻母微部；嗣，邪母之部；予，喻母魚部。喻、邪鄰紐；之、微通轉，之、魚旁轉。《毛傳》：「詒，遺。」《說文》：「詒，一曰遺也。」《釋文》：「自貽，本亦作詒，以之反，遺也。」《邶風·谷風》：「既詒我肄。」《邶風·靜女》：「貽我彤管。」《鄘風·干旄》：「何以予之。」《鄭風·子衿》：「縱我不往，子寧不嗣音？」《周頌·思文》：「貽我來牟。」《楚辭·天問》：「玄鳥致貽。」王逸《注》：「貽，遺也。」予，象兩隻手授受之形，本義為給予。《爾雅·釋詁》：「予，賜也。」《說文》：「予，推予也。象相予之形。」《段注》：「予、與古今字。」伊，通爾、其、乃，那。伊，影母脂部；爾，日母脂部；其，群母之部；乃，泥母之部。影、群鄰紐，影母與日、泥母通轉，脂、之旁通轉。一說，伊通緊、是，這。《鄭箋》：「伊，當作緊。緊，猶是也。」阻，本義為山險阻隔之處。《說文》：「阻，險也。」阻通戚、慽。阻，莊母魚部；戚、慽，清母覺部。莊、清準旁紐，魚、覺旁對轉。《韓說》：「阻，憂也。」《說文》：「慽，憂也。」《左傳·僖公二十四年》引《詩》：「自詒伊戚。」《左傳·宣公二年》引《詩》：「我之懷矣，自詒伊戚。」《小雅·小明》：「心之憂矣，自詒伊戚。」聞一多《詩經通義·乙》：「阻讀為戚（戚古音讀為蹙，與阻音近），故訓憂也。」「自詒伊阻」是《詩經》時代的習語，本意是：自己給自

己留下煩惱，自己釀成的後果由自己來嘗。歌者用「自詒伊阻」來表達她的相思之苦，說她因思念其男友而給自己留下了煩惱。

〔５〕下上其音：一忽兒在下面叫一聲，一忽兒在上面叫一聲。《邶風‧燕燕》：「燕燕于飛，下上其音。」

〔６〕展矣君子：那個英俊而又誠實的君子呀。展，本義為轉動身體。《說文》：「展，轉也。」展，通諶、真、亶、誠，誠信、誠實。展，端母元部；諶，禪母侵部；真，照母真部；亶，端母元部；誠，禪母耕部。端、禪準旁紐，端、照准雙聲；元、真旁轉，元、侵、耕旁通轉。《史記‧三代世表》楚「熊麗」，《史記‧楚世家》作「熊黮」。司馬貞《索隱》：「一作麗。音土感反。黮音但，與亶同字，亦作亶。」《漢書‧帝紀‧古今人表》作「熊亶」。黮，定母侵部；亶，端母元部；黮，端母月部。這是侵部字與元部、月部字通轉之例。《毛傳》：「展，誠也。」《鄭箋》：「誠矣君子。」《爾雅‧釋詁》：「展、諶、亶，誠也。」一說，「亶」字本義為倉中穀厚多。引申為人格厚道。《說文》：「亶，多穀也。從㐭，旦聲。」《段注》：「亶之本義為多谷，故其字從㐭。引申之義為厚也，信也，誠也。」此歌詞的「展」字為誠、真之義。君子，貴族男子。歌者說她所思念的那位「君子」真像一隻在天上高飛的雄雉，俊美無比。

〔７〕實勞我心：他真是讓我想念得厲害。實，真、誠、確實。《廣雅‧釋詁》：「實，誠也。」《廣韻‧質韻》同上。《邶風‧綠衣》：「我思古人，實獲我心。」《邶風‧燕燕》：「瞻望弗及，實勞我心。」勞心，憂心、牽心。

〔８〕瞻彼日月：看著天上交替運行的太陽和月亮。瞻，看。《毛傳》：「瞻，視也。」日月，太陽和月亮。《鄭箋》：「視日月之行，迭往迭來。今君子獨久行役而不來，使我心悠悠然思之。女怨之辭。」馬瑞辰《通釋》：「以日月之迭往迭來，興君子之久役不來。」歌者感歎自己與「君子」相隔的時間太長久。

〔９〕悠悠我思：引起了我的深深思念。悠悠，深深的思念。《邶風‧終風》：「莫往莫來，悠悠我思。」《邶風‧泉水》：「思須與漕，我心悠悠。」《鄭風‧子衿》：「青青子衿，悠悠我心。」《秦風‧渭陽》：「我送舅氏，悠悠我思。」悠悠，《魯詩》作「遙遙」。遙通悠。悠，喻母幽部；遙，喻母宵部。幽、宵旁轉。

〔１０〕道之云遠：道路那麼遠。道，道路。《說文》：「道，所行道也。」之，語助詞。云，通曰，語助詞。遠，遙遠。

〔11〕曷云能來：他現在怎麼能夠到我這裡來？曷，疑問詞，何時。《鄭箋》：「曷，
　　　何也。」來，到來。歌者說，她所思念的男子離得太遠了，不能馬上到她的身
　　　邊來。

〔12〕百爾君子：眼前你們這些君子們。百爾，猶言「諸位」。百，一百。言其多。
　　　爾，通你、汝，你們。參見《周南·螽斯》注〔3〕。《鄭箋》：「爾，女也。」
　　　「百爾君子」指在婚戀場合求偶的貴族小夥子們。

〔13〕不知德行：也不知道檢點自己的舉止！不知，不懂得。意即不知道檢點自己。
　　　德行，道德和品行。此指行為舉止。《大雅·抑》：「有覺德行，四國順之。」
　　　《周頌·敬之》：「示我顯德行。」《論語·先進》：「德行：顏淵，閔子騫，冉
　　　伯牛，仲弓。」這句歌詞是譏諷「百爾君子」的話語。

〔14〕不忮不求：女人不忌恨男人，男人也不強求女人。忮，忌恨。忮通忌。忮，照
　　　母支部；忌，群母之部。照、群通轉，支、之旁轉。《說文》：「忮，很（恨）
　　　也。從心，支聲。」《漢書·地理志》：「民俗懷忮。」顏師古《注》：「忮，恨
　　　也」。《說文》：「忌，憎惡也。」求，追求、索求。《周南·關雎》：「窈窕淑女，
　　　寤寐求之。」《周南·漢廣》：「漢有游女，不可求思。」《召南·摽有梅》：「求
　　　我庶士，迨其吉兮！」《邶風·匏有苦葉》：「雉鳴求其牡。」《邶風·新臺》：
　　　「燕婉之求，籧篨不鮮。」《小雅·我行其野》：「不思舊姻，求爾新特。」《小
　　　雅·小弁》：「雉之朝雊，尚求其雌。」

〔15〕何用不臧：又有什麼不好呢？何用，何以，即為何。《說文》：「𠯑，用也。」
　　　𠯑，字又作「以」。用，通以。以，喻母之部；用，喻母東部。之、東旁對轉。
　　　《小雅·節南山》：「國既卒斬，何用不監？」《召南·行露》：「何以穿我屋？」
　　　《大雅·瞻卬》：「天何以刺？」不臧，不好。臧，從臣，戕聲，本義為一種男
　　　性奴隸。此種奴隸多用來管理倉庫。故「臧」字作動詞為掩藏之義。《鄭風·
　　　野有蔓草》：「與子偕臧。」《荀子·天論》：「畜積收臧於秋冬。」《漢書·禮樂
　　　志》：「今叔孫通所撰禮儀，與律令同錄，臧於理官。」凡所藏之物皆為好物，
　　　故「臧」引申為善、好之義。《毛傳》：「臧，善也。」《爾雅·釋詁》：「臧，善
　　　也。」《說文》：「臧，善也。」《段注》：「凡物善者必隱於內也。」《鄘風·定
　　　之方中》：「卜云其吉，終然允臧。」《鄘風·載馳》：「視爾不臧。」《齊風·還》：
　　　「揖我謂我臧兮！」《齊風·猗嗟》：「射則臧兮！」《大雅·抑》：「俾臧俾嘉。」
　　　這句歌詞是女子在婚戀場合拒絕男士騷擾的話語。

【詩旨說解】

《雄雉》是婚戀情歌歌詞。在仲春時節，一女子到野外參加婚戀集會，到場後一直在等待她的意中人。這時，卻有其他的貴族男子不斷地前來騷擾她。這使她的心裏很不快意。於是，她機智地編唱了《雄雉》這支歌曲，阻止男子們繼續騷擾她。

當春天麥苗長高時，正是野雞交尾的季節。雄野雞身披彩羽，在空中撲楞楞地飛，英姿瀟灑，尤其好看。歌者以在空中飛行的雄雉比喻她的意中人。她所愛的人是一個像雄雉一樣美麗的瀟灑君子。她根本不打算與那些不三不四的貴族爺們糾葛。她善意地勸告「百爾君子」說：「我並不忌恨你們，你們也不要胡亂地追求我了！這又有什麼不好呢？」

這篇歌詞表現了一個女子堅定的愛情觀。

匏有苦葉

匏有苦葉〔1〕，濟有深涉〔2〕。
深則厲〔3〕，淺則揭〔4〕。

有瀰濟盈〔5〕，有鷕雉鳴〔6〕。
濟盈不濡軌〔7〕，雉鳴求其牡〔8〕。

雝雝鳴鴈〔9〕，旭日始旦〔10〕。
士如歸妻〔11〕，迨冰未泮〔12〕。

招招舟子〔13〕，人涉卬否〔14〕。
人涉卬否，卬須我友〔15〕。

【注釋】

〔1〕匏有苦葉：葫蘆有枯葉，已經成熟了。匏，瓠瓜，俗稱「葫蘆」。《毛傳》：「匏謂之瓠。」《說文》：「匏，瓠也。」瓠，葫蘆。參見《豳風・七月》注〔58〕。苦葉，即枯葉、乾葉。苦，通枯。苦、枯皆溪母魚部字。《齊說》：「枯瓠不朽，利以濟舟。渡逾江海，無有溺憂。」枯瓠，乾匏。用繩索把幾顆乾葫蘆連繫於腰間，可以渡水。

〔2〕濟有深涉：秋天濟水很深。濟，字原作「泲」，濟水。上古四瀆之一。濟水發源於王屋山（在今河南省濟源市）。歷史上稱濟水上游為「沇水」，中下游為「濟水」。《說文》：「沇，沇水，出河東垣東王屋山，東為泲。」《水經注・濟水注》：

「濟水出河東垣縣東王屋山，為沇水。」沇水，古水名，又作「兗水」「浭水」。《後漢書‧郡國志》：「垣有王屋山，兗水出。」《廣韻‧獮韻》：「浭，濟水別名。出王屋山。沇，同上。」據傳說，此水上游入地後復出，故稱「兗」。兗，允聲。兗，通奄，掩蓋之義，水掩而復出，東至於海。大禹治水，分天下為九州島島。兗水流域為兗州。《尚書‧夏書‧禹貢》：「濟、河惟兗州。」兗州因兗水而得名。明黃公紹、熊忠《古今韻會舉要》卷十四引緯書《春秋元命苞》：「兗，蓋取沇水以名。」《康熙字典》「浭」字下：「浭，水名，與沇同，濟水別名。」黃河原河道曾在沇水以南入海，後改道北行，經華北平原入海，交切了沇水。沇水在溫縣入黃河，復出黃河，故稱「濟」。濟、泲，異體字，皆有渡過之義。《鄘風‧載馳》：「不能旋濟。」河北亦有濟水。《說文》：「濟，濟水。出常山房子贊皇山，東入泜。」《釋名‧釋水》：「濟，濟也。源出河北，濟河而南也。」出王屋山的濟水復出黃河，流經衛國、曹國、魯國和齊國，入渤海。深涉，深水渡河處。涉，本義為步行渡水。《爾雅‧釋訓》：「馮河，徒涉也。」郭璞《注》：「無舟楫。」《說文》：「㴇，徒行濿水也。」㴇，同涉。濿水，即渡水。濿，同砅，踏石過水。此句歌詞的「涉」為名詞，指渡水處。這句歌詞的語序理順應為「濟有深涉，匏有苦葉」。其意思是說，濟水雖然很深，但用來渡水的葫蘆也正好成熟了。

〔３〕深則厲：如果水深你就把葫蘆繫在腰間渡過河來。則，即，就。厲，通聯。厲，來母月部；聯，來母元部。月、元對轉。聯，繫連。指將葫蘆繫聯在腰間。《說文》：「聯，連也。」將數顆成熟的葫蘆用繩索連起來繫於腰間，可以安全泅水渡河，古人稱之為「腰舟」。這是一種原始的泅渡方法。一說，厲通砅。三家《詩》作「砅」。《說文》：「砅，履石渡水也。从水、石。《詩》曰：『深則砅』。」砅，水中的墊腳石。其動詞為踩著石頭過水之義。《說文》「㴇」字下《段注》：「濿，或砅字也。砅本履石渡水之稱。引申為凡渡水之稱。」一說，水深至衣帶以上為「厲水」。《韓說》：「至心曰厲。」《爾雅‧釋水》：「『濟有深涉，深則厲，淺則揭。』揭者，揭衣也。以衣涉水為厲。繇膝以下為揭，繇膝以上為涉，繇帶以上為厲。」繇，由。

〔４〕淺則揭：如果水淺你就把葫蘆扛在肩上蹚水過河。揭，通竭、何、荷，用肩負。揭，溪母月部；竭，群母月部；何、荷，匣母歌部。群、溪、匣旁紐，月、歌對轉。《曹風‧候人》：「何戈與祋。」《毛傳》：「何，揭。」《廣雅‧釋詁》：「揭，擔也。」《小爾雅‧廣言》：「荷、揭，擔也。」《禮記‧禮運》：「五行之動，迭

相竭也。」鄭玄《注》:「竭,猶負載也。」聞一多《詩經通義·乙》:「揭猶荷也。揭謂之荷,猶曷謂之何也。《說文》:『竭,負舉也。』『揭,高舉也。』竭、揭一字;負舉,即荷舉矣。」一說,「揭」為提起衣裳之義。《毛傳》:「揭,褰衣也。」褰,即攘,向上掀起。《爾雅》:「揭者,揭衣也。」此說誤。枯匏與厲、揭是相關聯的,不能分別孤立地解說。

〔5〕有瀰濟盈:濟水漲得滿滿的。有瀰,即瀰瀰,水充滿河床,到邊緣了。瀰,通滿,水滿之義。瀰,明母脂部;滿,明母元部。脂、元旁對轉。「瀰」「㳽」為異體字。段校《說文》:「瀰,水滿也。」《釋文》:「瀰瀰,水盛也。《說文》云『水滿也。』」水盛則滿。朱熹《集傳》:「瀰,水滿貌。」一說,「瀰」為水深之義。《毛傳》:「瀰,深水也。……深水,人之所難也。」《玉篇·水部》:「瀰,深也。」河水滿時水自然也深,但「瀰」不可釋為「深」義。濟盈,濟水滿滿的。濟,水名,流經衛國。盈,充滿。《毛傳》:「盈,滿也。」《說文》:「盈,滿器也。」《廣雅·釋詁》:「盈,滿也。」《周南·卷耳》:「采采卷耳,不盈頃筐。」《召南·鵲巢》:「維鵲有巢,維鳩盈之。」《毛傳》:「盈,滿也。」

〔6〕有鷕雉鳴:雌野雞在河邊「鷕鷕」地鳴叫呢。有鷕,即鷕鷕。鷕,雌野雞的叫聲。雌野雞發情時鳴叫著求偶。《毛傳》:「鷕,雌雉聲也。」《說文》:「鷕,雌雉鳴也。从鳥,唯聲。《詩》曰:『有鷕雉鳴。』」雄雉的鳴聲則用「雊」字來形容。《小雅·小弁》:「雉之朝雊,尚求其雌。」《尚書·商書·高宗肜日》:「高宗肜日,越有雊雉。」《楚辭·九懷·危俊》:「雉咸雊兮相求。」《文選》潘岳《射雉賦》:「麥漸漸以擢芒,雉鷕鷕而朝雊。」原注:「鷕鷕,雉聲也。又云:『雉之朝雊,尚求其雌。』」雌雉不得言雊。顏延年以潘為誤用也。案:《詩》『有鷕雉鳴』,則云『求牡』,及其朝雊,則云『求雌』。今云『鷕鷕』朝雊者,互文以舉雄雌皆鳴也。」

〔7〕濟盈不濡軌:濟水雖然很滿,也不需你沾濕車輪。濡軌,水濕車軸,淹沒半輪。濡,濕。《毛傳》:「濡,漬也。」服虔《通俗文》:「水浸曰漬。」《釋文》:「濡,漬也。」軌,同軌。軌,車軸。《毛傳》:「由輈以上為軌。」上,阮元校作「下」。《釋文》:「軌,舊龜美反,謂車轊頭也。依傳意宜音犯。案,《說文》云『軌,車轍也,從車,九聲。』龜美反。軓,車軾前也。從車,凡聲,音犯。」段玉裁《毛詩故訓傳定本》校定經文作「軌」,但其傳文注曰:「乃議改軌為軓,唐以前龜美反,古本不誤也。」李學勤《十三經注疏》作「軌」。軌,《唐石經》作「軓」。今按,「軓」乃「軌」字之訛。軌,「軌」字的或體。此歌詞「軌」

「牡」為韻，兩字皆在幽部。軓在侵部，不可取。軌，通規，車輛的法度，即兩輪之間的距離。又指整個車軸的長度。引申指車軸。又指轊頭。《周禮・考工記・匠人》：「國中九經九緯，經塗九軌。」鄭玄《注》：「軌謂轍廣……凡八尺是為轍廣。」《呂氏春秋・審分覽・勿躬》：「平原廣城，國不結軌，士不旋踵。」高誘《注》：「車兩輪間曰軌。」《古今韻會舉要》卷十一「軌」字下：「輪有高下，有廣狹，皆定於軌。輪中之軌既同，則轍跡亦同，後人因謂車轍亦曰軌。《曲禮》曰：『塵不出軌。』此以高下言也。《中庸》曰：『車同軌。』此以廣狹言也。兵車、乘車之輪，其崇六尺有六寸，軌居輪之中，實得其半。水若濡軌，則水深三尺三寸。」《禮記・少儀》：「其在車，則左執轡，右受爵，祭左右軌、範，乃飲。」鄭玄《注》：「《周禮・大御》：『祭兩軹，祭軌，乃飲。』軌與軹於車同謂轊頭也。軓與範聲同，謂軾前也。」孔穎達《疏》：「軌謂轂末，範謂式前。」王先謙《集疏》：「軌者，軸之兩端。」一說，軌為車輪跡。《說文》：「軌，車徹也。」徹，通轍。許慎以軌為車兩轍，後人多從之。《廣雅・釋詁》：「軌，跡也。」《玉篇・車部》：「軌，車轍也。」以車轍跡訓「軌」，失其本義。此歌詞的「軌」代指迎親之車。「不濡軌」即「不濡車」；不濡車，即不需用車輛來娶親。這句歌詞的真實意思是說，不需男方派車娶親。這是女方暗示河對岸的男子談戀愛不要有顧慮，女方並不要求他明媒正娶，他可以放心大膽地過河到對岸來尋歡。

〔8〕雉鳴求其牡：雌野雞鳴叫是為了尋找雄野雞交配。牡，本義為雄性走獸。《毛傳》：「飛曰雌雄，走曰牝牡。」此歌詞「牡」字為活用，指雄野雞。《孔疏》：「今雌雉，鳥也，乃鳴求其走獸之牡，非其道。」孔穎達不理解此句歌詞的真實意思，故有此荒誕之論。春天是野雞交配的時節。女子以雌野雞求偶作比喻，向男子明確地表達她的求歡之意。當然，她的求偶之意也暗合於其中。

〔9〕雝雝鳴鴈：大雁「嗈嗈」鳴叫的時候。雝雝，同嗈嗈、雍雍，群雁鳴叫的聲音。雝雝，《魯詩》作「雍雍」，《齊詩》作「雍雍」。《毛傳》：「雝雝，雁聲和也。」鳴，鳴叫。鴈，家養的野鵝。《說文》：「鴈，䳘也。」鴈通雁。鴈、雁皆疑母元部字。雁，鴻雁，候鳥。《毛傳》：「納采用鴈。」段玉裁《毛詩故訓傳定本》校訂傳文作「用雁」。《說文》：「雁，鳥也。」《段注》：「此與鳥部鴈別。鴈從鳥為鵝，雁從佳為鴻雁。《禮》『舒鴈』當作『舒雁，謂雁之舒者，以別於真雁也。」《小雅・鴻雁》：「鴻雁于飛，肅肅其羽。」《孟子・梁惠王上》：「孟子見

梁惠王，王立於沼上，顧鴻雁麋鹿，曰：『賢者亦樂此乎？』」在野外「嗈嗈」鳴叫的「鴈」，應當是鴻雁。

〔10〕旭日始旦：太陽剛剛露出地面。旭日，初升的太陽。旭，日始出。《毛傳》：「旭，日始出。謂大昕之時。」《鄭箋》：「自納采至請期用昕，親迎用昏。」《說文》：「旭，日旦出貌。」「昕，旦明，日將出也。」一說，旭通煦，溫暖。《韓詩》作「煦」。《韓說》：「煦，暖也。」此說不可取。始旦，天剛亮。始，同姒，本義是最先出生的女子。引申為起始之義。《爾雅·釋詁》：「初、哉（才）、首、祖、胎，始也。」《說文》：「始，女之初也。」《釋名·釋言語》：「始，息也。言滋息也。」朱駿聲《說文通訓定聲·頤部》「始」字下：「裁衣之始為『初』，草木之始為『才』，人身之始為『元』為『首』，築牆之始為『基』，開戶之始為『戶』，子孫之始為『祖』，形生之始為『胎』。」始通才。始，審母之部；才，從母之部。審、從鄰紐。才，初始之義。《說文》：「才，艸木之初也。」《段注》：「引申為凡始之稱。」旦，日出地平線，天明。《說文》：「旦，明也。從日見一上。一，地也。」《段注》：「明，當作『朝』。下文云朝者旦也。二字互訓。」男子求婚贄禮用雁。天剛亮時外出打雁是最好的時機。《鄭風·女曰雞鳴》：「女曰雞鳴，士曰昧旦。子興視夜，明星有爛。將翱將翔，弋鳧與鴈。」

〔11〕士如歸妻：男子若要娶妻辦婚事。士，貴族男子。此指未婚者。如，通若。如，日母魚部；若，日母鐸部。魚、鐸對轉。若，假如，不定之詞。《左傳·僖公二十三年》：「公子若反晉國，則何以報不穀？」《廣雅·釋言》：「如，若也。」《玉篇·女部》同上。歸妻，即娶妻。歸，使婚姻配偶來歸於己。《鄭箋》：「歸妻，使之來歸於己。」妻，男子的正式配偶。《禮記·內則》：「聘則為妻，奔則為妾。」

〔12〕迨冰未泮：就要趁河裏的冰未解凍的時候進行。迨，通逮，及。《毛傳》：「迨，及。」《爾雅·釋訓》：「迨，及也。」迨，又通乘，乘機。今說「趁著」。參見《召南·摽有梅》注〔4〕。未泮，未解凍。泮，裂解。《毛傳》：「泮，散也。」《玉篇·水部》：「泮，散也。」《淮南子·俶真訓》：「冰迎春則泮而為水。」《大戴禮記·誥志》：「虞夏之曆，正建於孟春。於時冰泮發蟄，百草權輿。」《孔子家語·本命解》：「霜降而婦功成，嫁娶者行焉；季秋霜降嫁娶者始於此，詩云『將子無怒，秋以為期』也。冰泮而農桑起，婚禮而殺於此。」古代河流上無橋樑，冬日嫁娶，宜在河冰厚度能承受車輛時進行。等到河面冰解，嫁娶之事就要停止了。農閒時迎娶，不影響農業生產。春天一到，就開始農忙了。

《左傳・襄公二十二年》：「十二月，鄭遊販將如晉，未出竟（境），遭逆妻者，奪之，以館于邑。丁巳，其夫攻子明，殺之，以其妻行。」遊販是鄭國人。此為鄭國人周曆十二月（相當於夏曆十月）婚娶之例。《召南・摽有梅》《陳風・東門之楊》孔穎達《正義》皆引荀卿書：「霜降逆女，冰泮殺止。」荀子是晉國人，他所說的大概是晉國婚娶的情況。衛、鄭、晉地緣接近，婚娶的風俗亦應相近。

〔13〕招招舟子：即「舟子招招」，船家招手喊上船。招招，頻頻招手相呼。《魯說》：「以手曰招，以言曰召。」《說文》：「招，手呼也。」招又通召。招，照母宵部；召，定母宵部。照、定準旁紐。召，以口呼之。召召，連聲呼喚。《毛傳》：「招招，號召之貌。」《韓說》：「招招，聲也。」船家招呼人上船，往往手口並用，也不排除單用口，不必拘泥「招」「召」字形的不同。舟子，船家，開船人。《毛傳》：「舟子，舟人。主濟渡者。」舟，甲骨文字象船形，本義小船。舟通舠。舟，照母幽部；舠，端母宵部。照、端準雙聲，幽、宵旁轉。舠，小船。《釋文》：「刀，小船也。字書作舠，《說文》作𦨗，並音刀。」《衛風・河廣》：「誰謂河廣，曾不容刀。」上古的獨木舟用刀斧削斫而成，皆是小船。《周易・繫辭傳》：「刳木為舟，剡木為楫。」一說，舠因其形如刀而得名。《字彙・舟部》：「舠，小船。形如刀，故名。」漢以後舟又稱為「船」，不分大小。《說文》：「舟，船也。」《方言》第九：「舟，自關而西謂之船，自關而東或謂之舟，或謂之航。」

〔14〕人涉卬否：別人渡河我不渡河。人，指他人。涉，本義為徒步蹚水渡河。此為乘舟渡水之義。《韓說》：「涉，渡也。」《孟子・離婁下》：「歲十一月徒杠成，十二月輿梁成，民未病涉也。」徒杠，步行橋；輿梁，車行橋。《呂氏春秋・慎大覽・察今》：「楚人有涉江者，其劍自舟中墜於水。」《呂氏春秋》的《異寶》《忠廉》《察今》「涉」字高誘《注》皆說：「涉，渡也。」卬，古「仰」字，本義為抬頭向上望。《說文》：「卬，望。」《大雅・雲漢》：「瞻卬昊天，有嘒其星。」《大雅・瞻卬》：「瞻卬昊天，則不我惠。」卬通姎。卬，疑母陽部；姎，影母陽部。疑、影鄰紐。姎，我。女子自稱。《毛傳》：「卬，我也。」《說文》：「姎，女人自稱，我也。」《爾雅・釋詁》：「卬，我也。」郭璞《注》：「卬，猶姎也。語之轉耳。」邢昺《疏》：「《說文》云：女人稱我曰姎。由其語轉，故曰卬。」《大雅・生民》：「卬盛于豆。」《毛傳》：「卬，我也。」否，不，不這樣，不如此。《說文》：「否，不也。從口從不。」不，徐中舒《甲骨

文字典》說「象花萼之樹形，乃柎之本字」。否通不。否、不皆幫母之部字。否，從口，不聲。口出「不」聲，表示否定。「否」為正字，「不」為借字。此歌詞的「否」是對「涉」的否定，即不涉，不過河。《鄭箋》：「人皆從之而渡，我獨否。」

〔15〕卬須我友：我在此岸等待我的好友。須，本義為鬍鬚。段校《說文》：「須，頤下毛也。從頁、彡。」須通頾。須、頾皆心母侯部字。《魯詩》作「頾」，為正字。頾，從立，須聲，等待之義。《爾雅‧釋詁》：「頾，待也。」段校《說文》：「頾，立而待也。從立，須聲。」友，朋友。此指男友。《毛傳》：「人皆涉，我友未至，我獨待之而不涉。」船夫招手請過河，女子向船夫示意不過河。她要在此岸等待她的男友到來。此句歌既言「卬」又言「我」，是歌者的巧言。

【詩旨說解】

《匏有苦葉》是一組婚戀情歌歌詞。這四首情歌全是女詞，每首歌的意思各自獨立，非一人一時一地所唱。古時的求偶活動多在河流旁邊進行。青年女子招引男子過河婚戀，或者拒絕其過河婚戀，各有說辭。各人根據現場的需要，選擇其中的一首唱給站在對岸的男子聽。

第一首：這是求偶的青年女子在濟水岸上催促對岸的男子勇敢涉水過河與她相會的情歌歌詞。歌詞的大意是：「不管濟水深或淺，你都要敢於涉水過來。濟水不是漲得很滿嗎？用來作腰舟的葫蘆也已經成熟了。倘若水深你就把葫蘆繫在腰間，倘若水淺你就把它扛在肩上。是好爺們就勇敢地過來吧！」「匏有苦葉」是華夏民族原始的婚戀求偶情歌語言。「深則厲，淺則揭」是唱情歌女子的詼諧調侃之語，不必把它當成真事。

第二首：這是用另類方式求偶的青年女子仲春時節在濟水岸上唱的情歌。女子這樣說：「濟水已漲滿了河床，雌雉也在河岸邊鳴叫了。對岸的小夥子，我不讓你濡溼娶親的車輪。雌雉鳴叫是為了尋求與雄雉交尾呀！」女子向對岸的男子明示，他不須作出婚娶的承諾，大膽地渡過濟水與她玩耍就可以了。女子說她不以達成婚姻為目的，但求偶活動中自然蘊含了成婚的可能性。

第三首：這是有結婚意向的女青年在河流旁所唱的情歌歌詞。歌詞中說到雁，這是明示對岸的男子，若想成婚，就須「執雁」去她家中正式求婚。女子繼而又向男子明言，若想盡快結婚，就須抓緊時間，趕快確定婚事，一定要在河流裏的冰未解凍之前完婚。

第四首：這是青年女子婉拒男子追求的答歌歌詞。女子用歌明示河流對岸的青年男子，即使船家一再招呼，其他人都過河，她也不會渡過河去。她要在此岸等待她的男友。

谷風

習習谷風〔1〕，以陰以雨〔2〕。
黽勉同心〔3〕，不宜有怒〔4〕。
采葑采菲〔5〕，無以下體〔6〕？
德音莫違〔7〕：及爾同死〔8〕。

行道遲遲〔9〕，中心有違〔10〕。
不遠伊邇〔11〕，薄送我畿〔12〕。
誰謂荼苦〔13〕？其甘如薺〔14〕。
宴爾新昏〔15〕，如兄如弟〔16〕。

涇以渭濁〔17〕，湜湜其沚〔18〕。
宴爾新昏，不我屑以〔19〕。
毋逝我梁〔20〕，毋發我笱〔21〕。
我躬不閱〔22〕，遑恤我後〔23〕。

就其深矣〔24〕，方之舟之〔25〕。
就其淺矣，泳之游之〔26〕。
何有何亡〔27〕，黽勉求之〔28〕。
凡民有喪〔29〕，匍匐救之〔30〕。

不我能慉〔31〕，反以我為讎〔32〕。
既阻我德〔33〕，賈用不售〔34〕。
昔育恐育鞠〔35〕，及爾顛覆〔36〕。
既生既育〔37〕，比予于毒〔38〕。

我有旨蓄〔39〕，亦以御冬〔40〕。
宴爾新昏，以我御窮〔41〕。
有洸有潰〔42〕，既詒我肄〔43〕。
不念昔者〔44〕，伊余來塈〔45〕！

【注釋】

〔1〕習習谷風:「颯颯」地刮起了惡風。習習,讀如「颯颯」,風聲。習,邪母緝部;颯,心母緝部。邪、心旁紐。颯,風聲。《說文》:「颯,翔風也。从風,立聲。」《段注》:「『風聲也』。各本作『翔風也』。今依《文選·風賦注》正。《廣韻》同。《九歌》曰:『風颯颯兮木蕭蕭。』《風賦》曰:『有風颯然而至。』『翔風』非字意也。」聞一多《詩經通義·乙》:「習讀如颯。……《文選·風賦》『有風颯然而至』《注》引《說文》:『颯,風聲也。』重言之曰颯颯。」谷風,吹滿山谷的風,即威力極大的、能吹死草木的風。此指大風。谷,山谷。《大雅·桑柔》:「大風有隧,有空大谷。」《小雅·谷風》:「習習谷風,維山崔嵬。無草不死,無木不萎。」這是對「谷風」一詞最好的注解。

〔2〕以陰以雨:天空陰沉而且又下起雨來了。以,通是、載、在,表示正在連續發生的事情。參見《周南·葛覃》注〔8〕。此歌詞以大風和陰雨天氣比喻一個棄婦者的壞脾氣。

〔3〕黽勉同心:我們倆曾經齊心協力地操家持業。黽勉,努力、勉力。黽,通敏。黽,明母陽部;敏,明母之部。陽、之旁對轉。敏,敏捷,動作快。勉,本義是力所不及而強為之。《說文》:「敏,疾也。」「勉,強也。」《段注》:「『勞也』,勞舊作強,非其義也。凡言勉者,皆相迫之意。自勉者,自迫也。勉人者,迫人也。」《小雅·十月之交》:「黽勉從事,不敢告勞。」段玉裁《毛詩故訓傳定本》校訂「黽勉」皆作「僶勉」。僶,蓋是後起字。同心,一心。《毛傳》:「言『黽勉』者,思與君子同心也。」《周易·繫辭傳》第八章:「二人同心,其利斷金。同心之言,其臭如蘭。」

〔4〕不宜有怒:你不應該老是對我發脾氣。不宜,即不偶,不合、不應該。宜通耦。耦,合。參見《周南·螽斯》注〔3〕。怒,發脾氣。

〔5〕采葑采菲:採集野蔓菁和野蘿蔔。葑,野蔓菁,塊莖類植物。《毛傳》:「葑,須也。」《說文》:「葑,須從也。」《段注》:「《坊記注》云:『葑,蔓菁也。陳、宋之間謂之葑。』《方言》云:『蘴、蕘,蕪菁也。陳、楚之郊謂之蘴。』郭《注》:『蘴舊音蜂。今江東音嵩。字作菘也。』玉裁按:蘴、菘皆即『葑』字,音讀稍異耳。須從正切菘字。陸佃、嚴粲、羅願皆言在南為菘,在北為蕪菁、蔓菁。」葑通菘。葑,幫母東部;菘,心母東部。幫、心通轉。《禮記·坊記》引《詩》:「采葑采菲。」鄭玄《注》:「葑,蔓菁也。陳、宋之間謂之葑。」《方言》第三:「蘴、蕘,蕪菁也。陳、楚之郊謂之蘴;魯、齊之郊謂

之蓊；關之東西謂之蕪菁；趙、魏之郊謂之大芥，其小者謂之辛芥，或謂之
幽芥，其紫華者謂之蘆菔。」菲，又稱「芴」「菖」「菔」，野蘿蔔，似蕪菁，塊莖
細如手指。菲通芴、菖、菔。菲，滂母微部；芴，明母物部；菖，幫母職部；
菔，並母職部。幫、滂、并、明旁紐；微、物對轉，與職部通轉。《毛傳》：
「菲，芴也。」《孔疏》：「《爾雅》云：『菲，芴。』又云：『菲，息菜。』郭
以菲芴為土瓜，解息菜云：『似蕪菁，華紫赤色，可食。』」郭璞所說「似蕪
菁，華紫赤色」的息菜，正是揚雄所說「其紫華者謂之蘆菔」。蘆菔，一名
「萊菔」，野蘿蔔。「菖」與「菲」均為野菜，其上部的葉和下部的塊莖皆可
食用。深秋採集它，儲藏起來供冬天食用，或醃製成鹹菜。《鄭箋》：「此二菜
者，蔓菁與菖之類也，皆上下可食。」

〔6〕無以下體：難道不要它們下面的塊莖？無以，不帶走。如同今說「不要」。無，
毋，不。以，帶走。參見《召南・江有汜》注〔3〕。下體，下邊的部分。指蔓
菁、蘿蔔的塊莖。《毛傳》：「下體，根莖也。」體，本義是人的身體。借指事
物的主體。蔓菁、蘿蔔的葉子長在上部，其塊莖的大部分長在土壤裏，故稱之
為「下體」。「采菖采菲，無以下體」翻譯成現代漢語就是「採蔓菁蘿蔔而扔掉
了它們的塊莖」。這是一句民間俗語，意思是說，撿起了無價值的東西而丟棄
了有價值的東西。言外之意：男子捨棄善良能幹的髮妻而另尋新歡，是一種愚
蠢可笑的行為。

〔7〕德音莫違：你不要違背當初發過的誓言。德音，即善言，美言，好聽的話、合
乎道德的話。音，與「言」是同源字。音，影母侵部；言，疑母元部。影、疑
鄰紐，侵、元旁通轉。所謂「德音」，實指下文「及爾同死」的愛情誓言。莫
違，即無違，不要違背。《鄭箋》：「莫，無。」

〔8〕及爾同死：我願與你白頭到老。及爾，與你、跟你。及，與。爾，你。參見《周
南・螽斯》注〔3〕。同死，白頭到老一同死去。《鄭箋》：「及，與也。夫婦之
言無相違者，則可與女長相與處至死。」

〔9〕行道遲遲：我走路走得特別慢。行道，走路。遲遲，走得特別慢。《魯說》：「遲，
遲行貌。」《毛傳》：「遲遲，舒行貌。」《說文》：「遲，徐行也。從辵，犀聲。
《詩》曰：『行道遲遲。』」舒行，即徐行，慢行。

〔10〕中心有違：即「心中有違」，心裏總想著往回返。中心，「心中」的倒文。有違，
想返回去。違，背離。《毛傳》：「違，離也。」《說文》：「違，離也。」女子遭

遺棄，被強迫離開了原來的住室遷往新安置的別室，但她的心裏總是不想離開，所以才「行道遲遲」，且總是想著要返回。《鄭箋》：「違，徘徊也。」因不願意離開而徘徊。一說，違通悁，恨。《韓說》：「違，很也。」馬瑞辰《通釋》：「《廣雅・釋詁》：『怨、悁，很也。』《韓詩》蓋以『違』為『悁』之假借，故訓為『很』。很，亦恨也。」

〔11〕不遠伊邇：我的新住處距離原來的住處很近。不遠，距離近。伊，通其、乃，是。參見《雄雉》注〔4〕。邇，近。男子為其髮妻安排的別室就在院內的主室附近。《鄭箋》：「邇，近也。」

〔12〕薄送我畿：他匆忙地送我到屋門口。薄，快、急匆匆地。畿，通機。畿，群母微部；機，見母微部。群、見旁紐。機，門下正中擋門的木橛。此指門坎。《毛傳》：「畿，門內也。」《魯說》：「甓機，門內之位也。《詩》云：『不遠伊邇，薄送我畿。』此不過甓之謂。」《釋文》：「畿，門內也。」馬瑞辰《通釋》：「五畿之限曰畿，門內之限曰機，義正相近。」男子新娶一婦，於是把髮妻安置在別室住下來。男子不願送她，只送到他們原住處的門口就算了。這等於沒有送，簡直就是把髮妻趕出去了。故《鄭箋》曰：「無恩之甚。」

〔13〕誰謂荼苦：誰說荼菜吃著苦？誰，誰人，哪個人。謂，說、道。《召南・行露》：「誰謂雀無角？」《衞風・河廣》：「誰謂河廣？」荼，即苦菜，又稱「苦」。荼、苦音近。荼，定母魚部；苦，溪母魚部。《毛傳》：「荼，苦菜也。」《爾雅・釋草》：「荼，苦菜。」郭璞《注》：「《詩》曰：『誰謂荼苦。』苦菜可食。」邢昺《疏》：「此味苦可食之菜，一名荼，一名苦菜。《本草》一名荼草，一名選，一名游冬。案《易緯通卦驗玄圖》云：『苦菜，生於寒秋，經冬歷春乃成。』《月令》孟夏『苦菜秀』是也。葉似苦苣而細，斷之有白汁，花黃似菊，堪食，但苦耳。」《唐風・采苓》：「采苦采苦，首陽之下。」《豳風・七月》：「采荼薪樗，食我農夫。」

〔14〕其甘如薺：它像薺菜一樣好吃呢。其，代詞，它。指苦菜。甘，味道好。凡味美皆可稱「甘」。《說文》：「甘，美也。」《召南・甘棠》：「蔽芾甘棠。」《小雅・南有嘉魚》：「南有樛木，甘瓠纍之。」如，似。薺，薺菜。它是古代人常吃的一種野菜。這句歌詞說，髮妻被安置在別室獨自生活，不以經常吃荼菜為苦。其言外之意：髮妻胸懷大度且有毅力，不因過著被遺棄的生活而感到痛苦。

〔15〕宴爾新昏：你們過著安定快樂的新婚生活。宴爾，又作「燕爾」，安樂的樣子。宴，安樂，歡樂。宴，通安。宴、安皆影母元部字。《毛傳》：「宴，安也。」

《釋文》：「宴，本又作燕。安也。」《說文》：「宴，安也。」爾，通然。爾，日母脂部；然，日母元部。脂、元旁對轉。王引之《經傳釋詞》卷七：「爾，猶然也。若《論語》『卓爾』『率爾』『鏗爾』『莞爾』之屬是也。亦常語。」新昏，即新昏、新婚，剛剛結婚。昏、婚，異體字。昏，從日，從氐（即根柢之柢），會意字，本義為黃昏。《說文》：「昏，日冥也。从日，氐省。氐者，下也。」《孟子·盡心上》：「民非水、火不生活，昏暮叩人之門戶，求水火，無弗與者。」《禮記·曲禮上》：「凡為人子之禮：冬溫而夏清，昏定而晨省。」古時晚上婚娶。《陳風·東門之楊》：「昏以為期。」《儀禮·士昏禮》題下賈公彥《疏》引鄭《目錄》：「士娶妻之禮，以昏為期，因而名焉。」故「昏」字滋衍為婚禮、結婚之義。又引申為婦家之義。《小雅·我行其野》：「昏姻之故，言就爾居。」《小雅·車舝》：「覯爾新昏，以慰我心。」《小雅·角弓》：「兄弟昏姻，無胥遠矣。」《左傳·隱公十一年》：「如舊昏媾。」《禮記·王制》：「六禮：冠、昏、喪、祭、鄉、相見。」《禮記·昏義》：「昏禮者，將合二姓之好。」昏、婚古今字。《說文》：「婚，婦家也。《禮》：『娶婦以昏時。』婦人陰也，故曰婚。从女从昏，昏亦聲。」《易·屯卦·六二》：「屯如邅如，乘馬班如。匪寇，婚媾。」《國語·晉語·鄭文公不禮重耳》：「同姓不婚，惡不殖也。」《尚書·商書·盤庚》：「施實德于民，至于婚友。」秦《詛楚文》：「絆以婚姻。」《史記·項羽本紀》：「約為婚姻。」

〔16〕如兄如弟：你們倆竟像親兄弟一樣親密。《詩經》中常把男女之間的感情關係比作兄弟親情關係。《唐風·揚之水》：「終鮮兄弟，維予與女。」《唐風·杕杜》：「人無兄弟，胡不佽焉？」

〔17〕涇以渭濁：渭水因為涇水的流入而變得混濁了。涇，河流名，渭水支流。涇水源出於寧夏涇原縣六盤山東麓。涇水含泥沙量極大。《漢書·溝洫志》引民歌曰：「涇水一石，其泥數斗。」以，因。渭，河流名，源出於甘肅省渭源縣鳥鼠山，流經陝西省南部，至潼關入黃河。《水經注·渭水注》：「渭水出首陽縣首陽山渭首亭南谷。山在鳥鼠山西北。此縣有高城嶺（嶺上有城，號渭源城），渭水出焉。」涇水濁，渭水清。《毛傳》：「涇渭相入而清濁異。」毛亨並未明確涇與渭孰清孰濁。《鄭箋》：「涇水以有渭，故見渭濁。」鄭玄認為渭水濁於涇水。此句歌詞中，「渭」「涇」二字顛倒了。今譯正。

〔18〕湜湜其沚：但渭河底部的水仍然是清的。湜湜，水清澈見底的樣子。《說文》：「湜，水清見底也。从水，是聲。《詩》曰：『湜湜其止。』」《廣雅·釋詁》：

「湜、澄，清也。」《玉篇·水部》：「湜，水清也。《詩》曰：『湜湜其止。』」朱熹《集傳》：「湜湜，清貌。」馬瑞辰《通釋》：「湜湜，即狀水止（底）之貌。」其，語助詞。沚，通止、氐、底。沚、止，照母之部；氐、底，端母脂部。照、端準雙聲，之、脂旁通轉。氐、底，本義為底部。《爾雅·釋詁》：「底，止也。」《說文》：「底，一曰下也。」《玉篇·廣部》：「底，止也。」此歌詞的「沚」指河底。鄭玄改「止」作「沚」。《鄭箋》：「小渚曰沚。」其解非詩義。三家《詩》作「止」。《釋文》：「沚，音止。」段玉裁《毛詩故訓傳定本》經文注：「毛作止，鄭始易作沚，義異。」《說文》「湜」字下引《詩》：「湜湜其止。」《段注》：「古今各本及《玉篇》《集韻》《類篇》皆作止，《毛詩》舊文也。」渭水本來是清澈的，被涇水灌入後就變得渾濁了，但渭水的底部依然清澈如故。男子再娶之後，完全聽從於新婦。新婦把髮妻的生活搞得一團糟，這正如涇水灌入渭水一樣。但髮妻的心並沒有被「涇水」弄渾濁，心底依然很清楚。

〔19〕不我屑以：即「不屑我矣」，不把我放在眼裏。不我屑，即不屑我，把我看得連屑末也不如。不屑，不以為有價值。《孟子·告子上》：「一簞食，一豆羹，得之則生，弗得則死。呼爾而與之，行道之人弗受；蹴爾而與之，乞人不屑也。」屑，古作「屓」。林義光《文源》卷十一「屓」字下：「《說文》：『屓，動作切切也。從尸，肖聲。』按，從尸猶從人。此即佾字。」佾，列。「屑」字的本義與此句歌詞無關。屑通肖。屑，心母質部；肖，心母宵部。質、宵旁通轉。肖，從小從肉，小即細小、細碎之物，會意，本義為碎肉末。借指無價值的東西。屑，通肎。肎，碎肉。《文源》卷十「肎」字下：「肎，本義為碎，即《儀禮》『醢醓屑』之屑，從肉、八。八者，分也。屑從肎得聲，古與肎同音。」屑又通細，指細小、細碎之物。細，心母脂部。質、脂對轉。《玉篇·尸部》：「屑，碎也。」慧琳《一切經音義》卷三十六「胡麻屑」下：「屑，搗作末也。」《儀禮·既夕禮》：「醢醓屑。」鄭玄《注》：「薑桂之屑也。」《禮記·內則》：「屑桂與薑以灑諸上而鹽之。」《管子·地員》：「五沙之狀，粟焉如屑塵屬。」《荀子·儒效》：「屑然藏千溢（鎰）之寶。」楊倞《注》：「屑然，雜碎眾多之貌。」以，句末語氣詞。以通已、矣。以、已，喻母之部；矣，匣母之部。喻、匣通轉。《魯詩》作「已」。男子再娶後，把髮妻看得連草屑也不如。

〔20〕毋逝我梁：你不到我的漁梁上來打魚了。毋，不。逝，通遾、逮，往、到。逝、遾，禪母月部；逮，定母月部。禪、定準旁紐。《毛傳》：「逝，之也。」《爾雅·釋詁》：「逝，往也。」《爾雅·釋言》：「遾，逮也。」郭璞《注》：「東齊曰遾，

北燕曰遞，皆相及逮。」邵晉涵《爾雅正義》：「遞，本作逝。」《方言》第一：「逝，往也。」「逝，秦晉語也。」《方言》第七：「噬，逮也。」錢繹《方言箋疏》：「逝、遞並與噬同。」《說文》：「逝，往也。」「逮，唐逮，及也。」《魏風·十畝之間》：「行與子逝兮！」《鄭箋》：「逝，逮也。」《小雅·小弁》：「無逝我梁。」《鄭箋》：「逝，之也。」逝又通至。至，照母質部。禪、照旁紐；質、月旁轉。梁，本義為水上的橋。《說文》：「梁，水橋也。」梁通汥。梁、汥，來母陽部。西周晚期器汥其鐘銘文有「汥」字。汥，從水從双，双亦聲。双，通兩，刀兩面刃。双、兩皆來母陽部字。《正字通·子集·刀部》：「双，兩刃刀也。」汥，河流中雙向擋水的壩，以利於捕魚。在水壩的中間開一水口，在水口置笱以捕魚。《毛傳》：「梁，魚梁。」朱熹《集傳》：「梁，堰石障水而空其中，以通魚之往來者也。」《衞風·有狐》：「在彼淇梁。」《齊風·敝笱》：「敝笱在梁。」《曹風·候人》：「維鵜在梁。」《毛傳》：「梁，水中之梁。」《小雅·鴛鴦》：「鴛鴦在梁。」《小雅·白華》：「有鶖在梁。」《周禮·天官·獻人》：「人掌以時　為梁。」鄭玄《注》引鄭司農云：「梁，水偃也。偃水為關空，以笱承其空。《詩》曰：『敝笱在梁。』」捕魚的水壩，中間的泄水口若較大，則在上面置一根獨木，方便人通過。此獨木稱為「梁」。舟橋、跨水的木橋也稱為「梁」。《大雅·大明》：「造舟為梁，不顯其光。」《孟子·離婁下》：「十二月輿梁成，民未病涉也。」

〔21〕毋發我笱：你也不打開我的捕魚簍。發，本義為射箭。《說文》：「發，射發也。」《召南·騶虞》：「壹發五豝。」《鄭風·大叔于田》：「叔發罕忌。」《小雅·吉日》：「發彼小豝，殪此大兕。」發，又引申為打開之義。馬瑞辰《通釋》：「發，宜訓開。」《尚書·周書·武成》：「發鉅橋之粟。」《左傳·莊公二十八年》：「縣門不發。」縣門，即懸門，內城門的門閘，有警時落下，無警時打開著。《莊子·外物》：「儒以《詩》《禮》發冢。」笱，捕魚的竹簍，曲頸大腹，口大頸狹窄，頸內有倒鬚，魚入笱中不得出。《毛傳》：「笱，所以捕魚也。」朱熹《集傳》：「笱，以竹為器，而承梁之空以取魚者也。」《說文》：「笱，曲竹捕魚笱也。」「笱」字從句，本有曲義。「毋逝我梁，毋發我笱」是隱語。此歌詞以「笱」和「魚」的關係比喻婚姻、兩性關係。此句歌詞的真實意思是，男方再婚之後不到女方的住處過夜了。

〔22〕我躬不閱：你已經不喜歡我了。「我躬不閱」即「我今不閱」，理順則為「今不悅我」。躬，借為「今」字。躬，見母冬部；今，見母侵部。冬、侵旁通轉。

三家《詩》作「今」。《禮記・表記》:「《國風》曰:『我今不閱,皇恤我後。』」閱,通悅,喜歡。閱、悅皆喻母月部字。《爾雅・釋詁》:「悅,樂也。」《廣雅・釋詁》:「悅,喜也。」《左傳・襄公二十五年》引《詩》:「我躬不說,皇恤我後。」說,通悅。說,審母月部字。喻、審旁紐。

〔23〕遑恤我後:哪裏還會管我以後的生活?遑,通胡,何、怎麼。遑,匣母陽部;胡,匣母魚部。陽、魚對轉。裴學海《古書虛字集釋》卷四:「皇猶胡也,何也。皇、胡、何皆一聲之轉。……字或作遑。」恤,本為憂慮之義。引申為替別人考慮,體恤。《鄭箋》:「恤,憂也。」《說文》:「恤,憂也。」《大雅・桑柔》:「告爾憂恤。」後,後來,以後。指以後的生活。「後」與「躬」詞義相對應。

〔24〕就其深矣:當年談戀愛遇到河水深的時候。就,即。《廣韻》:「就,即也。」《禮記・曲禮上》:「主人就東階,客就西階。」深,指河水深。

〔25〕方之舟之:就乘船或筏渡水相會。方,大船或並舟。方又通泭。《鄭箋》:「方,泭也。」泭,乘桴、筏渡水。參見《周南・漢廣》注〔8〕。此句歌詞的「方」字為動詞,即用大船或並舟渡水。舟,小船。舟通舠。參見《匏有苦葉》注〔13〕。《毛傳》:「舟,船也。」《說文》:「舟,船也。」此句歌詞的「舟」字為動詞。高亨《詩經今注》:「舟,以船渡。」乘舟渡河,是為了到河彼岸去尋找戀愛對象。《詩經》中不乏乘船渡水談戀愛的例子。《邶風・匏有苦葉》:「招招舟子,人涉卬否。人涉卬否,卬須我友。」《鄘風・柏舟》:「汎彼柏舟,在彼中河。髧彼兩髦,實維我儀。」《小雅・菁菁者莪》:「汎汎楊舟,載沉載浮。既見君子,我心則休。」「方之舟之」表示他們婚戀時相會非一次。

〔26〕泳之游之:就游泳過河。泳,潛水而渡。《鄭箋》:「潛行為泳。」《爾雅・釋言》:「泳,游也。」《爾雅・釋水》:「潛行為泳。」《說文》:「泳,潛行水中也。」《周南・漢廣》:「漢之廣矣,不可泳思。」游,浮水而渡。《尚書・周書・君奭》:「若游大川。」孔穎達《疏》:「游者,入水浮渡之名。」蔡沈《書集傳》:「浮水曰游。」《淮南子・修務》:「游川水。」高誘《注》:「游,渡。」男子游泳渡河,到河彼岸去相會。這句歌詞是女子敘述她與前夫當年婚戀相會的經過。

〔27〕何有何亡:家裏有什麼東西,缺什麼東西。何,通曷,什麼。有,從又(右手)持肉,會意字,表示擁有。此指家中實有之物。《說文》:「有,不宜有也。从月,又聲。」林義光《文源》:「有非不宜有之義。有,持有也。……从又持肉,不从月。」《玉篇・有部》:「有,不無也。」亡,通無,缺少。指缺少某物。參見《綠衣》注〔6〕。

〔28〕黽勉求之：凡缺少的，兩人就共同努力去追求它。求，尋求。家中所缺少的東西，可通過生產、購買或租借等等的途徑得到。這句歌詞說遭婚變的女子當年曾與前夫一同努力奮鬥，持家過生活。

〔29〕凡民有喪：凡遇到鄰居遭了難。民，本義是奴隸。俘虜被刺瞎眼睛，成為奴隸。金文「民」字象人左目遭刺之形。郭沫若《甲骨文字研究・釋臣宰》：「周人初以敵囚為民時，乃盲其左目以為奴徵。」上古漢文獻中「民」常指下層勞動者。此處「民」與「人」同義，指鄰里居民。有喪，有災禍。喪，本義為喪失。金文「喪」字從亡。《說文》：「喪，亡也。从哭，从亡，會意。亡亦聲。」亡，失去人或物。《擊鼓》：「爰喪其馬？」《小雅・常棣》：「死喪之威。」《國語・周語・仲山父諫宣王料民》：「宣王既喪南國之師。」《易・坤卦》：「西南得朋，東北喪朋。」凡重大的喪失即為禍難。

〔30〕匍匐救之：就拼命地前往救助。匍匐，身體仆地向前爬行。《說文》：「匍，手行也。」「匐，伏地也。」《釋名・釋姿容》：「匍匐，小兒時也。」《大雅・生民》：「誕實匍匐。」朱熹《集傳》：「匍匐，手足並行也。」此歌詞是誇張的說法，形容盡最大的能力辦事。《鄭箋》：「匍匐，言盡力也。」當初女子與她前夫的處世觀點很一致，他們共同在鄰里間行仁施義，對生活有著美好的追求。那時候她丈夫尚有一副好心腸。

〔31〕不我能慉：你不願意讓我跟你一起生活。三家《詩》作「能不我慉」。「不我能慉」即「不能慉我」。不能，無耐力，不能夠。「不能」一詞在《詩經》中多見。此句歌詞的「不能」，即「不願」，非無能力。慉，從心，畜聲，本義為忌恨。《玉篇・心部》：「慉，恨也。」慉通畜。慉、畜皆曉母覺部字。畜，本義為家養的獵物。借為養育人之義。《毛傳》：「慉，養也。」朱駿聲《說文通訓定聲・孚部》：「慉，假借為『畜』。《詩・谷風》：『不我能慉。』《傳》：『養也。』」參見《日月》注〔14〕。丈夫負心，將髮妻置於別房，不給她提供生活來源了。髮妻只能靠她自己的辛勤勞動維持生活。

〔32〕反以我為讎：反而把我當成了仇敵。反，反過來，反而。以，把。為讎，當作仇人。為，作為，當作。讎，本義為讎答，對答話語。《說文》：「讎，猶應也。」《大雅・抑》：「無言不讎。」讎通雔、仇。讎、雔，禪母幽部；仇，群母幽部。禪、群通轉。雔，雙鳥在一起，即伴侶之義。《說文》：「雔，雙鳥也。从二隹。」仇，本義為人的配偶、伴侶。《周南・兔罝》：「公侯好仇！」《秦風・無衣》：「與子同仇！」讎、仇，引申為對立者；又借為仇恨、仇敵之義。《廣雅・釋

詁》：「仇，惡也。」《玉篇‧人部》：「仇，怨也。」《左傳‧桓公二年》：「怨耦
曰仇。」《左傳‧襄公二十一年》：「祁大夫外舉不棄讎，內舉不失親。」《孟子‧
離婁下》：「君之視臣如土芥，則臣視君如寇讎。」《楚辭‧九章‧惜誦》：「又
眾兆之所讎也。」王逸《注》：「大怨曰讎。」慧琳《一切經音義》卷第五十「怨
讎」下引《三蒼》：「怨偶曰讎。」

〔33〕既阻我德：你屢次不接受我的好心意。既，已經。指已經有過多次。阻，阻斷、
阻止。此為不接受之義。德，從彳，悳聲，本義為登高。德通陟、升、登。德、
陟，端母職部；升，審母蒸部；登，端母蒸部。端、審準旁紐，職、蒸對轉。
《說文》：「德，升也。」《段注》：「『升也』，升當作登。」桂馥《義證》：「古
升、登、陟、得、德五字義皆同。」德，通悳。德、悳皆端母職部字。悳，恩
惠、好處之義。《說文》：「悳，外得於人，內得於己也。從直、心。」《段注》：
「內得於己，謂身心所自得也。外得於人，謂惠澤使人得之也。」德，《阜陽
漢簡詩經》作「直」。直通悳。直，定母職部。定、端旁紐。悳，典籍通作「德」。
《玉篇‧彳部》：「德，惠也。」《大雅‧既醉》：「既醉以酒，既飽以德。」《尚
書‧商書‧盤庚》：「施實德于民。」此句歌詞的「德」指的好的心意。髮妻對其
前夫提出過一些好的生活建議，但都被拒絕了。

〔34〕賈用不售：我的好心意簡直就成了不值錢的賤貨。賈用，賣東西。賈，居地
擺貨做買賣。賈，通居。賈、居皆見母魚部字。段校《說文》：「賈，市也。」
《韓非子‧五蠹》：「多錢善賈。」《周禮‧地官‧司市》：「以商賈阜貨而行
布。」鄭玄《注》：「通物曰商，居賣物曰賈。阜猶盛也。鄭司農云：『布，謂
泉也。』」用，有用的東西、貨物。不售，即不讎，賣家出價而沒有買家問價
砍價，即賣不出去。售，從口，從雔省，即「讎」字，本義為答話。售從口，
讎從言，從口與從言無別。售、讎皆禪母幽部字。《釋文》：「售，一本作讎，
謂讎物價也。」段玉裁《毛詩故訓傳定本》校訂經文為「賈用不讎」，其注文
說：「讎，正字。售，俗字。」錢大昕《唐石經考異‧毛詩二》：「『賈用不售。』
『售』字磨改，字亦劣。蓋本作讎，後人依俗本妄改。」王先謙《集疏》：
「售，俗字。《唐石經》初刻作讎，誤從《釋文》改售也。」談買賣時回答問
價亦曰「讎」。《荀子‧儒效》：「賣之不可僂售也。」王先謙《集解》引郝懿
行曰：「售者，讎之俗字。」售，《魯詩》《韓詩》作「酬」。酬，亦酬答之義。
「賈用不售」蓋為當時俗語。髮妻的好心意，負心男子不接受。這正如賣東
西無人問津一樣。

〔35〕昔育恐育鞫：過去生活在又恐又懼之中。昔，過去。育，「有」字之訛。戰國
　　　古文字「有」「育」字形接近，或因「有」字筆劃漫漶缺失，傳抄者誤為「育」
　　　字。《莊子・人間世》：「是以人惡有其美也。」《莊子釋文》：「『人惡有』，崔本
　　　有作育。」此為「有」字訛為「育」字之例。有通又。有、又皆匣母之部字。
　　　恐，擔心，害怕。《說文》：「恐，懼也。」鞫，通懼。鞫，見母覺部；懼，群
　　　母魚部。見、群旁紐，覺、魚旁對轉。《小雅・谷風》：「將恐將懼，維予與女。」
　　　「育恐育鞫」與「將恐將懼」的句型相似，意思相同。懼，俗作「懼」。

〔36〕及爾顛覆：我跟你一起竭力求生。及爾，跟你。《鄭箋》：「及，與也。」顛覆，
　　　人栽倒頭觸地。《楚辭・九歎・逢紛》：「椒桂羅以顛覆兮，有竭信而歸誠。」
　　　王逸《注》：「顛，頓也；覆，仆也。」《說文》：「仆，頓也。」《段注》：「頓者，
　　　下首也。以首叩地謂之頓首。引申為前覆之辭。」此句歌詞用「顛覆」形容女
　　　子與她丈夫為努力討生活忙碌得狼狽不堪的樣子。《鄭箋》：「與女顛覆盡力於
　　　眾事，難易無所辟。」

〔37〕既生既育：等到生活過好了。生，生殖財物。指生活物品增多。《鄭箋》：「生，
　　　謂財業也。」《國語・周語・單穆公諫景王鑄大鐘》：「生何以殖？」韋昭《注》：
　　　「生，財也。」《玉篇・生部》：「生，產也。」育，「有」的訛字，指家裏有了
　　　一定的財物。

〔38〕比予于毒：你卻把我等同於害人蟲。比，本義為二人並列、並行。引申為並列、
　　　相等、等同、相仿之義。比、并（並）、傍音近義通。林義光《文源》卷六：
　　　「比，象二人相比形。」《尚書・周書・牧誓》：「稱爾戈，比爾干，立爾矛，
　　　予其誓！」《左傳・昭公十六年》：「庸次比耦。」予，本義為給予。《說文》：
　　　「予，推予也。象相予之形。」予、余、吾通假。予、余，喻母魚部；吾，疑
　　　母魚部。喻、疑通轉。吾，我，自稱。參見《周南・葛覃》注〔13〕。《爾雅・
　　　釋詁》：「吾、臺、予、余，我也。」毒，本義為毒害人的草。《說文》：「毒，
　　　害人之草。」《段注》：「字形何以從屮？蓋製字本義，因害人之草。」毒字古
　　　文作「毐」，指毒蟲。《玉篇・蟲部》：「毐，古文『毒』字。害也，惡也。」

〔39〕旨蓄：美蓄。指曬乾或醃製的菜類。旨，美，嘉。指美味。《毛傳》：「旨，美。」
　　　《說文》：「旨，美也。从甘，匕聲。」《小雅・正月》：「彼有旨酒，又有嘉肴。」
　　　蓄，積蓄，儲藏。指儲備的食菜。《說文》：「蓄，積也。」《廣雅・釋詁》：「蓄，
　　　聚也。」《豳風・鴟鴞》：「予所蓄租。」經過精心選擇、晾曬、醃製或醬製的

菜，稱為「美蓄」。《魯說》：「蓄菜，乾葅之屬也。」《鄭箋》：「蓄聚美菜者，以禦冬月乏無時也。」《廣韻·屋韻》：「蓄，蓄冬菜也。」，《集韻·屋韻》：「蓄，冬菜。」《呂氏春秋·仲秋紀·仲秋》：「務蓄菜，多積聚。」高誘《注》：「蓄菜，乾葅之屬也。《詩》曰：『亦有旨蓄，以禦冬也。』」《齊民要術·種植榆白楊》引崔寔曰：「二月，榆莢成，及青收乾以為旨蓄。」

〔40〕亦以御冬：也能用它抵禦冬天食物的匱乏。亦，也，副詞，表示同樣，也是，也可。參見《召南·草蟲》注〔5〕。以，用。御，本義為迎接。參見《召南·鵲巢》注〔4〕。御，通禦，抵擋。御、禦皆疑母魚部字。《毛傳》：「御，禦也。」《小雅·常棣》：「兄弟鬩于牆，外禦其務。」《易·蒙卦》：「利禦寇。」《左傳·隱公九年》：「北戎侵鄭，鄭伯禦之。」禦，本義為祭祀。《說文》：「禦，祀也。」御、禦皆通圉。圉，疑母魚部。圉，監獄。監獄四圍堅固，故「圉」字引申為抵擋、防禦之義。《墨子·明鬼下》：「然不能以此圉鬼神之誅。」《莊子·繕性》：「其來不可圉。」冬，冬季。冬季裏食物匱乏。

〔41〕以我御窮：你卻厚著臉皮用我儲藏的野菜來抵禦你們冬季食物的匱乏。以我，拿我的東西。指拿髮妻的「美蓄」。以，用。我，代指我的物品。御窮，抵擋食物的匱乏。窮，從穴從身，宮省聲，象隻身在室內之形，會家中貧乏無物之意。《廣雅·釋詁》：「窮，貧也。」「困、竟，窮也。」《左傳·昭公十四年》：「分貧，振窮。」《禮記·月令》：「天子布德行惠，命有司發倉廩，賜貧窮，振乏絕；開府庫，出幣帛，周天下。」

此句歌詞的「窮」指物資貧乏。

〔42〕有洸有潰：像決堤沖來的大水一樣。有洸，即洸洸。洸，通汪。洸，見母陽部；汪，影母陽部。見、影鄰紐。洸洸，即汪汪，水大的樣子。《說文》：「洸，水湧光也。」「汪，深廣也。」《玉篇·水部》：「洸，水貌。」《後漢書·黃憲傳》：「汪汪若千頃陂。」洸洋，即汪洋，水大的樣子。《楚辭·九懷·蓄英》：「臨淵兮汪洋。」洸洋、汪洋與潢漾、瀇瀁、潢潒音近義同。《史記·老子韓非列傳》：「其言洸洋自恣以適己。」司馬相如《上林賦》：「灝溔潢漾。」枚乘《七發》：「浩瀇瀁兮！」《論衡·案書》：「瀇瀁無涯。」《廣雅·釋訓》：「潢潒，浩蕩也。」有潰，即潰潰，大水衝破堤壩的樣子。潰，水衝破堤壩。《倉頡篇》：「潰，旁決也。」徐鍇《繫傳》：「潰，決也。」《國語·周語·邵公諫厲王弭謗》：「川壅而潰，傷人必多。」《韓非子·喻老》：「千丈之堤，以螻蟻之穴潰。」

《漢書·文帝紀》：「大水潰出。」顏師古《注》：「旁決曰潰，上湧曰出。」這句歌詞以衝破堤壩的大水，比喻負心男子在別室安置髮妻之後又派給她的勞務之多。一說，「有洸有潰」是形容負心丈夫怒氣衝衝發脾氣。《毛傳》：「洸洸，武也。潰潰，怒也。」《鄭箋》：「君子洸洸然，潰潰然，無溫潤之色，而盡遺我以勞苦之事。」《孔疏》：「《韓詩》云：『潰潰，不善之貌。』」

〔43〕既詒我肄：你派給我那麼多的勞務。既，已經。詒，通貽、遺、予，派給。詒、貽，喻母之部；遺，喻母微部；予，喻母魚部。魚、之旁轉，之、微通轉。《鄭箋》：「詒，遺也。」《爾雅·釋言》：「貽，遺也。」《說文新附》：「貽，贈遺也。」《說文》：「詒，一曰遺也。」《小雅·天保》：「詒爾多福。」《毛傳》：「詒，遺也。」肄，勞務。《毛傳》：「肄，勞也。」《玉篇·聿部》：「肄，勞也。」肄，通勩。肄，喻母質部；勩，喻母月部。質、月旁轉。勩，從力，貰聲，其義與勞作有關。《說文》：「勩，勞也。《詩》曰：『莫知我勩。』」《小雅·雨無正》：「正大夫離居，莫知我勩。」《毛傳》：「勩，勞也。」負心男子另娶新歡，把髮妻當成了他們的僕人，派給她的勞務像潮水般湧來，讓她幹也幹不完。

〔44〕不念昔者：既然你不念及舊情。念，惦念。《說文》：「念，常思也。」《方言》第一：「念，思也。」昔者，過去。此指女子與負心丈夫戀愛及共同奮鬥、恩愛相處的那些好時光。「昔者」一詞古文獻中屢見。《論語·季氏》：「昔者先王以為東蒙主。」《孟子·梁惠王下》：「昔者齊景公問於晏子。」

〔45〕伊余來塈：我也來歇歇罷！伊余，「余」字的長音。《楚辭·九思·悼亂》：「伊余兮念茲，奔遁兮隱居。」余，通吾、我。來，通是。是，禪母支部；來，來母之部。禪、來準旁紐，支、之旁轉。王引之《經義述聞·通說下》「語詞誤解以實義」條下：「來，是也。《邶風·谷風》曰『不念昔者，伊余來塈』……《采芑》曰『蠻荊來威』，《大雅·江漢》曰『淮夷來求』『淮夷來鋪』，皆謂『荊蠻是威』『淮夷是求』『淮夷是病』也。」《小雅·桑扈》：「萬福來求。」塈，通慨、愾、憩、愒、愒，休息之義。塈，曉母物部；慨、愾，溪母物部；憩、愒、愒，溪母月部。曉、溪旁紐，物、月旁轉。《毛傳》：「塈，息也。」《左傳·成公二年》引《詩》：「不解于位，民之攸塈。」杜預《注》：「塈，息也。」《說文》：「愒，息也。」《段注》：「此『休息』之『息』。上文『息』篆訓『喘息』，其本義。凡訓『休息』者，引申之義也。《釋詁》及《甘棠》傳皆曰：『憩，息也。』『憩』者，『愒』之俗體。」《玉篇·尸部》：「屟，心息也。今為憩。」

《小雅·菀柳》：「有菀者柳，不尚息焉。……有菀者柳，不尚愒焉。」這句歌詞的意思是說：前夫不念舊情，我也不會賣命地給他們幹活了，我也來歇歇吧！

【詩旨說解】

《谷風》是講述女子遭遺棄之事的說唱詞，通篇都是以一個遭遺棄女子的口氣述說。

第一章：講述遭遺棄女子察見丈夫變心之事。「習習谷風，以陰以雨」這句說唱詞描述丈夫的臉色變化無常。女子發現，她丈夫許多天來總是陰沉著臉色，愛暴怒發脾氣，大概是想另娶新歡了。不然，他為什麼會變成這樣子呢？她自己心裏這樣想：他們婚後曾經擁有「黽勉同心」的生活經歷，二人感情深篤，她丈夫不該對她有怒氣。難道他還能做像採蘿蔔採蔓菁只採取葉子而扔掉莖塊那樣的傻事？況且，他們倆還有過「及爾同死」的愛情誓言呢！

第二章：講述遭遺棄女子的丈夫與她解除婚姻關係的經過。「行道遲遲，中心有違。不遠伊爾，薄送我畿」，這句說辭是講男子打發女子到別室居住的事情經過。男子新娶之後，便把元配視作僕人，安置在別室居住。元配心中十分難過，不願邁腳。但男子很薄情，只送她到原住室的門口，連門坎也沒有邁過去，就退回了。「誰謂荼苦，其甘如薺」——元配獨自過起了清苦的生活。「宴爾新昏，如兄如弟」——另一邊，男子與新婦的小生活卻過得十分甜蜜。離婚者的生活與新婚者的生活兩相對比，冰火兩重天。

第三章：講述遭遺棄女子遷居別室後糟糕的生活狀況。「涇以渭濁」——新婦娶進門之後，經常對男子說元配的壞話，把元配的生活弄得一團糟。「湜湜其沚」——元配對男子再婚之後所發生的一切情況心如明鏡。「宴爾新昏，不我屑以」——男子新娶之後，把元配看得輕如鴻毛。「毋逝我梁，毋發我笱」——元配遷往別室後，男子不再到元配的住處過夜了。這說明他們倆的婚姻關係已經徹底斷絕了。「我躬不閱，遑恤我後」——男子一點也不關心元配現在的生活，哪裏還會管她以後的生活？

第四章：講述遭遺棄女子與丈夫曾經擁有過美好的戀愛過程和婚後共同持家、艱苦奮鬥的生活經歷。「就其深矣，方之舟之。就其淺矣，泳之游之」——遭遺棄女子回憶起她跟前夫當年在河流旁邊談戀愛的情景。他們談戀愛時，男方有船就乘船，沒有船就游泳過河與她相會，表現得既主動又勇敢。

「何有何亡，黽勉求之。凡民有喪，匍匐救之」——遭遺棄女子又回憶她與男子結婚後的生活經歷。當年他們為改善家庭貧困的生活狀況共同奮鬥，也經常在鄰里間行仁施義。那時，他們的生活態度積極向上，富有熱情，對生活有美好的追求。

第五章：講述遭遺棄女子與其丈夫感情關係嚴重惡化的情況。「不我能慉，反以我為讎」——丈夫不再給她提供生活資料了，而且把她像仇人一樣地看待。「既阻我德，賈用不售」——丈夫甚至連她提出來的許多好的生活建議也聽不進去了。「昔育恐育鞠，及爾顛覆。既生既育，比予于毒」——遭遺棄女子與她丈夫當年曾經共同渡過了一個艱難窘迫的生活階段。等到他們的生活狀況改善了，男子卻變了心，把她視作一隻毒蟲。說到這裡，遭遺棄女子的內心感到無比痛楚。

第六章：繼續講述遭遺棄女子遷居別室後糟糕的生活狀況。這一章主要敘述她淪為僕人的經過。「我有旨蓄，亦以御冬。宴爾新昏，以我御窮」——她辛辛苦苦地採集並加工儲藏了一些準備過冬的野菜，卻被前夫厚著臉皮拿去與新婦一起享用。「有洸有潰，既詒我肄」——丈夫每天還派給她大量的勞務。「不念昔者，伊余來塈」——她心裏說：「這個男人負心，不念舊情，我再也不願意給他幹活了！」這句說辭表現了她內心的反抗情緒。這句話與《衛風‧氓》結尾的「反是不思，亦已焉哉」的話用詞雖不同，所表達的都是對婚變現實的妥協之意。女子被遺棄，既不願意（或者不能）回娘家居住，也不願意再婚，以容忍的態度接受了婚變的現實，過起了「離婚不離家」的生活。

此說唱詞以敘事為主，基本為倒敘結構。說唱者先敘述遭遺棄女子的婚姻出現了變故，繼而回憶她戀愛和婚後的生活經歷，繼而又將目光轉向婚變現實。說唱者通過反覆訴說，前後對比，闡明了當事人雙方在婚變中誰是誰非的問題。

這篇說唱詞講述了一個女子自由戀愛結婚而不得善終的故事。這篇說唱詞既是對一個女人失敗婚姻的總結，也是對一個負心男子的控訴。

《衛風‧氓》《王風‧中谷有蓷》《小雅‧我行其野》《小雅‧谷風》也是「棄婦詩」。可參閱。

式微

式微〔1〕，式微，胡不歸〔2〕？
微君之故〔3〕，胡為乎中露〔4〕？

式微，式微，胡不歸？
微君之躬〔5〕，胡為乎泥中〔6〕？

【注釋】

〔1〕式微：即「是微」，天黑了。式，通是。式，審母職部；是，禪母支部。審、禪旁紐，職、支旁對轉。參見《周南・葛覃》注〔8〕。微，通昧。昧，暗。此指天黑。微，明母微部；昧，明母物部。微、物對轉。《邶風・柏舟》：「日居月諸，胡迭而微？」

〔2〕胡不歸：為什麼還不回家？胡，通何，為什麼。歸，回家。

〔3〕微君之故：如果不是因為你與我為舊情人。微，通非。微，明母微部；非，幫母微部。明、幫旁紐。非，不，不是。此句為假設語氣，「非」字可譯為「如果不是」。君，「君子」的省稱。此處相當於現代漢語的「你」。之故，即有故，有舊情。之，通有。之，照母之部；有，匣母之部。照、匣通轉。吳昌瑩《經詞衍釋》卷九：「之，猶有也。《論語》：『人之言曰。』謂人有言也。《孟子》：『莫之能禦也。』《詩》：『莫之敢指。』《左傳・宣三年》：『則莫之繼也。』《昭元年》：『史莫之知。』皆言莫有也。」故，本義為緣故、原因。《說文》：「故，使為之也。」故通古。故、古皆見母魚部字。古，年代久遠。《大雅・烝民》：「古訓是式。」《周頌・載芟》：「振古如茲。」年代遠稱「古」，年代近稱「舊」「故」。《說文》：「古，故也。」《集韻・模韻》：「古，通作故。」故又通久、舊。久，見母之部；舊，群母之部。見、群旁紐，魚、之旁轉。《爾雅・釋詁》：「古，故也。」邢昺《疏》：「古之為故，謂故舊也。」舊，舊情誼。亦指舊友。《鄭風・遵大路》：「無我惡兮，不寁故也！」《鄭風・狡童》：「維子之故，使我不能餐兮！」《唐風・羔裘》：「豈無他人？維子之故！」在婚戀集會上會過面或戀愛過，就是舊友，可以「故」相稱。

〔4〕胡為乎中露：我為什麼一大早就冒著露水前來婚戀集會上找你？胡為乎，為什麼。胡為，即何為，為何。乎，語助詞。「胡為乎」為周代習語。《陳風・株林》：「胡為乎株林。」《荀子・修身》：「將有所止之，則千里雖遠，亦或遲或速、

或先或後，胡為乎其不可以相及也？」中露，即露中。清早冒著露水而行，故說在露中。《鄭風・野有蔓草》：「野有蔓草，零露漙兮。有美一人，清揚婉兮。邂逅相遇，適我願兮。」《召南・行露》：「厭浥行露，豈不夙夜？謂行多露。」《小雅・蓼蕭》：「蓼彼蕭斯，零露湑兮。既見君子，我心寫兮。」一說，「中露」即「中路」，衛國地名。《毛傳》：「中露，衛邑也。」露，《魯詩》作「路」。馬瑞辰《通釋》：「《路史・高辛紀》：『帝庚有子名元，堯封之於中路。歷夏侯服國盡，為中路氏、路氏。』露、路古通用，『中露』疑即『中路』也。《列女傳》引《詩》正作『中路』。」

〔5〕微君之躬：如果不是今天你也來參加集會。之躬，即有今。指有今天參加婚戀集會的行動。「躬」與前文「故」對文，躬通今。參見《谷風》注〔22〕。

〔6〕胡為乎泥中：我為什麼會踏著泥濘回去呢？泥中，泥濘之中。雨後的一天有婚戀集會。婚戀活動晚歸，看不清楚路面，免不了踏泥。《世說新語・文學》：「鄭玄家奴婢皆讀書。嘗使一婢，不稱旨，將撻之，方自陳說。玄怒，使人曳著泥中。須臾，復有一婢來，問曰：『胡為乎泥中？』答曰：『薄言往愬，逢彼之怒。』」且不論這則故事有無真實性，這則故事的作者對於《式微》「泥中」一詞的理解不誤。一說，「泥中」為地名。《毛傳》：「泥中，衛邑也。」馬瑞辰《通釋》：「《水經注》：『瓠河又東逕黎城縣故城南，世謂之黎侯城。昔黎侯陽寓於衛，《詩》所「謂胡為乎泥中」，疑此城也。』泥通作坭。《廣韻》：『坭，地名。』又通作禰。《詩》『出宿于禰』，《韓詩》作『泥』，《儀禮・士虞禮篇》鄭《注》引《詩》作『坭』，《詩》『泥』與『禰』蓋同地也。」以「中露」「泥中」為地名，乃附會之說。方玉潤《詩經原始》：「『泥中』猶言『泥塗』也。毛氏萇曰：『中露、泥中，衛邑也。』此或後人因經而附會其說耳，不可從。」

【詩旨說解】

　　《式微》篇幅太短小，旨意隱晦。玩味其詞，蓋是男女對唱的情歌。設若一場夜雨過後，一個男子前往參加婚戀集會，終日無果。天快黑了，他正欲回還，忽然看到一女子在一邊望著他，原來他們是舊相識。於是他便對女子唱道：「式微，式微，胡不歸？」女子等待該男子已久，忽見舊友招呼她，如久旱逢甘霖，於是急切地對歌答道：「微君之故，胡為乎中露？」女子說，如果不是因為你這個老朋友，我怎會一大早冒著露水來這裡呢？這好像是答非所問。於是男子又唱歌發問：「式微，式微，胡不歸？」女子又答道：

「微君之躬，胡為乎泥中？」女子說，如果不是因為你這個老朋友，我怎會今天這麼晚踏著泥回去呢？原來，這個女子一直在傻傻地等待著她的這位舊情人，直到天快黑了，他們才相逢在一起。所以，對歌時女子的情緒有些激動。

關於這篇歌詞的主旨，古來說法不一。

《毛詩》序說，《式微》說的是「黎侯寓于衞，其臣勸以歸」的事。黎侯失國，寄寓於衞國東部。跟隨他的臣子規勸他說，咱們的國家衰微得厲害了（「式微，式微」），為什麼不回去呢（「胡不歸」）？如果不是跟隨你逃難在外，我們何故受辱於此呢（「胡為乎中露」「胡為乎泥中」）！歷史上學者多認同《毛詩》序的說法，把「中露」「泥中」解作衞國的邑名。由於成說在前，「式微」一詞竟成了「國家衰亡」的代名詞。其實，此乃附會之說。

余冠英《詩經選》評論《式微》說：「這是苦於勞役的人所發的怨聲。」程俊英《詩經注析》也說：「這是人民苦於勞役，對君主發出的怨詞。」余、程把「中露」和「泥中」說成了服役者所遭遇的困境。高亨《詩經今注》評論《式微》說：「奴隸們在野外冒霜露、踏泥水，給貴族幹活，天黑了還不能回去，就唱出這首歌。」高說與余、程說幾近。

旄丘

旄丘之葛兮〔1〕，何誕之節兮〔2〕！
叔兮伯兮〔3〕，何多日也〔4〕？

何其處也〔5〕？必有與也〔6〕。
何其久也〔7〕？必有以也〔8〕。

狐裘蒙戎〔9〕，匪車不東〔10〕。
叔兮伯兮，靡所與同〔11〕。

瑣兮尾兮〔12〕，流離之子〔13〕！
叔兮伯兮，褎如充耳〔14〕。

【注釋】

〔1〕旄丘之葛兮：旄丘上的葛藤呀。旄丘，小土山。旄通堥。旄、堥皆明母宵部字。三家《詩》作「堥」。《廣韻·尤韻》：「堥，堥堥。小隴。」堥，即小土山。一說，前高後底的土丘為旄丘。《毛傳》：「前高後下曰旄丘。」《釋文》：「前高後

下曰旄丘。《字林》作埻，云：『埻丘也。』」葛，葛藤。《玉篇‧艸部》：「葛，蔓草也。」「旄丘」這個地方是一處小規模的婚戀集會地。

〔2〕何誕之節兮：它的莖節為什麼長得那麼長又那麼慢呦！何，通曷，為什麼。誕，本義說大話。《說文》：「誕，詞誕也。」詞，或為「語」字之誤。《漢書‧郊祀志》：「言神事如迂誕。」顏師古《注》：「誕，大言也。」誕通延。誕，定母元部；延，喻母元部。定、喻準旁紐。延，延伸，綿延。此歌詞的「誕」字為葛藤枝蔓綿延之意。之，通其，代詞。之，照母之部；其，群母之部。照、群通轉。《呂氏春秋‧季夏紀‧音初》：「之子是必大吉。」高誘《注》：「之，其也。」王引之《經傳釋詞》卷九：「《書‧西伯戡黎》曰：『殷之即喪。』言殷其即喪也。《詩‧旄邱》曰：『旄邱之葛兮，何誕之節兮。』上之字，句中語助也。下之字，則訓為其。……《孟子‧公孫丑》：『天下之民皆悅而願為之氓。』《周官‧載師》注引此『為之氓』作『為其民』。之，可訓為其，其，亦可訓為之。」《左傳‧隱公五年》：「鳥獸之肉不登於俎。」《左傳釋文》：「之肉，一本作其肉。」吳昌瑩《經詞衍釋》卷九：「之，其也。」《孟子‧滕文公下》：「侵于之疆。」清俞樾《群經平議‧孟子一》：「之，與其同。」節，本義為竹的莖節。《說文》：「節，竹約也。」竹子的莖節處有約纏紋。葛的莖節不像竹子有明顯的節紋，以葉柄為限，葛藤生長一葉，其枝蔓延長一節。歌者用葛藤生長得長且慢來形容男子參加婚戀集會的行動遲緩。

〔3〕叔兮伯兮：小弟弟呀，大哥哥呀。叔，通少。參見《周南‧關雎》注〔3〕。少，年幼者。《說文》「叔」字《段注》：「《豳風》：『九月叔苴。』毛曰：『叔，拾也。』按《釋名》：『仲父之弟曰叔父。叔，少也。』於其雙聲疊韻假借之。假借既久，而『叔』之本義鮮知之者，惟見於《毛詩》而已。」《白虎通‧姓名》：「叔者，少也。」《釋名‧釋親屬》：「叔者，少也。幼者稱也。」伯，長者。《說文》：「伯，長也。」《周頌‧載芟》：「侯主侯伯。」《毛傳》：「主，家長也。伯，長子也。」此情歌的「叔」「伯」是女子對參加婚戀集會的貴族男子們的稱呼。《鄭風‧丰》：「叔兮伯兮，駕，予與行！」《衛風‧伯兮》：「自伯之東，首如飛蓬。」《鄭風‧蘀兮》：「叔兮伯兮，倡！予和女。」

〔4〕何多日也：你們為什麼這麼長時間還不到來呦？何，為什麼。多日，許多天。指時間久。這是女子對參加婚戀集會晚到場的男子們的報怨之辭，帶有調侃的意味。婚戀集會大概非一日。風俗約定以干支紀日法某月某日至某日集會，故有「多日」的說辭。

〔5〕何其處也：你們為什麼安然處在家中不出來？何，為什麼。其，語助詞。處，
與處同義，止。指待在家裏。《說文》：「処，止也。」朱熹《集傳》：「處，安
處也。得其所安也。」

〔6〕必有與也：你們一定是被什麼事情絆住了腳。與，參與。指參與了某事。

〔7〕何其久也：你們為什麼這麼長時間不過來？久，本義為灸。《說文》：「久，從
後灸之。」睡虎地秦簡《封軫式·賊死》：「其腹有久，故瘢二所。」久，通古、
遐，時間長久之義。久，見母之部；古，見母魚部；遐，匣母魚部。見、匣旁
紐，之、魚旁轉。古，年代久遠之事。引申為時間長久之義。《說文》：「古，
故也。」遐，久遠。《小雅·鴛鴦》：「君子萬年，宜其遐福。」朱熹《集傳》：
「遐，遠也，久也。」

〔8〕必有以也：一定有晚來的原因。以，通因。以，喻母之部；因，影母真部。喻、
影通轉，之、真旁通轉。因，原因，理由。朱熹《集傳》：「以，他故也。」朱
守亮《詩經評釋》：「以，原因也，他故也。」裴學海《古書虛字集釋》卷一：
「以，因也。」

〔9〕狐裘蒙戎：那些貴族爺們。狐裘，用狐狸皮製成的裘衣。蒙戎，又作「尨茸」，
毛蓬鬆。《毛傳》：「蒙戎，以言亂也。」言裘衣毛亂。《左傳·僖公五年》：「狐
裘尨茸，一國三公，吾誰適從？」蒙通尨。蒙、尨皆明母東部字。尨，本義為
身上多絨毛的狗。《說文》：「尨，犬之多毛者。」蒙又通蓬。蓬，並母東部。
明、并旁紐。戎通茸。戎，日母冬部；茸，日母東部。冬、東旁轉。茸，草細
軟。《說文》：「茸，艸茸茸貌。」《阜陽漢簡詩經》作「茸」。「尨茸」的狐裘是
上等的裘衣，為貴族男子冬季所穿用之衣服。《毛傳》：「大夫狐蒼裘。」此句
中「狐裘蒙戎」並非指冬季所穿的裘衣，而是代指貴族男子。

〔10〕匪車不東：他們的車子一概都向東行。匪，通非、靡、沒。匪、非，幫母微部；
靡，明母歌部；沒，明母物部。幫、明旁紐；微、歌旁轉，微、物對轉，歌、
物旁對轉。沒，本義為沉沒。引申為無、沒有之義。參見《綠衣》注〔6〕。不
東，不向東行。《毛傳》：「不東，言不來東也。」東，動詞，向東行。「匪……
不……」是否定之否定的句式，即肯定句式。「匪車不東」即「靡車不東」，所
有的車子都向東行。古之所謂「濮上」，蓋在衛國的東部。眾多貴族男子都乘
著車子向東行，去參加衛國東部的大型仲春集會。

〔11〕靡所與同：叔、伯沒有跟隨那些車輛一起往東行。靡，通無、沒。靡，明母歌
部；無，明母魚部；沒，明母物部。歌、魚通轉，歌、物旁對轉。沒，沒有。

《說文》「靡」字《段注》：「（靡）又與『亡』字、『無』字皆雙聲，故謂無曰靡。」《邶風‧泉水》：「靡日不思。」《鄘風‧柏舟》：「之死矢靡它。」《衛風‧氓》：「靡室勞矣。」《唐風‧鴇羽》：「王事靡盬。」《秦風‧晨風》：「未見君子，憂心靡樂。」《小雅‧采薇》：「靡室靡家。」與同，相同，一樣。此指一路同行。「叔」「伯」沒有跟隨大隊人馬一起前往衛國東部去參加大規模的婚戀活動，卻到旄丘這個地方來參加一個小規模的婚戀活動。

〔12〕瑳兮尾兮：腰帶上的佩玉真華美呀！瑳，本義為小塊玉相碰發出的聲音。《說文》：「瑳，玉聲。」《段注》：「『玉聲』，謂玉之小聲也。」小塊玉相碰撞發出小聲音，大塊玉相碰撞發出大聲音。「玉之小聲」非讚美語，故此義不可取。瑳通瑟、瓃。瑳，心母歌部；瑟、瓃，山母質部。心、山準雙聲，歌、質旁對轉。瓃，玉有多條華采紋。《說文》：「瓃，玉英華。相（像）帶，如瑟弦。《詩》曰：『瓃彼玉瓚。』」《大雅‧旱麓》：「瑟彼玉瓚。」《鄭箋》：「瑟，潔鮮貌。」鄭說不確切。尾，通娓、嬂、媄、美。尾、娓、嬂皆明母微部；媄、美，明母脂部。微、脂旁轉。《說文》：「媄，色好也。从女从美，美亦聲。」《段注》：「『媄，色好也。』按凡美惡字可作此。《周禮》作嬂，蓋其古文。」朱駿聲《說文通訓定聲‧履部》：「尾，假借為『嬂』。」《玉篇‧女部》：「娓，美也。」嬂即媄、美，美麗、美好。參見《簡兮》注〔16〕。《衛風‧淇奧》「瑟兮僩兮」也是誇讚貴族男子腰間飾物美的詩句，與此句歌詞的說法基本一致，意思略同。

〔13〕流離之子：你們像飛動的黃鸝一樣流光溢彩呀！流離，黃鸝。《毛傳》：「流離，鳥也。」流，《魯詩》作「留」。《釋文》：「流，音留。本又作鶹。」上古稱黃鸝為「鶹鷅」或「留離」、「鵹鶹」。《爾雅‧釋鳥》：「倉庚，商庚。」郭璞《注》：「即鵹黃也。」《爾雅‧釋鳥》：「鵹黃，楚雀。」郭璞《注》：「即倉庚也。」段校《說文》：「離，離黃，倉庚也。鳴則蠶生。」「鸝，鸝黃也。一曰楚雀也。」陸璣《毛詩草木疏》：「黃鳥，黃鸝留也。或謂之黃栗留。幽州人謂之黃鶯。一名倉庚，一名商庚，一名鵹黃，一名楚雀。」《玉篇‧鳥部》：「鶹，鶹鷅，鳥。又名鵹鶹。」《玉篇‧隹部》：「離，亦作鸝，倉庚也。」《廣韻‧支韻》：「鸝，鸝黃。」明李登《重刊詳校篇海‧鳥部》：「鷅，鶹鷅，黃鸝。」「鸝，又同鸝。」「鸝，音離，黃鸝，倉庚也。鳴則蠶生。一名楚雀，一名黃鶯。或作離、鵹。」流與留、鶹通假。流、留、鶹皆來母幽部字。離，通鵹、鸝。離，來母歌部；鵹，來母質部；鸝，來母支部。歌、質旁對轉，與支部旁通轉。鵹、鸝為後起字。《爾雅‧釋鳥》：「鳥少美長醜為鶹鷅。」郭璞《注》：「鶹鷅猶留離，《詩》

所謂『留離之子。』」陸璣《毛詩草木疏》：「流離，梟也。」「鶹鷅」釋為梟，
誤。鶹鷅因其鳴叫聲而得名。黃鸝的叫聲宛轉，聽之若「啊離由」。「啊」是前
綴，「離」是主音，「由」是音尾，合音為「留」。由、留同在幽部。「倉庚」即
蒼黃、青黃。黃鸝以其羽毛的青黃顏色而得名「倉庚」。倉庚，又稱「離黃」
「驪黃」「鴛黃」。《豳風·七月》：「春日載陽，有鳴倉庚。」《毛傳》：「倉庚，
離黃也。」《禮記·月令》：「仲春之月：始雨水，桃始華，倉庚鳴。」鄭玄《注》：
「倉庚，驪黃也。」聞一多《詩經通義·乙》：「倉庚者，疑倉即蒼字。蒼鸝義
近，庚黃音近。倉庚即鸝黃也。」「流離」又有色彩流動之義。揚雄《甘泉賦》：
「曳紅採之流離兮，颺翠氣之宛延。」黃鸝羽毛色彩鮮豔，鳴叫聲優美動聽，
飛行時一團流彩，一串悅音。故「流離」具有色彩和聲響流動之義。流離，又
音轉為「陸離」。陸，來母覺部。幽、覺對轉。《離騷》：「鸞皇為余先戒兮，雷
師告余以未具。吾令鳳鳥飛騰兮，繼之以日夜。飄風屯其相離兮，帥雲霓而來
御。紛總總其離合兮，斑陸離其上下。」斑陸離，謂鸞、鳳的羽毛斑斕，色彩
紛呈。《楚辭·招魂》：「長髮曼鬋，豔陸離些！二八齊容，起鄭舞些！」楚國
的女樂面部有彩色化妝並身著色彩斑斕的服飾，故稱其「豔陸離」。《離騷》：
「高余冠之岌岌兮，長余佩之陸離。」冠，楚冠，即《左傳》《國語》中所言
之「南冠」。佩，即玉佩。玉佩由不同色彩的玉組合而成，故言「陸離」。「流
離」「陸離」作為色彩斑斕的形容詞，皆源於黃鸝羽毛的色彩。流，又通琉、
瑠。琉、瑠，來母幽部。《說文》：「瑠，石之有光者。璧瑠也。」《段注》：「璧
瑠，即璧流離也。《地理志》曰：『入海市明珠、璧流離。』《西域傳》曰：『罽
賓國出璧流離。』『璧流離』三字為名，胡語也。……今人省言之曰『流離』，
改其字為『瑠璃』。古人省言之曰『璧瑠』。瑠與流、瑠音同。楊（揚）雄《羽
獵賦》：『椎夜光之流離。』是古亦省作『流離』也。」今按，「璧流離」非音
譯，「流離」非胡語，是漢人語。漢朝人著文也使用「流離」「琉璃」「陸離」
這些詞彙。《淮南子·本經訓》：「五彩爭勝，流曼陸離。」《古詩為焦仲卿妻作》：
「移我琉璃榻，出置前窗下。」之，語助詞。子，男子。「流離之子」即身上
的飾品琳琅滿目的男子。這句歌詞讚美前往旄丘參加婚戀集會的貴族男子腰
間的飾品色彩斑斕，走起路來玉佩金飾響聲悅耳。《衛風·芄蘭》「容兮遂兮，
垂帶悸兮」，也是誇讚男子腰間佩飾的詩句。

〔14〕褎如充耳：即「充耳褎如」，充耳上還綴著美麗的琇石。充耳，掛在冠冕兩邊
　　　下垂到耳旁的飾物。下垂的絲線上面綴有彩色絲綿球和玉瑱，可以在休息時塞

耳，故謂之「充耳」。清王夫之《詩經稗疏・小雅》：「充耳者，瑱也。冕之飾
也。」襃如，即琇然、琇焉、琇也。襃，俗字作「袖」，本義為衣服的袖子。
《唐風・羔裘》：「羔裘豹襃。」《毛傳》：「襃，猶袪也。」襃通琇。襃，邪母
幽部；琇，心母幽部。邪、心旁紐。琇，又作「璓」，似玉的美石。《說文》：
「璓，石之次玉者。」《小雅・都人士》：「彼都人士，充耳琇實。」《衞風・淇
奧》：「有匪君子，充耳琇瑩。」《毛傳》：「充耳謂之瑱；琇瑩，美石也。天子
玉瑱，諸侯以石。」如，通然、也。如，日母魚部；然，日母元部；也，喻母
歌部。日、喻旁紐，魚、元、歌通轉。王引之《經傳釋詞》卷七：「如，猶然
也。《論語・鄉黨》『恂恂如』『踧踖如』『勃如』『躩如』之屬是也。……如、
然語之轉。」《易・屯卦》爻辭：「泣血漣如。」漣如，即漣然，漣也。此句歌
詞讚美「叔」「伯」的充耳很好看。這是借贊物來讚美其人。

【詩旨說解】

《旄丘》是女子的求偶情歌歌詞。

第一章是女子對「叔」「伯」到達旄丘婚戀集會現場來得太慢的報怨之辭。
此章表達了女子求偶急不可待的心情。

第二章是女子對「叔」「伯」參加旄丘婚戀集會行動慢的包涵、原諒之辭。
此章表達了女子寬宏的婚戀態度。

第三章是女子對「叔」「伯」不隨眾人到衛國東境濮上，而選擇到旄丘這
個小地方來參加婚戀活動的誇讚之辭。此章進一步表達了女子的求偶熱情。

第四章是女子對「叔」「伯」身上佩飾的讚美。此章表達了女子對貴族男
子的愛慕之情。

綜之，這篇歌詞既表達了女子的求偶熱情，又體現了她的求偶智慧。在
婚戀集會場合，女子求偶總是先將她所選中的對象誇讚或者調侃一番，以引
起男方對她的關注。在《詩經》的情歌類詩篇中，《衞風・淇奧》是誇讚類情
歌的典型篇目，《曹風・候人》則是調侃類情歌的典型篇目。《旄丘》以誇讚婚
戀對象為主，兼有調侃的意味。

關於此歌詞的主旨，另有一些說法。《毛詩》序：「《旄丘》，責衞伯也。狄
人迫逐黎侯，黎侯寓于衞。衞不能修方伯連率之職，黎之臣子以責於衞也。」
朱熹《集傳》：「舊說黎之臣子自言久寓於衞，時物變矣，故登旄丘之上，見其
葛長大而節疏寬，因託以起興曰：『旄丘之葛，何其節之闊也。衞之諸臣，何
其多日而不見救也？』此詩本責衞君，而但斥其臣，可見其優柔而不迫矣。」

方玉潤《詩經原始》也說：「《旄丘》，黎臣勸君勿望救於衛也。」《毛詩》序的作者、朱熹、方玉潤均以為《旄丘》的內容與衛國、黎國君臣有關係，不知其有何根據。

簡兮

簡兮簡兮〔1〕，方將《萬》舞〔2〕。
日之方中〔3〕，在前上處〔4〕。

碩人俁俁〔5〕，公庭《萬》舞〔6〕。
有力如虎〔7〕，執轡如組〔8〕。

左手執籥〔9〕，右手秉翟〔10〕。
赫如渥赭〔11〕，公言錫爵〔12〕。

山有榛〔13〕，隰有苓〔14〕。
云誰之思〔15〕？西方美人〔16〕。
彼美人兮，西方之人兮！

【注釋】

〔1〕簡兮簡兮：鼓聲「簡簡」地響起來了。簡簡，象聲詞，擊打鼓的聲音。《商頌·那》：「猗與那與，置我鞉鼓。奏鼓簡簡，衎我烈祖。」

〔2〕方將《萬》舞：《萬》舞即將開始表演了。方將，即將，將要。方通將。方，幫母陽部；將，精母陽部。幫、精通轉。馬瑞辰《通釋》：「『方』『將』二字連文，『方』猶云『將』也。」裴學海《古書虛字集釋》卷八：「將，幾然尚未然之辭也。……《淮南子·道應》：『襄子方將食而有憂色。』『方將』是複語。《呂氏春秋·慎大》《列子·說符》『方將食』並作『方食』。《大雅·板》：「天之方難。」《孔疏》：「方者，未至之辭。」將，就要。指未然將然的狀態。《檜風·匪風》：「誰將西歸？」《論語·述而》：「不知老之將至。」《孟子·告子下》：「天將降大任於是人也。」一說，「方」為四方之義。《毛傳》：「方，四方也。」此說誤。《萬》舞，古代的一種舞蹈，《毛傳》：「以干羽為《萬》舞，用之宗廟山川。」《魯頌·閟宮》：「《萬》舞洋洋，孝孫有慶。」萬，甲骨文象蠍子之形。《說文》：「萬，蟲也。从厹，象形。」郭沫若《釋五、十》：「萬與蠆古本一字，乃假蠍之象形文為之。」蜂亦名「萬」。宋陸佃《埤雅·釋蟲》「蜂」字下：「《爾雅》曰：『蜂醜螱。』螱，垂腴也，一名萬，其字象

形。蓋蜂類眾多，動以萬計，故借為萬億之萬。」《萬》舞是中原先民祭祀生育之神高禖，祈求生命繁衍的舞蹈。以「萬」作為祭祀舞蹈的命名，取生命繁衍生生不息之義。傳說夏代就有《萬》舞。《墨子‧非樂》引古史書《武觀》：「啟乃淫溢康樂，野于飲食，將將金石，莧（筦）磬以力，湛湎于酒，渝食于野，《萬》舞翼翼。」《夏小正》：「二月，丁亥《萬》用入學。」夏代以樂舞教學子，丁亥日，在學宮演習《萬》舞。甲骨文「萬」字，指《萬》舞或出演《萬》舞的樂工。殷商人祀成湯用《萬》舞。春秋宋國仍之。《商頌‧那》：「於赫湯孫，穆穆厥聲。庸鼓有斁，《萬》舞有奕。」原始的《萬》舞又滋衍出文舞和武舞二種。文舞和武舞所使用的道具不同，文舞用羽、旄、籥，武舞用干、戚。《禮記‧樂記》：「鐘鼓管磬，羽籥干戚，樂之器也。」陳奐《傳疏》：「干舞有干與戚，羽舞有羽與旄。曰干曰羽者，舉一器以立言也。干舞，武舞；羽舞，文舞。曰《萬》者又兼二舞以為名也。」《萬》舞在實用上有等級差別。周朝根據貴族等級來確定《萬》舞演員隊伍人數的多寡。《左傳‧隱公五年》：「九月，考仲子之宮，將《萬》焉。公問羽數於眾仲。對曰：『天子用八，諸侯用六，大夫四，士二。』公從之。於是初獻六羽，始用六佾也。」文舞用羽，舞者一人執一羽，參舞的人數不同，故羽數也不同。魯隱公祭祀魯惠公夫人仲子，打算用《萬》舞文舞之樂。由於魯樂衰微，魯隱公不瞭解周朝《萬》舞的規定，於是就向大夫眾仲問《萬》舞的「羽數」。《春秋‧宣公八年》：「辛巳，有事于大廟，仲遂卒於垂。壬午，猶繹。《萬》入去籥。」仲遂（東門襄仲）是魯莊公之子。他去世時魯國正在太廟舉行大祭，第二天又做繹祭。因為仲遂的死去，繹祭時用《萬》舞的文舞，去掉了其中的執籥舞一節。春秋以降，《萬》舞逐漸被濫用了。《左傳‧莊公二十八年》：「楚令尹子元欲蠱文夫人，為館於其宮側，而振《萬》焉。夫人聞之，泣曰：『先君以是舞也，習戎備也。今令尹不尋諸仇讎，而於未亡人之側，不亦異乎！』」楚國通常以演《萬》舞的武舞來練兵，楚國的令尹子元將《萬》舞的武舞用之於娛樂活動。

〔3〕日之方中：太陽的位置接近正午時分。日，太陽。方中，太陽運剛好行至南天穹中段的位置。中，南天中段的位置。《毛傳》：「教國子弟，以日中為期。」日中，大概是從辰時饔餐後到申時飧餐前的一段時間，是國子就學上課的時間。樂教是衛國教育國子的內容之一，對樂府樂工的教學也在中午時段進行。

〔4〕在前上處：領舞者處在舞蹈隊伍前列領頭的位置。前，前列。上處，隊列的前頭位置。《鄭箋》：「『在前上處』者，在前列上頭也。」「碩人」是《萬》舞表演的教舞和領舞者。

〔5〕碩人俣俣：他是一個身體高大健壯的人。碩，本義為大頭。引申為高大、結實之義。《說文》：「碩，頭大也。从頁，石聲。」《段注》：「引申為凡大之稱。《釋詁》《毛傳》皆曰：『碩，大也。』」碩通石、實。碩、石皆禪母鐸部；實，神母質部。禪、神旁紐，鐸、質旁通轉。石，石頭。「碩」作形容詞謂如石頭一樣堅固，堅實。實，充實。《重刊詳校篇海·頁部》：「碩，石大也。《說文》：『頭大也。』又，充實也。」朱駿聲《說文通訓定聲·豫部》：「碩，假借為石。」《左傳·桓公六年》：「故奉牲以告曰『博碩肥腯』。」俣俣，身材高大的樣子。《毛傳》：「俣俣，容貌大也。」《說文》：「俣，大也。从人，吳聲。《詩》曰：『碩人俣俣。』」周代以人體壯碩豐腴為美。《衞風·碩人》：「碩人其頎。」《唐風·椒聊》：「彼其之子，碩大無朋。」《陳風·澤陂》：「有美一人，碩大且卷。」

〔6〕公庭《萬》舞：他帶領著一班樂工在國君的朝堂前表演《萬》舞。公庭，指衞國國君朝堂前的空地。公，諸侯國國君。庭，本義為宮室內的空地。《說文》：「庭，宮中也。」《段注》：「宮者，室也，室之中曰庭。」庭通廷。庭、廷皆定母耕部字。《爾雅·釋宮》：「中庭之左右謂之位。」邵晉涵《正義》：「庭，通作廷。」《玉篇·廣部》：「庭，堂堦前也。」堦，同階。金鶚《求古錄禮說·朝位考》：「庭者，堂下之地。」《論語·八佾》：「八佾舞於庭。」劉寶楠《論語正義》：「《白虎通·禮樂篇》：『歌者在堂上，舞者在堂下何？歌者象德，舞者象功，君子上德而下功。』案：『堂下』即庭。王逸《楚辭·思古》注『堂下謂之庭』是也。」按，「庭」與「廷」字義有別，堂中的空地謂之「庭」，堂階前的空地謂之「廷」。庭，從廣，廷聲兼有人停立之義。朱駿聲《說文通訓定聲·鼎部》：「庭，宮中也。从廣，廷聲。今俗謂之廳。」廷，人站立之處。《說文》：「廷，朝中也。」《段注》：「朝中者，中於朝也。古外朝、治朝、燕朝，皆不屋。在廷，故雨沾服失容則廢。」《釋名·釋宮室》：「廷，停也。人所停集之處也。」《唐風·山有樞》：「子有廷內，弗洒弗埽。」這次《萬》舞表演是在衞國國君的朝堂前進行的。東周王城的籥師前來衞國國都做舞蹈教習，帶領衞國的樂工們在公庭前習舞，衞國的男、女樂工唱樂歌為其助興。

〔7〕有力如虎：他的舞蹈動作虎虎生風。有力，有膂力。《鄭風·羔裘》：「孔武有力。」如虎，似虎，像老虎發力時那樣威猛迅速。這是說東周籥師在舞蹈時發力迅猛。

〔8〕執轡如組：他表演駕車操縱馬韁的動作時，手像編織組帶一樣。執轡，操縱馬韁繩。轡，馬韁繩。如組，像在編織組帶。組，本義為用線縷交叉編織的帶子。《說文》：「組，綬屬也。其小者以為冠纓。」《段注》：「『綬屬也』，屬當作織。」此歌詞的「組」字用作動詞，編織之義。《毛傳》：「組，織組也。」《鄭風·大叔于田》：「執轡如組，兩驂如舞。」《鄭箋》：「如組者，如織組之為也。」《小雅·車舝》：「四牡騑騑，六轡如琴。」如琴，像琴上的絲絃一樣。「碩人」表演《萬》舞的武舞時動作優美，有韻味。

〔9〕左手執籥：他左手拿著一支籥。籥，古體作「龠」，古代的編管樂器。郭沫若《甲骨文字研究·釋言和》說「龠」字：「實乃從亼象形。象形者，象編管之形也。」一說，籥有三個吹口。籥，《韓詩》作「龠」。《韓說》：「龠之所管，三孔，以和眾聲也。」《爾雅·釋樂》：「大籥謂之產（笙），其中謂之仲，小者謂之箹。」郭璞《注》：「籥如笛，三孔而短小。」《說文》：「龠，樂之竹管，三孔，以和眾聲也。」《孟子·梁惠王下》「管籥之音」趙岐《注》：「籥，簫。或曰籥若笛，短而有三孔。」《禮記·少儀》「籥」字下鄭玄《注》：「籥如笛，三孔。」一說，籥有六個吹口。《毛傳》：「籥，六孔。」舞者表演《萬》舞的文舞，左手執籥。籥亦是領舞者指揮樂人跳舞的器具。《魯說》曰：「左手執籥，以節眾也。」蓋領舞者左手執籥，用口吹籥發出音樂，以為舞蹈的節拍。

〔10〕右手秉翟：他右手拿著一個以翟羽作裝飾的舞蹈道具。秉，用手拿著。《韓說》：「秉，執也。」《爾雅·釋詁》：「秉，執也。」《鄭風·溱洧》：「士與女，方秉蕳兮。」《商頌·長發》：「武王載旆，有虔秉鉞。」翟，本義為長尾山雞。《爾雅·釋鳥》：「鸐，山雉。」鸐，「翟」字的俗體。《說文》：「翟，山雉尾長者。」此歌詞的「翟」指山雞的尾毛。它是《萬》舞文舞的一種道具。《毛傳》：「翟，翟羽也。」《魯說》：「翟羽可持而舞。」一說，《萬》舞用大雁的翎作道具。《齊說》：「樂，《萬》舞以鴻羽，取其勁輕，一舉千里。」一說，《萬》舞用不產於中原的一種大鳥的羽毛作道具。《韓說》：「以夷狄大鳥羽。」《萬》舞用羽，源自巫舞，有飛昇通天之義。凡長羽皆可用之。

〔11〕赫如渥赭：他跳舞跳得面色紅潤，像塗了一層赭土色顏料一樣。赫，深紅色。《毛傳》：「赫，赤貌。」段校《說文》：「赫，大赤貌。」如，像。渥赭，重塗

赭顏料。渥，厚重地塗潤。《毛傳》：「渥，厚漬也。」《鄭箋》：「碩人容色赫然，如厚傅丹。」《秦風‧終南》：「顏如渥丹。」赭，赤鐵礦土一類的顏料。丹，丹砂，亦稱「朱砂」，汞的硫化物。丹與赭色顏料不同，顏色有一定的差異。但用赭、丹形容人的面色紅潤，則不必細論。面色紅潤是男子健康和美貌的表徵。在衛國公廷上領舞的周王城男性舞蹈家跳舞跳得面色紅潤。

〔12〕公言錫爵：衛君賜給他一爵酒喝。公，衛國國君。言，通焉，於是。清王念孫《讀書雜志‧史記第一‧秦始皇本紀》：「古或謂『於是』為『焉』。故僖十五年《左傳》：『晉於是乎作爰田。』『晉於是乎作州兵。』《晉語》作：『焉作轅田。』『焉作州兵。』」王引之《經傳釋詞》卷二、吳昌瑩《經詞衍釋》卷二皆曰：「焉，猶『於是』也。」錫爵，賜一爵酒。錫，通賜。錫、賜皆心母錫部字。《小雅‧菁菁者莪》：「錫我百朋。」《大雅‧韓奕》：「王錫韓侯，淑旂綏章，簟茀錯衡。」爵，古代的飲酒器具。《說文》：「爵，禮器也。象爵之形，中有鬯酒。又，持之也，所以飲。」東周王城的舞蹈家領舞結束後，衛君要賜予他一爵酒，表示犒賞。《鄭箋》：「君徒贈其一爵而已。」

〔13〕山有榛：山上生長著高大茂密的榛樹。山，指山上。榛，落葉喬木。其果似栗，可食。《毛傳》：「榛，木名。」《左傳‧莊公二十四年》：「女贄不過榛、栗、棗、脩。」

〔14〕隰有苓：山下低地生長著苓草。隰，本義為低窪地。《毛傳》：「下濕曰隰。」《說文》：「隰，阪下溼也。」溼，水浸溼洳的土地。「隰」與上句「山」對文，指山下平地。苓，一名「卷耳」，一種野菜。《爾雅‧釋草》：「菤耳，苓耳。」《說文》：「苓，卷耳也。」參見《周南‧卷耳》注〔1〕。一說，「苓」是大苦，即甘草。或說是地黃。《毛傳》：「苓，大苦。」毛氏以「苓」通「蘦」。《爾雅‧釋草》：「蘦，大苦也。」郭璞《注》：「今甘草也。……或云蘦似地黃。」郝懿行《義疏》：「孫炎云：『「似地黃」者，地黃名苄。』苄、苦古字通。……然則大苦即大苄也。」《說文》「苦」字下《段注》引沈括《筆談》說，蘦乃黃藥也。苓非蘦。以中草藥甘草、地黃、黃藥釋「苓」，皆誤。卷耳菜是女子經常採擇的野菜。上古青年男女常以採集野菜為名行野外婚戀之實。「山有……隰有……」是古代男女對唱山歌時常用的語言。男子在山上，女子在山下，他們各以身邊所見之物起興唱情歌，有問有答，相互溝通。這樣的山歌句式，後世演變為一人獨唱情歌的起興語。《鄭風‧山有扶蘇》：「山有扶蘇，隰有荷華。」

《唐風・山有樞》：「山有樞，隰有榆。」《秦風・晨風》：「山有苞櫟，隰有六駮。」此歌詞以榛樹喻男性，以苓草喻女性。

〔15〕云誰之思：我在思慕誰？云，通曰，語助詞。誰之思，即思誰。

〔16〕西方美人：我所思念的是來自東周王城的這個美男子。西方，指東周王城。因其在衛國之西，故曰「西方」。美人，相貌佳好之人。美，甲骨文字象人頭戴飾物的樣子。或本指舞蹈者頭上有好看的飾物，形象悅目。又指樣子美好之物。引申為好看、美好之義。徐中舒《甲骨文字典》：「美，象人首上加羽毛或羊首等飾物之形，古人以此為美。」《鄘風・桑中》：「美孟姜矣。」《衛風・碩人》：「巧笑倩兮，美目盼兮。」《邶風・靜女》：「自牧歸荑，洵美且異！」《鄭風・叔于田》：「洵美且仁！」《鄭風・有女同車》：「彼美孟姜。」《鄭風・野有蔓草》：「有美一人，清揚婉兮！」《齊風・盧令》：「其人美且仁！」《陳風・東門之池》：「彼美淑姬。」先秦文獻又以「媺」字表示人美和物美。《周禮・地官・大司徒》：「一曰媺宮室。」《集韻・旨韻》：「媺，善也。通作美。」媺，從女，　聲，字又作「媄」。《說文》：「媄，色好也。」《段注》：「凡美惡字可作此。《周禮》作媺，蓋其古文。」《廣韻・旨韻》引《字樣》：「媄，顏色姝好也。」桂馥《義證》：「媄，通用美字。」清錢大昕《十駕齋養新錄》卷二「媺」字下：「『師氏：掌以媺詔王。』媺，古『美』字。」《楚辭・九歌・少司命》：「望媺人兮未徠。」朱熹《楚辭集注》：「媺，一作美。」此「美人」，指那個從東周王城來到衛國教習《萬》舞的男性舞蹈家。

【詩旨說解】

《簡兮》是樂舞歌詞。一個東周王城的男性舞蹈家，接受衛國大樂師的邀請，來到衛國教習古典舞蹈。在衛國的公廷，日中之時，他排在舞蹈隊列的前頭，帶領衛國的樂工們演出《萬》舞。他的體態豐碩，衛國人稱其為「碩人」。他出演賣力，舞藝高超，贏得了衛君的讚賞。衛國的樂工們唱歌為他助興，使得整個演出場面氣氛活躍。

《周禮・春官・籥師》說：「籥師掌教國子舞羽、吹籥。祭祀，則鼓羽籥之舞；賓客、饗食，則亦如之。」《簡兮》歌詞中出現的這位來自周王城的男性舞蹈家，大概就是《周禮》中所說的「籥師」。他的舞技嫻熟，演出富有熱情，是一流的舞蹈家。

《簡兮》是衛國人專門為這個東周王城的舞蹈家來衛國演出《萬》舞而創作的樂歌歌詞。此歌詞前三章是衛國的男樂工所唱的歌曲。在演出《萬》

舞之前，衛國的男樂們工先唱三段歌曲讚美這個王城舞蹈家，鼓勵他賣力地演出；第四章是衛國女樂工們用唱情歌的方式獻歌給這個王城舞蹈家的一段讚美性歌曲。衛國人為了激勵東周王城舞蹈家盡心盡力地表演，還動用了女樂為其助興。這也透露了衛國宮廷的別種風情。

這篇歌詞反映了一個東周王城舞蹈家到衛國宮廷裏教習《萬》舞的文化事件。它說明周王朝與各諸侯國之間存在著一定的文化傳播關係。東周王城舞蹈家在衛國表演並教習正宗規範的古典舞蹈，讓衛國樂人受益匪淺。

《毛詩》序：「《簡兮》，刺衛不用賢也。」鄭樵《詩辨妄》駁之說：「《簡兮》實美君子能射御歌舞，何得為刺詩？」

泉水

泯彼泉水〔1〕，亦流于淇〔2〕。
有懷于衛〔3〕，靡日不思〔4〕。
孌彼諸姬〔5〕，聊與之謀〔6〕。

出宿于沛〔7〕，飲餞于禰〔8〕。
女子有行〔9〕，遠父母兄弟〔10〕，
問我諸姑〔11〕，遂及伯姊〔12〕。

出宿于干〔13〕，飲餞于言〔14〕。
載脂載舝〔15〕，還車言邁〔16〕。
遄臻于衛〔17〕，不瑕有害〔18〕。

我思肥泉〔19〕，茲之永歎〔20〕。
思須與漕〔21〕，我心悠悠〔22〕。
駕言出遊〔23〕，以寫我憂〔24〕。

【注釋】

〔1〕泯彼泉水：多股泉水湧流而出。泯，本義為謹慎。《說文》：「泯，慎也。」泯通泌。泯、泌皆幫母質部字。泌，一個泉源分為多股流出。《毛傳》：「泉水始出，泯然流也。」《說文》：「泌，俠流也。」《段注》：「《邶風》：『泯彼泉水。』毛曰：『泉水始出，泯然流也。』泯即泌之假借字。」俠通夾。俠，匣母盍部；夾，見母盍部。匣、見旁紐。夾，指多股水流層層相夾。泌又通柲。柲，幫母質部字。柲，弓弧裏邊起輔弼作用的竹條或木條。《儀禮·既夕禮》「有柲」鄭

玄《注》:「柲,弓檠。弛則縛之於弓裏,備損傷,以竹為之。《詩》云:『竹柲
緄縢。』古文柲作枈。」泉水流出的分支就像弓弧與弓柲的關係一樣,有外內
之分。彼,那個。泉水,即下文的「肥泉」。此泉在衛都朝歌之西數里,泉水
分多支向東南流入折脛河,匯入淇水。今淇縣朝歌鎮西有泉頭村。在春秋時
期,肥泉是一個名泉。

〔2〕亦流于淇:最終都流入淇河裏。淇,古水名,黃河支流,發源於棋子山、雙龍
山及百穀山(在今山西省陵川縣、壺關縣)一帶,流經衛國。《毛傳》:「淇,
水名也。」歌者以肥泉紛流而出最後皆流入淇河,來比喻她思念衛國的思緒紛
亂。

〔3〕有懷于衛:心中裝著衛國的親族。懷,心中裝著。衛,衛國。此實指歌者的衛
國親族。

〔4〕靡日不思:沒有一天不想念。靡,通沒,沒有。《鄭箋》:「靡,無也。」日,
一天。

〔5〕孌彼諸姬:這裡有我本族同姓的各位姑姑和姊妹。孌,姣好的樣子。《毛傳》:
「孌,好貌。」《廣雅·釋詁》:「孌,好也。」《廣韻·獮韻》:「孌,美好。」
諸姬,衛國姬姓貴族之女。《毛傳》:「諸姬,同姓之女。」歌者的所嫁國是衛
國的世代姻親國。

〔6〕聊與之謀:我且與她們一起謀劃商量。聊,且。《鄭箋》:「聊,且,略之辭。」
聊,本義為耳鳴。《說文》:「聊,耳鳴也。」聊通憀。聊、憀皆來母幽部字。
憀,暫且。《說文》「憀」字《段注》:「《類篇》曰:『力求切。賴也;且也。』
按『聊』者,『憀』之假借字。」《玉篇·心部》:「憀,且也。」《鄭風·出其
東門》:「聊樂我員。」《鄭箋》:「故言且留樂我員。」《檜風·素冠》:「聊與子
同歸兮。」《鄭箋》:「聊,猶且也。」《楚辭·離騷》:「聊逍遙以相羊。」王逸
《注》:「聊,且也。」與之謀,與諸姬一起商議。謀,本義為深思、策劃。《說
文》:「謀,慮難曰謀。」

〔7〕出宿于泲:我出嫁的時候,途中第一天是在泲地停宿的。出,出來。指衛國的
婚嫁隊伍從衛國國都出發。宿,甲骨文字象人躺在屋下席子上睡眠之形,本義
為睡覺休息。《說文》:「宿,止也。」《玉篇·宀部》:「宿,夜止也。」婚嫁隊
伍曉行夜宿。泲,「濟」字的古文,濟水旁邊的一個渡口名,濟水改道後為地
名。《毛傳》:「泲,地名。」泲,《魯詩》作「濟」。《列女傳·母儀傳·魯之母

師》《儀禮・士虞禮》鄭玄《注》引《詩》皆作「濟」。《玉篇・水部》:「泲，水名。今作濟。」《說文》:「泲，沇也。東入於海。」沇水，濟水的古名稱。參見《匏有苦葉》注〔2〕。從衛都朝歌城往東至濟地，約有一百里路程。一說，「泲」「禰」是衛女所嫁國的地名。《鄭箋》:「泲、禰者，所嫁國適衛之道所經。」此說誤。明姚舜牧及清胡承珙、馬瑞辰已有辨說。

〔8〕飲餞于禰:第二天又在禰地喝了餞行酒。飲餞，設酒食送行。《魯說》:「送行飲酒曰餞。」《毛傳》:「祖而舍軷，飲酒於其側曰餞，重始有事於道也。」《說文》:「餞，送去也。」送去，即送人離開。周代貴族出行有祖道送別之禮，出行別國時告別先祖祭祀路神，祈求行途平安。祭祀之後在路側設宴飲酒送別。《大雅・韓奕》:「韓侯出祖，出宿于屠。顯父餞之，清酒百壺。其殽維何，炰鱉鮮魚。其蔌維何，維筍及蒲。」禰，衛國地名，在禰溝西岸，西北距離朝歌約二百里。衛國的送行大夫第二日在此地餞別衛國的出嫁女，有祖道之祭，並餞行。《毛傳》:「禰，地名。」禰，《韓詩》作「坭」。《儀禮・士虞禮》鄭玄《注》引《詩》作「泥」。坭、泥、禰皆泥母脂部字，通假。禰，又為水名，即大禰溝。《太平寰宇記》「曹州冤句縣」下:「大禰溝，一名冤水，《詩》曰:『出宿于泲，飲餞于禰。』即此也。」清顧祖禹《讀史方輿記要》「曹州」下:「大禰溝，在州西。《志》云:《詩・衛風》『出宿于泲，飲餞于禰』，謂此水也。一名冤水，漢冤句縣以此名。今湮。」

〔9〕女子有行:我要出嫁去別國了。女子，歌者自稱。有行，指出嫁到別國。

〔10〕遠父母兄弟:遠遠地離開了我的父母兄弟。遠，動詞，遠離。《邶風・蝃蝀》:「女子有行，遠父母兄弟。」《衛風・竹竿》:「女子有行，遠兄弟父母。」

〔11〕問我諸姑:到達所嫁國之後，就向我的諸位姑母們逐一問候。問，問候。諸姑，諸位姑母。《毛傳》:「父之姊妹稱姑。」《爾雅・釋親》:「父之姊妹為姑。」本族內與父親同輩份的女子皆稱為「姑」。「諸姬」中包括「諸姑」。

〔12〕遂及伯姊:而後按長幼順序，問候我的諸位姐姐。遂，通順。遂，邪母物部;順，神母文部。邪、神鄰紐，物、文對轉。順，順序，依次。引申為遍及。吳任臣《字彙補・酉集・辵部》:「遂，順也。」《商頌・長發》:「率履不越，遂視既發。」《鄭箋》:「遂猶遍也。」及，至，到。姊，姐。《毛傳》:「先生曰姊。」《韓說》:「女兄曰姊。」《爾雅・釋親》:「男子謂女子先生為姊，後生為妹。」「諸姬」中亦包括「伯姊」。「出宿于泲」至「遂及伯姊」是衛女回憶她出嫁時

的情形。她很懂禮節，離開了父母兄弟身居異國，有大事時總要先向同在所嫁
國的姑姑、姐姐們討教。《鄭箋》：「稱姑後姊，尊姑也。」

〔13〕出宿于干：我這次返回衛國，途中第一天在干地駐宿。干，地名。此地在衛女
　　　所嫁國都城的遠郊。《毛傳》：「干、言，所適國郊也。」衛女歸衛，出所嫁國
　　　都城，途中第一日夜宿于干地。干地距離衛女所嫁國的都城有一日之程。

〔14〕飲餞于言：第二天又在言地飲酒餞別。言，地名。言地距離衛女所嫁國都城有
　　　二日之程。一說，干、言在河北省。干言山，又稱「干言崗」，在今河北省隆
　　　堯縣城西十餘里。此歌詞的「干」「言」為二地名，兩地相距約百里。以河北
　　　干言山釋「干」「言」，大誤。衛女以「出遊」的方式歸國，「諸姑」「伯姊」為
　　　她送行，在言地為她餞別。

〔15〕載脂載舝：快快地用油脂塗潤好車軸。載，通是，表示正在連續進行的某種動
　　　作行為。參見《周南·葛覃》注〔8〕。脂，動詞，用油脂塗車軸。舝，俗字作
　　　「轄」，車軸頭上的金屬鍵條。此歌詞中「舝」用為動詞，表示卸、裝車舝。
　　　卸掉車舝給車軸加上油脂，然後再安裝好它，為車輛長途行駛做好準備。《毛
　　　傳》：「脂、舝其車，以還我行也。」還，蓋「遠」字之誤。

〔16〕還車言邁：回國探親的車輛就要啟程遠行。還車，即回車。出嫁時所乘，回國
　　　探親又乘坐此車返回。《鄭箋》：「言『還車』者，嫁時乘來，今思乘以歸。」
　　　言，通焉、也，語助詞。言，疑母元部；焉，影母元部；也，喻母歌部。疑、
　　　影鄰紐，與喻母通轉；元、歌對轉。邁，本義為遠行。《爾雅·釋言》：「邁，
　　　行也。」《說文》：「邁，遠行也。」《王風·黍離》：「行邁靡靡。」《小雅·小
　　　宛》：「我日斯邁，而月斯征。」

〔17〕遄臻于衛：我希望快快地抵達衛國。遄，疾，速。《毛傳》：「遄，疾。」《爾雅·
　　　釋詁》：「遄，疾也。」「遄，速也。」臻，到。《毛傳》：「臻，至。」《爾雅·
　　　釋詁》《說文》同上。

〔18〕不瑕有害：但願一路上不要發生不順利的情況。不瑕，即不暇，沒有時間。瑕
　　　通暇。瑕、暇皆匣母魚部字。暇，空閒時間。《說文》：「暇，閒也。」有害，
　　　有不利的情況。害，與利相反，即不利。《字彙·寅集·宀部》：「害，妨也、
　　　禍也，不利也。」《周禮·夏官·職方氏》：「周知其利害。」《韓非子·六反》：
　　　「害者，利之反也。」《淮南子·脩務訓》：「時多疾病毒傷之害。」高誘《注》：
　　　「害，患也。」此歌詞的「害」指不順利、坎坷、災禍等情況。「不瑕有害」

即「不會有害」「不應有害」。《邶風‧二子乘舟》：「二子乘舟，汎汎其逝。願言思子，不瑕有害。」《大雅‧抑》：「視爾友君子，輯柔爾顏，不遐有愆。」「不遐有愆」是要求大夫們在待人接物方面態度友好，和顏悅色，任何時候也不出差錯。「不瑕有害」與「不遐有愆」句型相同，將二者比較一下，其意思更好理解。

〔19〕我思肥泉：我思念家鄉的肥泉水。肥泉，衛國名泉，即前文「泉水」。肥，又作「淝」。《毛傳》：「所出同，所歸異為淝泉。」《釋文》：「肥泉，字或作淝。」《釋名‧釋水》：「所出同，所歸異，曰淝泉。」「肥泉」代指東渡之前的衛國。

〔20〕茲之永歎：為此而不斷地長歎。茲，通此。茲，精母之部；此，清母支部。精、清旁紐，之、支旁轉。《鄭箋》：「茲，此也。」此，這。指丟失了的河西衛地。之，通其，語助詞。參見《旄丘》注〔2〕。永歎，長歎。永，長。

〔21〕須：「湏」字之訛，地名，在衛都朝歌附近。《毛傳》：「須、漕，衛邑也。」湏，本義為洗面。段校《說文》：「沬，灑面也。从水，未聲。𣹢，古文沬从𠈌、水从頁。」湏、沬古今字。古文獻中「沬」「妹」作地名。湏通妹。湏、妹皆明母物部字。《鄘風‧桑中》：「爰采唐矣？沬之鄉矣。」《尚書‧周書‧酒誥》：「明大命于妹邦。」參見《鄘風‧桑中》注〔2〕、《衛風》題解。漕，應作「曹」，衛國邑名。參見《擊鼓》注〔3〕。衛懿公時，衛國遭狄人入侵。狄人殺死了衛懿公，侵佔了衛國都城朝歌。在宋桓公的接應掩護下，衛人渡過黃河，暫居於河東曹邑。事見《左傳‧閔公二年》。

〔22〕悠悠：愁思不斷。悠，思。

〔23〕駕言出遊：駕起馬車如同出遊。駕，駕車。言，通焉，語助詞。出遊，外出遊玩。

〔24〕以寫我憂：指望借這次回國行動來消除我心中的憂愁！以，藉以，以此、用它。寫，通泄、洩、瀉。寫、瀉，心母魚部；泄、洩，心母月部。魚、月通轉。瀉，宣洩、瀉除。《毛傳》：「寫，除也。」《玉篇‧水部》：「瀉，傾也。」《大雅‧民勞》：「俾民憂泄。」《廣韻‧薛韻》：「泄，亦作洩。」《史記‧扁鵲倉公列傳》：「邪氣畜積而不得瀉。」憂，憂思。《衛風‧竹竿》：「駕言出遊，以寫我憂。」衛女心中掛念正處在危難之中的祖國，滿懷憂國之情。

【詩旨說解】

《泉水》是宴享樂歌歌詞。這篇歌詞敘述了一個已出嫁的衛國貴族女子回國慰問的事件。衛國遭受了狄人的侵略，國破人散，逃出來的衛國貴族殘部臨時居住在黃河東邊的曹邑，情況十分糟糕。這個已經嫁到另一個諸侯國的衛國貴族女子，在衛國遭到侵略重創之後，聞訊立即與諸姬商議，密謀策劃回國，並成功回到衛國慰問。衛國人為她舉行了一個歡迎宴會。在歡迎宴會上，衛女用邶國的曲調演唱了她親自創作的《泉水》這首樂歌。

第一章：衛女述說她出嫁後「靡日不思」衛國，與「諸姬」謀議返回衛國之事。這是事情的緣起。歌詞中用了一個「謀」字，說明她這次回國不是正常回國省親，其行動超出了常規。

第二章：衛女述說她出嫁後在夫家的表現良好。她告別了自己的母國，遠離了父母兄弟，嫁到東方的另一個諸侯國。在異國，她遇事總是先去跟嫁到同一國的姑姑和姐姐們商議，表現得有禮有節。

第三章：衛女述說她回國途中第一天晚上在干地住宿，第二天又在言地餞別。因為回國的路程遠，為防止這次遠途急速行進發生不順利的情況，在言地餞別時就做了「脂車」的準備工作。這是說她行事謹慎，計劃周密。

第四章：衛女述說她對衛國的深情大義和她回國後那種如釋重負的暢快心情。歌唱中，她的愛國之情溢於言表。

在《泉水》這篇樂歌中，衛女向衛人陳述了她實施回國探親慰問計劃的全過程。她此次回國慰問的行動，經過了精心謀劃和周密安排，實屬大義之舉。考慮到這樣做有可能影響衛國與她所嫁國的關係，所以她用這首樂歌婉轉地向她的娘家人彙報了她精心策劃並大膽實施回國探親計劃的經過，巧妙地為她的回國行動作了說明。

這篇樂歌歌詞，充分地表達了衛女的一腔愛國熱情，也彰顯了衛女膽大心細、敢作敢為的性格。衛人對她倍加讚賞，故將她創作的這篇樂歌收入衛國的樂府典藏。

《泉水》的作者究竟是誰？高亨《詩經今注》說：「這篇詩為許穆夫人所作。」高亨看到歌詞中有「思須與漕」幾個字，又知許穆夫人是一個十分愛國的人，遂將此歌詞繫於許穆夫人名下。但他的這一說法缺乏內證。據學者考證，衛女出嫁時衛人餞別衛女的「禰」地，在朝歌城東南約二百多里的古禰

溝旁邊（故地在今山東菏澤城西一帶）。由此推測，《泉水》作者的所嫁國可能是衛國東方或東南方的某國，而不是衛國之南的許國。

北門

出自北門〔1〕，憂心殷殷〔2〕。
終窶且貧〔3〕，莫知我艱〔4〕。
已焉哉〔5〕，天實為之〔6〕，謂之何哉〔7〕！

王事適我〔8〕，政事一埤益我〔9〕。
我入自外〔10〕，室人交徧讁我〔11〕。
已焉哉，天實為之，謂之何哉！

王事敦我〔12〕，政事一埤遺我〔13〕。
我入自外，室人交徧摧我〔14〕。
已焉哉，天實為之，謂之何哉！

【注釋】

〔1〕出自北門：我從北門出發了。自，從。《鄭箋》：「自，從也。」北門，方向朝北的大門。此指衛國某城邑的北郭門。《毛傳》：「北門背明鄉（向）陰。」

〔2〕憂心殷殷：帶著沉重的思緒。殷殷，「慇慇」的借字，憂心沉重的樣子。殷，通慇。殷、慇皆影母文部字。慇，憂愁多。《釋文》：「殷殷，本又作慇。」《爾雅·釋訓》：「殷殷，憂也。」《爾雅釋文》：「慇慇，本今作殷殷。」《說文》：「慇，痛也。」《段注》：「《柏舟》：『耿耿不寐，如有隱憂。』《傳》曰：『隱，痛也。』此謂隱即慇之假借。痛憂，猶重憂也。」《小雅·正月》「念我獨兮，憂心殷殷。」《大雅·桑柔》：「憂心殷殷，念我土宇。」殷殷，又作「隱隱」。《柏舟》：「耿耿不寐，如有隱憂。」《荀子·儒效》：「隱隱兮其恐人之不當也。」楊倞《注》：「隱隱，憂戚貌。」《楚辭·九歎·遠逝》：「志隱隱而鬱怫兮，愁獨哀而冤結。」王逸《注》：「隱隱，憂也。《詩》曰：『憂心殷殷。』一作隱隱。」

〔3〕終窶且貧：我的生活一直很寒酸，家中貧窮得空無一物。終，既。參見《終風》注〔1〕。窶，從穴從婁，本義為屋內物什貧乏。穴，宀之訛變，是表示房子的字符。婁，空。指家裏貧寒，無聚財。《爾雅·釋言》：「窶，貧也。」邢昺《疏》：「貧者，無財也。」《禮記·曲禮上》：「主人辭以窶。」孔穎達《疏》：「窶，其禹反，貧也。」一說，無財備禮物為「窶」。《毛傳》：「窶者，無禮也。」《倉

頡篇》：「無財備禮曰窶。」《說文》：「窶，無禮居也。」家庭禮數不能周備，乃是因為貧。貧，無財。《毛傳》：「貧者，困於財。」《孔疏》：「無財謂之貧。」《說文》：「貧，財分少也。從貝，從分。」《玉篇・貝部》：「貧，乏財也。」《廣韻・真韻》：「貧，乏也，少也。」《莊子・讓王》：「原憲居魯，環堵之室，茨以生草；蓬戶不完，桑以為樞，而甕牖二室，褐以為塞；上漏下溼，匡坐而絃歌。子貢乘大馬，中紺而表素，軒車不容巷，往見原憲。原憲華冠縱履，杖黎而應門。子貢曰：『嘻！先生何病？』原憲應之曰：『憲聞之，無財謂之貧，學而不能行謂之病。今憲貧也，非病也。』子貢逡巡而有愧色。」「窶」與「貧」詞義相當，皆指家中無財物。歌者叫苦說他的家裏空貶無財，是其祿不足以代耕。

〔4〕莫知我艱：沒有人瞭解我的艱辛。莫，通無、沒。莫，明母鐸部；無，明母魚部；沒，明母物部。魚、鐸對轉，與物部旁通轉。無、沒，沒有。此言「莫」，即「沒有人」。《鄘風・蝃蝀》：「蝃蝀在東，莫之敢指。」《小雅・湛露》：「顯允君子，莫不令德。」《小雅・黃鳥》：「此邦之人，莫可與明。」《小雅・雨無正》：「凡百君子，莫肯用訊。」《小雅・蓼莪》：「民莫不穀，我獨何害。」知，同智、痵，知道，瞭解。《說文》：「痵，識詞也。」《玉篇・矢部》：「知，識也。」艱，艱難、苦辛。《鄭箋》：「艱，難也。」《爾雅・釋詁》：「艱，難也。」《楚辭・離騷》：「長太息以掩涕兮，哀民生之多艱。」

〔5〕已焉哉：與「已矣哉」同義，即「算了吧」。已，停止。《韓詩》「已」上有「亦」字。焉哉，複合感歎詞。焉哉，同矣哉、也哉。《墨子・非樂》：「今王公大人唯毋處高臺厚榭之上而視之，鐘猶是延鼎也，弗撞擊將何樂得焉哉！」《韓非子・忠孝》：「父有賢子，君有賢臣，適足以為害耳，豈得利焉哉！」《衛風・氓》：「反是不思，亦已焉哉！」

〔6〕天實為之：這確實是上天操縱的事。天，甲骨文字象一人大頭之形，本義為人的頭頂。引申為最高處。《說文》：「天，顛也。至高無上，從一、大。」此句歌詞的「天」指天帝。實，確實。參見《綠衣》注〔13〕。為，做，操縱。之，代詞。代某事。

〔7〕謂之何哉：我能有什麼辦法呢！謂之何，即「奈之何」。謂通奈。謂，匣母物部；奈，泥母月部。匣、泥通轉，物、月旁轉。奈之何，即奈何，怎麼辦。陳奐《傳疏》：「謂之何，即如之何也。」馬瑞辰《通釋》：「按謂猶奈也。『謂之何哉』猶『奈之何哉』。」歌者哀歎自己的命運不好。

〔8〕王事適我：主政者把周王室派下來的差事扔給我。王事，周王朝派遣的差事。適，通擿。擿、擲，異體字。擿，扔給。《說文》：「投，擿也。」「擿，一曰投也。」《段注》：「凡古書用投擲字皆作擿。」

〔9〕政事一埤益我：又把一大堆本國的公務加派給我。政事，與「王事」相對，指衛國主政者所安排的事務。一埤，猶如說一壁、一堆。埤，矮牆。《廣雅·釋宮》：「埤堄、堞，女牆也。」埤堄，又作「俾倪」。張揖《埤蒼》：「俾倪，城上小垣也。」《集韻·薺韻》：「埤，埤堄，城上垣。」埤，「埤堄」急讀即為「埤」。埤同陴。《國語·晉語·鄭叔詹據鼎耳而疾號》：「文公誅觀狀以伐鄭，反其陴。」韋昭《注》：「陴，城上女垣。」《集韻·佳韻》：「陴，城上牆。」益，增加，加給。《小雅·信南山》：「上天同雲，雨雪雰雰，益之以霡霂。」

〔10〕我入自外：我出差從外面回到家裏來。入，進家。

〔11〕室人交徧讁我：家裏的人輪番地埋怨我。室人，家裏的人。交，輪流交替。徧，同遍。《釋文》：「徧，古遍字。」讁，同謫，責備，斥責。《毛傳》：「讁，責也。」《釋文》：「讁，責也。」

〔12〕王事敦我：周王室所派的事務一股腦兒擲給我。敦，投、擲。《鄭箋》：「敦，猶投擲也。」《孔疏》：「敦，鄭都回反，投擿也。」《釋文》：「敦，投擿也。」《淮南子·兵略訓》：「敦六博，投高壺。」王念孫《讀書雜志·淮南內篇第十五·兵略》「敦六博」條下：「今按，『敦六博，投高壺』，敦，亦投也。」一說，「敦」為催促、督促、逼迫之義。《韓說》：「敦，迫也。」《爾雅·釋詁》：「敦，勉也。」《孟子·公孫丑下》：「使虞敦匠事。」敦，又為責問之義。《說文》：「敦，怒也，詆也。一曰誰何也。」《段注》：「『怒也，詆也。一曰誰何也。』皆責問之意。……此字本義訓責問。」

〔13〕遺：本義為遺失、亡失。《說文》：「遺，亡也。从辵，貴聲。」《六書故·人九》：「遺，行有所亡失也。」遺通予。遺，喻母微部；予，喻母魚部。微、魚旁通轉。予，同與，給予。此人以手持物給於彼人之手。《說文》：「予，推予也。象相予之形。」《段注》：「予、與古今字……象以手推物付之。」此句歌詞的「遺」字為派給之義。《毛傳》：「遺，加也。」加，增加、加給。因前已領有王事，此政事乃增加的地方事務。故毛享以「遺」與「益」同義。

〔14〕摧：本義為推擠。《說文》：「摧，擠也。从手，崔聲。一曰挏也。」徐鍇《繫傳》：「挏，推動也。」《廣雅·釋詁》：「摧，推也。」摧通譙。摧，从母微部；

誰，穿母脂部。從、穿準旁紐，微、脂旁轉。誰，用語言責怪、貶損、諷刺、打擊人。《韓詩》作「譙」。《鄭箋》：「摧者，刺譏之言。」《玉篇·言部》：「誰，就也。」《廣雅·釋詁》：「誰，就也。」《集韻·脂韻》：「誰，就也，責也。」以上辭書中「就」字皆為「詶」字之誤。桂馥《札樸·誰就》：「『室人交徧摧我』，《詩經釋文》云『摧，《韓詩》作誰』，『就也』。案，『就』當為『詶』字之誤也。《鄭箋》所謂『刺譏之言』。」詶，罪，過。動詞為怪罪之義。《說文》：「詶，罪也。」

【詩旨說解】

　　《北門》是一首怨歌的歌詞。一個小官吏奉國君之命去辦理兩種差務：一是周王室的差務，二是衛國的地方差務。這個小官吏的家境貧寒，生活比較清苦。他為了公事，耽誤了家裏的私事。這個小官吏的俸祿不足以代耕，但他又無法主張自己的正當權益，其家人都來報怨他。他有一肚子怨言，無處訴說。想起這些，小官吏的心情異常悲涼，於是便用他所熟悉的邶地曲調，編唱了一支訴苦的歌。他默默地忍受了家人對他的埋怨，最終將自己所遭受的困難歸結為「天命」。

　　這篇歌詞表達了衛國一個小官吏的悲涼心情，反映了周代一個低級公職人員對自身權益的訴求。

北風

北風其涼〔1〕，雨雪其雱〔2〕！
惠而好我〔3〕，攜手同行〔4〕。
其虛其邪〔5〕？既亟只且〔6〕！

北風其喈〔7〕，雨雪其霏〔8〕！
惠而好我，攜手同歸。
其虛其邪？既亟只且！

莫赤匪狐〔9〕，莫黑匪烏〔10〕！
惠而好我，攜手同車〔11〕。
其虛其邪？既亟只且！

【注釋】

〔1〕北風其涼：北風一刮天氣就要變冷了。北風，寒冷的風。中原地區冬季多北風。《毛傳》：「北風，寒涼之風。」《魯說》：「北風謂之涼風。」《齊說》：「北風寒涼，雨雪益冰。」其，將要。王引之《經傳釋詞》卷五：「其，猶將也。《易》否九五曰：『其亡其亡。』《書・微子》曰：『今殷其淪喪。』」涼，從水，京聲，本義為味薄的酒。《說文》：「涼，薄也。」《段注》：「鄭司農云：『涼，以水和酒也。』……許云『薄也』，蓋『薄』下奪一『酒』字。以水和酒，故為薄酒。……《廣韻》《玉篇》皆云：『涼，俗涼字。』至《集韻》乃特出『涼』字。」《唐石經》、段玉裁《毛詩故訓傳定本》、清阮元校刻《十三經注疏》、王先謙《集疏》經文皆作「涼」。涼，「飆」的借字。涼、飆皆來母陽部字。飆，寒風。引申為寒冷之義。《韓說》：「涼，寒貌也。」《爾雅・釋天》：「北風謂之涼風。」《爾雅釋文》：「涼，本或作古　字。」《說文》：「飆，北風謂之飆。」《玉篇・風部》：「飆，北風也。」

〔2〕雨雪其雱：大雪將要迷迷茫茫地下起來了！雨雪，下雪。雨，動詞，從天上下落。《小雅・采薇》：「雨雪霏霏。」《小雅・信南山》：「雨雪雰雰。」雱，雪盛大的樣子。《毛傳》：「雱，盛貌。」《玉篇・雨部》：「雱，雪盛貌。」雱，又作「霶」「滂」。霶、滂皆滂母陽部字。《廣韻・唐韻》：「雱，雨雪盛貌。《詩》曰：『雨雪其雱』」《集韻・陽韻》：「雱，霶雱，雪貌。」雱通滂。雱、滂皆滂母陽部字。《說文》：「滂，沛也。」《集韻・唐韻》：「滂、雱、霶、雰，《說文》：『沛也。』」李富孫《詩經異文釋》卷二：「『雨雪其雱』，《穆天子傳》注、《廣韻・十遇》、《藝文類聚》二並引作『其霶』，《御覽》三百七十引作『雱』，《文選・雪賦》注引作『滂』。」

〔3〕惠而好我：你如果真心地喜歡我。惠而，即惠然。惠，施愛於人。此指因愛而有依順之心。《毛傳》：「惠，愛。」《終風》：「終風且霾，惠然肯來。」《鄭風・褰裳》：「子惠思我，褰裳涉溱。」而，通然。好，意動詞，愛、喜歡。《玉篇・女部》：「好，愛好也。」《唐風・蟋蟀》：「好樂無荒。」《唐風・有杕之杜》：「中心好之，曷飲食之。」《小雅・鹿鳴》：「人之好我，示我周行。」《小雅・彤弓》：「我有嘉賓，中心好之。」

〔4〕攜手同行：咱們就攜手一路同歸吧。同行，同路。行，道路。《毛傳》：「行，道也。」男子攜女子一同歸於男方家中。此歌詞的「同行」「同歸」「同車」意思相同。

〔5〕其虛其邪：哪裏還能慢慢騰騰？其，通豈。其，群母之部；豈，溪母微部。
　　群、溪旁紐，之、微通轉。《集韻·之韻》：「其，豈也。」劉淇《助字辨略》
　　卷一「其」字下：「《戰國策》：『今也，寡人一城圍，食不甘味，臥不便席。
　　今應侯亡地而言不憂，此其情也？』《史記·叔孫通傳》：『呂后與陛下攻苦食
　　啖，其可背哉？』此『其』字，並是豈辭。豈、其音相近，故通也。」豈，
　　何，怎能。參見《召南·行露》注〔2〕。虛、邪，訓舒、徐，即慢慢騰騰，
　　行動猶豫遲緩之狀。虛，通舒。虛，曉母魚部；舒，審母魚部。曉、審通轉。
　　邪，通徐。邪、徐皆邪母魚部字。《毛傳》：「虛，虛也。」《釋文》：「『虛，虛
　　也。』一本作『虛，徐也。』」《魯詩》《齊詩》作「徐」。《魯說》：「『其虛其
　　徐』，威儀容止也。」《齊說》：「虛、徐，狐疑也。」《鄭箋》：「邪讀如徐。」
　　《爾雅·釋訓》：「其虛其徐，威儀容止也。」《文選》班固《幽通賦》：「承靈
　　訓其虛徐兮，竚盤桓而且俟。」李善《注》引曹大家曰：「虛徐，狐疑也。……
　　《詩》曰：『其虛其徐。』」

〔6〕既亟只且：我已經很急切了，等不得了呀！既，已經。亟，通悈、急。亟、悈，
　　見母職部；急，見母緝部。職、緝通轉。《毛傳》：「亟，急也。」《韓說》：「亟，
　　猶急也。」《釋文》：「亟，字又作急。同居力反。經典亦作棘。」《爾雅·釋詁》：
　　「亟，速也。」《爾雅釋文》：「字又作急。」《說文》：「悈，悤性也。」《段注》：
　　「各本作『疾也』，今依《韻會》正。……　與急雙聲同義。」朱駿聲《說文
　　通訓定聲·頤部》：「亟，假借又為悈。」《廣雅·釋詁》：「亟，急也。」《玉篇·
　　心部》：「急，《說文》作㥍。」《玉篇·二部》：「亟，急也。」一說，「亟」為
　　速義。《爾雅·釋詁》：「亟，速也。」只且，同「之哉」，複合語助詞。只通之。
　　且通哉。只，照母支部；之，照母之部。支、之旁轉。且，清母魚部；哉，精
　　母之部。清、精旁紐，魚、之旁轉。《論語·子罕》：「沽之哉！沽之哉！」《尚
　　書·周書·顧命》：「今王敬之哉！」《尚書·周書·呂刑》：「嗚呼！念之哉！」
　　歌者說，如果兩人有相好的誠意，就要趕快行動起來，不要慢慢騰騰，猶豫不
　　決，她已經等不得了！

〔7〕北風其喈：北風將要刮得喈喈地響了。喈，大風聲。《毛傳》：「喈，疾貌。」
　　冬天裏北風勁疾，響聲大。

〔8〕雨雪其霏：雪將要紛紛揚揚地下起來了！霏，通紛。霏，滂母微部；紛，滂
　　母文部。微、文對轉。紛，多而亂。《毛傳》：「霏，甚貌。」其霏，《魯詩》
　　作「霏霏」。馬瑞辰《通釋》：「《列女傳》引此詩作『雨雪霏霏』。《廣雅》：『霏

霏，雪也。』『其霏』猶霏霏也。非、分雙聲，霏霏猶紛紛耳。」《楚辭·九章·涉江》：「霰雪紛其無垠兮，雲霏霏而承宇。」一說，霏通非，紛飛之義。段玉裁《毛詩故訓傳定本》傳文注：「霏，《說文》無此字，古當作非。非，猶飛也。」

〔9〕莫赤匪狐：身上沒有赤色就不是狐狸。莫，沒，沒有。赤，紅色。狐，體形似狼而小，毛赤黃色。

〔10〕莫黑匪烏：身上沒有黑色就不是烏鴉！黑，黑色。烏，烏鴉。「莫赤匪狐」「莫黑匪烏」為周代民間俗語，用以說明事物有真實性。這句歌詞是發誓性質的語言，意思是說，只要有真心，就應該馬上付諸行動。此歌詞中「狐」和「烏鴉」都不是醜惡的形象。《鄭箋》：「赤則狐也，黑則烏也，猶今君臣相承，為惡如一。」鄭說誤。

〔11〕攜手同車：手挽手一同乘車。攜手，手挽手。同車，同乘一輛車。《毛傳》：「攜手就車。」車，《阜陽漢簡詩經》車作「居」。居，通車。居，見母魚部；車，穿母魚部。見、穿通轉。貴族男子乘車參加婚戀活動。《邶風·旄丘》《王風·大車》《鄭風·有女同車》《衛風·淇奧》《小雅·蓼蕭》都反映了貴族男子乘車參加婚戀活動的情況。

【詩旨說解】

《北風》是婚戀情歌歌詞。在婚戀集會場合，女子唱一首求偶情歌，招引貴族男子與她婚戀。

「北風其涼，雨雪其雱」，這句歌詞的真意並不是說老天在刮大風下大雪，而是說冬天快要到了，戀愛和結婚的事都必須抓緊。這是女子提醒在場的男子趕緊地追求她，抓緊時間迎娶她，切莫錯過了好時機。

「惠而好我，攜手同行」，這句歌詞是女子要求男子，處理婚事要乾脆利落，不拖泥帶水，勇敢地帶她一同回家。

「其虛其邪？既亟只且」，這句是女子求偶的直白說辭，表達了她急於成婚意願。

此三章歌詞的意思大體相同。第三章「莫赤匪狐，莫黑匪烏」是誓言性質的情歌語言。這句話表達了女子求偶態度的真誠，同時也要求男子以實誠的態度找配偶，並立即付諸行動。

靜女

靜女其姝〔1〕，俟我於城隅〔2〕。
愛而不見〔3〕，搔首踟躕〔4〕。

靜女其孌〔5〕，貽我彤管〔6〕。
彤管有煒〔7〕，說懌女美〔8〕。

自牧歸荑〔9〕，洵美且異〔10〕！
匪女之為美〔11〕，美人之貽〔12〕！

【注釋】

〔1〕靜女其姝：一個身體苗條面目俊俏的女孩。靜女，好女，善女。靜，金文字形蓋是「青」字的繁化，本義為青色。靜通靖，善、嘉之義。靜、靖皆從母耕部字。《藝文類聚》卷八十七引《韓詩》曰：「東門之栗，有靜家室。」原注：「靜，善也。言東門之栗樹之下，有善人，可以為室家也。」馬瑞辰《通釋》：「鄭詩『莫不靜好』，《大雅》『籩豆靜嘉』，皆以『靜』為『靖』之假借。此詩『靜女』亦當讀『靖』，謂善女。」《尚書·商書·盤庚》：「則惟汝眾，自作弗靖。」王引之《經義述聞·尚書上》「自作弗靖」條下：「家大人曰：『靖，善也。』言是汝自作不善所致也。『自作弗靖』猶言『自作不典』。……《堯典》『靜言庸違』，《史記·五帝紀》作『善言』，《漢書·王尊傳》作『靖言』。是靖與善同義。」其，語助詞。姝，姣好，美麗俊俏。《韓說》：「姝，姝然美也。」《毛傳》：「姝，美色也。」《說文》：「姝，好也。」姝，《魯詩》作「妡」。《說文》：「妡，好也。從女，殳聲。《詩》曰：『靜女其妡。』」先言「靜」而後言「姝」，這是繁富式的修辭方法。「靜」「姝」皆是讚美之詞，此蓋就女子形體及面目的曼妙而言。

〔2〕俟我於城隅：她正在城牆下的角落裏等著我。俟，本為大義。《說文》：「俟，大也。從人，矣聲。」《段注》：「『大也』，此俟之本義也。自經傳假為竢字。而俟之本義廢矣。」俟通竢。俟、竢皆牀母之部字。竢，等待。《說文》：「竢，待也。從立，矣聲。」《段注》：「《彳部》曰：『待，竢也。』經傳多假『俟』為之。『俟』行而『竢』廢矣。」俟又通待。待，定母之部。牀、定準雙聲。待，等待。《毛傳》：「俟，待也。」城隅，城牆下的角落處。隅，角落。《說文》：「隅，陬也。」《廣雅·釋言》：「隅、陬，角也。」

〔３〕愛而不見：她故意躲藏著不出來跟我見面。愛，本義為人行走的一種樣子。《說文》：「愛，行貌。從夂，悉聲。」參見《鄭風・將仲子》注〔４〕。此句在歌詞中的「愛」是「薆」的假借字。愛、薆皆影母物部字。薆，本義為以草遮蔽。引申為遮蔽之義。《魯詩》作「薆」。《爾雅・釋言》：「薆，隱也。」郭璞《注》：「謂隱蔽。」邢昺《疏》：「薆鄣即隱蔽也。」《楚辭・離騷》：「眾薆然而蔽之。」薆通翳、礙。翳，影母脂部；礙，疑母之部。影、疑鄰紐；物、脂旁對轉，物、之通轉，脂、之旁通轉。翳，用羽毛製作的華蓋、舞具。有遮蔽之義。礙，阻隔之義。《列子・黃帝》：「雲霧不礙其視。」此歌詞的「愛」指人隱藏於蒿草之中，為蒿草所遮蔽。不見，不相見。見，見面。《詩經》中「不見」是常語。《衞風・氓》：「不見復關，泣涕漣漣。既見復關，載笑載言。」《王風・采葛》：「一日不見，如三月兮！」《豳風・東山》：「自我不見，于今三年。」女子故意躲藏在城隅附近的蒿草裏，不出來跟男子相見。

〔４〕搔首踟躕：急得我撓著頭皮打轉轉。搔首，撓頭皮。搔，本義為用指甲輕刮，撓。段校《說文》：「搔，刮也。」刮，摩撓。首，甲骨文字象人頭之形，本義為人頭。《衞風・碩人》：「蝤首蛾眉。」首通頭。首，審母幽部；頭，定母侯部。審、定準旁紐，幽、侯旁轉。頭，從頁，豆聲。《說文》：「頭，首也。」踟躕，來回踱步徘徊。《韓詩》作「躊躇」。

〔５〕孌：美好的樣子。朱熹《集傳》：「孌，好貌。」《廣雅・釋詁》：「孌，好也。」《廣韻・獮韻》：「孌，美好。」《泉水》：「孌彼諸姬。」《齊風・猗嗟》：「猗嗟孌兮，清揚婉兮。」《曹風・候人》：「婉兮孌兮。」《毛傳》：「孌，好貌。」孌，又作「嬩」。《說文》：「嬩，順也。從女，𢿙聲。《詩》曰：『婉兮嬩兮。』孌，籀文嬩。」順，溫雅婉柔之義。

〔６〕貽我彤管：贈送給我一把紫紅色的荑。貽，贈送。《說文》：「貽，贈遺也。」《王風・丘中有麻》：「貽我佩玖。」《陳風・東門之枌》：「貽我握椒。」《周頌・思文》：「貽我來牟。」彤管，即彤菅，初生的茅草，嫩紅可愛，又稱「荑」。彤，紅色。管，「菅」字之誤。菅，茅草。《說文》：「菅，茅也。」茅初生的芽呈紫紅色，內有白瓤，嫩可食。下文「自牧歸荑」的「荑」即「彤管」。春秋時期，男女在野外婚戀時互贈花草，菅是他們的常用之物。一說，「彤管」為赤管毛筆。《毛傳》：「古者后夫人必有女史彤管之法。」毛氏以「彤管」為女史所使用之筆。《鄭箋》：「彤管，筆赤管也。」毛、鄭的「彤管」說與青年男

女野外婚戀之事不諧，誤。一說，「彤管」是樂器。高亨《詩經今注》：「彤，紅色。管，樂器。」管，《阜詩》作「筦」。

〔7〕彤管有煒：紫紅色的荑幼嫩可愛。有煒，即煒煒。女子贈男子一握「彤菅」，故言「有煒」。煒，通輝，有光彩的樣子。煒，匣母微部；輝，曉母微部。匣、曉旁紐。《毛傳》：「煒，赤貌。」《說文》：「煒，盛赤也。」「輝，光也。」《小雅·庭燎》：「庭燎有輝。」「彤菅」為紫紅色，並不發光，因為它是女子所贈，男子頓時感覺它有了異樣的光彩。

〔8〕說懌女美：我從心底裏喜歡荑那好看的樣子。說懌，深度喜愛。說，通悅。說，審母月部；悅，喻母月部。審、喻旁紐。悅，高興，愉快。《釋文》：「說，本又作悅。」《爾雅·釋詁》：「懌、悅，樂也。」《廣雅·釋詁》：「悅，喜也。」懌，亦通悅，樂。懌，喻母鐸部。月、鐸通轉。《說文新附》：「懌，說也。」《廣韻·昔韻》：「懌，悅也，樂也。」懌又通夷、怡。夷，喻母脂部；怡，喻母之部。鐸、之旁對轉，與脂部旁通轉。《大雅·板》：「辭之懌矣。」《毛傳》：「懌，悅。」《商頌·那》：「我有嘉客，亦不夷懌。」夷、恔，同「怡」。《爾雅·釋言》：「恔，悅也。」《爾雅釋文》：「恔，本又作夷。」《玉篇·心部》：「恔，悅也，忻也。」《廣韻·脂韻》：「恔，悅樂。」朱駿聲《說文通訓定聲·履部》：「恔，即怡。」在典籍中，「說懌」已是固定詞組。《小雅·頍弁》：「既見君子，庶幾說懌。」《說苑·反質》：「顏色不悅懌。」《論衡·驗符》：「皇帝悅懌。」一說，懌通釋。三家《詩》作「釋」。《鄭箋》：「『說懌』當作『說釋』。」「說釋」費解。女，同「汝」，你。指荑。美，樣子好看。

〔9〕自牧歸荑：你在野外饋贈給我的荑。自，方位副詞，在。牧，野外。《爾雅·釋地》：「郊外謂之牧。」歸，通饋。歸，見母微部；饋，群母微部。見、群旁紐。饋，本義為送給食物。引申為送給、贈送之義。《說文》「饋」字《段注》：「饋之言歸也。故饋多假歸為之。《論語》『詠而饋』『饋孔子豚』『齊人饋女樂』，古文皆作饋，《魯》皆作歸。」阮元《經籍籑詁·真韻》：「《禮記·檀弓》：『饋祥肉。』《儀禮·士虞禮》注作歸祥肉。」《周禮·天官·玉府》：「凡王之獻金玉。」鄭玄《注》：「古者致物於人，尊之則曰獻，通行曰饋。」《左傳·文公十六年》：「無不饋詒也。」孔穎達《疏》：「禮，與人物曰饋。詒，遺也。饋、詒皆是與人物之名也。」饋通遺。《禮記·檀弓上》：「饋祥肉。」鄭玄《注》：「饋，遺也。」《廣雅·釋詁》：「歸、饋，遺也。」《左傳·昭公二十五年》：「往饋之馬。」杜預《注》：「饋，遺也。」荑，茅的嫩芽，有紫紅色

包皮，瓤嫩白可食。《毛傳》：「荑，茅之始生也。」荑訓提。荑，定母脂部；提，定母支部。脂、支通轉。提，向上拔。《說文》：「提，挈也。」《大雅・抑》：「匪面命之，言提其耳。」《荀子・勸學》：「若挈裘領。」荑乃是用拇指和食指夾住初生的茅芽向上提拔而得之，故命以「荑」之名。

〔10〕洵美且異：它真是異樣的美麗可愛！洵，通恂。洵、恂皆心母真部字。恂，確實，誠然。《韓詩》作「恂」。《鄭箋》：「洵，信也。」恂通信、真。信，心母真部；真，照母真部。心、照鄰紐。《方言》第一：「允、諶、恂、展、諒、穆，信也。齊魯之間曰允，燕岱東齊曰諶，宋衛汝穎之間曰恂，荊吳淮汭之間曰展。」《說文》：「恂，信心也。」《段注》：「《毛詩》假『洵』字為之，如『洵美且都』『洵訏且樂』。」《鄭風・叔于田》：「洵美且仁！」《鄭風・羔裘》：「洵直且侯！」《鄭風・有女同車》：「洵美且都！」《鄭風・溱洧》：「洵訏且樂！」洵、恂又通詢。詢，心母真部。《爾雅・釋詁》：「詢，信也。」異，本義為用手分物於人。引申為不同之義。《說文》：「異，分也。从廾从畀。畀，予也。」《段注》：「『分也，』分之則有彼此之異。」此情歌的「異」為別樣、奇特、不一般之義。男子回憶他跟「愛而不見」的女子前一次在郊外會面的經過，感覺當時該女子贈給他的荑非常不一般，美麗可愛之極。

〔11〕匪女之為美：不是因為荑本來就好看。匪，通非。女，同汝。指女子所贈之荑。

〔12〕美人之貽：而是因為它是一個美麗的女郎贈送給我的！美人，指那個「愛而不見」的女子。

【詩旨說解】

《靜女》是婚戀情歌歌詞。一個青年小夥子和一個姑娘相約在城隅相見。男子來到城牆下，卻遲遲不見女子到場，急得他「搔首踟躕」。春秋時期，男女婚戀相約見面，一方先藏起來讓另一方尋找，是一種慣常的婚戀技巧。男子以為女子在蒿草裏藏起來了，並不去尋找她，而是用唱情歌的方式讓女子自己走出來。

第一章：男子猜想來城隅赴約的女子故意躲藏了，於是就唱起招引女子的情歌來，用歌聲告訴女子，說他早已來到了約定的相會地點，已經等得急不可耐了，假如美女故意躲藏了，就請快點出來相見。

第二章：男子仍不見女子出來，開始有些擔心了，就把最好聽的誇讚語唱給她聽。他說，上次婚戀相見時女子送給他的那一把紫紅色的菅芽太美了，深深地感動了他。

第三章：男子用更加好聽的言辭讚美這個躲藏著的女子。他用這樣的唱詞請求女子快快出來與他相見。

男子的三段情歌唱完之後，也許女子就出來與他相見了。

新臺

新臺有泚〔1〕，河水瀰瀰〔2〕。
燕婉之求〔3〕，籧篨不鮮〔4〕。

新臺有洒〔5〕，河水浼浼〔6〕。
燕婉之求，籧篨不殄〔7〕。

魚網之設〔8〕，鴻則離之〔9〕。
燕婉之求，得此戚施〔10〕。

【注釋】

〔1〕新臺有泚：新築的高臺很耀眼。新臺，新築的高臺。臺，高而平的四方形建築物，一般用土石堆砌而成。《說文》：「臺，觀。四方而高者。」《爾雅・釋宮》：「四方而高曰臺。」有泚，即泚泚。泚，本義為水清。《說文》：「泚，清也。」泚通玼。泚、玼皆清母支部字。玼，玉色鮮潔的樣子。三家《詩》作「玼」。《毛傳》：「泚，鮮明貌。」《說文》：「玼，玉色鮮也，從玉，此聲。《詩》曰：『新臺有玼。』」《段注》：「『清也』，此本義也。今《詩》『新臺有泚』，毛曰：『泚，鮮明貌。』此假『泚』為『玼』也。」段玉裁《毛詩故訓傳定本》傳文注：「此謂『泚』即『玼』之假借。」此歌詞誇讚黃河邊的築臺新得耀眼。衛國貴族男子娶妻，要在黃河岸邊築臺，舉行郊迎儀式。這是衛國貴族的一種別出心裁的做法。郊迎南國嫁來之女，在黃河北岸築臺；郊迎東國嫁來之女，則在黃河西岸築臺。酈道元《水經注・河水注》說：「河水又東，逕鄄城縣北。……河之南岸有新城，……北岸有新臺，鴻基層廣高數丈，衛宣公所築新臺矣，《詩》齊姜所賦也。」酈氏以傳說為據，說衛宣公所築「新臺」在鄄城北。關於這一問題，清陳奐《傳疏》已有辯說。春秋時期的古黃河並不經過鄄城，而是在衛國的曹邑之西向北行。周定王五年（公元前602年），黃河河道發生了一次大的變遷。改道後的黃河亦不經過鄄地。魏晉時期的黃河才經過鄄城北。酈道元說「新臺」在鄄城北、宣姜作《新臺》，皆誤。

〔2〕河水瀰瀰：黃河裏的水充滿了河床。瀰瀰，水滿平貌。瀰，通滿。滿，水充斥到了河床的邊緣。參見《匏有苦葉》注〔5〕。《毛傳》：「瀰瀰，盛貌。」水盛則滿。

〔3〕燕婉之求：追求嫻雅美貌的姑娘。燕婉，性情安嫻、體態柔美的女性。燕，象形字，本義為燕子。《說文》：「燕，玄鳥也。」燕通嬿、晏、安，安閒之義。燕、嬿、晏、安皆影母元部字。《魯詩》《韓詩》作「嬿」。《韓說》：「燕婉，好貌。」《齊詩》作「暥」。暥，或是「暖」之訛字，與暖、晏異體而同義。婉，婉媚，柔順。《毛傳》：「燕，安。婉，順也。」朱熹《集傳》：「燕，安；婉，順也。」《說文》：「婉，順也。」《玉篇‧女部》：「婉，婉媚。」《鄭風‧野有蔓草》：「清揚婉兮。」

〔4〕籧篨不鮮：卻娶來了一群相貌醜陋之人。籧篨，本義為粗竹席。《說文》：「籧，籧篨。粗竹席也。」《方言》第五：「簟，其麤者謂之籧篨。」籧篨，與居諸、蟾蜍有音轉關係。蟾蜍俗稱「癩蛤蟆」，是蛙類中長相最醜陋的一個品種。蟾蜍表皮有毒腺疙瘩，故「蟾蜍」為粗、醜事物的語根。粗製的竹席表面不光滑，似蟾蜍的表皮，稱為「籧篨」。籧篨、居諸、蟾蜍又是對粗醜之物或醜貌之人的稱謂。面皮似蟾蜍，就是長得極醜之人。籧篨（又作「蘧蒢」），又轉為醜疾之稱。《魯說》：「籧篨，口柔也。」《國語‧晉語‧胥臣論教誨之力》：「蘧蒢不可使俯，戚施不可使仰，僬僥不可使舉，侏儒不可使援。」陳奐《傳疏》：「《國語》『籧篨、戚施』為八疾之二。」籧篨，又轉為滑稽之稱。《爾雅‧釋訓》：「籧篨，口柔也。戚施，面柔也。」《爾雅》以「籧篨」為作口技等滑稽表演的侍優之稱，以「戚施」為作歪嘴、邪眼、挑眉、擠目等滑稽表演的侍優之稱，皆醜疾名。此歌詞中的「籧篨」，是醜貌之人的代稱。《毛傳》：「籧篨，不能俯者。」不能俯，脊柱僵直者，其身體不能俯。亦是醜者。不鮮，不少。鮮，本義為活魚、新剝殺未烹飪的魚。又為魚名。泛指魚類。《禮記‧內則》：「冬宜鮮、羽。」鄭玄《注》：「鮮，生魚也。」《老子》第六十章：「治大國若烹小鮮。」《說文》：「鮮，魚名。出貊國。」鮮通尟，少義。鮮、尟皆心母元部。《釋文》：「鮮，王云：『少也。』」《爾雅‧釋詁》：「鮮，罕也。……鮮，寡也。」郭璞《注》：「罕亦希也。」郝懿行《義疏》：「鮮者，尟之假借也。通作鮮。」《說文》：「尟，是少也。」《段注》：「《易‧繫辭》：『故君子之道鮮矣。』鄭本作尟，云：『少也。』」劉淇《助字辨略》卷三「鮮」字下：「鮮，又與尠、尟同。」《大雅‧蕩》：「靡不有初，鮮克有終。」《鄭箋》：「鮮，寡。」《論語‧學而》：

「其為人也孝悌，而好犯上者，鮮矣！」何晏《論語集解》：「鮮，少也。」「不鮮」即不少。貴族女子出嫁時跟隨一群媵女，故說「不鮮」。這句歌詞貶損新娘及眾隨媵，說新郎想娶美娘子，結果反娶到了一群醜女。

〔5〕有泚：即灑灑。灑，通泚，謂黃河邊的檯子新。泚，清母支部；灑，山母支部。清、山準旁紐。灑，《韓詩》作「濯」，又作「淖」，《韓說》云「鮮貌」。徐鍇《繫傳》引《詩》：「新臺有濯。」濯、淖皆通玭。濯、淖，清母微部；玭，清母支部。微、支旁通轉。《說文》：「淖，新也。」《段注》：「謂水色新也。如玉色鮮曰玭。」《玉篇‧水部》：「淖，新也。」

〔6〕浼浼：滿滿。指河水充滿了河床。浼，通滿、沔、瀰。浼、滿皆明母元部字；沔，明母真部；瀰，明母脂部。元、真旁轉，元、脂旁通轉。《毛傳》：「浼浼，平地也。」平地，水與地平。《邶風‧匏有苦葉》：「有瀰濟盈。」《小雅‧沔水》：「沔彼流水，朝宗于海。」《石鼓文》：「汧殹沔沔。」浼浼，《韓詩》作「浘浘」。《韓說》謂「浘浘」為「盛貌」。浘亦通滿。浘，明母微部。元、微旁對轉。

〔7〕籧篨不殄：醜貌之人來了一個又一個。不殄，不盡，很多。「不殄」與「不鮮」同義。殄，盡。《毛傳》：「殄，絕也。」《爾雅‧釋詁》：「殄，盡也。」「殄，絕也。」《說文》：「殄，盡也。从歺，㐱聲。」

〔8〕魚網之設：佈設下了捕魚的網。設，從言，殳聲，本義為施言立事。《易‧觀卦》：「觀，先王以省方，觀民設教。」《韓非子‧八經》：「設法度以齊民。」《禮記‧禮運》：「禮義以為紀；以正君臣，以篤父子，以睦兄弟，以和夫婦，以設制度。」設教、設法度，皆是施言立事。設，引申為設置之義。《說文》：「設，施。陳也。」《廣雅‧釋詁》：「設，施也。」《重刊詳校篇海‧言部》：「設，置也，陳也，張施也。又，立也。」《小雅‧彤弓》：「鐘鼓既設。」設通施、歧。設，審母月部；施、歧，審母歌部。月、歌對轉。《周南‧兔罝》：「肅肅兔罝，施于中林。」《衛風‧碩人》：「施眾濊濊。」歧，敷，布設。《說文》：「歧，敷也。从攴，也聲。讀與施同。」徐鍇《繫傳》：「臣鍇按：《尚書》曰：『翕受敷歧。』今作施。」桂馥《義證》：「歧，經典借施字。」《玉篇‧支部》：「歧，亦施字。」歧從攴。《說文》「攴」字徐灝《注箋》：「疑本象手有所執持之形，故凡舉手作事之義，皆从之。」

〔9〕鴻則離之：癩蛤蟆卻被捕進網裏來。鴻，通蠪。鴻，匣母東部；蠪，來母東部。匣、來通轉。蠪，蟾蜍。聞一多《詩經通義‧甲》：「以工聲字與龍聲字古每不分推之，鴻當為蠪之假借。蠪即苦蠪。《廣雅‧釋魚》曰：『苦蠪，蝦蟆也。』

《名醫別錄》曰：『蝦蟆一名蟾蜍，……一名苦蠪。』」聞一多《詩新臺『鴻』字說》：「余謂『鴻』即『苦蠪』之古讀也。」「由古代俗語、近代俗語並與我同繫之暹羅語推知，『鴻』與『苦蠪』為語之變，而『苦蠪』實蟾蜍之異名。則古有稱蟾蜍為『鴻』者，亦從可知矣。」聞氏的這一解釋是正確的。則，即，乃。王引之《經傳釋詞》卷八：「則，猶乃也。《詩·新臺》曰：『魚網之設，鴻則離之。』言『鴻乃離之』也。」朱駿聲《說文通訓定聲·頤部》「則」字下：「《詩·新臺》：『鴻則離之。』按猶乃也。」離之，被網住。離，通罹、羅。離、罹、羅皆來母歌部字。罹、羅，網住。《太平御覽·蟲豸部六》引《韓詩外傳》作「鴻則罹之」。男子本想娶一美女，娶來的卻是一個醜女。故《毛傳》說：「言所得非所求也。」《焦氏易林·漸之睽》：「設罟捕魚，反得居諸。」居諸，蟾蜍。此說與《毛傳》同義。

〔10〕戚施：蟾蜍的又一種說法。《韓說》：「戚施，蟾蜍，蝛蝤。喻醜惡。亦作醜黿。」蝛蝤、醜黿是「戚施」的音轉。《爾雅·釋魚》：「黿黿，蟾諸。」《說文》：「黿，醜黿，詹諸也。《詩》曰：『得此醜黿。』」《本草綱目·蟲部·蟾蜍·釋名》：「時珍曰：《韓詩》注云：『戚施，蟾蜍也。』」聞一多《詩經通義·甲》：「戚施，《說文》作『黿黿』，云『詹諸也』。」西周至漢，皆以「戚施」為醜貌之人。《魯說》：「戚施，面柔也。」《毛傳》：「戚施，不能仰者。」《國語·鄭語》記周臣史伯評論周幽王語：「侏儒、戚施，實御在側，近頑童也。」侏儒、戚施，指周王身邊那些以滑稽的手段逗笑娛樂的優伶，其中「戚施」可能是對駝背羅鍋之人的稱謂。《國語·晉語》：「蘧蒢不可使俯，戚施不可使仰。」《淮南子·脩務訓》：「曼頰皓齒，形誇骨佳，不待脂粉芳澤而性可說者，西施、陽文也……蘧蒢戚施，雖粉白黛黑弗能為美者，嫫母、仳倠也。」《鹽鐵論·殊路》：「故良師不能飾戚施，香澤不能化嫫母也。」

【詩旨說解】

《新臺》是一首兒童鬧新婚歌謠的歌詞。此歌謠著力於貶損新娘及一干隨嫁媵妾，極言其貌相醜陋，以逗笑取樂。

此歌詞中的「新臺有泚，河水瀰瀰」點明了鬧新婚的地點是在黃河邊的新臺旁；「燕婉之求」說的是衛國貴族男子婚娶之事；「蘧蒢」「鴻」「戚施」皆是蟾蜍的別名。「蘧蒢不鮮」「蘧蒢不殄」「鴻則離之」「得此戚施」是貶損新娘及一干隨嫁媵妾、言其貌相醜陋的話語。在兒歌中，運用這諸多的詞語說人醜陋，是巧言說法。

　　中國有一幅《老鼠娶親》的傳統年畫，畫中的「人物」全是老鼠，有抬花轎的，有手持儀仗的，有拿著吹打樂器的，表現的是老鼠娶親的熱鬧場面。其中，有一隻新郎官模樣的老鼠騎在一隻癩蛤蟆上，排在迎親隊伍的最前頭。那隻癩蛤蟆，就是新郎官的坐騎。人們既可用「癩蛤蟆」來取笑新娘及其隨媵，當然也可以用「癩蛤蟆」來貶損新郎官。《老鼠娶親》年畫中的癩蛤蟆，蓋是取自《新臺》兒歌。

　　鬧新婚是中國自古流傳的一種民間風俗。春秋時期的鬧婚風俗蓋以戲謔取樂為主。兒童集合起來鬧新婚，給婚禮婚事增添了熱鬧的氣氛。春秋時期，兒童鬧新婚全無拘束，不管男方娶來的婚姻對象美與醜，一律用歌謠貶損戲謔一番。兒童們在郊迎時唱兒歌鬧新婚，貶損新娘和隨媵，是新婚鬧場的開始。新婚初夜之後的第二天、第三天，還會有人到新人的房裏取鬧。《鄘風‧牆有茨》也是鬧婚的兒歌歌詞，這首歌詞就反映了新娘入男家過了初夜之後第二或第三天鬧婚的情況。春秋以後，此風愈演愈烈。漢代人鬧新婚，不受任何禮教約束，已釀成一種陋習。《漢書‧地理志》記述漢時薊地風俗：「嫁娶之夕，男女無別，反以為榮。」東漢仲長統所著《昌言》一書中記述了漢代鬧婚失度的情況：「今嫁女之會，捶杖以督之戲謔，酒醴以趣之情慾，宣淫佚於廣眾之中，顯陰私於族親之間，污風詭俗，生淫長奸。」（《昌言》此段話見於唐魏徵、虞世南《群書治要》）

　　以上關於《新臺》的解說，與舊說迥異。《毛詩》序：「《新臺》，刺衛宣公也。納伋之妻，作新臺於河上而要之，國人惡之，而作是詩也。」《毛傳》：「反於河上而為淫昏之行。」齊、魯、韓三家的說法與《毛詩》序相同。王先謙《詩三家義集疏》說：「三家無異義。」鄭玄、孔穎達亦從序說。馬瑞辰《通釋》：「此詩『籧篨』『戚施』對『燕婉』言，皆以人之醜惡喻宣公。」

　　朱熹則對《毛詩》序的說法持懷疑態度。朱熹《集傳》：「凡宣姜事，首末見《春秋傳》。然於詩則皆未有考也。」

二子乘舟

二子乘舟〔1〕，汎汎其景〔2〕。
願言思子〔3〕，中心養養〔4〕。

二子乘舟，汎汎其逝〔5〕。
願言思子，不瑕有害〔6〕。

【注釋】

〔1〕二子乘舟：你們兩個人一起乘舟渡河。二子，兩位男子。一說，二男子指衛宣公的兩個兒子伋和壽。《毛傳》：「二子，伋、壽也。」乘舟，登上船。登船以渡水。

〔2〕汎汎其景：將要渡過河流遠遠而去。汎，飄浮。《說文》：「汎，浮貌。」汎汎，連續地漂浮。《廣雅·釋訓》：「汎汎，浮也。」其景，即其憬、其迥，遙遠的樣子。景通憬、迥。景、憬皆見母陽部字；迥，匣母耕部。見、匣旁紐，陽、耕旁轉。憬、迥，遠。《說文》：「迥，遠也。从辵，冋聲。」《玉篇·心部》：「憬，遠行貌。」王引之《經義述聞·毛詩上》「汎汎其景」條下：「景，讀如憬。……今文景作憬。是景、憬古字通。」《魯頌·泮水》：「憬彼淮夷。」《毛傳》：「憬，遠行貌。」憬，《魯詩》《韓詩》作「獷」。陸德明《毛詩·泮水·釋文》：「憬，《說文》作懬，音獷，云『闊也』。」懬亦通迥。懬，溪母陽部。溪、匣旁紐，陽、耕旁轉。

〔3〕願言思子：我會情不自禁地想念你們。願言，即願然，情不自禁地思念的樣子。參見《終風》注〔12〕。《鄭箋》：「願，念也。」念，思念。思子，思念二子。《鄘風·伯兮》：「願言思伯，甘心首疾。」

〔4〕中心養養：心裏充滿了擔憂。中心，即心中。養養，充滿了擔憂。養，通洋、恙。養、洋、恙皆喻母陽部字。《魯詩》作「洋洋」。《毛傳》：「養養然憂，不知所定。」恙，心憂、擔心。擔憂得厲害時，就像得了病一樣。馬瑞辰《通釋》：「《爾雅·釋詁》《說文》並曰：『恙，憂也。』『養』與『洋』皆當為『恙』之假借。」

〔5〕汎汎其逝：將要渡過河流，遠遠而去。逝，往、至。《毛傳》：「逝，往也。」《爾雅》《方言》《說文》同上。參見《谷風》注〔20〕。

〔6〕不瑕有害：希望你們一路順利，安然無恙。不瑕，即不暇，沒有時間。有害，有不順利的情況。害，指不順利的情況。參見《泉水》注〔18〕。送行者祝願二子一路順利。

【詩旨說解】

《二子乘舟》是送別樂歌歌詞。歌詞中所言「二子」，蓋是衛國國君的公子或者卿大夫之子。二子將要渡水遠行，他們的朋友為其送別，在河岸邊行祖道、餞別之禮。據《史記·荊軻傳》所載，荊軻刺秦離開燕國時，在易水邊祖道，燕太子丹及荊軻的朋友為其送別，高漸離擊筑，蓋亦唱歌，荊軻和之。

荊軻自己唱了一首高亢悲涼的歌曲，「風蕭蕭兮易水寒，壯士一去兮不復還」。
宋如意和之。「二子」為何遠行，今已不得而知。但他們的朋友為其送別的情
形，應與燕太子丹在易水邊送別荊軻的情形相彷彿。

　　舊說《二子乘舟》是衛人感傷衛宣公的兩個兒子伋和壽被殺害的詩。
《毛詩》序：「《二子乘舟》，思伋、壽也。衛宣公之二子爭相為死，國人傷
而思之，作是詩也。」《毛傳》：「二子，伋、壽也。」「言二子之不遠害。」
這是附會《左傳》為說。《左傳‧桓公十六年》：「初，衛宣公烝於夷姜，生
急（伋）子，屬諸右公子。為之娶於齊，而美，公取之，生壽及朔，屬壽於
左公子。夷姜縊。宣姜與公子朔構急（伋）子。公使諸齊，使盜待諸莘，將
殺之。壽子告之，使行，不可，曰：『棄父之命，惡用子矣！有無父之國則
可也。』及行，飲以酒，壽子載其旌以先，盜殺之。急（伋）子至，曰：『我
之求也。此何罪？請殺我乎！』又殺之。」《左傳》說衛宣公欲加害公子伋，
公子壽為保護其兄公子伋不遭殺害，把公子伋灌醉了，然後自己載上公子
伋的旗幟，替伋出使齊國，途中為盜所殺。公子伋酒醒之後追趕公子壽，亦
遭害於途中。

　　關於《二子乘舟》的作者，一說，其作者是衛國的「國人」。見前引《毛
詩》序文。一說，其作者是公子伋的傅母。劉向《新序‧節士》：「衛宣公之
子：伋也，壽也，朔也。伋，前母子也。壽與朔，後母子也。壽之母與朔謀，
欲殺太子伋而立壽，使人與伋乘舟於河中，將沉而殺之。壽知不能止也，因
與之同舟，舟人不得殺伋。方乘舟時，伋傅母恐其死也，閔而作詩，《二子乘
舟》之詩是也。其詩曰：『二子乘舟，汎汎其景，顧言思子，中心養養。』於
是壽閔其兄之且見害，作憂思之詩，《黍離》之詩是也。其詩曰：『行邁靡靡，
中心搖搖。知我者，謂我心憂。不知我者，謂我何求？悠悠蒼天，此何人哉？』
又使伋之齊，將使，盜見載旌，要而殺之。壽止伋，伋曰：『棄父之節，非子
道也，不可。』壽又與之偕行。壽之母不能止也，因戒之曰：『壽無為前也。』
壽又為前，竊伋旌以先行，幾及齊矣，盜見而殺之。伋至，見壽之死，痛其代
己死，涕泣悲哀，遂載其屍還，至境而自殺。兄弟俱死，故君子義此二人，而
傷宣公之聽讒也。」王先謙《集疏》認為，以上劉向《新序‧節士》的文字，
是《魯詩》《韓詩》的觀點。

　　若將《二子乘舟》這篇歌詞的「不瑕有害」與《泉水》的「不瑕有害」相
對照，便知道詩文中的「害」字，並不是殺人或人被殺害的意思。《二子乘舟》

與衛宣公使人殺伋、壽二子之事無絲毫關係。把《二子乘舟》「不瑕有害」的「害」字理解為「殺害」之義，且將《二子乘舟》跟衛宣公害死公子伋、公子壽被殺害的事聯繫起來，大誤。